A RECONSTRUÇÃO DOS
DIREITOS HUMANOS

CELSO LAFER

A reconstrução dos direitos humanos

Um diálogo com o pensamento de Hannah Arendt

COMPANHIA DAS LETRAS

Grafia atualizada segundo o Acordo Ortográfico da Língua Portuguesa de 1990, que entrou em vigor no Brasil em 2009.

Capa
Ettore Bottini sobre *Emigrantes com lua* (1926), xilogravura de Lasar Segall

Revisão
Andrea Souzedo
Bia Mendes
Paula B. P. Mendes

Atualização ortográfica
Página Viva

Dados Internacionais de Catalogação na Publicação (CIP)
(Câmara Brasileira do Livro, SP, Brasil)

Lafer, Celso, 1941-
L163r A reconstrução dos direitos humanos : um diálogo com o pensamento de Hannah. Arendt / Celso Lafer. — São Paulo : Companhia das Letras, 1988.

Bibliografia
ISBN 978-85-7164-011-5

1. Arendt, Hannah, 1906-1975 2. Direito — Filosofia 3. Direito natural 4. Direitos humanos 5. Direitos humanos (Direito internacional) I. Título II. Título: Um diálogo com o pensamento de Hannah Arendt.

CDD-342.7 (100)
88-2011 -340.12

Índices para catálogo sistemático:
1. Direito: Filosofia 340.12
2. Direito natural 340.12
3. Direitos humanos: Direito público internacional 342.7 (100)
4. Filosofia do direito 340.12

EDITORA SCHWARCZ S.A.
Rua Bandeira Paulista, 702, cj. 32
04532-002 — São Paulo — SP
Telefone: (11) 3707-3500
www.companhiadasletras.com.br
www.blogdacompanhia.com.br
facebook.com/companhiadasletras
instagram.com/companhiadasletras
twitter.com/cialetras

FSC
www.fsc.org
MISTO
Papel produzido a partir de fontes responsáveis
FSC® C128038

A marca FSC® é a garantia de que a madeira utilizada na fabricação do papel deste livro provém de florestas que foram gerenciadas de maneira ambientalmente correta, socialmente justa e economicamente viável, além de outras fontes de origem controlada.

Para

Miguel Reale
Goffredo Telles Jr.
Vicente Marotta Rangel

professores e amigos;
patronos da minha carreira
universitária na Faculdade
de Direito da USP.

Dobbiamo imparare a convivere con una sproporzione fra le domande intelligenti che siamo in grado di porre e le risposte plausibili che siamo in grado di dare.

Arnaldo Momigliano

Sumário

Nota prévia

Este livro é, sob outro título, a tese com a qual me inscrevi, em abril deste ano, no concurso para provimento do cargo de professor titular na Faculdade de Direito da USP — Departamento de Filosofia e Teoria Geral do Direito. O concurso realizou-se em agosto e a tese foi defendida perante uma banca presidida pelo prof. Miguel Reale e integrada pelos professores Lourival Vilanova, Gérard Lebrun, José Francisco Rezek e Tércio Sampaio Ferraz Jr. A eles agradeço o pertinente e zeloso rigor com o qual arguiram meu trabalho.

Na minha vida universitária esta é a terceira tese. A primeira — de doutorado — foi apresentada e defendida em 1970, no Departamento de Governo da Universidade de Cornell, Estados Unidos. Nela tratei do sistema político e do processo de planejamento econômico em nosso país, analisando o Programa de Metas do governo do presidente Juscelino Kubitschek. Busquei, em síntese, aclarar a trajetória política brasileira, por meio do estudo monográfico de um período-chave para o entendimento da modernidade do Brasil, no qual desempenho econômico e democracia política mesclaram-se de maneira superior.

À tese de PhD seguiu-se a de livre-docência, apresentada e defendida em 1977 na Faculdade de Direito da USP, no âmbito do Departamento de Direito Internacional, no qual iniciei as minhas atividades docentes em 1971, graças ao apoio do prof. Vicente Marotta Rangel. Nela examinei o papel da reciprocidade na criação e aplicação de normas do Direito Internacional Econômico, ancorando a reflexão teórica num estudo monográfico do Convênio do Café de 1976. Este, como acordo intergovernamental de produto primário, tendo, de um lado, países produtores subdesenvolvidos e, de outro, países consumidores desenvolvidos, prestava-se ao exame das relações Norte-Sul — um dos itens importantes da agenda internacional contemporânea — num campo do comércio mundial em que o Brasil sempre teve peso e importância.

Há, portanto, da primeira para a segunda tese, um alargamento do escopo, com passagem da ordem interna para a internacional, ambas tendo, no entanto, como tema subjacente, o destino do Brasil. Com efeito, se na de PhD cuidei do relacionamento entre desenvolvimento econômico e democracia em nosso país, na de livre-docência ocupei-me com os caminhos da sua inserção internacional, na linha, aliás, de outros trabalhos meus.

Este livro, que é a terceira tese, situa-se num plano de maior abstração, numa passagem do mais específico para o mais genérico. É a consequência das minhas atividades docentes no Departamento de Filosofia e Teoria Geral do Direito, com o qual comecei a colaborar em 1978 — a convite dos professores Miguel Reale e Goffredo Telles Jr., tornando-me, por concurso, professor adjunto em 1980 —, e do que, espero, tenha sido um amadurecimento intelectual em torno de certos assuntos com os quais, desde estudante, sempre me preocupei. Tem como ponto de partida o pensamento de Hannah Arendt, de quem tive, em 1966, o privilégio de ser aluno na Universidade de Cornell, e cuja obra venho desde então estudando e discutindo em vários trabalhos, o primeiro dos quais foi publicado em 1972 como Introdução ao seu primeiro livro editado no Brasil, *Entre o passado e o futuro.* Sua meta é examinar as condições de possibilidade da afirmação dos direitos humanos num mundo onde os homens não se sentem em casa e à vontade, correndo o risco de descartabilidade. Coloca-se, portanto, na interação convergente da Filosofia do Direito com a Teoria Política, que vejo, metodologicamente, como muito positiva e instigante, como se pode ver na obra de Norberto Bobbio — outro ponto de referência importante deste livro.

Iniciei a elaboração no começo de 1984 e terminei a redação em janeiro de 1988. Por essa razão não constam referências à nova constituição brasileira, ainda não promulgada e com texto totalmente definido no momento em que escrevo estas linhas. Não vejo maior mal nisso, pois neste trabalho de cunho teórico o direito positivo contribui para ilustrar e não para fundamentar as teses doutrinárias nele sustentadas. Observo apenas que, se a importância de certos direitos que discuto, como o da cidadania, o da associação, o da informação e o da intimidade, estão melhor contemplados no novo texto constitucional, mantém-se, ainda, a hipótese legal de perda da nacionalidade como pena para atividade nociva ao interesse nacional, aplicável a naturalizados, que critiquei na tradição constitucional brasileira.

Preparei esta tese em meio a uma vida profissional extrauniversitária atribulada, sem a possibilidade de fruir certas pausas — que em vida de meu pai e graças ao seu decidido apoio logrei ter quando elaborei as duas anteriores. Por isso mesmo evoco com saudade a sua sempre presente memória e sou particularmente grato aos que, de diversos modos, me ajudaram, nestes quatro anos, a enfrentar as múltiplas dificuldades que encontrei para chegar a bom termo nesta empreitada conclusiva da minha carreira universitária.

Ao prof. Antonio Candido agradeço a afetuosa solicitude paternal com que, lendo e discutindo, "com uma tolerância sem concessões" de grande mestre, acompanhou todas as etapas da elaboração do texto. É para mim motivo de profunda satisfação que, tendo ele prefaciado o meu primeiro livro, *O judeu em Gil Vicente,* publicado em 1963, esteja, também, explicitamente presente neste, assinando a sua apresentação na forma de uma orelha. Ao querido Alcides Jorge Costa, com que me iniciei na prática e na teoria do direito, estagiando como estudante em seu escritório, agradeço não só a límpida leitura crítica do manuscrito nas suas diversas e, por vezes, penosas fases, como também o esforço que fez para ajudar-me no encaminhamento de problemas profissionais, liberando-me para a reflexão acadêmica.

Manifesto, com muito prazer, o meu reconhecimento a Alberto Venâncio Filho, *scholar* admirável e paradigma de amigo, pelo constante apoio dado na elaboração deste trabalho, que leu com equilíbrio crítico em todas as fases. Não posso também deixar de externar o meu reconhecimento a Hélio Jaguaribe — mestre dos mestres da ciência política no Brasil — que acompanhou, não só esta mas as minhas demais teses universitárias, com a lucidez e o vigor que são atributos de sua exemplar personalidade de grande intelectual e grande brasileiro.

A Luiz Olavo Baptista — fraternal companheiro de todas as horas; a Fabio de Mattia — querido amigo e colega; a Fernando Kasinski Lottenberg, Lúcia Lamberti, Cláudia Perrone-Moisés — meus caros ex-alunos no curso de bacharelado — agradeço o solidário auxílio prestado na revisão do texto final.

Os embaixadores Marcílio Marques Moreira e José Guilherme Merquior, a conselheira Dinah Flusser, os professores Jane

Jaquette, Tom Skidmore e Riordan Roett foram amigos que me socorreram, obtendo e localizando, no exterior, textos importantes, inacessíveis em nosso país. Nanci Fernandes, minha colaboradora durante muitos anos, teve papel importante na preparação deste e de muitos dos meus trabalhos anteriores, que quero consignar com amizade. Renata Celli e Marli Inocêncio de Morais, bibliotecárias da Faculdade de Direito, prestaram valioso auxílio na organização das referências bibliográficas.

Contei ainda com a simpatia e o estímulo dos colegas na Faculdade de Direito. A todos agradeço, tomando a liberdade de fazer uma referência explícita aos professores Miguel Reale, Goffredo Telles Jr. e Vicente Marotta Rangel, que foram, desde o meu tempo de estudante, patronos da minha carreira universitária. A eles este livro é dedicado. Também não posso deixar de fazer menção a Tércio Sampaio Ferraz Jr., meu amigo e colega desde o primeiro ano do curso jurídico, com o qual venho há tantos anos dialogando sobre os grandes temas da Filosofia do Direito, na confiança e na igualdade da estima recíproca.

Finalmente, quero registrar o carinhoso apoio de Betty, minha mãe; Manu, Inês e Tiago, meus filhos; Marina, minha irmã, e Horácio Cherkassky, meu tio. Mary, minha mulher, não só cercou-me de amor, como também contribuiu, helenista que é, para tornar mais presente, neste livro, a cultura grega.

Celso Lafer
6 de setembro de 1988

A RECONSTRUÇÃO DOS DIREITOS HUMANOS

Introdução

Hannah Arendt, a ruptura totalitária e a reconstrução dos direitos humanos

I

1. "Muitas coisas sabe a raposa; mas o ouriço uma grande",[1] é um verso do poeta grego Arquíloco, a partir do qual Isaiah Berlin propôs um critério para classificar escritores e pensadores, diferenciando-os a partir de certos traços definidores de suas obras. Existem, observa ele, os que relacionam tudo a uma visão unitária e coerente, que funciona como um princípio organizador básico do que pensam e percebem. São os ouriços, que assim articulam uma perspectiva centrípeta e monista da realidade. Outros, ao contrário, se interessam por várias coisas, perseguem vários fins e objetivos — por vezes não relacionados ou até mesmo contraditórios — cuja interconexão não é nem óbvia nem explícita. São as raposas, que dessa maneira exprimem uma perspectiva centrífuga e pluralista da realidade. Dante, por exemplo, é centrípeto; Shakespeare é centrífugo. Platão, Hegel e Marx, por serem mais centrípetos, são mais ouriços do que Aristóteles, Montesquieu, Tocqueville ou Max Weber, que por força

de uma visão mais centrífuga da realidade podem ser qualificados como raposas.[2]

A classificação raposa/ouriço, proposta por Isaiah Berlin, como toda dicotomia, apresenta, no seu uso, o risco da simplificação, mas pode ser um ponto de partida para análises extremamente fecundas, sobretudo se tiver como nota um *distinguo* baseado na capacidade de observar diferenças e dissimilitudes que, como aponta Hobbes, é um aspecto do discernimento indispensável para um bom julgamento.[3] É isto que explica a relevância das dicotomias no processo de conhecimento, cuja função heurística pode ser aquilatada pelo emprego frutífero de certos duos do tipo: ser/dever ser; infraestrutura/superestrutura; mundo da natureza/mundo da cultura; Estado/sociedade civil; estado de natureza/estado civil; guerra/paz; poesia/prosa; solidariedade orgânica/solidariedade mecânica; comunidade/sociedade; tradicional/moderno; sagrado/profano; e, no campo jurídico, Direito Natural/Direito Positivo; Direito Público/Direito Privado; Direito Objetivo/Direito Subjetivo; lícito/ilícito; causalidade/imputação; normas primárias/normas secundárias.

Norberto Bobbio, cujo estilo de análise se baseia na distinção terminológica e conceitual, ao sublinhar a importância das dicotomias no processo de conhecimento, observa que elas podem ser empregadas diádica ou triadicamente. No primeiro caso, existe uma cisão taxativa de duas partes incomunicáveis, num *aut/aut* que absolutiza a diferença. No segundo caso, os dois termos da dicotomia permanecem como afirmação ou negação, mas são concebidos como um contínuo, e podem ou não levar a um terceiro termo que retoma as duas partes da dicotomia em novo plano. Na obra de Bobbio a *ars combinatoria* e *classificatoria* das dicotomias, como regra geral, têm função pluralista e uso descritivo, e é dessa maneira que ele ilumina, através da clareza e do rigor, uma realidade ontologicamente percebida como complexa e que, por isso mesmo, nunca se reduz a esquemas conceituais simplificadores.[4] É neste sentido que acho fecundo o uso das dicotomias, e delas me valerei no correr deste trabalho.

2. Na Filosofia do Direito existem pensadores que são mais ouriços e pensadores que são mais raposas. Savigny, defensor e criador da Escola Histórica, é mais raposa do que o Jhering de *A Luta pelo Direito* e de *A Finalidade do Direito*. François Gény é mais raposa do que Léon Duguit. Kelsen é sem dúvida um ouriço metodológico, mas a sua articulação centrípeta de uma teoria pura do Direito não significa que, para ele, a realidade do metajurídico não seja extremamente complexa e desordenada, e não tenha sido ele um defensor, no campo dos valores e da política, da democracia e do pluralismo. Hart, como um pós-kelseniano, é também mais ouriço do que raposa, com a sua conhecida distinção entre normas primárias — que estipulam comportamentos para a sociedade — e normas secundárias — que são normas sobre normas e que, ao disciplinarem a produção de normas primárias e sua aplicação, funcionam como normas de reconhecimento do jurídico. Já Viehweg e Perelman, com o uso metodológico que fizeram da retórica na análise da experiência jurídica, são mais raposas do que ouriços. Por isso identificaram problemas e não criaram sistemas. Radbruch, com o seu culturalismo, é também uma raposa, e o mesmo se pode dizer de Miguel Reale, que busca fugir de qualquer reducionismo através de uma ontognoseologia e de uma dialética de implicação e polaridade que une, ao invés de separar, fato, valor e norma na análise do Direito.

3. Hannah Arendt, cuja reflexão será o ponto de partida deste trabalho, é tanto ouriço quanto raposa. Ela é um ouriço na percepção da ruptura trazida pela experiência do totalitarismo

— que levou às últimas consequências a modernidade que, na vertente capitalista, comportou o nazismo e na vertente socialista o stalinismo. Em síntese, para Hannah Arendt o "tudo é possível" da experiência totalitária mostrou como uma forma até então inédita de organização da sociedade assumiu, explicitamente, em contraposição aos valores consagrados da Justiça e do Direito e avocados pela modernidade — inauguradora, com o individualismo, da perspectiva *ex parte populi* —, que os seres humanos são supérfluos e descartáveis. Daí o esfacelamento dos padrões e categorias que integram o conjunto da tradição ocidental, que tinha feito da pessoa humana um "valor-fonte" da experiência ético-jurídica e, por via de consequência, o hiato entre o passado e o futuro. Este hiato gera contínuas perplexidades no presente na medida em que o repertório da tradição, inclusive o do pensamento jurídico, não fornece critérios para a ação futura e conceitos para o entendimento dos acontecimentos passados.

Hannah Arendt é uma raposa na sua percepção da realidade — que ela encara como ontologicamente complexa e rica nas suas particularidades e contingências — e na sua proposta de reconstrução. Esta proposta, que se baseia numa retomada crítica do pensamento ocidental, almeja o exame das condições políticas e jurídicas que permitam assegurar um mundo comum, assinalado pela pluralidade e pela diversidade e vivificado pela criatividade do novo, que através do exercício da liberdade, que está ao alcance dos seres humanos, impeça a reconstituição de um novo "estado totalitário de natureza".

São reais os riscos de reconstituição de um "estado totalitário de natureza" — cuja emergência configurou a ruptura, com a qual Hannah Arendt, enquanto ouriço, preocupou-se centripetamente, e à qual ela reagiu como raposa, afirmando a importância, para a dignidade humana, do pluralismo centrífugo de um mundo assinalado pela diversidade e pela liberdade. Com efeito, continuam a persistir no mundo contemporâneo situações sociais, políticas e econômicas que contribuem para tornar os homens supérfluos e sem lugar num mundo comum.

A ubiquidade da pobreza e da miséria, assim como a da ameaça do holocausto nuclear; a coincidência entre a explosão demográfica e a descoberta das técnicas de automação que podem tornar segmentos da população descartáveis do ponto de vista da produção são, *inter alia*, situações que evidenciam a relevância e a atualidade das preocupações de Hannah Arendt. Daí o interesse e a sugestividade de um diálogo com o seu pensamento para uma reflexão sobre as condições de possibilidade de uma das propostas básicas da modernidade, que é a da conversão, com os direitos subjetivos e os direitos humanos, do homem como o sujeito de Direito, legitimador do ordenamento jurídico.[5]

Este diálogo é a meta deste trabalho. Nele retomo livremente, com preocupações jurídicas que Hannah Arendt não elaborou e nem teve, o seu percurso, como um quadro de referência para repensar a reconstrução dos direitos humanos, numa época em que os homens em geral têm múltiplas razões para não se sentir nem à vontade nem em casa no mundo.

II

4. Na primeira parte, valendo-me da dicotomia sugerida por Isaiah Berlin, trato da ruptura — que Hannah Arendt, enquanto ouriço, explicitou centripetamente — procurando mostrar o seu alcance no campo do Direito por meio de uma sucinta "arqueologia do saber" jurídico.[6]

Inicio a análise com o paradigma clássico da reflexão metajurídica, que é a do Direito Natural. O Direito Natural se contrapõe ao Direito Positivo, localizado no tempo e no espaço, e funciona, neste paradigma, como um ponto de Arquimedes para a análise metajurídica: tem como pressuposto a ideia de imutabilidade de certos princípios, que escapam à História, e a universalidade destes princípios, que transcendem a Geografia. A estes princípios, que são *dados* e não postos por convenção, os homens têm acesso através da razão comum a todos, e são estes princípios que permitem qualificar as condutas humanas como boas ou más — uma qualificação que promove uma contínua vinculação entre norma e valor e, portanto, entre Direito e Moral.[7]

No mundo moderno o paradigma do Direito Natural foi capaz de lidar, até o século XVIII, com os problemas da crescente *secularização*, *sistematização*, *positivação* e *historicização* do Direito, mas a intensidade destes processos levou à sua erosão. Daí o aparecimento de um novo paradigma: o da Filosofia do Direito.

O paradigma da Filosofia do Direito reelabora a tradição mantendo, no entanto, o fio de continuidade na passagem das gerações, como se pode ver simbolicamente nos *Lineamentos da Filosofia do Direito* de Hegel — obra que contribuiu para difundir o novo termo, mas que tem como contrapágina de rosto o título: *Compêndio de Direito Natural e Ciência do Estado.*

O novo paradigma da Filosofia do Direito é uma resposta ao processo da crescente positivação do Direito pelo Estado — um processo que realçou o papel do Direito como instrumento de gestão e comando da sociedade através da técnica das ordens e proibições, dos estímulos e desestímulos às condutas humanas. Por isso, o Direito deixou de ser encarado como algo dado pela razão comum e que permite qualificar condutas como boas ou más. Passou a ser visto como algo posto e positivado, direta ou indiretamente, pelo poder que estabelece, para distintas sociedades, de maneira não uniforme, a diferença entre o lícito e o ilícito, e que assegura a governabilidade por meio da efetividade desta diferença garantida através do mecanismo da sanção. Daí a mutabilidade do Direito no tempo e o seu particularismo no espaço, situação que, ao se ver generalizada, diluiu a relevância do paradigma do Direito Natural. É por essa razão que o novo paradigma da Filosofia do Direito surge na passagem das gerações e dentro do âmbito da tradição como o resultado de uma dupla confrontação, examinada com muita pertinência por Elías Díaz: frente ao Direito Natural como uma análise sobre as realidades do Direito Positivo, e frente ao Direito Positivo como uma reflexão que, criticamente, vai além dos dados empíricos através dos quais se exprime o Direito Positivo.[8]

O paradigma da Filosofia do Direito não é, para usar a sugestiva distinção dicotômica de Ortega, uma *crença* na qual se está, mas uma *ideia* a que se chegou pelo esforço pessoal e individualizado dos jusfilósofos.[9] Neste sentido, contrasta com o paradigma do Direito Natural, que foi muito mais uma crença generalizada, que se imbricou com a própria realidade durante a sua multissecular vigência histórica. Aliás, um indício de como o Direito Natural deixou de ser crença e, portanto, padrão envolvente, e passou a ser ideia, é a de que pode ser encarado, como propôs Miguel Reale, como uma conjectura plausível.[10]

O paradigma da Filosofia do Direito, porque é ideia que resultou da fratura da crença no Direito Natural, é mais plurívoco do que unívoco na sua busca de um saber confiável em matéria de Direito. O que o caracteriza, a meu ver, é o seu modo de explicitação enquanto ideia e não crença. De fato, trata-se, como observa Bobbio, de uma elaboração doutrinária iniciada no século XIX que não resulta da obra de filósofos com interesses jurídicos, mas basicamente do trabalho de juristas com inquietações filosóficas. Tem a sua origem em problemas específicos, percebidos pelos juristas com inquietações filosóficas e suscitados pelas necessidades práticas da experiência jurídica de ir além dos dados empíricos do Direito Positivo para poder lidar com o próprio Direito Positivo.[11]

Na explicitação deste paradigma, os jusfilósofos foram definindo campos de investigação que têm a sua raiz nestes problemas. O primeiro é o *metodológico*. Prende-se à preocupação que caracteriza a Filosofia moderna com as possibilidades de conhecimento e diz respeito ao exame crítico e à legitimidade epistemológica dos procedimentos intelectuais de que se vale o jurista para comprovar, interpretar, integrar e conciliar normas de Direito Positivo. O segundo é o da *validade formal da norma* e diz respeito à necessidade de definir o Direito pela forma, por meio de categorias internas ao próprio sistema jurídico, pois dada a contínua mudança do Direito Positivo, tornou-se impraticável identificar o jurídico por seu conteúdo. O terceiro campo é o da *efetividade da norma* em relação aos seus destinatários, que foi sendo articulado na medida em que a experiência jurídica pressupõe a referibilidade das normas a comportamentos reais, e este pressuposto colocou-se como problemático na vida do Direito Positivo. Finalmente, o quarto campo é o da *justiça da norma*, que foi sendo explicitado como campo autônomo por força da crise de legalidade que também tornou problemática a identificação da justiça com a lei.[12]

Estes quatro campos — que em conjunto ou isoladamente se incluem no âmbito do novo paradigma, de acordo com a maior ou menor amplitude dada à Filosofia do Direito pelos jusfilósofos — se inserem dentro da lógica do razoável, que é constitutiva da tradição jurídica. Com efeito, é razoável, no clima espiritual da modernidade, preocupar-se com o alcance e os limites epistemológicos dos procedimentos intelectuais que caracterizam a prática do Direito. É igualmente razoável procurar definir o Direito pela sua forma quando o processo de contínua mudança do Direito Positivo, por obra das necessidades de gestão da sociedade moderna, tornou impraticável definir o jurídico pelo seu conteúdo. É também razoável lidar com o descompasso entre a norma formal e a realidade social quando este descompasso se generaliza. Finalmente, é razoável discutir criticamente os valores de Justiça contidos no Direito Positivo diante da crise generalizada de legitimidade do poder que positiva a legalidade.

5. A ruptura surge, provocando o hiato de que fala Hannah Arendt, e levando ao desconcerto epistemológico, quando a lógica do razoável que permeia o paradigma da Filosofia do Direito não consegue dar conta da não razoabilidade que caracteriza uma experiência como a totalitária. Esta, convém frisar, não foi fruto de uma ameaça externa mas, ao contrário, foi gerada no bojo da própria modernidade e como desdobramento inesperado e não razoável de seus valores.

Assim, dou sequencia à análise do tema da ruptura procurando mostrar, num primeiro momento, quais são, no campo do pensamento, as raízes do desconcerto epistemológico que está ligado, de acordo com Hannah Arendt, à dissolução da identidade entre ser e pensamento e, consequentemente, do pressuposto de harmonia entre o homem e o mundo. Discuto a seguir como ela procura repensar criticamente a tradição, reelaborando-a para poder lidar com a ruptura ubiquamente consumada pelo totalitarismo. Depois procuro evidenciar como, diante da experiência do totalitarismo no poder, não tem pertinência a lógica do razoável do paradigma da Filosofia do Direito.

Com efeito: o amorfismo jurídico que caracteriza o Estado

totalitário torna sem utilidade prática a definição do Direito pela forma; o antiutilitarismo do movimento, que assinala o totalitarismo no poder, torna sem sentido a categoria do interesse, na qual se apoia grande parte das análises e das propostas sobre o encaminhamento do descompasso entre a norma e a conduta das pessoas; e finalmente o campo de concentração — que é o modelo de organização da sociedade totalitária, pois realiza a meta de dominação total — torna descabida a discussão crítica dos vários critérios de Justiça. De fato — e nisto está o ineditismo da ruptura — o totalitarismo é uma proposta de organização da sociedade que escapa ao bom-senso de qualquer critério razoável de justiça, pois se baseia no pressuposto de que os seres humanos são, e devem ser, encarados como supérfluos.

A convicção, explicitamente assumida pelo totalitarismo, de que os seres humanos são supérfluos e descartáveis, representa uma contestação frontal à ideia do valor da pessoa humana enquanto "valor-fonte" de todos os valores políticos, sociais e econômicos e, destarte, o fundamento último da legitimidade da ordem jurídica, tal como formulada pela tradição, seja no âmbito do paradigma do Direito Natural, seja no da Filosofia do Direito. Daí a necessidade de precisar como ocorreu especificamente esta ruptura no plano jurídico e quais são algumas das respostas possíveis a esta situação.

III

6. O valor da pessoa humana enquanto "valor-fonte" da ordem de vida em sociedade encontra a sua expressão jurídica nos direitos fundamentais do homem. É por essa razão que na segunda parte do trabalho examino as origens estoicas e cristãs

deste valor e seu desdobramento político-jurídico na Idade Moderna, para poder precisar onde se localizou o ponto de ruptura, apontando, na sequência da análise, como a crise dos direitos humanos levou Hannah Arendt a sugerir importantes pistas para uma reconstrução de sua temática, ao refletir sobre a ruptura.

Convém dizer, desde logo, nesta introdução, que a reflexão arendtiana sobre os direitos humanos é fragmentária. Está não só dispersa, como inacabada na sua obra — cuja importância para o entendimento de nosso século vem sendo crescentemente reconhecida. Daí, como já foi mencionado, tanto a relevância de um diálogo com o seu pensamento, quanto a liberdade com a qual deve ser conduzido, pois tem como objetivo tratar de assuntos que ela não tratou.

A liberdade inerente a este diálogo, que tem algo de uma *devoração crítica* à maneira de Oswald de Andrade, embora seja academicamente disciplinada e bem-comportada, é, no entanto, no meu entender, compatível com o espírito da reflexão arendtiana. De fato, do ponto de vista metodológico, assim como Hannah Arendt apropriou-se filosoficamente da *Crítica do Juízo*, explicitando para os seus propósitos uma filosofia política distinta daquela elaborada por Kant mas não incongruente com a sua visão, assim também busquei neste trabalho apropriar-me de suas pistas e sugestões para articular o alcance que podem ter para uma análise dos direitos humanos.[13]

Esta articulação harmoniza-se com as aspirações de Hannah Arendt — que compartilho — pois visa ao assentamento das condições de possibilidade de um mundo comum, assinalado pela diversidade e pela pluralidade e vivificado pela criatividade do novo, que deriva do exercício da liberdade. Ela é o objeto central de minha investigação. Nesta, procuro lidar com a inadequação parcial da lógica do razoável que permeia o paradigma da

Filosofia do Direito, examinando alguns problemas específicos da tutela dos direitos humanos no mundo contemporâneo, evidenciados pela não razoabilidade da ruptura trazida pela experiência totalitária. Penso que, neste sentido, estou seguindo a linha dos juristas com interesses filosóficos, procurando ir além do Direito para poder lidar com o próprio Direito.

7. Assim, inicio a segunda parte mostrando, num primeiro capítulo, como, no jusnaturalismo moderno, foi sendo elaborada a ideia de direitos inatos, tidos como uma verdade evidente, que seriam a medida da comunidade política, mas que dela independeriam. Indico a seguir como a positivação das Declarações de Direitos Humanos, nas constituições, tinha como objetivo conferir segurança aos direitos nelas contemplados, para tornar aceitável pela sociedade a variabilidade do Direito Positivo, requerida pelas necessidades da gestão do mundo moderno. Realço que o processo de positivação não desempenhou esta função a que aspirava o paradigma do Direito Natural, na vertente moderna, pois o elenco dos direitos do homem contemplados pelo Direito Positivo foi-se alterando do século XVIII até os nossos dias. Este processo de mudança obedeceu à lógica do razoável que caracteriza o paradigma da Filosofia do Direito e tinha como objetivo, na interação entre governantes e governados, ensejar a governabilidade, respondendo à percepção de novas realidades históricas.

Explico, dessa maneira, como se caminhou dos direitos humanos de primeira geração — os direitos-garantia, de cunho individualista — para os direitos de segunda geração — os direitos de crédito, de feição social —, apontando que, se existem conflitos entre esses direitos, sobretudo em matéria de tutela e da concepção do papel do Estado, a complementaridade é superior ao conflito para uma lógica do razoável.

Finalmente registro os pontos de convergência entre os processos históricos de asserção dos direitos de primeira e segunda geração com os direitos de terceira geração — os direitos de titularidade coletiva —, sublinhando como os direitos humanos foram sendo conjugados com a soberania nacional, consoante o modelo da Revolução Francesa. Concluo apontando que esta convergência entre os direitos de primeira, segunda e terceira geração baseara-se num pressuposto implícito: o padrão de normalidade era a distribuição, em escala mundial, dos seres humanos entre os Estados de que eram nacionais — um padrão que as realidades históricas do primeiro pós-guerra colocaram em questão, como procuro demonstrar na parte final deste primeiro capítulo da segunda parte.

8. No capítulo seguinte trato do surgimento em larga escala dos refugiados e apátridas — os expulsos da trindade Povo-Estado-Território. Estes assinalam, com a emergência do totalitarismo, o ponto de ruptura. De fato, na medida em que os refugiados e apátridas se viram destituídos, com a perda da cidadania, dos benefícios do princípio da legalidade, não puderam valer-se dos direitos humanos, e não encontrando lugar — qualquer lugar — num mundo como o do século XX, inteiramente organizado e ocupado politicamente, tornaram-se efetivamente supérfluos, porque indesejáveis *erga omnes,* e acabaram encontrando o seu destino nos campos de concentração. Daí a conclusão de Hannah Arendt, calcada na realidade das *displaced persons* e na experiência do totalitarismo, de que a cidadania é o direito a ter direitos, pois a igualdade em dignidade e direitos dos seres humanos não é um dado. É um construído da convivência coletiva, que requer o acesso ao espaço público. É este acesso ao espaço público que permite a construção de um mundo comum através do processo de asserção dos direitos humanos.

Neste sentido, a reflexão arendtiana em *The Origins of Totalitarianism* mostra a inadequação da tradição, pois os direitos humanos pressupõem a cidadania não apenas como um meio (o que já seria paradoxal, pois seria o artifício contingente da cidadania a condição necessária para assegurar um princípio universal), mas como um princípio substantivo, vale dizer: o ser humano, privado de seu estatuto político, na medida em que é apenas um ser humano, perde as suas qualidades substanciais, ou seja, a possibilidade de ser tratado pelos Outros como um semelhante, num mundo compartilhado.[14]

As consequências e a atualidade desta conclusão foram recolhidas pelo Direito Internacional Público contemporâneo, que passou a considerar a nacionalidade como um direito humano fundamental e que procura substituir as insuficiências do mecanismo de proteção diplomática por garantias coletivas, confiadas a todos os Estados-partes nas Convenções Internacionais de Direitos Humanos. Influenciaram também a jurisprudência norte-americana. Esta, ao absorver explicitamente a reflexão de Hannah Arendt, trouxe uma importante contribuição aos princípios do Direito Constitucional democrático na parte referente à inaceitabilidade da privação da cidadania como sanção. De fato, o processo de asserção dos direitos humanos, enquanto invenção para a convivência coletiva, exige um espaço público, a que só se tem acesso por meio da cidadania. Por isso, como apontou a Suprema Corte dos EUA, no mundo contemporâneo destituir alguém de sua cidadania é tendencialmente expulsá-lo do mundo, tornando-o supérfluo e descartável, conforme revelou a experiência totalitária.

9. O problema dos seres humanos supérfluos e como tais encarados, posto pela experiência totalitária e juridicamente ensejado pela privação da cidadania, criou as condições para o

genocídio, na medida em que foram levados, por falta de um lugar no mundo, aos campos de concentração.

O genocídio não é um crime contra um grupo nacional, étnico, racial ou religioso. É um crime que ocorre, lógica e praticamente, acima das nações e dos Estados — das comunidades políticas. Diz respeito ao mundo como um todo. É, portanto, um crime contra a humanidade que assinala, pelo seu ineditismo, a especificidade da ruptura totalitária. Assim, na sequência da análise examino como, no segundo pós-guerra, a ruptura totalitária levou à afirmação de um Direito Internacional Penal, que procura tutelar interesses e valores de escopo universal, cuja salvaguarda é fundamental para a sobrevivência não apenas de comunidades nacionais, de grupos étnicos, raciais ou religiosos, mas da própria comunidade internacional. Entre estes valores e interesses está a repressão ao genocídio.

Na reflexão sobre o genocídio valho-me da análise polêmica empreendida por Hannah Arendt sobre o processo Eichmann e discuto as posições da promotoria, da defesa e os fundamentos da sentença, para sublinhar em que medida, por se basearem em categorias jurídicas tradicionais, que seguem a lógica do razoável, foram insuficientes para lidar com a não razoabilidade do crime do genocídio. Indico, inspirado por Hannah Arendt, como o crime do genocídio, administrado por Eichmann e perpetrado no corpo do povo judeu, é um crime contra a humanidade porque é uma recusa frontal da diversidade e da pluralidade — características da condição humana na proposta arendtiana de um mundo centrífugo. Fundamento a repressão ao genocídio na análise arendtiana da condição humana e nos princípios kantianos, por ela esposados, da hospitalidade universal e da confiança recíproca, articulados no *Projeto de Paz Perpétua*. Explicito, assim, que a hospitalidade universal é um princípio de *jus cogens* de ordem internacional, pois o fato de o genocídio ter ocorrido é um precedente que ameaça a ordem pública internacional. Nenhum povo da terra pode sentir-se razoavelmente seguro de sua existência e sobrevivência e, portanto, à vontade e em casa no mundo, na medida em que se admite o genocídio como uma possibilidade futura, pois esta possibilidade compromete o também kantiano princípio da confiança recíproca.

Concluo o capítulo mostrando como a análise de Hannah Arendt, voltada para a natureza e a tipificação do crime de genocídio, e não movida pelo sofrimento das vítimas — e esta falta de compaixão foi tida como carência de amor ao povo judeu —, na verdade está de acordo com a tradição judaica, que afirma concomitantemente a unidade do gênero humano e o pluralismo das nações, e que, desta maneira, oferece igualmente elementos para a tipificação do crime de genocídio, compatíveis com os propostos por Hannah Arendt.

10. O totalitarismo, na exata medida em que representou uma proposta de organização do Estado e da Sociedade, que escapa ao bom-senso de qualquer critério razoável de Justiça, recolocou em novos termos o tema clássico da resistência à opressão.

É por essa razão que, no capítulo subsequente da segunda parte, examino, num primeiro momento, como o paradigma do Direito Natural tratou o direito de resistência, com base na ideia de uma reciprocidade de direitos e deveres na interação entre governantes e governados, que não existindo enseja o direito de revolução.

Depois, mostro como o direito de resistência foi inicialmente consagrado nas Declarações do século XVIII, mas desapareceu posteriormente do Direito Positivo, pois a expectativa, contemplada pelo paradigma da Filosofia do Direito, era no sentido de que a positivação, pelo Direito Constitucional, de importantes instrumentos destinados a evitar o abuso do poder seria suficiente para impedir a opressão.

Indico a seguir como estas expectativas não se materializaram e como se multiplicaram, no mundo contemporâneo, as possibilidades da opressão, rastreando as origens da crise de legitimidade e da identificação da justiça com a lei, situação que pôs em questão o dever de fidelidade ao ordenamento jurídico, elaborado como algo razoável pelo paradigma da Filosofia do Direito. Aponto como a experiência totalitária evidenciou esta situação de forma extrema levando, no correr da II Guerra Mundial, ao ressurgimento do tema da resistência dos governados ao terror opressivo exercido pelos governantes. Mostro como, depois, com os processos de descolonização e as guerras de libertação nacional — que revigoraram a reflexão revolucionária — o tema da resistência à opressão voltou à ordem do dia, passando a ser encarada pelo ângulo de análise política, a partir de uma avaliação da efetividade das técnicas e instrumentos da violência e da não violência. Menciono, entre as técnicas da violência, a guerrilha e o terror e o tratamento a eles dado pelo Direito, particularmente o Direito Internacional Público, e sublinho a importância da desobediência civil entre os instrumentos não violentos da resistência à opressão, tal como elaborados e praticados por Thoreau e Gandhi.

É a partir desta *mise-au-point* que inicio a análise da contribuição de Hannah Arendt ao tema da resistência à opressão. Mostro, num primeiro momento, como na sua reflexão ela não se preocupou nem com a aquisição e a manutenção do poder, nem com o seu emprego pelos governantes, mas sim com o que a isto antecede: a sua geração pelos governados. Poder, para ela, é aptidão humana para agir em conjunto, daí advindo a importância decisiva do direito de associação para uma comunidade política, pois é a associação que gera o poder de que se valem os governantes. Por isso, a questão da obediência à lei, em última instância, não se resolve pela força, como afirma a tradição, mas sim pela opinião e pelo número daqueles que compartilham o curso comum de ação expresso no comando legal. Em síntese, a pergunta primeira não é por que se obedece à lei, mas sim por que se apoia a lei, obedecendo-a.

O poder não necessita de justificação, mas requer legitimidade, que Hannah Arendt vincula à autoridade, categoria que ela examina em *Between Past and Future,* mostrando as suas origens romanas. Deriva do início da ação conjunta, do ato de fundação da comunidade política. Sublinho a atualidade desta categoria no mundo moderno e contemporâneo através da importância atribuída, na teoria política, ao processo de legitimação da ideia de revolução.

De fato, é só a partir da Revolução Francesa que uma *renovatio ad imis fundamentis,* de natureza interna, passou a ser encarada como evento transformador e instaurador da autoridade, deixando de ser vista como revolta e rebeldia desagregadora da ordem.[15] Daí a ênfase que o Direito Internacional Público contemporâneo confere à independência e à autonomia dos Estados e ao princípio de autodeterminação dos povos.

Poder e Autoridade são fenômenos plurais — coletivos —, distintos, pela sua natureza, da força, do vigor e da violência, que se colocam no singular. Daí a crítica de Hannah Arendt à criatividade da violência no campo da política, num dos importantes ensaios que hoje integra *Crisis of the Republic.*

A violência tem caráter instrumental e, no mundo contemporâneo, o seu alcance viu-se multiplicado pela técnica. De acordo com Hannah Arendt, a violência *ex parte populi,* no campo da política, é uma resposta à hipocrisia dos governantes que converte governados *engagés* em *enragés*. Esta resposta — cujo alcance viu-se multiplicado pela técnica — não gera, no entanto, poder. Este sempre resulta do agir conjunto, que se baseia no direito de associação e que requer a comunicação entre as pessoas e, portanto, o direito à informação. Por isso, poder não se confunde com força e violência, e estas, quando deixam de ser reação e se convertem em estratégia, são destrutivas da faculdade do agir e, consequentemente, impeditivas do poder que gera e vivifica uma comunidade política.

Depois da crítica aos meios violentos da resistência à opressão, meios que apenas destroem a autoridade e o poder mas não os criam ou os substituem, mostro subsequentemente, inspirado na reflexão de Hannah Arendt em *The Human Condition*, a complementaridade entre Direito e Política. O Direito é constitutivo e regulador da ação política, requer consenso e se fundamenta na promessa, categoria que juntamente com a do perdão Hannah Arendt reelabora na sua análise da ação.

A promessa estabelece um limite estabilizador necessário à imprevisibilidade e à criatividade da ação. Daí a importância, na interação humana, do *pacta sunt servanda*, no qual se fundamenta o Direito. Uma constituição — como mostra Hannah Arendt na análise da experiência norte-americana que, em *On Revolution*, ela discute como metáfora exemplar do poder constituinte originário — tem duas dimensões que esclarecem a relação entre Direito e Política de maneira mais concreta. São elas a da construção pelo *homo faber* do espaço público, e a da obtenção do acordo para o agir conjunto, por meio da promessa. A Constituição é, portanto, um construído convencional, no qual a contingência do consenso, cuja autoridade deriva do ato de fundação, é uma virtude, pois a verdade da lei repousa na convenção criadora de uma comunidade política, que enseja a gramática da ação e a sintaxe do poder.

As constituições, porque as comunidades políticas não são produto do pensamento mas resultado da ação, não têm existência independente. Não são apenas uma obra de técnica jurídica. Estão sujeitas a e dependem de outros e sucessivos atos para subsistirem. É por essa razão que é preciso preservar as condições para a gramática da ação e a sintaxe do poder, a fim de que haja obediência à lei.

Indago a seguir se, no mundo contemporâneo, é possível resgatar esta dimensão da obrigação política. De fato, vivemos, como Hannah Arendt estava muito ciente, no contexto da destrutividade generalizada da violência (o que ela mostra no ensaio sobre esta); de um Direito que se perde no metabolismo de gestão da sociedade e deixa, consequentemente, de desempenhar uma função estabilizadora da vida (como se depreende de sua avaliação crítica da modernidade em *The Human Condition);* e experimentamos quotidianamente a crescente multiplicação das possibilidades de opressão que leva à corrosão da autoridade da lei (como ela realça nas páginas iniciais de seu ensaio sobre a desobediência civil).

Uma resposta esperançosa a estes dilemas, que dificultam a afirmação de uma obrigação política autêntica, passa pela criatividade da política, pelo potencial do novo que o agir conjunto, baseado na associação entre os homens no espaço público, oferece ao desafio da ruptura. É isto que Hannah Arendt explora, com a sua capacidade de pensar teoricamente a partir de situações concretas, no ensaio sobre a experiência norte-americana de desobediência civil, que integra *Crisis of the Republic.*

Neste ensaio, ela mostra como a desobediência civil é uma forma extrema de dissentimento, que, ao exprimir-se por meio da associação, fala a linguagem da persuasão, resgata a faculdade de agir, gera poder pela ação conjunta de muitos e se coloca na esfera do interesse público.

Hannah Arendt entende que, em situações-limite — uma categoria de inspiração jasperiana, importante na sua reflexão —, a desobediência civil é legítima e pode ser bem-sucedida na resistência à opressão. Este foi o caso, por ela comentado em *Eichmann in Jerusalem — A Report on the Banality of Evil*, da resistência dos dinamarqueses, através da desobediência civil, à política antissemita do invasor nazista. Este também foi o caso da luta contra a segregação racial e da resistência à guerra do Vietnã, a partir dos quais ela refletiu sobre a desobediência civil no ensaio acima mencionado, que integra *Crisis of the Republic*. De fato, nestes casos a desobediência civil, sendo a expressão de um empenho político coletivo na resistência à opressão, não se constitui como rejeição da obrigação política, mas sim como a sua reafirmação.

Concluo este capítulo apontando, através de um confronto com a posição de Rawls, como a análise de Hannah Arendt da desobediência civil é criativa, por se afastar da lógica do razoável, que não dá conta das realidades contemporâneas. Ressalvo também que esta análise carece de *standards* que permitam identificar situações-limite. Tal carência coloca problemas sérios, pois sem estes *standards* a prática generalizada da desobediência civil pode levar à anarquia e à ingovernabilidade. De fato, no contexto de uma legitimidade centrífuga e tópica que caracteriza o mundo contemporâneo, e em parte resulta de uma reação à ruptura totalitária, o particularismo compromete a ideia de unidade que preside o conceito de comunidade política na elaboração teórica que vai da *polis* grega ao Estado Moderno, e é fundamental para a governabilidade. Este ponto é importante, pois a defesa da anarquia não é a posição arendtiana, que não pretende o desaparecimento do poder e da autoridade, mas sim a sua recuperação. Daí a importância, para a análise da desobediência civil, da distinção entre o público e o privado — distinção examinada no próximo capítulo — e de uma discussão do juízo em geral e do juízo político em particular, explorada na terceira parte deste trabalho.

11. A ruptura totalitária opera, na prática, através do *isolamento,* que destrói a possibilidade de uma vida pública autêntica. Por isso, a reconstrução inspirada em Hannah Arendt da temática dos direitos humanos, discutida nos três primeiros capítulos da segunda parte, diz respeito àqueles direitos que devem ser tutelados, pois podem impedir, se exercidos, a reconstituição de um "estado totalitário de natureza" através da garantia de uma sobrevivência do espaço público. Entretanto, Hannah Arendt também mostra que uma das características inéditas da ruptura totalitária é a promoção da *desolação,* que impede a vida privada, exacerba o desenraizamento e dificulta o pensamento. É por essa razão que, no último capítulo da segunda parte, examino o direito à intimidade, que ela também coloca como direito humano fundamental, contrastando-o com o direito à informação, que também postula como condição para uma autêntica *vita activa*, pois sem ele não existe a possibilidade de ação conjunta, geradora do poder.

Neste último capítulo da segunda parte rastreio as origens, tanto do direito à informação e à liberdade de opinião quanto do direito à intimidade, mostrando que o conflito ou a complementaridade, no processo de asserção destes dois direitos, passa por uma reflexão sobre a distinção entre o público e o privado. Examino a importância desta dicotomia para o pensamento jurídico, que foi retomada na modernidade pela tradição liberal com o objetivo de afirmar tanto o equívoco da redução da sociedade ao Estado — que leva ao totalitarismo ao negar a distinção entre o público e o privado — quanto a ilusão da redução do Estado à sociedade — que caracteriza o imaginário da proposta anarquista, na sua crença de que os conflitos entre os indivíduos podem prescindir das tarefas coordenadoras da sociedade empreendidas pelo Estado. De fato, Estado/sociedade, público/privado são dois momentos necessários, distintos mas interdependentes e, por isso mesmo, não redutíveis um ao outro.[16] É por essa razão que o desaparecimento de um dos termos da dicotomia é destrutivo da liberdade numa comunidade política, para a visão liberal, e é neste sentido preciso que Hannah Arendt a ela se filia na minha análise.

A livre comunicação dos pensamentos e das opiniões é um dos direitos mais preciosos do homem, afirma a Declaração Francesa de 1791 dos direitos do homem e do cidadão, no seu artigo 11, realçando, desta maneira, no mundo moderno, a importância da construção de um espaço público. É por isso que, na sequência da análise, indico como, para Hannah Arendt, o público é simultaneamente o comum e o visível, que se diferencia da urgência que assinala o privado, cujo particularismo obedece ao horizonte temporal limitado da vida individual. Observo também como a transparência do público, por meio do direito à informação, que está ligado à democracia como forma de vida e de governo, é uma condição de possibilidade para a sobrevivência da verdade factual, na qual se baseia a interação e o juízo político. Sublinho que a esta conclusão se pode chegar através da análise empreendida por Hannah Arendt sobre o papel da mentira e do segredo na política, que a experiência totalitária levou a extremos que continuam tendo efeitos deletérios para o espaço público até os nossos dias. Aponto também que a esta hermenêutica do significado da ruptura Hannah Arendt agrega uma fundamentação adicional, baseada no princípio transcendental da publicidade de Kant, por ela reelaborado para as condições contemporâneas.

Finalmente, indico os limites teóricos e práticos do *standard* da publicidade, por ela proposto, tendo em vista a emergência da questão social que dilui o alcance da distinção arendtiana entre público e privado.

Hannah Arendt, coerente com o seu entendimento do público como o comum e o visível, entende o privado na dimensão de intimidade como aquilo que é exclusivo do ser humano na sua individualidade, e que não sendo de interesse público não deve ser divulgado. A intimidade é hoje considerada um direito autônomo da personalidade. Rousseau foi quem o articulou enquanto resposta do indivíduo ao conformismo nivelador da sociedade.

A intimidade no mundo contemporâneo é um direito e um valor mais ameaçado pelo social do que pelos governos, mas emergiu como direito humano fundamental pela não razoabilidade da ruptura totalitária. Esta tornou não apenas difícil, mas impossível o direito à intimidade por força do empenho na dominação total dos indivíduos. Na fundamentação de sua tutela mostro, a seguir, de que maneira Hannah Arendt oferece, como critério para limitar o direito à informação, o princípio da exclusividade e como este é compatível com os preceitos kantianos de publicidade, por ela esposados, na medida em que a intimidade não envolve direitos de terceiros.

A defesa da intimidade, em Hannah Arendt, também se coloca — e esta é a conclusão do capítulo — como necessidade para a defesa da esfera pública, que se vê afetada quando o íntimo, cuja transparência deve ficar adstrita ao reservado, invade o público, pois esta invasão banaliza o público e compromete o juízo, que requer o senso comum e a solidariedade, não a introspecção e a compaixão.

IV

12. A reconstrução do tema dos direitos humanos elaborada com base em desenvolvimentos ou sugestões contidas na obra de Hannah Arendt não leva a um sistema. Permite, no entanto, identificar problemas que são importantes e se tornaram relevantes em virtude da ruptura totalitária. A identificação destes problemas resulta de um juízo, uma faculdade da mente com a qual Hannah Arendt se preocupou, mas sobre a qual não chegou a escrever como pretendia: faleceu quando já tinha redigido o volume sobre o *pensar* e o *querer*, mas antes de iniciar a redação do sobre o *julgar*, que seria o fecho de *The Life of the Mind*, seu último livro, publicado postumamente.

O juízo, entendido como a faculdade de subsumir o particular no geral, é um dos temas fundamentais do Direito, pois uma das características da experiência jurídica moderna é o processo por meio do qual o caso concreto é qualificado pela norma geral. A lógica do razoável do paradigma da Filosofia do Direito explorou amplamente, em matéria de hermenêutica jurídica, as dificuldades da subsunção. Entretanto, sempre partiu do pressuposto de que existe um geral, ao qual se possa razoavelmente recorrer.

Hannah Arendt, precisamente porque articulou, como um ouriço, a ruptura que dissolveu o geral, se dá conta da inexistência de um "sistema" de universais para aquilo que desborda da lógica do razoável. Por isso, toda a sua reflexão tem como horizonte o problema de como julgar um particular, para o qual não existe previamente o dado de um universal. Foi por essa razão que, diante das dificuldades do juízo determinante em situações-limite provenientes da impossibilidade de se aplicar uma regra universal de entendimento a um caso particular, ela explorou o campo dos juízos reflexivos e raciocinantes que entreabrem a faculdade de pensar o particular.

O juízo reflexivo e raciocinante, que Kant examina na *Crítica do Juízo*, na análise da estética, foi o ponto de partida heurístico de Hannah Arendt para unir a teoria à prática na sua proposta de reconstrução, como se vislumbra nas suas *Lectures on Kant's Political Philosophy,* também publicadas postumamente sob os cuidados de Ronald Beiner.

Esta proposta harmoniza-se com a sua visão de raposa perante um mundo percebido centrifugamente, pois a importância dos juízos reflexivos e raciocinantes deriva da relação problemática entre o universal e o particular, que a ruptura tornou evidente. Em síntese: precisamente porque o juízo, no mundo contemporâneo, não pode ser reduzido a uma fórmula inequívoca de subsunção, é que se pode falar no seu peso e na sua responsabilidade.

Hannah Arendt assumiu, com a sua obra, o ônus e a responsabilidade de juízos reflexivos e raciocinantes, que são esforços de mediação entre o particular e um universal fugidio. Ela nos convida a fazer a mesma coisa. Não é fácil aceitar este convite, inclusive por força das limitações teóricas e práticas — apontadas nesta terceira parte — ao que se pode fazer, com as indicações por ela deixadas a propósito do juízo. Estas indicações, no entanto, são suficientes para fundamentar por que uma reconstrução, inspirada em Hannah Arendt, do tema dos direitos humanos, só podia ser tópica — e não sistemática — e que existe indiscutível validade nos problemas investigados com base em sua reflexão. Com efeito: (I) a cidadania entendida como o direito a ter direitos, pois sem ela não se constrói a igualdade que requer o acesso ao espaço público; (II) a fundamentação da repressão ao genocídio como um crime contra a humanidade, pois o genocídio visa a destruição da pluralidade e da diversidade inerentes à condição humana; (III) o alcance do direito de associação, que gera poder e que, na sua forma mais radical de resistência à opressão em situações-limite (impossíveis de serem definidas *a priori*), resgata, através da desobediência civil, a obrigação política da destrutividade da violência; (IV) o direito à informação, necessário para a continuidade da esfera pública, e o direito à intimidade, necessário para a preservação do calor da vida humana na esfera privada — examinados neste trabalho — são, penso eu, uma demonstração da eloquente capacidade do pensamento arendtiano de indicar caminhos teóricos a partir de problemas concretos. Daí os *fermenta cognitionis* dos tópicos abordados, derivados da experiência da ruptura, que revelam, pela sua validade exemplar, uma generalidade que de outra forma não poderia ser percebida.

PARTE I
O SABER JURÍDICO E A RUPTURA

1. O paradigma do Direito Natural

(A) CARACTERIZAÇÃO DO PARADIGMA DO DIREITO NATURAL

1. Aristóteles, numa conhecida passagem da *Retórica*, estabelece uma distinção dicotômica entre lei particular e lei comum. Lei particular é aquela que cada povo dá a si mesmo, podendo as normas dessa lei particular ser escritas ou não escritas. Lei comum é aquela conforme à natureza, pois existe algo que todos, de certo modo, adivinhamos sobre o que por natureza é justo ou injusto em comum, ainda que não haja nenhuma comunidade ou acordo.

Aristóteles, nesta passagem, cita a Antígona da peça de Sófocles, quando esta afirma que é justo, ainda que seja proibido, enterrar seu irmão Polinices, por ser isto justo por natureza. De fato, em resposta à acusação de Creonte, de que estava ela descumprindo a lei particular, Antígona evoca as imutáveis e não escritas leis do Céu, que não nasceram hoje nem ontem, que não morrem e que ninguém sabe de onde provieram.

Aristóteles, ao discorrer nesta mesma passagem sobre a lei

comum, a propósito de matar coisa viva que parece a uns justo e a outros injusto, cita Empédocles: "Mas o que é lei de todos por éter que vasto domina/ continuamente estende-se e por imensurável luz".[1]

A crença, para falar com Ortega,[2] na imensurável luz de uma lei comum que se estende *erga omnes*, e que por isso transcende a lei particular de uma determinada comunidade política, sustentou e alimentou, durante séculos, através da dicotomia Direito Natural/Direito Positivo, a reflexão metajurídica na civilização ocidental.

É certo que o termo Direito Natural abrange uma elaboração doutrinária sobre o Direito que, no decorrer de sua vigência multissecular, apresentou — e apresenta — vertentes de reflexões muito variadas e diferenciadas, que não permitem atribuir-lhe univocidade. Existem, no entanto, algumas notas que permitem identificar, no termo Direito Natural, um paradigma de pensamento. Entre estas notas, que determinam o que uma doutrina do Direito Natural normalmente considera merecedor de estudo, podem ser destacadas: (*a*) a ideia de *imutabilidade* — que presume princípios que, por uma razão ou outra, escapam à história e, por isso, podem ser vistos como intemporais; (*b*) a ideia de *universalidade* destes princípios metatemporais, "*diffusa in omnes*", nas palavras de Cícero; (*c*) e aos quais os homens têm acesso através da *razão*, da *intuição* ou da *revelação*. Por isso, os princípios do Direito Natural são *dados*, e não postos por convenção. Daí, (*d*) a ideia de que a função primordial do Direito não é comandar, mas sim *qualificar* como boa e justa ou má e injusta uma conduta, pois, para retomar o texto clássico de Cícero, a "*vera lex*" — "*ratio naturae congruens*" —, por estar difundida entre todos, por ser "*constans*" e "*sempiterna*", "*vocet ad officium jubendo, vetendo a fraude deterreat*". Essa qualificação promove uma contínua vinculação entre norma e valor e, portanto, uma permanente aproximação entre Direito e Moral.[3]

Estas notas conferem ao Direito Natural, no contexto deste paradigma de pensamento, preeminência em relação ao Direito Positivo. De fato, este, por ser um *jus in civite positum,* caracteriza-se pelo particularismo de sua localização no tempo e no espaço. Diferencia-se, portanto, do Direito Natural pelos seus princípios e jurisdição e pelo seu valor, pois o Direito Natural, ao contrário do Direito Positivo, seria comum a todos e, ligado à própria origem da humanidade, representaria um padrão geral, a servir como ponto de Arquimedes na avaliação de qualquer ordem jurídica positiva.

Na elaboração doutrinária do Direito Natural é possível distinguir dois planos: o ontológico e o deontológico. No primeiro, identifica-se o Direito com o Direito Natural. No segundo, o Direito Natural aparece como um sistema universal e imutável de valores.

A primeira acepção abrange a segunda, pois neste caso o ser do Direito (ontologia) constitui-se como dever-ser do Direito Positivo (deontologia), na medida em que o dizer o Direito e o fazer a justiça são concebidos como atividades sinônimas. A segunda acepção, no entanto, não engloba a primeira. Com efeito, ao se admitir a existência de valores universais e imutáveis não se nega a presença de outros fatores, como os sociais, políticos e econômicos, que influenciam a realidade jurídica. O sistema de valores do Direito Natural existe, no entanto, para exercer uma função de controle em relação ao Direito Positivo. Daí a possibilidade de um dualismo entre o respeito à justiça e o respeito à lei,[4] configurado no diálogo entre Creonte e Antígona citado por Aristóteles.

2. O Brasil, que é o resultado não apenas, com os descobrimentos e a colonização, da expansão do universo econômico e

demográfico europeu, mas também do seu universo cultural, recebeu o paradigma do Direito Natural por via da tradição portuguesa. De fato, é o jusnaturalismo do século XVIII — o século por excelência da europeização da cultura brasileira — aquele que está nas origens da tradição jurídica brasileira, pois nele se abeberaram os "ilustrados" que estão na raiz da nossa Independência. É dessa maneira que a concepção jusnaturalista moderna, inspiradora, em Portugal, da lei *da boa-razão*, de 18/8/1769, e da criação de uma cadeira própria de Direito Natural na Faculdade de Leis e Cânones da Universidade de Coimbra, chegou até nós por ocasião da criação dos cursos jurídicos no Brasil através da lei de 11 de agosto de 1827. Esta estabeleceu a inserção da cadeira de Direito Natural no primeiro ano (artigo 1º), e justificou a sua criação, como se lê nos estatutos do Visconde de Cachoeira — aplicáveis, nos termos do artigo 10 da lei de 11 de agosto, nos seguintes termos: "[...] o direito natural, ou da razão, é a fonte de todo o direito, porque na razão apurada, e preparada por boa e luminosa lógica, se vão achar os princípios gerais e universais para regularem todos os direitos, deveres e convenções do homem [...]". Por isso, deveria ser lecionado no primeiro ano do curso jurídico juntamente com o Direito Romano, que serviu de base "à maior parte dos códigos civis das nações modernas e muito dele se aproveitaram os compiladores das leis que nos regem".[5]

(B) O JUSNATURALISMO MODERNO E OS PROCESSOS DE SECULARIZAÇÃO, SISTEMATIZAÇÃO, POSITIVAÇÃO E HISTORICIZAÇÃO DO DIREITO

3. O jusnaturalismo moderno, presente na criação dos cursos jurídicos em nosso país, é uma revitalização, um desenvolvi-

mento doutrinário e uma difusão pedagógico-cultural da multissecular crença na existência de um Direito Natural. Foi elaborado durante os séculos XVII e XVIII e buscou responder ao deslocamento do objeto de pensamento, da natureza para o homem, que caracteriza a modernidade. Na procura desta resposta, a vigência cultural deste paradigma, que entende que "o direito natural ou da razão é a fonte de todo o direito", foi sendo gradualmente desenvolvida e paradoxalmente corroída pelos processos históricos que caracterizaram a experiência jurídica a partir do aparecimento do Estado Moderno no século XVI. Entre estes processos que marcam a dissolução da unidade espiritual da *Respublica Christiana* medieval, cabe mencionar os da *secularização*, *sistematização*, *positivação* e *historicização* do Direito .[6]

A secularização está ligada à afirmação dos conceitos de soberania e razão de Estado e à reforma protestante, que levaram à separação entre Direito e Teologia e à busca de um fundamento para o Direito, que fosse válido independentemente da discussão sobre a existência de Deus. O apelo à razão natural, explicitado por Grócio nos seus prolegômenos ao *De jure belli ac pacis*, de 1625, tinha como objetivo, no plano internacional, encontrar um fundamento autônomo e laico para o Direito das Gentes, pois um fundamento com essas características poderia ser reconhecido por todos os homens — independentemente de suas crenças religiosas — e aceito por uma pluralidade de Estados soberanos, que não reconheciam uma ordem transcendente à qual estariam sujeitos na totalidade de suas manifestações. No plano interno, o apelo à razão natural tinha como meta, na elaboração contratualista, chegar a uma justificação para o Estado e o Direito que encontrasse a sua base na ação dos homens, e não no poder irresistível de Deus. Este processo de secularização, que encontra a sua expressão jurídica, no plano internacional, na Paz de Vestfália de

1648, e que se desdobra, por sua vez, no plano interno, com a vigência cultural do contratualismo, é uma das fontes inspiradoras da grande elaboração jusnaturalista moderna.

Direitos inatos, estado de natureza e contrato social foram os conceitos que, embora utilizados com acepções variadas, permitiram a elaboração de uma doutrina do Direito e do Estado a partir da concepção individualista de sociedade e da história, que marca o aparecimento do mundo moderno. São estes conceitos os que caracterizam o jusnaturalismo dos séculos XVII e XVIII, que encontrou o seu apogeu na Ilustração.

A afirmação, pelo jusnaturalismo moderno, de um Direito racional, universalmente válido, teve efeitos práticos importantíssimos, seja na teoria constitucional, seja na obra de codificação que vieram a caracterizar a experiência jurídica do século XIX.[7] Estes efeitos, no entanto, contribuíram para corroer o paradigma que os inspirou.

De fato, a codificação terminou por constituir-se em ponte involuntária entre o jusnaturalismo e o positivismo jurídico. Com efeito, uma das características do ideal do saber científico, nos séculos XVII e XVIII, foi a de uma ordenação exaustiva e universal de todas as diferenças possíveis, da qual deriva a ideia de sistema. O jusnaturalismo moderno corresponde a este ideal de um saber lógico-demonstrativo, e a obra de Pufendorf, que é do século XVII, representa, de maneira exemplar, a corporificarão desta concepção de Direito como sistema.

A ideia de sistema constitui um aspecto fundamental da contribuição do Direito Natural à jurisprudência europeia, que deixou de limitar-se à exegese e à interpretação prudencial de textos singulares e passou a ter características de uma estrutura lógico-demonstrativa. Ora, transposta e positivada pelos códigos e pelas constituições a visão jusnaturalista de um Direito racional e sistemático, foi perdendo significado a ideia de outro Direito que não o Direito do Código e da Constituição. Por isso, o fundamento do Direito deixou de ser buscado nos ditames da razão e passou a afirmar-se como a vontade do legislador, independentemente de qualquer juízo sobre a conformidade desta vontade com a razão.[8] Nesse sentido, o processo de laicização e sistematização do Direito terminou por confluir com o fenômeno da crescente positivação do Direito pelo Estado, que é outro processo característico da experiência jurídica no mundo moderno.

A identificação entre Direito e Poder, derivada da positivação, está na raiz da construção do Estado Moderno e é a base da afirmação de Hobbes: "It is not wisdom, but authority that makes a law", pois "A Law is the command of him, or them that have the Sovereign Power [...]". Hobbes, neste sentido, representa a matriz de um pensamento inspirador, no mundo moderno, da convergência entre Direito e Poder, que faz do Direito um instrumento de gestão governamental, criado ou reconhecido por uma vontade estatal soberana e não pela razão dos indivíduos ou pela prática da sociedade. Daí a ontologização do Direito Positivo e também o entendimento de que a função do Direito é a de comandar condutas e não de qualificá-las de boas ou más, a partir de uma permanente vinculação entre Ética e Direito.[9]

Ao impacto dos processos de secularização, sistematização e positivação cabe acrescentar o da percepção da historicidade do Direito. De fato — e como é sabido — as aspirações de universalidade e imutabilidade que caracterizam a elaboração jusnaturalista e que são típicas da Ilustração esbarraram com as realidades de direitos históricos, contingentes e variáveis. Estas realidades foram realçadas pelo Romantismo, do qual a Escola Histórica é uma expressão no campo do Direito. Daí, na polêmica entre Thibaut e Savigny sobre a codificação, a contraposição entre "razão abstrata" e a especificidade do "espírito dos povos", que ensejou uma severa crítica ao paradigma do Direito Natural a partir da perspectiva da historicidade da experiência jurídica.[10]

4. Os fenômenos acima sucintamente referidos levaram à erosão da crença generalizada na existência de um Direito Natural e, por via de consequência, à desagregação, no correr do tempo, de seu paradigma de pensamento. Um sintoma disso foi a gradual substituição do termo Direito Natural por Filosofia do Direito, que começou a ser difundido na Europa no século XIX.[11]

A nova denominação assinala o surgimento de um novo paradigma. De fato, assim como se pode dizer que o Direito Comercial é uma categoria histórica, vinculada à civilização burguesa e citadina, e que resultou, na sua origem, da prática dos comerciantes; ou que o Direito Internacional Público é também uma categoria histórica ligada ao aparecimento do Estado Moderno e à distribuição individual porém desigual do poder entre unidades soberanas no plano internacional,[12] assim também creio que se pode dizer que a Filosofia do Direito, inclusive enquanto denominação, é uma categoria histórica. Trata-se, em verdade, de um novo paradigma de pensamento que foi sendo elaborado no correr dos séculos XIX e XX e que exprime a percepção da relevância de novos fatos e problemas que não mais se inseriam adequadamente no paradigma do Direito Natural.

Com efeito, um ciclo do pensamento jurídico-filosófico que nasceu como resposta à dissolução da unidade espiritual na Idade Média, que se caracteriza por uma concepção individualista da história e da sociedade, mas que encontrou apoio, na sua elaboração, no paradigma multissecular do Direito Natural, encerra-se, como observou Fassò, no início do século XIX com a promulgação, em 1804, do Código de Napoleão e a morte de Kant. A Filosofia do Direito posterior a Kant e à codificação passou a ter novas características e a enfrentar problemas diferentes daqueles com os quais se confrontou o paradigma do Direito Natural na sua vertente moderna.[13]

É por isso que Miguel Reale considera útil a distinção entre uma Filosofia do Direito *implícita* — que, no seu entender, prolonga-se no mundo ocidental desde os pré-socráticos até Kant, e abrangeria todas as indagações sobre o valor e a função das normas que governam a vida social no sentido do justo — e uma Filosofia do Direito *explícita*. Esta, para Reale, é também o resultado de uma maturação histórica que levou ao surgimento de uma disciplina autônoma, com objeto próprio nos domínios do discurso filosófico, cujos contornos amadureceram pela preocupação kantiana com a busca das condições transcendentais do conhecimento da experiência jurídica e com a consciência jurídico-positiva trazida pela experiência da codificação e contribuições complementares, como as da Escola da Exegese e a dos Pandectistas.[14]

(C) A EROSÃO DO PARADIGMA DO DIREITO NATURAL

5. A explicitação de uma Filosofia do Direito é a busca de um saber confiável em matéria de Direito, provocado pela fratura na crença do Direito Natural. Esta fratura foi tornando cada vez menos relevante a dicotomia Direito Natural/Direito Positivo, com a qual operava o antigo paradigma. Daí a necessidade de análise um pouco mais circunstanciada do processo de afirmação do Direito Positivo como a única realidade jurídica a ser levada em conta, como um passo prévio para a caracterização do novo paradigma.

Na história do pensamento ocidental, os *Lineamentos Fun-*

damentais da Filosofia do Direito, de Hegel, que datam de 1821, marcam não apenas o início da maior difusão da nova denominação, mas também uma importante etapa da dissolução do paradigma do Direito Natural. Com efeito, a superação do antagonismo entre *ser* e *dever-ser*, entre aquilo que está absolutamente certo e aquilo que a arbitrariedade faz passar por Direito, é, para Hegel, precisamente o que explica a necessidade do estudo dos fundamentos do Direito. Na sua obra, este dualismo dicotômico entre Direito Natural e Direito Positivo dissolve-se através da identificação entre o real e o racional. É por isso que em Hegel desaparece a razão de ser da disputa clássica entre vontade (Hobbes) e razão (Grócio) enquanto fundamentos distintos do Direito, pois no sistema hegeliano, como lembra Bobbio, a lei é racional pelo fato de ser lei, vale dizer, a autoridade (a vontade) faz a lei porque é sabedoria (razão).[15]

Esta identificação entre o real e o racional, promovida pelo idealismo hegeliano, que conduz à ontologização do Direito Positivo, encontrou ressonância na realidade e em outras correntes de pensamento na medida em que a lei posta pelo Estado foi-se tornando, praticamente, a fonte exclusiva do Direito.

Esta tendência em prol da legislação foi uma reação inspirada pela ideia de sistema enquanto ideal do saber científico, proposto pelo jusnaturalismo moderno ao *particularismo jurídico*, ou seja, a falta de unidade e coerência no conjunto de normas vigentes em quase todos os países da Europa. Com efeito, a presença concomitante do *Direito Comum*, fruto do processo de recepção do Direito Romano na Europa, e do *jus proprium, o* Direito costumeiro e legislativo de cidades e províncias, gerava incertezas em relação aos Direitos de cada um. Estas incertezas eram causadas tanto por dúvidas a respeito das normas que regiam uma determinada situação jurídica, quanto da jurisdição competente para dirimir questões. A codificação surge, neste contexto, como um processo de simplificação e racionalização formal que correspondia a um duplo imperativo socioeconômico: o primeiro era a necessidade de pôr ordem no caos do Direito Privado para garantir a segurança das expectativas, e atender, desta maneira, às necessidades do cálculo econômico-racional de uma economia capitalista em expansão. O segundo era o de fornecer ao Estado, através da lei, um instrumento eficaz de intervenção na vida social.[16]

Não é por acaso que Bentham, para quem a razão, à maneira de Hobbes, tem uma função essencialmente calculadora, foi um dos mais severos críticos do sistema da *common law* e um dos grandes proponentes da reforma da legislação e da codificação, conjugando o princípio de utilidade com o da segurança na elaboração de sua teoria da legislação e da lei positiva.[17]

É por isso que a segurança do princípio da legalidade — herança da vertente política da tradição liberal, na sua luta contra o arbítrio do absolutismo — passou também a ser uma das razões para afirmar, na vida jurídica, a preponderância da lei positiva. De fato, esta, na medida em que explicita *regras do jogo*, é útil para o cálculo das consequências, necessário, por sua vez, para o adequado funcionamento de uma economia de mercado. Neste sentido, combinam-se paradoxalmente as exigências de racionalização do Direito, a vocação para o concreto do reformismo utilitarista[18] e a propensão para a abstração do idealismo, com vistas a dissolver, na reflexão jurídica, o dualismo entre um Direito ideal e um Direito real, com o qual opera o paradigma deontológico do Direito Natural.

É curioso também observar que a Escola Histórica, na sua origem preocupada com a correspondência entre a norma e a sua realidade histórico-social, acabou fortalecendo, a partir de outras vertentes, o formalismo que caracterizou, na França, com a *Escola da Exegese,* a redução do Direito à lei. De fato, nos seus inícios a Escola Histórica insistiu em ver o Direito como produto da História e não da Razão, fruto do sentimento do justo e do injusto, expresso nas particularidades dos costumes e não na abstração das leis. Entretanto, nos seus desdobramentos a Escola Histórica, através do processo de elaboração científica do Direito preconizado por Savigny, terminou realizando um enorme trabalho de reelaboração conceitual e sistemática do Direito Romano. Tal trabalho redundou numa *genealogia de conceitos,* metodologicamente formal, que assinalou a pandectística. Esta, através da obra de Windscheid, preparou a codificação alemã e inspirou a jurisprudência dos conceitos.[19]

Por outro lado, o desenvolvimento, no século XIX, das ciências, particularmente a Física e a Biologia, e o seu efeito cultural irradiador nas formas de pensar, é também outro dado fundamental que contribuiu para dissolver a dicotomia entre Direito ideal/Direito real, na medida em que levou ao esforço de evidenciar e elaborar a cientificidade do Direito.[20] Com efeito, o discurso da ciência, como lembra Bobbio, é um discurso normativo que pode ser visto como "tipo ideal" de discurso que almeja cumprir uma função de descrição: fornece informações e transmite conhecimentos verificáveis. Enseja, desta maneira, asserções que são ou falsas ou verdadeiras. As asserções verdadeiras levam a juízos de fatos — que permitem tomar conhecimento da realidade.[21]

Foram as propriedades ideais do discurso científico, que, no século XIX, teve a característica de uma crença generalizada, na acepção de Ortega, que levaram à ideia de substituir o relativismo contraditório do saber jurídico-filosófico, inverificável e não conclusivo, pelo conhecimento científico. Este foi visto como o verdadeiro saber confiável, pois por ser tendencialmente unitário e verificável, permitiria uma acumulação de certezas. Estas indicavam a possibilidade de progresso, além de ter relevância prática na medida em que dariam ao homem condições de agir com conhecimento de causa e com mais precisa capacidade de previsão.[22]

O evolucionismo de Darwin e Spencer, o marxismo, o positivismo de Comte, são exemplos desta nova mentalidade, que quer tomar conhecimento da realidade procurando desvendar, a partir da observação dos fatos, leis gerais e buscando, desta maneira, derivar o *dever-ser* do *ser* da realidade. É isto que explica, por exemplo, no campo cultural, a aspiração a uma criação literário-científica no naturalismo, inspirado por Zola, e também a ideia de uma jurisprudência científica, distanciada do paradigma do Direito Natural.

6. A crença generalizada na ciência e, consequentemente, na possibilidade de se alcançar uma jurisprudência científica, teve grande ressonância, permeando o pensamento jurídico europeu do século XIX bem como o brasileiro, que dele é tributário. Assim, o positivismo, o evolucionismo, o darwinismo, a crítica religiosa, o naturalismo, o cientificismo — o "bando de ideias novas" a que fez referência Sílvio Romero[23] — contribuíram para propagar a mentalidade científica e esta, no Brasil como em outros lugares, levou à erosão da crença e consequentemente à diluição do paradigma do Direito Natural, incompatível, por exemplo, tanto com o positivismo que predominou na Faculdade de Direito de São Paulo, quanto com o monismo evolucionista da Escola do Recife.[24]

É possível ilustrar a diluição do paradigma do Direito Natural através de uma breve referência à sua desqualificação, entre nós, por insuficiência científica, nos pareceres de Ruy Barbosa sobre o ensino em geral. Neles Ruy realça a importância da ciência e do método experimental e propõe, no que diz respeito ao

Direito, a eliminação da cadeira de Direito Eclesiástico e a substituição do Direito Natural pela Sociologia. Explicita Ruy Barbosa nos seguintes termos a sua crítica ao Direito Natural: "Quer o *direito natural*, que do seio da *natureza*, mas não da natureza que a ciência estuda com a precisão dos seus cálculos e os austeros processos do seu método; sim de uma que a escolástica engenha de ideias *a priori* e assenta em deduções sutis, eloquentes mas inverificáveis".[25]

Esta postura encontrou a sua expressão jurídica na República — que tendo suprimido, com a separação da Igreja e do Estado, a cadeira de Direito Eclesiástico em Recife e em São Paulo, substituiu, com a reforma de Benjamin Constant, de inspiração positivista, o ensino do Direito Natural pelo da Filosofia e História do Direito.[26]

Na Faculdade de Direito de São Paulo, Pedro Lessa foi o primeiro a ocupar a antiga cátedra de Direito Natural com a nova denominação "Filosofia do Direito" — e a sua obra assinala a presença da nova mentalidade. Com efeito, Pedro Lessa distingue a Filosofia do Direito da Dogmática Jurídica e da História do Direito a partir de uma reflexão metodológica. Para ele a Dogmática Jurídica é arte, pois seus métodos são o exegético e o sistemático, que levam ao comentário sobre o sentido da lei. Por outro lado, a História do Direito tem como método a descrição, que é instrumento através dos materiais que coleta para a aquisição de verdades gerais da Sociologia e das ciências sociais especiais. Não podem, por isso, ser confundidas com a Filosofia do Direito — para Pedro Lessa, a parte geral da ciência do Direito, que determina o método aplicável ao estudo científico do Direito. Tal método entende ele, na linha de Stuart Mill, é o que combina os processos indutivos com os dedutivos.[27] É interessante, nesse sentido, apontar que Pedro Lessa antecipa correntes contemporâneas que entendem a Filosofia do Direito como metodologia do conhecimento jurídico.[28]

O predomínio da mentalidade científica não foi unânime — como ilustra, no próprio âmbito da Faculdade de Direito de São Paulo, o diálogo crítico entre João Mendes Júnior, defensor da tradição, e Pedro Lessa.[29] Foi, no entanto, hegemônico. Caracterizou os primeiros sucessores de Pedro Lessa na cadeira de Filosofia do Direito, como João Pedro da Veiga Filho e João Arruda, e exprimiu-se basicamente através de uma mentalidade positivista no sentido amplo, preocupada com aspectos técnicos ligados ao manejo do Direito.[30]

A crença num tipo universal de ciência, válido para a cultura e para a natureza, e de acordo com as matrizes da Biologia e da Física, que permeou o pensamento jurídico ocidental, teve entre nós talvez a sua expressão mais acabada, no campo jurídico, em Clóvis Bevilacqua. Com efeito, e como observou San Tiago Dantas, a ideia da unidade a comandar o mundo natural e social, presente na obra de Clóvis Bevilacqua, deu a esta um nexo de coerência e continuidade na qual foi decisiva a influência inspiradora de Jhering.

Esta ideia de unidade, que também se encontra na obra de Pontes de Miranda, enseja, evidentemente, uma ontologização do Direito Positivo e claramente não comporta a dicotomia entre um Direito real e um Direito ideal, com a qual opera o paradigma do Direito Natural deontológico.[31] Daí, no ensino e na visão do Direito, o predomínio da Dogmática Jurídica. Esta tem como característica principal o princípio de inegabilidade dos pontos de partida colocados pelo Direito Positivo,[32] que não é problematizado na medida em que se aceitar como pacífica a ideia de unidade que comandaria o mundo da natureza e da sociedade.

A essa não problematização do Direito Positivo, por força da ideia de unidade, cabe acrescentar que, no Brasil e no mundo ocidental, o intervencionismo estatal, ampliado pela crise de 1929,[33] exacerbou o processo de crescente positivação do Direito pelo Estado. Daí também a base para a convicção de que o Direito não tem como função qualificar eticamente como boas ou más as condutas, mas sim servir de instrumento de gestão da sociedade. Neste contexto, cabe ao Direito Positivo encaminhar de modo controlado o processo decisório no Estado e na Sociedade — como apontou Tércio Sampaio Ferraz Jr. na sua análise da função social da Dogmática Jurídica[34] — sem as inseguranças do uso da dicotomia Direito Natural/Direito Positivo, com a qual opera o paradigma clássico da reflexão metajurídica, com os seus pressupostos de uma lei comum dada por princípios universais e imutáveis, e que se sobrepõe à lei particular posta.

2. O paradigma da Filosofia do Direito

(A) CARACTERIZAÇÃO DO PARADIGMA DA FILOSOFIA DO DIREITO

1. A preponderância do Direito Positivo na experiência jurídica dos séculos XIX e XX, sucintamente rastreada no capítulo anterior, levou a um modo corrente de aproximar-se do Direito, que consiste na afirmação: não existe outro Direito que não o Direito Positivo.[1] Tal afirmação, que é uma das dimensões importantes do positivismo jurídico, recusa evidentemente a distinção dicotômica entre um Direito ideal e um Direito real, com a qual opera o paradigma do Direito Natural deontológico. Também na medida em que o Direito contemporâneo assinala-se pelo processo de contínua mudança, as características de universalidade e imutabilidade com as quais igualmente trabalha o jusnaturalismo se esfumam diante da prática. Por isso mesmo deixou de ser útil, para o jurista, ver o Direito como algo dado materialmente por uma razão comum a todos. Passou a ser mais proveitoso encará-lo como algo posto e positivado, direta ou

indiretamente, por um poder estatal que estabelece, para distintas sociedades, a diferença entre o lícito e o ilícito e assegura a efetividade desta diferença através da sanção.

Assim, o Direito foi deixando de ter como função operacional qualificar condutas, distinguindo-as entre *bona in se* e *mala in se* a partir de uma estreita vinculação entre Direito e Moral, em consonância com o paradigma do Direito Natural, pois assumiu basicamente um papel técnico-instrumental de gestão da sociedade ao permitir, proibir, comandar, estimular e desestimular comportamentos. Esta gestão exprime-se por um Direito assinalado pela mutabilidade e pela particularidade, positivado pelo poder estatal ou por ele coonestado, garantido pela sanção, e que tem como pressuposto a utilidade, para a sociedade, do Direito Positivo.

Ora, a *Filosofia do Direito explícita* de que fala Miguel Reale surge como uma reflexão sobre estas situações, que põem em xeque a elaboração doutrinária do Direito Natural. Trata-se, em verdade, de um novo paradigma de pensamento que é, como observa Elías Díaz, o resultado de uma dupla confrontação: frente ao paradigma do Direito Natural como uma análise sobre as realidades do Direito Positivo e frente ao positivismo jurídico como uma reflexão que transcende criticamente os dados empíricos através dos quais se exprime o Direito Positivo.[2]

O paradigma da Filosofia do Direito, porque é ideia que resultou da fratura da crença num Direito Natural, não é unívoco. O que caracteriza o paradigma é o seu modo de explicitação. Pode ser visto, para valer-me da distinção que estabeleceu Bobbio entre a Filosofia do Direito dos filósofos e a Filosofia do Direito dos juristas, como uma elaboração doutrinária que se inicia no século XIX, derivada basicamente das reflexões dos juristas com interesses filosóficos e não da obra dos filósofos com curiosidade jurídica, ou então de esforços de encarar rigidamente a Filosofia do Direito como uma filosofia aplicada, subordinada a grandes temas da Filosofia Geral.[3]

Estas reflexões dos juristas com interesses filosóficos são a consequência da busca de um saber confiável em matéria de Direito, e têm a sua origem em problemas e necessidades concretas que a experiência jurídica foi colocando para a prática do Direito. São estes problemas concretos que foram definindo o paradigma e os campos de investigação da Filosofia do Direito.

Na elaboração do paradigma da Filosofia do Direito, os jusfilósofos a ela vêm dando maior ou menor amplitude[4] em função da definição e delimitação de seus campos de investigação. Há autores que, por serem mais raposas e se interessarem por várias coisas, buscam uma visão integrada da experiência jurídica. É o caso de Miguel Reale, que através de uma metodologia (a ontognoseologia) busca, com a sua teoria tridimensional do Direito, lidar com o jurídico na concomitante dimensão de fato, valor e norma. Há autores que, por serem mais ouriços, se concentram em explicitar uma perspectiva centrípeta da realidade jurídica. É o caso de Kelsen que, por força de sua preocupação metodológica com o rigor, ao elaborar a Teoria Pura limitou o campo do jurídico a uma teoria formal do Direito.

Existe algo, no entanto, que, apesar das imensas diferenças que separam os jusfilósofos, une-os no processo de elaboração comum do paradigma da Filosofia do Direito que se inicia no século XIX. Este algo resulta do fato de que as perspectivas por eles escolhidas na definição dos campos de investigação da Filosofia do Direito provêm de problemas específicos suscitados pelas necessidades práticas de ir além dos dados empíricos do Direito Positivo, para poderem lidar com o próprio Direito Positivo.

É interessante, neste sentido, observar que a Filosofia do Direito, como aliás a Filosofia Política, a partir do seu próprio nome, coloca um problema delicado de equilíbrio na definição do seu alcance e dos seus campos de investigação. Com efeito, enquanto *Filosofia* ela tende a ser uma investigação teórica. Entretanto, enquanto *Direito* ela é uma atividade preponderantemente prática. É por essa razão que o jusfilósofo não pode ser exclusivamente teórico como um físico, nem exclusivamente prático como um engenheiro.[5] É por isso que o paradigma da Filosofia do Direito é obra de juristas com interesses filosóficos, que combinam teoria e prática, como a seguir tentarei indicar na análise das origens e das características dos seus campos de investigação. Estes são basicamente quatro: *o metodológico;* o da *validade formal da norma,* tradicionalmente denominado ontológico; o da *efetividade da norma* em relação aos seus destinatários, tradicionalmente denominado fenomenológico; e o da *justiça e legitimidade da norma,* tradicionalmente denominado deontológico.

(B) A FILOSOFIA DO DIREITO E O CAMPO DA METODOLOGIA DO CONHECIMENTO JURÍDICO

2. Uma das notas importantes do pensamento moderno é a acentuada preocupação com o problema dos limites e das possibilidades do conhecimento. Esta passagem da reflexão sobre o ser — que marcou o pensamento clássico e medieval — para o conhecer permite que se diga que a Filosofia moderna desenvolveu-se como uma crítica sobre o conhecimento,[6] e portanto como metodologia.

A preocupação metodológica está presente no jusnaturalismo moderno. É, com efeito, um dos traços de sua modernidade, pois se caracteriza mais por um método comum do que por um conteúdo comum, mais pelo modo de o sujeito cognoscente abordar através da razão o objeto do conhecimento do que pelo próprio objeto a ser conhecido. Daí, no jusnaturalismo moderno, um empenho centrípeto de transformar o Direito numa ciência lógico-demonstrativa.[7]

No paradigma da Filosofia do Direito esta preocupação em torno das possibilidades do conhecimento não só se exacerbou, com a crença na ciência, como também, com a sua posterior erosão, tornou-se centrífuga.

De fato, e contrastando com o jusnaturalismo moderno, o que caracteriza o campo metodológico no paradigma da Filosofia do Direito é uma significativa oscilação epistemológica. Tal oscilação provém do esgarçamento, no correr dos séculos XIX e XX, da noção de harmonia preestabelecida entre o homem e o mundo, que colocou em questão a identidade entre as coisas e o pensamento, provocando, desta maneira, o desconcerto epistemológico. É por essa razão que, na elaboração do paradigma da Filosofia do Direito, merece destaque prévio o aspecto problemático de que se reveste a metodologia.

Toda metajurisprudência nasce de uma tomada de consciência, e esta, em consonância com a modernidade, ao se desdobrar numa crítica do conhecimento jurídico, passa pela epistemologia e pela lógica.[8] Na elaboração do paradigma da Filosofia do Direito o campo metodológico, entendido como a história da reflexão crítico-metodológica sobre o Direito, tal como a documenta, por exemplo, Karl Larenz,[9] tem uma particularidade. É, como observa Bobbio, a história do uso dos modelos de outras disciplinas, escolhidos por força de sua hegemonia cultural, para dar autoridade, dignidade ou rigor aos procedimentos intelectuais de que se vale o jurista para comprovar, interpretar, integrar e conciliar normas de Direito Positivo.[10] Neste sentido, a afirmação de Tobias Barreto, na sua *Introdução ao Estudo do Direito*, é altamente exemplificativa do processo de recepção acima mencionado:

> O que se quer, e o que importa principalmente, é fazer o Direito entrar na corrente da ciência moderna, resumindo debaixo desta rubrica os achados mais plausíveis da antropologia darwínica. E isto não é somente uma exigência lógica, é ainda uma necessidade real para o cultivo do Direito: porquanto nada há mais pernicioso às ciências do que mantê-las inteiramente isoladas.[11]

Na elaboração do paradigma da Filosofia do Direito a constituição do campo da metodologia é um problema que não pode deixar de ser posto historicamente, numa tentativa de explicitar dimensões de uma "arqueologia do saber jurídico". De fato, a escolha dos modelos de outras disciplinas destinados a dar autoridade, dignidade ou rigor ao trabalho epistemológico do jurista está intimamente ligada à vigência cultural, ou seja, à relevância hegemônica historicamente atribuída a estes modelos. Entre os modelos utilizados para a construção da metodologia jurídica podem ser mencionados, a título ilustrativo: o modelo da historiografia na origem da Escola Histórica; o modelo descritivo da história natural em Jhering; o modelo das ciências naturais explicativas, como a Física, a Química e a Biologia, no esforço de elaboração de uma jurisprudência científica; o modelo do marxismo, por exemplo, na Teoria do Direito de Karl Renner ou Pasukanis; o modelo das "ciências do espírito" como modelo distinto das ciências da natureza e que, por isso mesmo, exige, além da explicação dos nexos de causalidade, a compreensão dos nexos de significado no culturalismo jurídico que caracteriza a Filosofia do Direito de Radbruch, ou, entre nós, a de Miguel

Reale; e, mais recentemente, o modelo de análise da linguagem, entre nós desenvolvido por Lourival Vilanova, Tércio Sampaio Ferraz Jr. e Luís Alberto Warat.[12]

(C) A FILOSOFIA DO DIREITO E O CAMPO DA TEORIA GERAL DO DIREITO — O ÂNGULO INTERNO: NORMA E ORDENAMENTO

3. Na elaboração do paradigma da Filosofia do Direito e dos seus campos de investigação, além da reflexão metodológica cabe destacar o campo que resultou da indagação ontológica, preocupada com a pergunta: "O que é o Direito?" e como se diferencia o jurídico, por exemplo, de campos afins, como a Moral e os costumes. Nesta ordem de indagações é frequente a análise e a definição de noções gerais, comuns à maior parte dos ordenamentos jurídicos contemporâneos, do tipo: norma, obrigação, sanção, eficácia, validade, direito subjetivo, etc. Nesta perspectiva o mais usual é o pressuposto de que o Direito — assim como a linguagem, o Estado, a economia, a literatura, a psicologia — pode ser encarado como um sistema independente e analisado a partir de um ângulo interno, sem a necessidade de se recorrer a ingredientes extrassistêmicos e, portanto, extrajurídicos para definir o que é Direito. Trata-se, em síntese, do campo da Teoria Geral do Direito, no âmbito do paradigma da Filosofia do Direito, que muitos jusfilósofos consideram o campo por excelência configurador do paradigma.[13]

Na elaboração do paradigma da Filosofia do Direito, que se inicia no século XIX, o campo da Teoria Geral do Direito tem-se caracterizado pelo formalismo, na esteira da inspiração do criticismo transcendental.

De fato, a tradição formal, no paradigma da Filosofia do Direito, remonta à distinção kantiana entre o *quid sit juris* — ou seja, o que disseram, ou dizem, as leis positivas num certo lugar e numa certa época — e o *quid sit jus* — ou seja, quais são as condições *a priori* do Direito.[14]

A Teoria Geral do Direito sofreu o impacto de Kant por via da pandectística, que marcou a jurisprudência de conceitos, na reelaboração procedida por esta escola, de definições como propriedade, contratos, atos jurídicos, etc., que passaram a constituir um *a priori* — a parte geral do Direito — que deveria anteceder a análise do Direito Positivo. A influência kantiana contribuiu, igualmente, para o entendimento da Teoria Geral do Direito como uma disciplina isolada, tanto das ciências da natureza — pois em Kant, do ser não se podem extrair consequências normativas — quanto da política e da economia — posto que, para Kant, o Direito é um auxiliar da Moral no sentido amplo e uma garantia das liberdades.[15] Por outro lado, a definição kantiana do Direito como uma relação intersubjetiva ensejou, sobretudo no âmbito da Teoria do Direito Privado, uma resposta à pergunta "O que é o Direito?", com a afirmação de que o Direito é uma relação entre um sujeito ativo e um sujeito passivo, caracterizada por um vínculo e garantida pela sanção.[16]

A correlação entre um conceito formal de Direito e o fato jurídico concreto permitiu importantes desdobramentos à Filosofia do Direito entendida como uma Teoria Geral do Direito. Entre estes desdobramentos merece destaque o reconhecimento da importância da realidade estatal e, portanto, a insuficiência da definição do Direito a partir do ângulo do Direito Privado como uma relação jurídica baseada no princípio da coexistência, na qual o elemento fundamental é a intersubjetividade e a função principal é a de troca.

Foi a correlação entre Direito, Estado e organização social que levou Santi-Romano a ver o Direito como uma instituição que é um ordenamento, vale dizer, uma totalidade organizada que não perde a sua identidade mesmo com a mudança dos seus elementos.[17] Daí uma nova resposta à pergunta ontológica: o Direito é um ordenamento, isto é, uma entidade unitária constituída do complexo sistemático de todas as normas do Direito Positivo de um país ou da comunidade internacional, e que conserva sua identidade apesar das mudanças das normas que o compõem. Esta resposta representou um novo patamar para a elaboração doutrinária de uma Teoria Geral do Direito formal. A este novo patamar corresponde inclusive uma inovação terminológica, pois o termo ordenamento, tradução da *Rechtsordnung* alemã, passou a ser utilizado com frequência substituindo termos como lei e Direito. Tal substituição teve como resultado realçar a conotação de ordem e organização que se incluem no campo semântico do termo ordenamento e nos termos a ele assemelhados, como ordem jurídica — mesmo porque, no institucionalismo de Santi-Romano, distingue-se claramente o ordenamento do desordenamento, ou seja, aquilo que tem daquilo que não tem condições de ordenar-se em Direito.[18]

A teoria do ordenamento posterior a Santi-Romano configurou-se como uma teoria formal do Direito, que se ocupa das normas e dos ordenamentos na sua estrutura e não no seu conteúdo. Esta configuração formal resultou das necessidades práticas dos juristas no seu trabalho epistemológico de comprovar, interpretar, integrar e conciliar normas de Direito Positivo. De fato, o que caracteriza o Direito Positivo, no mundo contemporâneo, é a sua contínua mudança. Por isso, não é possível identificar o jurídico pelo seu conteúdo. Daí a necessidade de conhecer, identificar e qualificar as normas como jurídicas pela sua forma. A este problema prático Kelsen deu uma resposta teórica de admirável rigor, ao elaborar, no âmbito da teoria pura, o princípio dinâmico do Direito, graças ao qual uma norma é válida não porque tem um certo conteúdo, mas sim porque foi formalmente criada de acordo com as normas previstas no ordenamento.[19] Neste sentido, Kelsen representa, através da redução da teoria das fontes do Direito a uma teoria dos procedimentos para a criação do Direito, o grande exemplo de positivismo jurídico formalista. Ele é positivista, pois o Direito, para ele, ontologicamente não é um dado para ser descoberto ou revelado, mas sim algo criado. Ele é formalista porque a característica da ordem jurídica, enquanto ordem dinâmica, é a de criar normas que têm por função disciplinar a própria criação de normas, o que significa, para Kelsen, que o Direito se autoproduz.[20]

4. O princípio dinâmico e o conceito de validade a ele inerente teve e tem grande utilidade e aplicação na experiência jurídica contemporânea. De fato, o princípio dinâmico do Direito, tal como elaborado por Kelsen, dificilmente resultaria de uma reflexão sobre a experiência jurídica de uma sociedade primitiva, na qual prevalece um Direito Costumeiro que se caracteriza pela lenta mudança, situação que permite identificar o Direito pelo seu conteúdo. Ele é, como observa Bobbio, o resultado de uma reflexão sobre a experiência jurídica proveniente da natureza complexa da organização do Estado contemporâneo, responsável por uma parte ponderável da positivação do Direito. Por isso, em Kelsen o estudo da estrutura interna do Estado e da estrutura interna do sistema jurídico que nele se imbrica pode ser examinado à luz da grande reflexão de Max Weber sobre o processo de racionalização formal do poder estatal, que no mun-

do contemporâneo lida com o desafio da mudança através do Direito Positivo, entendido como um instrumento técnico de gestão da sociedade.[21]

Num ordenamento que obedece ao princípio dinâmico, o fundamental, diz Kelsen, não é o estudo do conteúdo das normas que prescrevem, proscrevem, estimulam ou desestimulam comportamentos, porque estas normas — que Hart denomina primárias — estão em contínua mudança. Não há comportamento humano enquanto tal, afirma Kelsen, que não possa ser o conteúdo de uma norma jurídica?[22] Por isso — e esta foi a grande contribuição de Hart, que é um pós-kelseniano, à teoria do ordenamento —, o importante é o exame das normas secundárias, isto é, das normas sobre normas, que são basicamente aquelas que tratam ou da produção de normas ou da aplicação de normas. As normas secundárias têm como função, num ordenamento, eliminar a incerteza derivada das dificuldades de identificação, introdução, eliminação, variação e verificação da violação de normas primárias. É por isso que elas são normas de reconhecimento da validade do *quid sit juris.*[23] A validade é, neste sentido, uma categoria de enorme utilidade prática para os juristas, porque é a categoria por meio da qual o pensamento jurídico seleciona os seus próprios dados a partir de um ponto de vista interno ao próprio sistema jurídico.[24]

A definição do Direito como um ordenamento que levou, pelas razões apontadas, a um aprimoramento da Teoria Geral do Direito formal, é um campo da Filosofia do Direito atualmente delimitado com bastante precisão. Neste campo incluem-se, como indica Bobbio: (I) a composição do ordenamento, vale dizer, o conceito de norma e a análise dos vários tipos de normas; (II) a formação do ordenamento, ou seja, o estudo das fontes do Direito; (III) a unidade do ordenamento, vale dizer, o problema da hierarquia e da validade das normas; (IV) a inteireza do ordenamento, ou seja, o tema das lacunas e de sua integração; (V) a coerência do ordenamento, isto é, o tema das antinomias e de sua eliminação; e (VI) as relações espaciais, materiais e temporais entre ordenamentos.[25]

A Filosofia do Direito entendida como Teoria Geral do Direito formal encontrou, no século XX, um grande apoio metodológico no positivismo lógico e no conceito de cientificidade baseado no rigor, ou seja, na coerência de um enunciado com os demais enunciados que com ele formam um sistema. Uma linguagem é rigorosa, nesta acepção, ensina Bobbio, quando estão perfeitamente dadas as regras de *formação* das proposições iniciais e as regras de *transformação* por meio das quais se passa das proposições iniciais às sucessivas. Daí o aprofundamento da análise estrutural do Direito pela lógica deôntica e o esforço de construir uma Teoria Geral do Direito como um sistema fechado e coerente de proposições definidas. Este esforço de estudar o Direito como sistema independente, a partir do seu ângulo interno, leva a uma metalinguagem, que se manifesta através de uma sintaxe do discurso jurídico, que cuida da conexão coerente entre as normas, e de uma semântica da validade do discurso jurídico, que se ocupa em verificar se a mudança das normas primárias obedece às regras previstas nas normas secundárias.[26] A elaboração kelseniana e os seus desdobramentos representam, sem dúvida nenhuma, o ponto alto deste esforço que conduz a uma metajurisprudência analítica e axiomática, que permite uma sistematização formal das regras. Esta sistematização procura estabelecer com rigor o campo das decisões possíveis num dado ordenamento jurídico.

(D) A FILOSOFIA DO DIREITO E O CAMPO DA FENOMENOLOGIA JURÍDICA — O ÂNGULO EXTERNO: O ANTIFORMALISMO, O REALISMO E A EFETIVIDADE NA CORRELAÇÃO ENTRE OS FATOS SOCIAIS E O DIREITO

5. Na elaboração do paradigma da Filosofia do Direito, se o campo da Teoria Geral do Direito levou, pelas necessidades práticas, à definição do Direito pela forma e, portanto, a uma metalinguagem que não se ocupa de coisas, fatos, pessoas e comportamentos, estas mesmas necessidades práticas levaram os juristas com interesses filosóficos a identificar um outro campo no paradigma da Filosofia do Direito.

Com efeito, se o jusfilósofo, na perspectiva da Teoria Geral do Direito, cuida de proposições normativas e não de fatos, não é menos verdade que a experiência jurídica pressupõe uma referibilidade destas proposições normativas a comportamentos reais.[27] Ora, na medida em que a referibilidade das proposições normativas a comportamentos reais se coloca como problemática para o jurista no seu trabalho epistemológico de comprovar, interpretar e conciliar normas de Direito Positivo, surge a necessidade de esclarecer as relações entre Fato e Direito. Daí um outro campo elaborado no paradigma da Filosofia do Direito, que Del Vecchio denominou de *fenomenologia jurídica.* Este campo diz respeito à elaboração doutrinária sobre o impacto e a evolução do Direito na sociedade e representa, como lembra Bobbio, a Filosofia do Direito encarada na perspectiva da *Sociologia Jurídica.*[28]

A correlação entre Fato e Direito leva ao entendimento do Direito como um sistema aberto, dependente de outros que o abrangem e circunscrevem. Daí o ângulo externo em contraposição ao interno que caracteriza a visão do Direito como um sistema aberto e leva à pergunta: "Para que serve o Direito?".

A resposta pode propiciar ciências sobre o Direito. É o que ocorre quando o jurídico é utilizado para indicar ou exemplificar caminhos da sociedade ou da história. Neste caso, o ângulo externo tem muito a ver com a Sociologia Geral, a Filosofia da História e a Crítica Ideológica. Durkheim, Weber, Marx e Parsons exemplificam esta linha, que, nas múltiplas e por vezes conflituosas posturas de suas respectivas obras, busca mostrar como o Direito indica a passagem da sociedade primitiva para sociedades modernas, ou que funções de dominação ou de integração desempenha, num dado contexto histórico.[29]

O ângulo externo pode igualmente ter como objetivo verificar e analisar como um dado ordenamento jurídico positivo atua efetivamente na sociedade. Nesta acepção o ângulo externo busca examinar as relações entre o interno do sistema jurídico e o externo que o abrange e circunscreve, inserindo-se desta maneira como um campo próprio do paradigma da Filosofia do Direito, articulado por juristas que, no seu trabalho epistemológico de comprovar, interpretar e conciliar normas de Direito Positivo, sentiram a necessidade de ir além das teorias formais no processo de determinação do *quid sit juris*.

6. O antiformalismo que caracteriza esta abordagem da Filosofia do Direito resulta do contraste entre Direito posto e Direito aplicado, da distância entre o Direito formalmente válido e a realidade social. Este desajuste entre os sistemas normativos e as correntes subjacentes da vida socioeconômica, no século XIX, manifestou-se com clareza a partir da Revolução Industrial.[30] Daí, no realismo jurídico, o deslocamento da análise para o momento da aplicação da norma, que é o momento em que ela produz impacto e atua na realidade social. Como disse Holmes: "The prophecies of what the courts will do in fact, and nothing more pretentious, are what I mean by the law".[31]

Esta tarefa profética, cuja utilidade prática é óbvia para o advogado, não é um programa de trabalho simples. Ao contrário, é, na observação irônica de Villey, altamente pretensioso.[32] Nesta tarefa, no entanto, o entendimento de que o Direito tem finalidades sociais é extremamente útil. Por essa razão, cabe destacar, neste campo do paradigma da Filosofia do Direito, a inflexão teórica, que remonta a Jhering, para quem o fundamento da ordem jurídica é a finalidade. Com efeito, Jhering insiste em realçar que tanto a norma quanto a coerção são elementos puramente formais do Direito e que, para avaliá-lo, é preciso levar em conta o seu fim, que para Jhering é o da garantia genérica das condições de existência da sociedade.[33] A teoria de Jhering pode ser vista como uma teoria do papel do interesse na criação do Direito. Jhering, no entanto, afirma o equilíbrio e a equivalência entre o momento de natureza substancial (o interesse) e o momento formal. Daí a ideia de unidade que, como já foi observado, tanto inspirou quanto impressionou Clóvis Bevilacqua. Foram os sucessores e continuadores de Jhering — como é o caso de Heck — que contestaram este equilíbrio, realçando o papel do interesse na produção do Direito e evidenciando como ele se manifesta na atividade jurisdicional e na elaboração doutrinária. Por isso, propuseram a substituição do formalismo da jurisprudência de conceitos pelo antiformalismo da jurisprudência de interesses.

Heck, sem negar a importância do aspecto formal — até mesmo em termos de segurança e garantia —, tende, sobretudo em matéria de interpretação, a abrir um espaço ao momento substancial do interesse, pois vê o Direito como uma ciência prática destinada a dar solução, pelo judiciário, aos problemas da vida.[34] Neste sentido, afina com Gény, que vê a necessidade de o Direito Positivo adaptar-se continuamente às exigências da vida social, ou então com Roscoe Pound, que lhe atribui o papel de uma eficaz engenharia social.[35]

A elaboração deste campo do paradigma da Filosofia do Direito teve papel decisivo na hermenêutica e na aplicação, pois evidenciou que a interpretação do Direito não é declaratória e reprodutiva de um Direito Positivo preexistente, mas sim constitutiva e produtiva de um Direito atualizado,[36] que leva em conta o novo no fato social. Neste sentido, diz Brandeis no seu conhecido voto na Suprema Corte dos Estados Unidos, ao examinar o problema do desemprego no caso *Adams v. Tanner,* de 1917: "The Judgment should be based upon a consideration of relevant facts, actual or possible — *Ex facto jus oritur.* That ancient rule must prevail in order that we may have a system of living law".[37] Foram, portanto, os problemas práticos da aplicação do Direito que suscitaram, como observou Recasens Siches, uma Filosofia do Direito não acadêmica e não formal.[38] O que a caracteriza é o esforço de substituir o formalismo da Teoria Geral do Direito sem incidir num divisionismo irracionalista, buscando construir uma lógica material como, para dar um exemplo significativo e bastante bem-sucedido, buscou articular Engisch.[39]

Entre nós, uma ilustração de configuração deste campo, através do que Recasens Siches chama de uma Filosofia do Direito não acadêmica, encontra-se no livro de Oliveira Vianna: *Problemas do Direito Corporativo.* Este trabalho dos anos 30 resulta de polêmica com Waldemar Ferreira a respeito da competência normativa da Justiça do Trabalho, considerada por Waldemar Ferreira como inconstitucional por atribuir ao Judiciário funções legislativas. Em defesa do projeto de organização da Justiça do Trabalho, de que fora um dos principais elaboradores, Oliveira Vianna realçou que a legislação social dos anos 30 assinalava uma fase nova no Direito Positivo Brasileiro, exigindo uma renovação da Dogmática Jurídica e dos métodos de interpretação do Direito. Por isso, o Direito Público não poderia ser concebido e aplicado à luz do formalismo jurídico e da jurisprudência silogística do século XIX, que caracterizava os civilistas, os comercialistas, os processualistas e os grandes advogados sem mentalidade de publicistas dos anos 30. Requeria o reconhecimento da realidade e a construção teleológica. Oliveira Vianna apoiava-se em Holmes, Brandeis, Gény, Ehrlich e Del Vecchio — entre outros — e na sua experiência como consultor do Ministério do Trabalho, para substanciar a sua posição. Daí, como mostrou Alberto Venâncio Filho, uma visão da Dogmática Jurídica e da aplicação do Direito voltada para as necessidades práticas do Direito Público do Estado brasileiro, que já se caracterizava por significativa intervenção na vida econômica e social e que, evidentemente, não se amoldava ao regime tradicional das ordenações e do privatismo que avassalara a vida jurídica até aquela época.[40]

7. A ilustração da necessidade de correlacionar Fato e Direito — que levou os jusfilósofos, por razões práticas, a articularem um campo de investigação próprio do paradigma da Filosofia do Direito na perspectiva do ângulo externo — é também importante na diferenciação entre Direito e não Direito.[41] A dicotomia Direito/não Direito é de grande utilidade operacional para a experiência jurídica contemporânea, como foi apontado na análise do formalismo que caracteriza a Teoria Geral do Direito construída a partir do ângulo interno. Na perspectiva do ângulo externo o princípio da efetividade desempenha uma função importante na identificação do que é Direito e na sua diferenciação do não Direito.

A efetividade — palavra que passou a ter circulação ampla na terminologia jurídica neolatina por via da tradução de *effectiveness* do inglês — desempenha um grande papel no Direito

Internacional Público, pois a descentralização do poder, no plano internacional, enseja frequentes tensões na correlação entre o Fato e o Direito, cabendo geralmente aos Estados determinar as consequências jurídicas de fatos no reconhecimento, por exemplo, de Estados, de governos, de beligerância, de títulos de território, etc.[42] O princípio da efetividade também tem um papel importante no Direito Constitucional, no que tange à elaboração do conceito de poder constituinte originário e da teoria jurídica da revolução,[43] o mesmo ocorrendo, no campo do Direito Privado, na teoria de posse, que cuida das relações de fato e de suas implicações jurídicas em matéria de bens.[44] Conforme se verifica pelos exemplos apontados, não é irrelevante, para as necessidades práticas do jurista, lidar com o Direito como um sistema aberto aos fatos sociais que o abrangem e circunscrevem.

Esta necessidade de encarar o Direito como um sistema aberto e, portanto, de desenvolver o campo da Filosofia do Direito encarada na perspectiva do ângulo externo tem também merecido destaque especial dos juristas com interesses filosóficos, por força de uma significativa metamorfose das funções do Direito Positivo e dos problemas práticos suscitados por estas metamorfoses. Como é sabido, o Direito contemporâneo não mais corresponde à concepção que dele fazia a Dogmática Jurídica tradicional. Com efeito, e como aponta Norberto Bobbio, o Direito Positivo contemporâneo deixou de ser apenas um instrumento de controle social *stricto sensu,* cumprindo funções predominantemente protetivas de interesses e preservadoras da ordem, tendo em verdade se convertido num instrumento de direção social. É um direito que, *ratione materiae,* não se ocupa apenas em proibir comportamentos por meio do Direito Penal, ou permitir comportamentos através da autonomia da vontade do Direito Privado. Trata-se de um Direito Promocional, que se interessa por comportamentos tidos como desejáveis e, por isso, não se circunscreve a proibir ou permitir, mas almeja estimular ou desestimular comportamentos através de medidas diretas ou indiretas.[45] Um Direito deste tipo, que corresponde a novas funções de gestão da sociedade, exercidas pelo Estado, não pode, evidentemente, restringir-se ao tema da validade formal, mas requer, para uma apropriada consideração do princípio da efetividade, a análise da conduta dos destinatários das normas.

Esta é uma das razões pelas quais a visão do Direito como um sistema aberto tem encontrado apoio metodológico na teoria da linguagem. De fato, hoje em dia a análise da linguagem não se limita à sintaxe ou à semântica, mas abrange igualmente a pragmática. Na pragmática se insere a preocupação com o comportamento do destinatário do discurso e, por isso, ela incorpora na análise a relação intérprete/signo/interpretante. O discurso jurídico, sendo um discurso prescritivo, tem necessariamente uma intencionalidade operatória e, por isso, não é redutível à sua estrutura formal. Daí, aliás, noções como a de fraude à lei — por exemplo, na distribuição disfarçada de lucros — ou de abuso de direito — por exemplo, na desconsideração de personalidade jurídica —, que buscam preservar esta intencionalidade operatória contra a inteligente ou abusiva "instrumentalização" das normas por parte dos seus destinatários. É por isso que se pode dizer que o discurso jurídico, no ângulo da pragmática, cumpre as suas funções quando as suas prescrições alcançam efetivamente os seus destinatários.

Na análise do efetivo cumprimento das normas, pela ótica da pragmática, tem papel decisivo a análise do seu impacto persuasório. Este impacto persuasório pode estar ligado ao receio da sanção e à possibilidade, como disse Holmes, "that if a man does or omits certain things he will be made to suffer in this or that manner by judgment of the Court". A sanção, no entanto, não é o único argumento para a observância da norma, pois o destinatário a cumprirá com mais efetividade se acreditar que ela é boa, justa e oportuna.[46] É isto que explica, em matéria de Direito, a relevância de não limitar a análise da linguagem à semântica de validade ou invalidade das prescrições em função das normas formais de reconhecimento do *quid sit juris,* mas nela incluir, através da pragmática, a dimensão da persuasão, que abrange a justificação da observância da norma.

A pragmática conferiu dignidade teórica à análise do trabalho argumentativo que caracteriza a prática do Direito, ensejando a acolhida de contribuições pioneiras, como a de Viehweg, que mostrou, através da revalorização da *tópica,* como o Direito não é uma abstração formal, mas sim uma técnica de pensar problemas concretos. No método tópico, por exemplo, apoia-se Paulo Bonavides para mostrar, entre nós, como pode ser o caminho para a interpretação constitucional, pois as constituições, em sociedades heterogêneas e pluralistas, ao resultarem de compromissos, têm uma estabilidade problemática. Por isso, a constituição representa o campo ideal de aplicação do método tópico, pois permite ver o texto constitucional como uma "estrutura aberta" à solução de problemas.

A compreensão dos vários tipos de argumentos de que se valem os juristas no seu trabalho quotidiano — a *logica legalis* — encontrou, por sua vez, na obra de Perelman, uma análise de grande rigor e utilidade, pois a ele cabe o mérito indiscutível de ter explicitado e classificado as dimensões retóricas da lógica do Direito. Cabe também mencionar a relevância do aporte que, neste campo, tem sido dado entre nós por Tércio Sampaio Ferraz Jr. nos seus estudos sobre a norma jurídica e as relações entre Direito, retórica e comunicação.[47]

(E) A FILOSOFIA DO DIREITO E O CAMPO DA DEONTOLOGIA — O ÂNGULO EXTERNO: TEORIA DA JUSTIÇA E FILOSOFIA POLÍTICA

8. Na análise do porquê, para poder lidar com o Direito Positivo, os jusfilósofos foram elaborando, a partir do ângulo externo, um outro campo de investigação do paradigma da Filosofia do Direito, baseado na categoria do interesse e preocupado com a aplicação da norma e a sua efetividade na sociedade, mencionou-se a contribuição da teoria da linguagem, na perspectiva da pragmática, que revalorizou o papel da Retórica na vida do Direito.

Retórica, que em grego é um adjetivo substantivado acompanhado da palavra *techné* — donde arte da Retórica —, etimologicamente exprime o exercício da ideia de formular, dizer a fórmula, dizer. O dizer da Retórica tem como objetivo persuadir um determinado público. A arte da Retórica, atualmente vista como uma teoria da argumentação tem como objeto, segundo Perelman, "o estudo das técnicas discursivas que visam provocar ou aumentar a adesão dos espíritos às teses que são apresentadas ao seu assentimento".[48]

No discurso do Direito, sempre teve grande peso o argumento da justiça. Por essa razão, a teoria da linguagem, na ótica da pragmática, é também uma ponte para encaminhar a análise da Filosofia do Direito encarada como a busca da fórmula da justiça. Este campo de investigação, no paradigma da Filosofia do Direito, tem sido denominado, por inspiração de Bentham, que cunhou o termo, de deontologia, palavra composta de duas palavras gregas e que, literalmente, significa o conhecimento daquilo que é justo ou conveniente.[49]

9. O tema da justiça é um tema clássico por ser recorrente

em qualquer reflexão sobre o Direito. Toda metajurisprudência instintivamente se interroga sobre o valor do Direito.

O tema da justiça, como foi visto, é constitutivo do paradigma do Direito Natural, que examina a norma, essencial e prioritariamente, a partir da perspectiva do justo. O texto clássico, sempre mencionado neste contexto, é o de santo Tomás, quando este, na *Suma Teológica*, depois de lembrar que santo Agostinho afirmara que não é considerado lei o que não for justo, define o justo na ordem das coisas humanas como aquilo que é reto segundo a razão, para a seguir concluir que, se a lei discordar da lei natural, não será lei, mas corrupção da lei.[50]

O problema da identificação do Direito com a justiça, entendida esta como conformidade às leis da natureza, para o paradigma da Filosofia do Direito, reside na dificuldade que os jusfilósofos encontram no dia a dia do Direito contemporâneo em atribuir à justiça e às leis da natureza as características de uma verdade evidente, ou pelo menos demonstrável e, portanto, inquestionável.[51] Como disse Pascal ao tratar da justiça, a verdade de um lado dos Pireneus é erro do outro.[52] Daí o tema da relatividade no tempo e no espaço da ideia de justiça, encarada, por exemplo, como igualdade na cultura grega, como obediência à lei em correlação com a providência divina na cultura judaico-cristã, como ordem pacificadora em conexão com a autoridade na cultura romana.[53] A consciência dilemática dos problemas da justiça é precisamente o que caracteriza o paradigma da Filosofia do Direito na sua reflexão sobre o Direito Positivo, e é por isso que ele contrasta e se opõe ao paradigma do Direito Natural.

De fato, o paradigma da Filosofia do Direito não parte, como o do Direito Natural, do confronto entre um Direito ideal, a partir do qual se julga o Direito real, mas sim de indagações sobre a justiça contida no Direito Positivo. É por isso que, para a

Filosofia do Direito, a Teoria da Justiça configura-se, em primeiro lugar, como a análise do conjunto de valores, bens e interesses positivados pelo Direito e cuja proteção, alteração ou incremento os homens buscam através da técnica da convivência social que o Direito enseja.[54]

É neste contexto que se inserem obras como a de Del Vecchio e as análises de Perelman e Kelsen. Kelsen, por exemplo, elenca e examina criticamente os vários princípios de justiça, *inter alia* a fórmula do *suum cuique*; o imperativo categórico de Kant; o meio-termo aristotélico; o princípio retributivo; o da equivalência de prestações; o da proporcionalidade entre prestações e contraprestações; o preceito do amor ao próximo; a ideia de liberdade e a de igualdade como fundamentos da justiça. Entretanto, como para ele a escolha dos valores não pode ser cientificamente determinada, uma teoria científica da justiça deve enumerar os possíveis valores de justiça sem apresentar um como preferível a outro. Por isso, a reflexão kelseniana é analítica e não conclusiva e complementar ao estudo histórico empreendido por Del Vecchio.[55]

Já Perelman entende que os diversos princípios de justiça têm algo em comum e, partindo do pressuposto de que a retórica fornece o modo por meio do qual um problema pode ser posto ou formulado praticamente, examina a relação entre o processo de justificação e a ideia de justiça para mostrar como a justificação, se não pode ser uma *validatio cognitionis,* é uma *vindicatio actionis. A* justificação da ação implica, para Perelman, o reconhecimento do uso prático da razão e os argumentos utilizados não são corretos ou incorretos, mas sim fortes ou fracos, relevantes ou irrelevantes para distintos auditórios, cuja instância última é o auditório universal, que ele identifica com uma razão filosófica aberta ao razoável, que por isso não comporta a coisa julgada.[56]

A Teoria da Justiça, por se colocar, no paradigma da Filosofia do Direito, como *vindicatio actionis* e não como *validatio cognitionis,* realça o aspecto de que o Direito não é um *dado* a ser descoberto ou revelado — como pressupõe o paradigma do Direito Natural — mas sim algo *criado.* Este algo para ser criado exige uma escolha entre múltiplos princípios e valores de justiça. Esta escolha, por sua vez, porque não é a única opção possível — por não ser unívoca — para ter efetividade para outros, como diretriz de conduta ou organização, além da justificação de sua dimensão deontológica, ontologicamente requer o poder como categoria de sua realizabilidade e de sua positividade. É neste sentido que Miguel Reale observa que a correlação e a identificação Direito-Poder é o infinito de uma lei social.[57]

Jus deriva de *justitia,* segundo o conhecido fragmento de Ulpiano contido no *Digesto* (1, 1, 1), e jurídico provém de *jus* + *dicus,* de *dicere,* dizer. Sebastião Cruz, na sua interpretação deste fragmento de Ulpiano, aponta que na concepção romana é a deusa *Justitia* — que corresponde, com algumas diferenças, à deusa grega *Dikê* — que gera o Direito, assim como *Dikê,* na concepção grega, gera o Direito declarando-o *(díkaion).* Existe, consequentemente, *jus* quando *Justitia* o diz, e ela o afirma depois de um exame totalmente reto e direito do equilíbrio entre o interesse das partes contrapostas. É por isso que a deusa romana mantém os dois pratos da balança que ela segura firmemente com as duas mãos no mesmo nível, totalmente aprumada, para poder *jus dicere.*

A semântica da interpretação de por que *justitia* antecede *jus* é reveladora do problema da justiça e de sua correlação com o poder, pois justiça, em sentido jurídico, vincula-se ao poder de dizer o que é Direito.[58]

No mundo moderno, o surgimento do Estado e o conceito

de soberania a ele inerente traduziu-se na monopolização, pelo Estado, do poder de dizer o Direito. Uma das verdadeiras marcas da soberania, afirma Bodin, é o poder de dar a lei a todos em geral e a cada um em particular, e Hobbes aponta a identificação entre Direito e Poder do soberano quando diz: "By the Laws, I mean Laws living and Armed... Tis not therefore the word of the Law, but the Power of a Man that has the strenght of a nation, that makes the Laws effectual".[59] Por essa razão, independentemente da possibilidade de se entender a justiça, quer como humanismo — a partir de uma eticidade laica que opera na consciência individual —, quer na sua dimensão espiritual-teológica — ligada às igrejas e aos seus ensinamentos, que na tradição ocidental vincula-se à perspectiva bíblica judaico-cristã —, a verdade é que a identificação entre Direito e Estado, no mundo moderno, coloca para a articulação do paradigma da Filosofia do Direito o tema da justiça como legalidade, ou seja, como Direito Positivo não dissociável da vontade e do poder do soberano.

Na teoria da soberania que assinala o Estado Moderno, "*Rex facit legem*". Ele faz a lei porque o soberano, de acordo com Hobbes, na leitura de Wolin, é o agente público encarregado de eliminar o significado inconstante das palavras que surgem da variedade de naturezas, disposições e interesses dos homens. O poder legislativo absoluto do soberano é, portanto, uma razão pública definidora dos significados, do justo e do injusto, que confirmam a objetividade do mundo político através do princípio da legalidade.[60] Daí a ligação entre o problema da justiça e o da autoridade, que se vê realçada, no mundo moderno, pelo processo de positivação do Direito pelo Estado. Não se pode, em verdade, avaliar o estado do Direito e o Estado de Direito sem se avaliar o Direito posto pelo poder do Estado. Não se define a justiça, aponta Opocher, sem se julgar a história, e não se julga a história sem se examinar e definir a autoridade.[61] Por essa razão, o campo da Filosofia do Direito encarada na perspectiva da Teoria da Justiça sobrepõe-se ao da Filosofia Política.

O vínculo entre a Teoria da Justiça e a Filosofia Política já se encontra explicitado em Aristóteles. Na *Política*, depois de observar que a justiça consiste numa certa igualdade, e lembrar que esta opinião está de acordo com as distinções de ordem filosófica por ele estabelecidas na *Ética*, Aristóteles afirma que o justo é uma coisa e uma relação entre pessoas. Consequentemente, para pessoas iguais, a coisa deve ser igual. A seguir, indaga: pessoas iguais ou desiguais em quê? Este problema, diz Aristóteles, suscita a necessidade de pesquisas teóricas sobre a Política. Na *Ética a Nicômaco*, ao tratar da Justiça distributiva, Aristóteles observa que a justiça na distribuição deve ser baseada no mérito, mas o critério de mérito varia de acordo com as formas de governo. Para os democratas, o mérito reside na condição livre, para os adeptos da oligarquia na riqueza, na nobreza ou na raça, e para os defensores da aristocracia na virtude.[62]

Existem, portanto, vários critérios possíveis de igualdade, cuja escolha Aristóteles vincula às formas de governo. Por isso, a Filosofia do Direito na perspectiva da Teoria da Justiça, na lição aristotélica, pode também ser encarada como Filosofia Política na acepção de propostas de organizar a sociedade com base numa escolha de critérios de justiça, através da opção por uma forma de governo.

A referência a uma acepção da Filosofia Política, e não à Filosofia Política, explica-se porque esta, como a Filosofia do Direito, não é uma disciplina cujo objeto seja inequívoco. De fato, a Filosofia Política pode ser encarada como metodologia, isto é, como reflexão crítico-científico sobre a política; pode também ser vista como esforço de individualizar a categoria do político, diferenciando-o, por exemplo, do econômico ou do social. Pode, no entanto, ser vista tanto como a tentativa de determinação do estado ótimo — a busca do *optimo statu reipublicae* — quanto como a análise dos critérios da legitimidade do poder que esclarecem o fundamento da obrigação política — o porquê se obedece à autoridade, e o que legitima a distinção entre governantes e governados, por força da escolha de um princípio de justiça.[63]

Nestas duas últimas acepções, a Filosofia Política está vinculada à Teoria da Justiça, e ambas integram a Filosofia do Direito, encarada como *deontologia* — que Reale considera o campo da "indagação do fundamento da ordem jurídica e da razão de obrigatoriedade de normas de Direito, da legitimidade da obediência às leis, o que quer dizer indagação dos fundamentos ou dos pressupostos éticos do Direito e do Estado".[64]

Este tipo de aproximação entre Política, Justiça e Direito corresponde — e cabe aqui uma nota pessoal — à minha abordagem preferencial da Filosofia do Direito e, por via de consequência, aos problemas que venho procurando tratar. Por isso, merecerá um exame mais aprofundado que os demais campos até agora apresentados, o que não constitui um desbalanceamento na exposição, mas, sim, como se verá, uma necessidade para o encaminhamento da problemática da reconstrução dos direitos humanos, que constitui o objetivo central da investigação deste trabalho.

10. Na articulação do paradigma da Filosofia do Direito pelos jusfilósofos, a deontologia foi surgindo como um campo próprio de investigação, independente do estudo de validade formal da norma e de sua efetividade, por uma série de problemas práticos suscitados pela experiência jurídica contemporânea. O exame destes problemas, que explica o porquê da constituição da deon-

tologia como campo autônomo do novo paradigma, requer uma análise do processo de afirmação e posterior crise da concepção de justiça como legalidade.

No seu estudo sobre a justiça, Perelman enumera seis critérios que podem ser considerados os principais de fundamentação do justo. São eles: (I) a todos a mesma coisa, independentemente das particularidades que podem diferenciar as pessoas; (II) a todos proporcionalmente aos seus méritos, realçando Perelman as dificuldades existentes em se precisar um critério intrínseco de mérito; (III) a todos proporcionalmente às suas obras; (IV) a todos proporcionalmente às suas necessidades — é a justiça como caridade; (V) a todos segundo o seu *status* — é a fórmula aristocrática de justiça; e (VI), finalmente, a todos segundo aquilo que a lei lhes atribui.[65] Nesta última acepção, a justiça identifica-se com a legalidade e independe de uma avaliação do critério material tutelado pelo Direito Positivo.

A justiça como legalidade, a partir de uma perspectiva jurídica, não postula um critério de diferenciação entre o jurídico e o não jurídico. Daí a identificação entre o conceito formal da justiça e o conceito formal do Direito.[66]

Esta identificação tem, como é óbvio, grande utilidade para operadores jurídicos, pois elimina, ou pelo menos atenua sensivelmente, as ambiguidades inerentes a qualquer discussão sobre o que é justiça. Em poucas palavras, ela dá segurança, pois a administração da justiça de acordo com a lei formalmente definida contrasta, como observa Max Weber, com a incerteza e o inesperado da adjudicação baseada na "revelação" de uma verdade, ou então fundamentada por juízos práticos e concretos de valor.[67] Nesse sentido, a identificação entre o conceito formal de justiça e o conceito formal de Direito confirma o princípio da inegabilidade dos pontos de partida do Direito Positivo — a

Dogmática Jurídica — para, desta maneira, encaminhar, de modo controlado, o processo decisório no Estado e na sociedade.

A justiça como legalidade foi-se afirmando, no paradigma da Filosofia do Direito no campo da deontologia, por obra de correspondência entre a justificação do poder e a justificação da norma — as duas faces de uma mesma medalha, no dizer de Bobbio[68] — tal como ocorreu na experiência histórica ocidental a partir do século XIX.

Com efeito, na sua conhecida tipologia sobre a legitimidade, Max Weber distingue: a legitimidade cujo fundamento se baseia na sacralidade de tradições imemoriais — é a legitimidade tradicional —; a legitimidade que se baseia na devoção a uma personalidade exemplar e à ordem por ela revelada — é a legitimidade carismática —; e a legitimidade característica do mundo moderno, que se apoia na crença na legalidade — vale dizer, nas normas e no direito daqueles que exercem a autoridade de acordo com estas normas — é a legitimidade racional legal.[69]

A correlação entre legitimidade e legalidade tem raízes clássicas. Platão, nas *Leis,* afirma a convicção de que a salvação da cidade reside na superioridade da lei e que os chefes dela devem ser escravos.[70] Aristóteles, na *Política,* ao discutir a alternativa: o governo dos melhores homens ou das melhores leis, aponta a superioridade das leis, porque estas não têm paixões, ao passo que as paixões são inatas nos homens.[71]

A clássica discussão, no âmbito da Filosofia Política, recuperada recentemente por Bobbio, sobre a alternativa quanto ao modo de bem governar — colocada pela disjuntiva: primado das boas leis ou dos bons homens —, mostra, através da preferência pelas leis, que a legalidade pode ser vista como qualidade de governo. Trata-se de fato de uma qualidade na medida em que a lei impede a *tyrannia quoad exercitium,* ao delimitar o exercício do poder, impedindo, pela norma, a injustiça da arbitrariedade. Esta qualidade no exercício do poder pode ser vista também como título de justiça do poder e, portanto, como legitimidade. Com efeito, a legitimidade tem, como observa Guglielmo Ferrero, um elemento de exorcização do medo — o medo da anarquia e da guerra que gera o poder e a ordem, e o medo da ordem gerada pelo poder. É por isso que Ferrero viu a legitimidade como ponte entre o poder e o medo, que torna a convivência social menos aterradora. Esta ponte pode ser a legalidade, posto que pressupõe a noção do poder como força exercida em conformidade com o Direito e em seu nome. Esta normalização da força, como aponta Passérin d'Entrèves, representa um valor e um ganho na convivência coletiva, constitutiva de um processo de legitimação do poder exercido legalmente, que explica a adesão à ideia contida em fórmulas como a da *rule of law* do *Government under law, Rechtsstaat, stato di diritto* e Estado de Direito.[72]

A análise do processo de legitimação do poder através da legalidade foi mais recentemente estudada por Luhmann, que retomou dinamicamente os conceitos de Weber sobre a legitimidade racional-legal, reelaborando-os para explicar como se pode alcançar, através do Direito, estabilidade num mundo assinalado pela contingência e pela complexidade. Luhmann busca mostrar como a *legitimação pelo procedimento* — seja no processo judiciário, seja no eleitoral, seja no parlamentar e legislativo, seja nos procedimentos decisórios da administração pública — substituiu, no mundo contemporâneo, os fundamentos jusnaturalistas. Esta substituição tem como função lidar com a crescente complexidade dos problemas das sociedades modernas, que torna difícil a adesão ao conteúdo de uma decisão específica, mas viável o assentimento às premissas e ao *iter* que levam a uma decisão. De fato, a estrutura do processo decisório ofereciado pelo Direito Positivo e formal dá, em primeiro lugar, a certeza de que uma decisão será tomada, ainda que incerto e probabilístico o seu resultado antes do início dos procedimentos. Em segundo lugar, ao enredar as partes interessadas na determinação da decisão, graças ao papel que desempenham no processo decisório, Luhmann mostra como o procedimento torna difusas as decepções quanto ao conteúdo específico das decisões, legitimando, desta maneira, a aceitação do resultado.[73]

Evidentemente, a legitimação pelo procedimento, ao buscar a estabilidade, encontra apoio e justificação no formalismo ético, ou seja, na concepção legalista da justiça. Uma das características do formalismo ético, explicitado com tanta clareza por Hobbes, é, como aponta Bobbio, a consideração da paz, entendida enquanto ordem, como o fim exclusivo do Direito. A concepção do Direito como paz implica uma visão predominantemente procedimental e não substantiva. Para esta concepção, a função do Direito não é a de eliminar conflitos, mas sim a de resolvê-los, decidindo-os. Daí, como observa Bobbio, o valor atribuído à coerência na percepção legalista da justiça. A injustiça, observa Hobbes, consiste em fraudar a palavra dada, ou seja, em violar os pactos, inclusive os pactos quanto a procedimentos. É, portanto, da visão de justiça como conformidade às leis e aos pactos, vale dizer, como legalidade, que nasce a coerência como virtude jurídica. De fato, quando se invoca a coerência, não se pede uma ação conforme a este ou àquele princípio substantivo de justiça, mas sim uma ação conforme às leis, pois a ordem requer estabilidade e a estabilidade repousa sobre a fidelidade aos princípios e procedimentos que se apresentam, pela sua qualidade formal, como a melhor garantia de realização da ordem social. Por isso, o princípio da legalidade, nos sistemas de Direito Positivo, converteu-se numa regra fundamental da argumentação da justiça.[74]

Conforme se verifica, a concepção de que a justiça é uma *convenção* — concepção que nasce do relativismo ético e que encontra a sua grande expressão moderna no pensamento de Hobbes — somada à ideia de que o Direito tem um valor enquanto tal, independentemente de seu conteúdo, e de que este valor é o da *ordem* — que melhor se efetiva através da lei —, são elementos que sustentam o princípio da justiça como legalidade. Estes elementos justificam, deontologicamente, para o positivismo jurídico, encarado como uma visão do mundo, a obediência à lei como um dever de consciência.[75]

Esta visão da justiça como legalidade, característica do positivismo jurídico, está correlacionada com o processo político de legitimação dos grandes Estados modernos, um processo que, como foi visto, se inicia no século XVI com as monarquias absolutas e que, na passagem dos séculos XVIII e XIX, transita pelo Estado jacobino — pois a Revolução Francesa, como mostra Furet, foi o caminho pelo qual a sociedade francesa recompôs a sua legitimidade política e o seu poder administrativo central.[76]

Com efeito, na tradição ocidental, a maioridade do Estado moderno é representada pela Revolução Francesa, que levou às últimas consequências o princípio do primado do Direito declarado pelo Estado, pois o Direito Positivo deixa de ser a enunciação do poder pessoal do rei e converte-se na expressão de universalidade da decisão de um povo organizado. "On est libre", afirma Rousseau nos seus *Fragments Politiques* — e não é necessário reiterar a influência que ele teve na Revolução Francesa —, "quoique soumis aux loix, et non quand on obéit à un homme, parce qu'en ce dernier cas j'obéis à la volonté d'autrui mais en obéissant à la Loy je n'obéis qu'à la volonté publique qui est autant la mienne que celle de qui que ce soit".[77] Como observa Reale, com a Revolução Francesa o poder se despersonaliza: "passa a ser da Nação, antes de ser concebido juridicamente como poder do Estado".[78]

É por essa razão que a unidade do Direito e do Estado transitou, como observa Carbonnier, pela afirmação do *monismo jurídico*, vale dizer, pelo processo de exclusiva positivação do Direito pelo Estado. Tal processo viu-se justificado pela retórica de uma legitimidade centrípeta, que afirma uma concepção unitária e arquitetônica da ordem social.[79] Para esta concepção, típica do século XIX, e que se alicerçou numa crença, na acepção de Ortega, na ciência e na técnica, a fórmula — como aponta José Guilherme Merquior — é a máxima de Auguste Comte: "O progresso é o crescimento da ordem".[80] Evidentemente, o progresso como ordem exigia a obediência e a garantia do princípio da legalidade. Daí as declarações de direitos, o controle do Executivo pelo Legislativo e os processos de legitimação do poder através da Constituição, que representaram a positivação e, desta maneira, a superação das aspirações do paradigma do Direito Natural, de limitar o poder da soberania, anteriormente encarnada no soberano absoluto.[81]

Evidentemente, este processo de identificação da justiça e da legalidade, que resulta da erosão, no século XIX, do paradigma do Direito Natural, requer a aceitação da legitimidade do Estado de Direito, vale dizer, da ordem consubstanciada no ordenamento jurídico estatal, criado de acordo com os procedimentos e as técnicas do constitucionalismo moderno, entendido como um dispositivo fundamental para o controle do processo do poder.[82] Por essa razão, a crise do Estado, ou seja, a crise nas interações entre Estado e Sociedade Civil, que se avoluma a partir da Revolução Industrial, representou uma crise de legitimidade da legalidade. É justamente essa crise, que vem afetando em maior ou menor grau a vida do Direito, que levou os juristas com interesses filosóficos a aprofundar, no âmbito do paradigma da Filosofia do Direito, a deontologia como um campo autônomo de investigação, voltado para o caráter problemático da justiça.

11. A discussão da diluição da legitimidade da legalidade no paradigma da Filosofia do Direito passou pela crítica substantiva ao Estado enquanto a "realidade da vontade substancial"; "o racional em si e para si", de que falava Hegel — na linha clássica do "holismo" da ordem que afirma a superioridade do todo social em relação às partes que o integram.[83]

Este processo de desqualificação da legitimidade da legalidade, ou seja, do Direito posto e positivado pelo Estado, encontrou apoio na crítica ideológica empreendida a partir de um ângulo externo ao Direito. É o caso da análise de Marx do Estado e do Direito, por ele encarados, a partir do uso da dicotomia infraestrutura condicionante e superestrutura condicionada, como instrumentos de dominação de classe e, portanto, como mecanismos de opressão. É por isso que, para um marxista como Lukács, a legalidade há de ser vista como puramente tática e de utilidade provisória no processo pelo qual o proletariado haverá de afirmar, sem "o cretinismo da legalidade ou o romantismo da ilegalidade", a legitimidade de sua dominação.[84]

O ideal de uma sociedade sem Estado e sem Direito, conduzido por uma classe universal, não só não tem sido realizável como vem recebendo, no "socialismo real", as duras réplicas da História. Isto não elimina, no entanto, a crise do Estado e do Direito por ele posto e, portanto, os dilemas da legalidade, enquanto legitimidade.[85] É por essa razão que os jusfilósofos, por força dos problemas práticos suscitados pela crise da legalidade, foram elaborando, independentemente da crítica ideológica, respostas teóricas que alargaram o escopo da deontologia entre os campos de investigação do paradigma da Filosofia do Direito.

É neste contexto que pode ser encarado o pluralismo jurídico enquanto maneira de lidar com a crise de unidade do Estado e do Direito, que procura ir além do monismo jurídico, visto como totalidade organizada e ordeira, que oculta as contradições que dilaceram a sociedade.

De fato, o pluralismo tem como núcleo de verdade a afirmação de Santi-Romano de que as relações sociais que interessam ao Direito Público não se esgotam no indivíduo, de um lado, e no Estado e nas comunidades territoriais, de outro, pois existem organizações sociais derivadas de vínculos diversos dos de base territorial.[86] A aceitação de uma pluralidade de ordenamentos numa sociedade pode ser encarada como um processo de progressiva liberalização do indivíduo e dos grupos da opressão do Estado, pois o pluralismo registra e legitima a existência de grupos entre o Estado e o indivíduo. É por isso que o pluralismo, enquanto mecanismo de descentralização funcional e territorial surge como resposta à crise do Estado, com impacto no socialismo utópico e libertário de Proudhon — que influenciou Gurvitch —; *no guildsocialism* anglo-saxão; no liberalismo associativo de Tocqueville; no cristianismo social de Leão XIII e no sindicalismo de inspiração católica.[87]

O reconhecimento, pelo pluralismo — enquanto resposta à crise de legitimidade do poder estatal que positiva a legalidade —, de uma ampla e plural margem de normas jurídicas derivadas de uma sociabilidade não estatal pressupõe, no entanto, normalmente a integração das mesmas pelo Estado. É por essa razão que Reale, admitindo uma graduação da positividade jurídica para lidar com o pluralismo, considera o Estado o lugar geométrico da positividade jurídica.[88] Não é pacífica, no entanto, nas sociedades contemporâneas, a aceitação da permanência da legitimidade do Estado como lugar geométrico da positividade jurídica. É por isso e pelos problemas práticos que suscita no dia a dia do Direito que os jusfilósofos foram incluindo no campo da deontologia considerações de conteúdo.

Com efeito, nas sociedades contemporâneas vem prevalecendo uma legitimidade tópica, que se opõe ao "holismo" da ordem. A legitimidade tópica, como aponta José Guilherme Merquior, caracteriza-se pela ênfase centrífuga em situações particulares e locais. Exprime-se nas reivindicações concretas dos movimentos profissionais e étnicos, na política de organizações de um só tema, como as ecológicas, e nas questões suscitadas pela autenticidade dentro da permissividade, típica da moral moderna.[89]

A experiência deste tipo de legitimidade centrífuga vem recolocando a atualidade do tema do contrato social. De fato, hoje o Estado, nas democracias, é muito menos um ente soberano, dotado de poder de império e capaz de declarar, em última instância, a positividade da lei. Ele é muito mais o mediador e fiador de negociações que se desenvolvem entre grandes organizações — como empresas, partidos, sindicatos e grupos de pressão. Os conflitos de interesse entre organizações, que asseguram o pluralismo nas formações sociais complexas, são frequentemente resolvidos por acordos, que como todos os acordos resultam de concessões recíprocas e duram o tempo que as partes-contratantes têm interesse em respeitá-los. Em outras palavras, a unidade do Estado e do Direito não é um ponto de chegada, à maneira do contratualismo clássico na sua explicação da origem da sociedade, do Estado e do Direito no paradigma do Direito Natural; nem um pressuposto não problemático da Dogmática Jurídica, na linha do positivismo, mas sim um processo contínuo e aberto. Trata-se de um processo contínuo e aberto, pois as forças sociais não se constituem e se estabilizam de uma vez por todas. Elas compõem-se e decompõem-se sem cessar, desempenhando o acordo das partes um papel fundamental neste processo.

Um Estado que se sobrepõe a uma sociedade pluralista pode sobreviver somente sob a condição de que o pacto social seja continuamente renovado e legitimado. É por isto que, por exemplo, a renovação dos contratos coletivos de trabalho é um momento dramático na vida de um Estado industrial moderno. É também por essa razão que o acordo dos partidos, em regimes pluripartidários, tanto no parlamentarismo quanto no presidencialismo, é igualmente algo decisivo para a sobrevivência do Estado e para a sua governabilidade.[90]

Um Estado cujas decisões resultam predominantemente de transações e acordos de forças sociais e políticas, como os sindicatos ou partidos, corre sempre o risco de perder-se no particularismo de seu pluralismo e, desta maneira, ver dissolvido o conceito de unidade, ou seja, a ideia de comunidade política que, na elaboração que vai da *polis* grega ao Estado moderno, vincula as partes, que de outra forma estariam em permanente conflito. Como evitar este risco, que ameaça igualmente a ordem internacional e a paz mundial, é um dos temas básicos de atualização do contratualismo. Esta atualização, como aponta Bobbio, passa pela ideia do pacto social e, portanto, pelo conteúdo de suas estipulações.[91] A consequência desta exigência é a de reabrir o problema do conteúdo da justiça e da legitimidade dos procedimentos do pacto social em processo de contínua renovação.

A repercussão da obra de Rawls sobre a justiça — um trabalho importante no âmbito da deontologia contemporânea — não é, portanto, obra do acaso, pois ele responde a necessidades práticas. O sucesso de Rawls, observa Bobbio, reside precisamente no esforço de inserir, na dinâmica do contratualismo e de seus procedimentos, a justiça como *fairness*. Com efeito, os dois princípios básicos de Rawls: (I) cada pessoa deve ter um igual direito à mais extensa liberdade compatível com uma idêntica liberdade para os outros; e (II) as desigualdades econômico-sociais devem ser ajustadas de tal forma que: (*a*) haja uma expectativa razoável de estarem trabalhando para o bem de todos; e (*b*) resultem de posições e cargos abertos a todos — buscam estabelecer, nas estruturas da sociedade, um equilíbrio apropriado entre pretensões opostas, através da eliminação das distorções arbitrárias e das desigualdades dos pontos de partida. Neste sentido, para Rawls o respeito às regras do jogo, característico da legitimidade racional-legal, vai além da legitimação pelo procedimento e da justiça como legalidade, pois tudo se vê continuamente submetido ao escrutínio material da *fairness*.[92]

Conforme se verifica, assim como o problema da contínua mudança do Direito Positivo, no mundo contemporâneo, levou, por problemas práticos, à conveniência de definir o que é Direito pela forma e não pelo conteúdo, ensejando no âmbito da Filosofia do Direito o alargamento e o aprofundamento do campo da Teoria Geral do Direito; assim como os problemas na correlação entre Fato e Direito levaram ao antiformalismo no processo de determinação do *quid sit juris,* em outro campo da investigação da Filosofia do Direito — a fenomenologia jurídica; assim também os problemas na correlação entre Valor e Direito levaram à elaboração da deontologia como um campo de investigação independente da análise da validade formal da norma e de sua efetividade social, e caracterizado pela interação acima rastreada entre a Teoria da Justiça e a Filosofia Política. Esta interação é também antiformalista na medida em que os juristas com interesses filosóficos sentiram a necessidade prática de ir além da justiça como legalidade e da legalidade como legitimidade para poderem lidar com a crise do Estado e do Direito. De fato, esta crise, ao comprometer a unidade formal do Direito positivado pelo Estado, dificulta o trabalho epistemológico do jurista de comprovar, interpretar e conciliar normas de Direito Positivo. É neste sentido que a Filosofia do Direito corresponde, no processo de construção de seu paradigma por juristas com interesses filosóficos, a um esforço de reflexão que busca transcender, criticamente e por razões inspiradas pela *praxis* do Direito, aos dados formais através dos quais se exprime o Direito Positivo. Trata-se, em síntese, de uma reflexão sobre as insuficiências do positivismo jurídico que marca tão profundamente a experiência jurídica contemporânea.

(F) O PARADIGMA DA FILOSOFIA DO DIREITO E A LÓGICA DO RAZOÁVEL

12. A elaboração do paradigma da Filosofia do Direito e a constituição dos seus campos de investigação por juristas com interesses filosóficos, tal como procurei explicitar neste capítulo, obedeceram à *lógica do razoável*. O razoável não se confunde nem com o racional, nem com o irracional. O racional está vinculado, como aponta Perelman, aos critérios bem conhecidos pela tradição filosófica de verdade, coerência e eficiência. A ele se opõe, dicotomicamente, o irracional, que, por não estar conforme a razão, é tido como não verdadeiro, incoerente e ineficaz para o bom método. Já o razoável, ainda que não se oponha ao racional, está mais próximo do bom-senso da razão prática e do sentido de medida daquilo que é aceitável num determinado meio social e num dado momento.[93]

No *logos* do Direito é usual a presença da noção de razoável. De fato, a busca do equilíbrio entre interesses contrapostos, para *jus-dicere*, é o que caracteriza a *juris-prudentia*, pois é a prudência do Direito que anima, na lição dos jurisconsultos romanos que marcaram a tradição jurídica ocidental, os jurisperitos na busca das soluções possíveis para o bom e o justo.[94]

O jusnaturalismo moderno afastou-se da prudência do razoável ao tentar transformar o Direito numa ciência lógico-demonstrativa e, portanto, racional. A crença na ciência, que levou ao esforço de construir uma jurisprudência científica, também procurou, através do bom método, inserir o Direito no campo do racional. Entretanto, as oscilações epistemológicas que caracterizam o campo metodológico da Filosofia do Direito levaram os jusfilósofos, na constituição dos diversos campos do paradigma, a seguir em última instância a lógica do razoável diante dos problemas práticos colocados pelo Direito Positivo na vida contemporânea. Assim, na impossibilidade de encontrar um método unívoco para lidar com a multiplicidade do Direito, o saber jurídico seguiu o caminho da *prudenza civile* e, diante dos fatos, pôs-se a investigar, na lição de Vico, "il maggior numero possibile di cause, per congetturare poi, quale, tra queste, sia la vera".[95] Dessa maneira chegou-se: à "verdade" da definição de Direito pela forma, diante da dificuldade prática de identificar o jurídico pelo conteúdo; à "verdade" de que não é possível, diante do descompasso entre a norma posta e a realidade social, desconsiderar a referibilidade das propostas normativas a comportamentos reais; à "verdade" da discussão crítica dos valores de justiça contidos no Direito Positivo, evidenciada pela crise de legitimidade do poder que positiva a legalidade.

Na articulação dessas "verdades" pelos distintos campos do paradigma da Filosofia do Direito, a lógica do razoável cumpriu a sua função tanto diante da erosão do paradigma do Direito Natural quanto dos erros do positivismo jurídico enquanto teoria abrangente da experiência jurídica. Com efeito, a lógica do razoável levou o saber jurídico: a apreciar a adequação dos meios teóricos aos fins práticos a que se destinavam; a aferir a utilidade das teorias às circunstâncias em que operam; a traçar um limite ao que era desarrazoado sublinhando, de um lado, o absurdo a que levam certas posições se tomadas radicalmente, e equilibrando, de outro, pelo entrechoque de opiniões o impacto das distintas posições dos jusfilósofos.

Foi dessa maneira que, no âmbito do paradigma da Filosofia do Direito, argumentou-se, por exemplo: (I) contra o voluntarismo jurídico, que afirma que as normas jurídicas são o produto exclusivo da vontade do legislador; (II) contra a monopolização do Direito pelo Estado através de normas postas que não comportam, na estatalidade formalista do monismo jurídico, o pluralismo das fontes do Direito; (III) contra o caráter dogmático da jurisprudência como forma de saber fundado, em última instância, no princípio da autoridade.[96]

Estes aspectos da crítica ao formalismo jurídico são perfeitamente razoáveis e mostram como o paradigma da Filosofia do Direito, seguindo a lógica do razoável, lidou com os erros e inadequações do positivismo jurídico, resultado por sua vez da crescente positivação do Direito pelo Estado a partir do século XIX, que levou à afirmação corrente de que só é Direito o Direito Positivo.

13. Existem, no entanto, limites ao que a lógica do razoável consegue dar conta, que cabe agora apontar, depois desta avaliação positiva de seus resultados. O razoável é uma noção de conteúdo variável, pois tem como uma de suas funções recorrer ao bom-senso para adequar um comportamento às circunstâncias, buscando uma pluralidade de soluções possíveis. Existe, no entanto, um limite à amplitude dessas soluções, dentro das quais se

movimenta a prudência do Direito. Este limite é dado por aquilo que, numa comunidade concreta, é percebido, num certo momento, como aceitável ou inaceitável.[97]

Quando os destinatários da lógica do razoável estão organizados numa comunidade democrática — que pressupõe uma visão do mundo assinalada pelo princípio da tolerância, pelo espírito crítico, pelo relativismo, pela aceitação do outro, pelo respeito às minorias, pela vocação ao diálogo e à discussão —, o aceitável e o inaceitável podem, em tese, encontrar *standards* apropriados numa razão prática aberta à razoabilidade, cuja instância última é, segundo Perelman, um auditório universal que não comporta coisa julgada.[98] Trata-se, inclusive, no meu modo de ver, do caminho a ser percorrido para lidar com o problema da governabilidade em meio a uma legitimidade de cunho tópico e centrífugo, que dificulta, nas democracias, a ação coletiva. É esta, aliás, a linha indicada pelo neocontratualismo, no âmbito de uma deontologia aberta ao critério não formal da *fairness.*

O século XX, no entanto, presenciou experiências nas quais os limites entre o aceitável e o inaceitável desbordaram amplamente daquilo que hoje nos parece razoável. A mais dramática destas experiências foi o totalitarismo, que Hannah Arendt analisou como uma forma inédita de governo apoiada na ideologia, na burocracia e no terror e caracterizada pela ubiquidade do medo.[99] Terror, ideologia e burocracia permitiram uma dominação total da sociedade.

Esta dominação se fez *per leges,* que tanto na vigência do nazismo quanto do stalinismo se colocaram contra os valores consagrados da Justiça e do Direito que, com a modernidade, fizeram do homem o sujeito de Direito legitimador do ordenamento jurídico.

A consciência *a posteriori* das consequências da legalidade totalitária trouxe, consequentemente, outros aspectos para a agenda do paradigma da Filosofia do Direito, no campo deontológico, no que tange ao Direito Positivo. Estes aspectos não diziam respeito aos erros do positivismo jurídico, enquanto teoria da experiência jurídica, pois esses erros a lógica do razoável vem identificando e procurando resolver, como busquei mostrar neste capítulo. Trata-se, observou Bobbio, dos possíveis horrores do positivismo jurídico, ou seja, de ele poder comportar a *reductio ad Hitlerum,*[100] e também a redução a Stalin.

Os horrores do nazismo são surpreendentes mas não incongruentes com a ideologia nazista, entendendo-se ideologia, tal como sugere Hannah Arendt, na sua acepção literal, como a lógica de uma ideia e o seu desenvolvimento.[101]

Os horrores do stalinismo são não só surpreendentes, mas também incongruentes com o marxismo, cuja lógica é a proposta de liberação do ser humano, que se insere, ao contrário do nazismo, na grande tradição da cultura ocidental, mas cujos desenvolvimentos — espúrios ou não espúrios — levaram a Stalin. Daí, para um juízo retrospectivo, o caráter ainda mais desconcertante da redução a Stalin. Entretanto, não há dúvida, hoje em dia — como se lê no relato especial feito por Kruschev em 1956, no Vigésimo Congresso do Partido Comunista da União Soviética, e se evidencia pela análise dos processos de expurgo da década de 1930 —, quanto à desrazão a que pode chegar a ditadura do proletariado.[102] Daí a conclusão de que não se resolve o problema da legitimidade dos governantes e da justiça de sua ação apenas com a mudança dos detentores do poder, na linha da crítica ideológica do marxismo à legalidade burguesa. O proletariado, como observa Bobbio, é na melhor das hipóteses — a hipótese de que o conceito de proletariado seja claro e inequívoco — um sujeito histórico. Não é uma resposta institucional apta a resolver, através de um partido único de vanguarda, o problema do fundamento ético do Estado e do Direito. Uma ditadura constituinte e soberana, que se prolonga no tempo, pode ser totalitária na acepção arendtiana e, ao colocar o tema da redução a Stalin, evidencia os dilemas dos horrores que podem ser — e são — cometidos *per leges.*[103] Estes horrores ultrapassaram a lógica do razoável.

Num plano mais modesto, do ponto de vista da magnitude e do ineditismo do fenômeno — mas nem por isso menos penoso na perspectiva da experiência vivida —, foi a emergência do que a literatura especializada da Ciência Política denomina de regimes burocrático-autoritários. Tais regimes, que surgiram nos anos 60 e 70 na Argentina, no Chile, no Uruguai e em nosso país, e que têm parentesco com a Espanha de Franco, Portugal de Salazar e a Grécia dos coronéis, impuseram-se autocraticamente valendo-se do Direito Positivo como instrumento de gestão autoritária da sociedade. A legalidade autoritária também coloca problemas como, por exemplo, o dos "desaparecidos" na Argentina, que escapam à "lógica do razoável".[104]

Foram portanto os horrores da legalidade totalitária, e em menor escala os da legalidade autoritária, que incitaram a reflexão deontológica, dando margem a um renascimento do Direito Natural. Radbruch, por exemplo, que era um relativista, escrevendo sob o impacto da II Guerra Mundial, afirmou: "Há também princípios fundamentais de Direito que são mais fortes do que todo e qualquer preceito jurídico positivo, de tal modo que toda lei que os contrarie não poderá deixar de ser privada de validade".[105] Esta afirmação de um núcleo seguro e fixo do Direito Natural, que para Radbruch encontra-se nas declarações dos direitos do homem, só um ceticismo sistemático, afirma ele, poderá questionar. Radbruch busca substanciar a sua posição retomando o conceito de natureza das coisas. A Filosofia do Direito, escreveu ele em 1947, funda-se em parte na "natureza do homem", na ideia do Direito, que é um fator constante, e em parte na "natureza das coisas", na própria matéria do Direito, que é um fator variável.[106] Daí, como aponta Cabral de Moncada, a aceitação, por parte de Radbruch, de um princípio normativo de legitimidade absoluta como fundamento e limitação de todo o Direito Positivo e do Estado, a que não é estranho um certo *pathos* metafísico e religioso.[107]

Natureza do homem e natureza das coisas surgem, assim, na esteira da inspiração de Radbruch, como plataforma válida para uma possível mediação entre Fato e Valor, apta a viabilizar um Direito Natural deontológico. Este teria como nota específica o entendimento do Direito Natural como um conjunto mínimo de valores, dotados de caráter essencial e permanente, que configurariam um sistema de legitimidade natural.[108] Esta busca de uma objetividade dos valores, revigorada pelo conceito de natureza das coisas, foi uma tentativa de lidar com a ruptura totalitária. Baseava-se numa expectativa esperançosa de que o Direito Natural pudesse vir a desempenhar, diante da crise da Sociedade, do Estado e do Direito, no século XX, a mesma função histórica que desempenhou nos séculos XVII e XVIII — qual seja, a de buscar delimitar o poder do soberano.

Existe fundamento para esta expectativa esperançosa numa função de controle e regulamentação do poder, a ser exercido a partir do jusnaturalismo? Outras correntes de pensamento que influíram na elaboração do positivismo jurídico e no paradigma da Filosofia do Direito como um todo exprimiram com outros argumentos esta mesma exigência de estabelecer limites ao poder. Entre elas, o liberalismo, o utilitarismo, o evolucionismo, o socialismo pluralista, o neokantismo e o pragmatismo.[109] Todas estas correntes, inclusive o jusnaturalismo, não foram, no entanto, suficientemente adequadas para lidar com os possíveis horrores do positivismo trazidos pelo totalitarismo e, em menor escala, pelo autoritarismo, e explicá-los. Será que a necessidade perfeitamente razoável de afirmar a liberdade, a igualdade e a paz, e de negar a prática da opressão, da desigualdade e da guerra estarão bem servidas pela nostalgia de um paradigma de legitimidade e de justiça natural, cuja erosão já foi rastreada no correr deste trabalho?

Penso que não, e creio que as realidades do século XX confirmam esta prévia tomada de posição. De fato, essas realidades criaram situações que tornaram fraco, para não dizer irrelevante, o argumento dos direitos humanos inaugurado com a modernidade, que Radbruch propôs como o núcleo seguro do Direito Natural. Daí a pergunta: por que as pessoas e as sociedades se tornaram, em diversos momentos do século XX, surdas a uma razão aberta à razoabilidade da tutela do valor da pessoa humana, enquanto "valor-fonte" legitimador do ordenamento jurídico?

A resposta a tal pergunta, que dá o sentido de direção deste trabalho, passa, no meu entender, pela análise do processo de ruptura, que Hannah Arendt articulou como um ouriço. É a ruptura, como procurarei explicitar no próximo capítulo, que tornou, tanto o paradigma do Direito Natural quanto o da Filosofia do Direito, inadequados para lidar com os problemas que escapam à lógica do razoável, inerente a conceitos tais como os de natureza do homem e natureza das coisas e ao espaço de prudência que é constitutivo da tradição jurídica ocidental.

3. A ruptura e o paradigma da Filosofia do Direito

Os limites da lógica do razoável

(A) HANNAH ARENDT E A TEMÁTICA DA RUPTURA

1. Uma das notas típicas do pensamento de Hannah Arendt é a percepção e a reflexão sobre o fenômeno da ruptura. Para ela, a ruptura traduz-se num hiato entre o passado e o futuro, gerado pelo esfacelamento dos padrões e das categorias que compõem o repertório da tradição ocidental. Tal hiato gera contínuas perplexidades no presente na medida em que a tradição do pensamento não fornece regras para a ação futura e conceitos para o entendimento dos acontecimentos passados. Daí um dos aspectos da crise contemporânea que se caracteriza pela dificuldade de discernir, no contexto dos problemas do mundo, até mesmo as classes de perguntas que devem ser formuladas.[1]

O fio da tradição foi se esgarçando, observa Hannah Arendt em sua análise, no correr da Idade Moderna. Entretanto, durante um largo período este ergarçamento ficou mais ou menos adstrito ao campo do pensamento. Foi o fenômeno totalitário que tornou a ruptura uma realidade tangível para todos e um fato político de primeira importância. Com efeito, nem a rebelião do século XIX contra a tradição, nem as consequências desta rebelião no século XX no campo da cultura, provocaram uma ruptura efetiva na continuidade histórica da tradição ocidental. A ruptura tem como marco definitivo o totalitarismo enquanto forma de governo e dominação baseada no terror e na ideologia, cujo ineditismo as categorias clássicas do pensamento político não captam e cujos "crimes" não podem ser julgados pelos padrões morais usuais, nem punidos dentro do quadro de referência dos sistemas jurídicos tradicionais.

O totalitarismo representa, por isso mesmo, para Hannah Arendt, o *enigma* a ser decifrado. Este enigma, para ela, é não só inexplicável no sentido de que todo novo não é "produto" de causas que o antecedem. É também de difícil decifração porquanto resiste a uma avaliação retrospectiva de sua racionalidade e significado com base nos padrões e categorias do pensamento. Vincula-se, neste sentido, à *descontinuidade*, que é uma das notas do mundo moderno.

A descontinuidade no campo da cultura levou os poetas a tentarem redescobrir a figura do mundo na dispersão dos fragmentos, buscando, como diz Octavio Paz, por meio dos signos em rotação um significado para as estruturas que perderam o seu centro. De maneira análoga, Hannah Arendt, reagindo à descontinuidade, partiu da dispersão dos fragmentos e de um esforço de reconciliá-los para buscar — um pouco à moda de seu amigo Walter Benjamin — um caminho para encarar a ruptura com a tradição como fato acabado, trazido pelo totalitarismo, e que hoje "Não é o resultado da escolha deliberada de ninguém, nem sujeito à decisão ulterior".[2]

Encarar a ruptura, lidando com todas as suas consequências e implicações — que alcançam explicitamente o Direito —, é portanto o tema por excelência que anima centripetamente a reflexão de Hannah Arendt desde a elaboração de *The Origins of Totalitarianism*, embora o problema da descontinuidade já estivesse presente nas suas cogitações desde o início de sua trajetória intelectual.

O ponto de partida da trajetória intelectual arendtiana é filosófico, como ela sublinhou ao escrever sobre as suas origens numa carta de 1963 endereçada a Gershom Scholem, no calor da polêmica a respeito de seu livro sobre o processo Eichmann: "Se se pode dizer que 'venho de algum lugar', é da tradição da Filosofia alemã".[3] Fiel a estas suas origens, Hannah Arendt inicia e conclui o seu projeto intelectual tratando do problema da ruptura no campo do pensamento filosófico. Por essa razão, inicio o meu diálogo com ela pela análise da relevância de sua obra para a Filosofia do Direito no campo da epistemologia, posto que isso me permite retomar e aprofundar o alcance da erosão do paradigma do Direito Natural e os limites metodológicos do paradigma da Filosofia do Direito, examinados nos dois capítulos anteriores.

(B) A TEMÁTICA DA RUPTURA, O DESCONCERTO EPISTEMOLÓGICO E OS PROBLEMAS DA FILOSOFIA DO DIREITO COMO METODOLOGIA JURÍDICA — A RELEVÂNCIA DA PROPOSTA ARENDTIANA: A AUTONOMIA DO PENSAR, DO QUERER E DO JULGAR EM RELAÇÃO À COGNIÇÃO

2. Num artigo publicado na *Partisan Review*, em 1946, Hannah Arendt dedicou-se à análise do que é a Filosofia da *Existenz*. Neste artigo ela aponta que a substituição da palavra *ser* por *existência* revela um dos problemas fundamentais da filosofia mo-

derna. Este problema é o do questionamento da identificação, que remonta a Parmênides, entre Ser e Pensamento. A unidade de ser e pensamento pressupõe, observa ela, a coincidência entre essência e existência — todo pensável é existente; todo existente, porque é cognoscível, deve ser racional. Esta unidade foi destruída pelo criticismo kantiano, que colocou o homem no mundo sem poder apoiar-se na sua razão (que não alcança o conhecimento do Ser); nos ideais de sua razão (cuja existência não comportava prova cabal) e no universal (porque o homem só existe enquanto indivíduo). O propósito de Kant, observa Hannah Arendt, ao destruir o conceito do Ser, foi estabelecer a autonomia do homem, libertando-o do contexto universal do Ser, no qual o homem é uma coisa entre outras coisas.

Kant, ao destruir a identidade entre ser e pensamento, acabou destruindo a noção de harmonia preestabelecida entre o homem e o mundo, e desta maneira a ideia do acesso do homem, quer pela razão, quer pela revelação, aos segredos do cosmos e aos caminhos do mundo.[4] Esta destruição da identidade entre Ser e Pensamento e, consequentemente, do pressuposto de harmonia entre o homem e o mundo é, no plano epistemológico, uma das razões básicas da erosão do paradigma do Direito Natural, que explica como o paradigma da Filosofia do Direito vincula-se, como já foi dito anteriormente, à preocupação kantiana com as condições transcendentais do conhecimento da experiência jurídica. Neste sentido, a análise de Hannah Arendt sobre o problema da ruptura vê-se confirmada, no plano do Direito, pois o início do esfacelamento da tradição começa com a substituição do paradigma do Direito Natural pela Filosofia do Direito, a partir do questionamento do Direito como um *dado* da natureza acessível a uma razão comum a todos.[5]

Toda reflexão posterior a Kant, a começar por Hegel, afirma Hannah Arendt, é ou uma tentativa de restabelecer a unidade do Ser e do Pensamento, ou então uma rebelião a favor ou contra o questionamento desta identidade. O idealismo e o materialismo representam esforços de reconstrução desta identidade. Nietzsche é um exemplo de rebelião. Kierkegaard, que marca, de acordo com Hannah Arendt, o início da Filosofia da *Existenz* pela percepção paradoxal dos dilemas do relacionamento do homem com o mundo, é outro importante exemplo de rebelião. O mesmo pode-se dizer de Kafka, que capta a estranheza do mundo, invertendo nos seus relatos a clássica relação entre pensamento e experiência.[6]

Estas afirmações arendtianas, a meu ver, veem-se comprovadas no âmbito do Direito quando se examina o tema da metodologia jurídica. Com efeito, as oscilações epistemológicas que caracterizam, desde o século XIX, o paradigma da Filosofia do Direito, ora afirmando a possibilidade da unidade entre Ser e Pensamento, ora contestando-a, ora fixando-se no "*Como* se faz o Direito?", sem considerar o "*Para* que serve?" e o "O quê?" do seu significado, e vice-versa, testemunham as inquietudes cognitivas nas relações entre o homem e o mundo também no plano da experiência jurídica. Estas inquietudes são uma das notas, no campo do pensamento, do processo de ruptura. Penso que a escolha, a aceitação e a substituição de múltiplos modelos destinados a dar rigor, autoridade e dignidade aos procedimentos intelectuais de que se vale o jurista para comprovar, interpretar e integrar normas de Direito Positivo — amplamente examinados no capítulo anterior — ilustram cabalmente o fenômeno do esgarçamento da tradição, que se inicia na Idade Moderna com a passagem da reflexão sobre o *Ser* para o *conhecer*. A própria análise da linguagem, hoje tão em voga na reflexão metodológica sobre o Direito, não escapa desta situação, pois a semiótica moderna dissolveu o pressuposto da correspondência analógica entre as palavras e as coisas, ao evidenciar que o signo linguístico é arbitrário e mutável, não existindo, como mostrou Saussure, relação necessária entre som (significante) e sentido (significado). Daí o desconcerto tão presente na poesia contemporânea, como observa Octavio Paz, que resulta da consciência de que as palavras não representam a verdadeira realidade das coisas e de que as coisas tornaram-se opacas e mudas.[7]

3. O desconcerto epistemológico está na raiz do existencialismo, que marcou profundamente a formação intelectual de Hannah Arendt enquanto aluna e discípula de Heidegger e Jaspers.[8] A sua tese de doutoramento sobre o conceito de amor em santo Agostinho, defendida em Heidelberg sob a orientação de Jaspers e publicada em 1929, como observa sua biógrafa Elizabeth Young-Bruehl, é uma contribuição ao pensamento existencial, não à teologia.[9]

O desconcerto epistemológico pode levar o pensador a uma permanente e incessante tentativa de compreender a relação da existência com o mundo. Este foi o caso de Hannah Arendt. Numa entrevista dada a Günter Gauss, transmitida pela televisão alemã em 28 de outubro de 1964, indagada sobre o seu trabalho, Hannah Arendt afirmou: "O essencial para mim é compreender: eu preciso compreender".[10]

A preocupação com o compreender está presente nos seus primeiros trabalhos. Em 1932, tratando da interação entre a *Aufklärung* e a questão judaica, ela discute, com base em Lessing, a dicotomia colocada pela contingência das verdades da História e a necessidade das verdades da Razão, explorando a possibilidade de as verdades da História confirmarem as verdades da Razão. Em 1933, examinando as origens da assimilação judaica na Alemanha enquanto assimilação da *Aufklärung*, que tornou a questão judaica um problema para os judeus enquanto indivíduos e não enquanto grupo, ela discute Rahel Varnhagen — da qual posteriormente escreveu uma biografia. Ao falar sobre esta importante figura do romantismo alemão, aponta que Rahel Varnhagen deixou-se conduzir na vida mais pelo acaso do que pelo cálculo, mas fez dos relatos de sua experiência uma busca de significado.[11]

Contingências da História e verdades da Razão; o relato *a posteriori* como a procura de significado de um evento, são temas recorrentes na reflexão arendtiana que adquirem grande ressonância e intensidade para o processo de compreensão depois das experiências da II Guerra Mundial.

Assim, escrevendo em 1953 sobre compreensão e política e buscando tratar epistemologicamente do problema em função do totalitarismo, e após a publicação da primeira edição de *The Origins of Totalitarianism,* que é de 1951, Hannah Arendt afirmou: "A compreensão, como algo distinto da informação correta e do conhecimento científico, é um processo complicado que nunca produz resultados inequívocos. É uma atividade sem fim, por meio da qual, em constante mudança e variação, nos ajustamos e nos reconciliamos com a realidade, isto é, nós tentamos estar à vontade no mundo".[12] Conhecimento e compreensão, prossegue mais adiante Hannah Arendt, são duas coisas distintas porém interligadas: "A compreensão se baseia no conhecimento e o conhecimento não pode proceder sem uma compreensão preliminar inarticulada"; "A compreensão precede e sucede ao conhecimento. A pré-compreensão, que está na base do conhecimento, e a verdadeira compreensão que o transcende, têm algo em comum: tornam o conhecimento significativo".[13]

Neste mesmo texto, ao discutir o senso comum e o raciocínio lógico, aponta que este pode operar independentemente do mundo e da experiência. Por isso, é incapaz de compreender e, se abandonado a si mesmo, torna-se estéril na sua consistência. Daí concluir que a redução da compreensão e do pensamento a operações da lógica representa uma diminuição da faculdade de pensar a um mínimo denominador comum, no qual as diferenças reais não são levadas em conta.[14]

Hannah Arendt retomou explicitamente as suas reflexões sobre a relevância filosófica de uma hermenêutica dos significados numa conferência intitulada: "Thinking and Moral Considerations", publicada em 1971 em *Social Research.* Nesta conferência, que antecipa o que veio a ser *The Life of the Mind* e teve como ponto de partida uma reflexão sobre o impacto do seu livro sobre o processo Eichmann, Hannah Arendt traça um paralelo entre a crise da religião e a crise da filosofia, que são facetas do processo de ruptura. Observa que a crise da religião chegou ao seu ápice quando os teólogos — e não apenas os não crentes — começaram a falar na morte de Deus. Da mesma maneira, a crise da filosofia vem a público quando os filósofos — e não as pessoas em geral — passaram a discutir a morte da Filosofia e da Metafísica, questionando a relevância de perguntas como: "O que é pensar?" e "O que é o mal?".

A colocação de Hannah Arendt, diga-se entre parêntesis, comporta uma analogia perfeita com o Direito, pois a crise do Direito também se coloca como faceta da ruptura quando os jusfilósofos começam a falar no declínio e na morte do Direito e de como o Direito participa, para invocar um importante texto de Carbonnier, da angústia contemporânea pelas dúvidas que provoca nos próprios juristas.

Na sua análise da crise da Filosofia, Hannah Arendt menciona explicitamente Carnap quando este, na crítica a Heidegger, identifica a metafísica com a inconsequência da poesia — provavelmente, observa ela, porque Carnap subestima a poesia — e

Wittgenstein, quando este conclui o *Tractatus*, afirmando que o que não pode ser falado deve ser calado. Hannah Arendt pondera que a postura de Wittgenstein, seguida literalmente, traduzir-se-ia num silêncio absoluto, pois não apenas aquilo que está além dos sentidos, mas todos os objetos de sensações não seriam faláveis, dada a discrepância entre a palavra e o mundo das aparências.[15]

Nesta mesma conferência, observa que a assim chamada morte da filosofia é um evento do pensamento, que diz respeito às nossas maneiras de pensar, mas que não afeta a nossa aptidão para pensar. Com isso, afirma que o homem tem a inclinação, e até mesmo a necessidade de pensar além das limitações do conhecimento, bem como de fazer mais com as suas aptidões intelectuais do que empregá-las exclusivamente como instrumento para o conhecer e o fazer. Esta afirmação baseia-se explicitamente na distinção kantiana entre o *pensar* e o *conhecer;* entre a razão e o impulso para pensar e compreender e o *intelecto,* que deseja e é capaz do conhecimento certo e verificável.[16]

A referência a Kant não é, evidentemente, acidental, pois o criticismo assinala o início da cisão entre Ser e Pensamento, como insiste Hannah Arendt no seu artigo de 1946 sobre a Filosofia da *Existenz.*

Kant teve um impacto decisivo no pensamento de Hannah Arendt. Ela leu pela primeira vez a *Crítica da Razão Pura* aos dezesseis anos,[17] e na já mencionada entrevista a Günter Gauss, ao falar sobre seus estudos e interesses intelectuais, diz que a filosofia impôs-se a ela desde a adolescência, a partir da leitura de Kant, como uma necessidade, por força do desejo de compreender.[18] Creio que a atitude de Hannah Arendt diante de Kant e a sua importância para ela podem ser captadas no seguinte trecho de uma carta de 24 de setembro de 1970 dirigida a J. Glenn Gray, seu amigo e tradutor de Heidegger para o inglês: "I started teaching again, and since it's a matter of dear old Kant I need a lot of preparation. Not so much because I don't know him well enough, but because with Kant I always have the impression he scrutinizes me from some beyond. And he would really be one of the few people I'm genuinely afraid of".[19]

4. Kant marca a estrutura de *The Life of the Mind, o* livro póstumo e inacabado de Hannah Arendt, baseado nas *Gifford Lectures*, proferidas em 1973 e 1974. Em *The Life of the Mind*, ela se propõe a tratar de três atividades mentais básicas: o *pensar*, o *querer* e o *julgar*, almejando, à maneira das três críticas kantianas, alcançar um entendimento apropriado da existência racional. Hannah Arendt ultimou a preparação do pensar e do querer em dezembro de 1975, poucos dias antes de seu falecimento. O texto foi publicado em 1978 sob os cuidados de Mary McCarthy, e dele constam, em apêndice, trechos de suas aulas na Universidade de Chicago e na New School for Social Research sobre a Filosofia Política de Kant, nas quais tratava do julgar. Em 1982 foram publicadas, sob os cuidados editoriais de Ronald Beiner e na sua inteireza, as notas de aula do curso sobre a Filosofia Política de Kant, dado em 1970 na New School for Social Research. É a este curso que ela faz referência no trecho da acima citada carta a J. Glenn Gray. Dele constam os textos mais elaborados de Hannah Arendt sobre o julgar.[20]

Em *Thinking*, retoma as suas preocupações epistemológicas de 1953 com a compreensão e o conhecimento a partir de Kant e da interpretação de seus termos *Vernunft* e *Verstand*, por ela proposta na conferência acima mencionada de 1971. Daí a distinção que elabora entre o *pensar* e o *conhecer*. O pensar tem como finalidade a busca do significado e é um atributo da razão. O conhecer tem a verdade como objetivo. A grande falácia metafísica, aponta Hannah Arendt em abono de sua posição, é o esforço que os filósofos modernos, desde Descartes até os neopositivistas, vêm fazendo, na sua concentração no conhecer, em aplicar ao pensar os critérios dos modelos de certeza almejados pela cognição.

Esta concentração no conhecer permeia também a reflexão sobre o Direito. Ela está presente na aspiração do jusnaturalismo moderno de converter o Direito numa ciência lógico-demonstrativa; na tentativa de construir uma jurisprudência científica no âmbito do paradigma da Filosofia do Direito e no rigor cognitivo da Teoria Pura do Direito. Ocorre, no entanto, como sublinha Hannah Arendt, que a verdade e o desejo de conhecer não são a mesma coisa que a necessidade mais abrangente da razão de buscar o significado das coisas.[21]

Existe, evidentemente, como aponta Glenn Gray, uma relação dialética de complementaridade entre o pensar e o conhecer e, portanto, entre a busca do significado e a busca da verdade. Com efeito, a busca da verdade traz como resultado o poder da cognição de alterar o entendimento da realidade, ensejando, deste modo, diferentes intencionalidades do pensar na sua busca pelo significado das coisas.[22] Para Hannah Arendt, no entanto, a faculdade da razão (*Vernunft*) é algo distinto, apesar de interligado, do intelecto (*Verstand*), que é a faculdade da cognição. O intelecto almeja apreender e perceber o que é dado aos sentidos e tem como critério a verdade. A razão almeja compreender o significado e é orientadora de uma hermenêutica que leva a uma "visão" da existência humana argumentada com mais ou menos plausibilidade e relevância.[23]

As questões suscitadas pelo desejo de conhecer são provocadas pelo senso comum — para Hannah Arendt, na linha de santo Tomás, um sexto sentido que une os outros cinco, que isoladamente são privados e incomunicáveis, mas que o senso comum integra num mundo compartilhado com os outros. A ciência, cuja meta é ver e conhecer o mundo tal como ele é dado aos sentidos, deriva da experiência do senso comum a respeito da evidência irrefutável, que dissipa o erro e a ilusão produzindo conhecimento confiável sobre o mundo. A busca do significado não faz sentido para o senso comum, cuja função é integrar-nos ao mundo e que, por isso mesmo, não vê bom-senso em perguntas irrespondíveis e sem alcance prático, que são tidas e denunciadas como inúteis. Há, portanto, uma disparidade no propósito e na disposição, que também diferencia, apesar da interligação existente, o pensar do conhecer.[24]

5. A distinção entre pensar e conhecer é, portanto, uma dicotomia básica na epistemologia arendtiana. Esta dicotomia é relevante para o Direito, como não deixou de notar a própria Hannah Arendt, uma vez que o tema se colocou para ela também por via das questões provocadas pelo processo Eichmann.[25] Conhecer as normas sem pensar sobre elas pode ser uma atitude de bom-senso no ensino e na prática do Direito, mas pode igualmente gerar perigosas consequências. Com efeito, o pensar surge diante de uma dificuldade que suscita um prévio questionamento antes de uma tomada de decisão. Daí a expressão: parar para pensar. Não pensar protege as pessoas dos riscos do exame crítico e da dúvida — que é o que enseja, para usar a terminologia de Viehweg, a zetética jurídica — e traduz-se numa adesão impensada às normas de conduta de uma dada sociedade — ou seja, para continuar com Viehweg, a dogmatização progressiva do conhecimento jurídico. Essa dogmatização leva as pessoas a se habituarem não com o conteúdo das normas, cujo exame detido as deixaria perplexas, mas sim com a posse de normas que permitem, com relativa facilidade e regularidade, a elas subsumir casos e situações particulares. Isto aconteceu, aponta Han-

nah Arendt, na Alemanha nazista e na Rússia stalinista, regimes que eficazmente inverteram os mandamentos básicos da moral ocidental.[26]

Do ponto de vista do paradigma da Filosofia do Direito e de seus problemas, examinados no capítulo anterior, a concentração no conhecimento do Direito pode ser uma atitude de bom-senso operacional, para lidar com um Direito em permanente mudança. Pode também levar à *reductio ad Hitlerum,* impeditiva de qualquer questionamento do Direito Positivo baseado no pensar.

O eu pensante não pensa abstratamente algo, mas a respeito de algo, no procedimento dialético do diálogo do eu consigo mesmo, quando nós nos desligamos provisoriamente do mundo para chegar a uma conclusão sobre o sentido das coisas, diante de uma dificuldade concreta.[27] É, portanto, a dificuldade concreta que instiga a interação entre o pensar e o conhecer.

A interação entre o *pensar* e o *conhecer* e a sua importância para o Direito podem ser apreciadas pelo emprego da dicotomia *Verstand/Vernunft,* tal como também aparece na reflexão de Jaspers, consoante a leitura de Aron. *O Verstand* edifica o sistema de conhecimentos que, por meio da técnica, transforma as sociedades e cria o meio no qual o homem contemporâneo vive, nele incluído o Direito Positivo. A *Vernunft* critica e abrange o saber do *Verstand* pensando o global e buscando o seu significado, inclusive o do Direito Positivo. A premência da *Vernunft* pensar o *Verstand* impõe-se por força da situação-limite, uma categoria importante na obra de Jaspers que marcou a reflexão de Hannah Arendt. Foi assim que, inspirada pelo seu mestre, ela realçou a relevância de situações-limite como a morte, o combate, a culpa e o sofrimento. Estas, na sua especificidade existencial, instigam o pensar, apontando Hannah Arendt a propriedade e a relevância da categoria de situação-limite nas emergências políticas — como as trazidas pelo totalitarismo — que podem suscitar o pensar vivo,[28] também em matéria de Direito.

O pensar vivo, para apontar o que Hannah Arendt aprendeu com seu outro mestre, resulta da diferença entre um objeto de erudição e uma coisa pensada. Com efeito, no caminho aberto pela reflexão de Heidegger sobre a experiência do pensar, Hannah Arendt insiste na inexistência de uma oposição dicotômica excludente entre espírito e vida, razão e paixão, afirmando a possibilidade de um pensar no qual pensamento e vida constituam uma unidade que se funde.[29]

O pensar vivo, embora não seja capaz de mover o querer ou prover o julgamento — que são faculdades distintas para Hannah Arendt —, antecede-os, preparando a reflexão sobre situações particulares. É difícil lidar, observa ela, com coisas que ainda não são — os projetos da vontade — e com coisas que já foram — que são os objetos do juízo — sem o prévio trabalho preparatório do pensar.[30]

Por isso, o pensamento, em contraste com o conhecimento, exerce, numa situação-limite, um efeito liberador sobre o juízo. Este Hannah Arendt entende, na linha de Kant, como uma faculdade que permite, graças ao juízo reflexivo, julgar o particular sem subsumi-lo no genérico de normas gerais que podem ser ensinadas e apreendidas até se transformarem em hábitos. Para ela, o juízo é a mais política das aptidões mentais do homem; isso porque, como aponta Kateb, o juízo reflexivo, como a ação, rompe os automatismos e enseja o novo.[31]

Na perspectiva da temporalidade, que marca a influência de Heidegger do *Sein und Zeit* em Hannah Arendt, o pensar é um presente intemporal, pois passado e futuro estão igualmente presentes, porque ausentes dos nossos sentidos durante o diálogo do eu consigo mesmo na atividade do pensar. *O nunc stans* do pensamento preenche a lacuna entre o passado e o futuro, trazendo a satisfação da "*acquiescentia in se ipso*" de que falava Spinoza. Já a vontade é uma faculdade voltada para o futuro. A sua tonalidade é a da impaciência e da tensão, que só são superadas pela ação, pois o eu volitivo realiza-se no futuro. O juízo, por sua vez, na sua vertente retrospectiva, é uma faculdade que depende de uma relação genuína com o passado.[32]

Hannah Arendt, no correr de sua vida e obra, sempre fez da liberdade um dos temas centrais de sua teoria política, entendendo-a como capacidade de dar início, no espaço público da palavra e da ação, a coisas novas, singulares e sem precedentes. *The Life of the Mind* corrobora esta diretriz no plano filosófico, em primeiro lugar através da afirmação de que ser e aparência coincidem.[33] Esta afirmação, com a qual se inicia o primeiro capítulo de *Thinking*, é a base da crítica arendtiana à tradição filosófica do dualismo ontológico hierárquico, como a denomina Bhikhu Parekh, que separa, de um lado, o mundo superior do ser e da verdadeira realidade, e de outro o mundo inferior do fenômeno e da aparência. Nesta tradição, que remonta a Platão, os fenômenos do mundo da aparência são tratados como epifenômenos do mundo do Ser. Daí a pouca atenção dada à particularidade, vista apenas como uma entre as muitas manifestações de um universal — como o Espírito ou a Matéria — cuja essência é que deve ser perquirida.[34] No citado estudo, Hannah Arendt, com a elaboração filosófica de sua afirmação, confere à diversidade o *status* ontológico do Ser. Neste sentido *Thinking* confirma, no plano epistemológico, uma das características do seu estilo de pensamento, que é a admirável capacidade de reflexão independente a partir de uma abertura mental aos fatos concretos, cujas características singulares ela não perde de vista ao elaborar conceitos e categorias que, por isso, não são na sua obra um mínimo denominador comum, que não leva em conta as diferenças reais.

Por outro lado, para ela, o fenômeno da liberdade ver-se-ia obscurecido se todo o campo da ação humana viesse a ser identificado com a cognição, pois neste caso o despotismo da verdade faria com que tudo resultasse, conjunta ou separadamente, ou da causalidade da motivação íntima dos protagonistas ou do princípio geral de causalidade que regula o mundo dentro do qual se inserem os protagonistas.[35] *The Life of the Mind* representa, neste sentido, um esforço de mostrar, como observa Ronald Beiner, a autonomia do pensar, do querer e do julgar em relação à cognição, pois a subordinação destas atividades ao intelecto cognitivo traduzir-se-ia em determinismo — e portanto na inexistência da liberdade do eu que pensa, quer e julga para criar eventos novos e sem precedentes.

No volume sobre o pensar a autonomia é afirmada pela distinção entre significado, um atributo da razão (*Vernunft*), e verdade, um atributo do intelecto que almeja conhecer (*Verstand*). No volume sobre o querer ela é afirmada, *inter alia*, através das diferenças entre santo Tomás e Duns Scotus, pois este último insiste na importância do singular, vendo a contingência, que é o preço da liberdade, como um modo positivo do ser. Por contingente, aponta Hannah Arendt, Duns Scotus não quer dizer o que não é necessário ou o que nem sempre existiu, senão algo cujo oposto poderia ter-se dado ao mesmo tempo que este se deu. Por isso ele não fala que algo é contingente, mas sim que algo é contingentemente causado. Finalmente, no julgar, a autonomia em relação à cognição provém, pelos elementos de que dispomos, da distinção kantiana entre juízos determinantes e juízos reflexivos, e pela importância por ela atribuída a estes últimos na avaliação de situações concretas.[36]

Esta imponente e ousada proposta de Hannah Arendt se dá, como ela mesma aponta, no contexto da ruptura com a tradição. Resulta num desmantelamento da filosofia e da metafísica ensejado pela perda de continuidade da tradição tal como era transmitida de geração para geração, que neste processo de sucessão cultural elaborava a sua própria consistência. Tem como ponto de partida lidar com um passado que, por ter visto a sua consistência dissolvida, surge na forma de fragmentos em dispersão.[37] "Notre heritage n'est précedé d'aucun testament", nas palavras de Renê Char com as quais Hannah Arendt inicia seu livro *Between Past and Future.*[38]

Bhikhu Parekh, um dos melhores intérpretes de Hannah Arendt, resenhando *The Life of the Mind,* observa que ela busca combinar, na sua crítica à Filosofia e à Metafísica, fenomenologia, ontologia e hermenêutica. Entretanto, a fenomenologia requer uma abertura que a ontologia nega e a hermenêutica paira inquieta entre ambas. Por isso, a proposta de Hannah Arendt, em sendo das mais sugestivas, originais e estimulantes, é também um inquieto amálgama de diversos elementos que puxam em diferentes direções.[39]

No seu importante livro: *Hannah Arendt and the Search for a New Political Philosophy,* Bhikhu Parekh também observa que um dos problemas da fenomenologia é acreditar que é fácil identificar o que precisa ser descrito no "Zu den Sachen". Hannah Arendt, como outros fenomenólogos, é sensível à diversidade dos fenômenos, mas não ao seu inter-relacionamento.[40] Um bom exemplo da sensibilidade arendtiana à diversidade é a sua crítica ao funcionalismo nas ciências sociais quando, ao discutir em *Between Past and Future* os riscos epistemológicos de englobar sem distinção, sob a mesma categoria de funções, fenômenos diversos, observa: um martelo não é a mesma coisa que um sapato só pelo fato de ela, como a maioria das mulheres, usar o salto do sapato para enfiar, com razoável sucesso, pregos na parede.[41]

Por outro lado, o conceito jasperiano de situação-limite, que marca a reflexão de Hannah Arendt, leva-a, no meu entender, a privilegiar o extraordinário e a desconsiderar o comum. Em *The Human Condition*, na crítica à sociedade moderna, ela aponta que o conformismo tem como pressuposto pessoas que se comportam e não agem. A estatística converteu-se no instrumento técnico das ciências sociais, como a economia ou o behaviorismo, afirma ela, na medida em que foi prevalecendo a lei dos grandes números, que tornam feitos e eventos extraordinários e raros.[42] Ora, assim como a postura do igualitarismo indutivo do empirista, que se baseia nos comportamentos, faz com que apenas as formas ordinárias e regulares de uma atividade sejam levadas em conta, a postura de Hannah Arendt impele-a a um exagero oposto: o de se concentrar no extraordinário sem ocupar-se adequadamente com o comum e o ordinário.[43]

O Direito como atividade e experiência tem muito de regular e reiterativo. Neste sentido, é comportamento e abre-se à cognição. Daí os esforços, explanados no capítulo anterior, da metodologia jurídica de lidar com esta dimensão. Por outro lado, a lógica do razoável, que é a da prudência, e cujo objetivo, como diria Hannah Arendt, é integrar-nos no mundo, encaminha adequadamente os dilemas cognitivos por assim dizer normais, derivados das características da presença do Direito Positivo nas sociedades contemporâneas. Foi neste sentido que procurei mostrar, no capítulo anterior, como os juristas com interesses filosóficos, confrontados com os problemas prático-epistemológicos do Direito Positivo, pararam para pensar e foram construindo, no correr dos séculos XIX e XX, o paradigma da Filosofia do Direito como resposta, no campo da reflexão, ao esgarçamento da tradição que se inicia com a erosão do paradigma do Direito Natural.

Dessa maneira, no âmbito do paradigma da Filosofia do Direito, na interação entre o *pensar* e o *conhecer*, definiu-se um Direito em permanente mudança pela forma e não pelo conteúdo; colocou-se o problema da referibilidade das normas formais a comportamentos reais, levando-se em conta o impacto do Fato no Direito; foi-se além da justiça como legalidade e da legalidade como legitimidade diante da crise do Estado e do Direito.

O vigor do paradigma da Filosofia do Direito baseado na lógica do razoável é, no entanto, a sua fraqueza diante da extraordinária e radical ruptura consumada pelo totalitarismo. Aí o paradigma não ajuda a discernir, no contexto das situações, até mesmo as classes de perguntas que devem ser formuladas, pois a lógica do razoável se vale do bom-senso para adequar um comportamento às circunstâncias. Ora, no caso do totalitarismo, adequar-se às circunstâncias não significava ajustar-se a um mundo confiável, porque compartilhado por um sentido comum das coisas. Significava adaptar-se ao genocídio metódico e sistemático, conduzido rigorosamente dentro da ordem jurídica e dirigido, não contra inimigos, mas sim contra inocentes, que não eram sequer potencialmente perigosos, e tudo por razões não utilitárias que escapavam a qualquer argumento de estado de necessidade.[44]

É por essa razão que, numa situação-limite como a do totalitarismo, a lógica do razoável não instiga o pensar, pois a razoabilidade da prudência pressupõe uma certa razoabilidade do mundo em que ela se movimenta e atua. Ora, precisamente uma das originalidades do pensamento de Hannah Arendt é que ela identificou, na sua reflexão, como o totalitarismo não oferece um acesso à racionalidade ou razoabilidade do mundo, mas sim a sua total diluição e perda. Daí a necessidade de colocar num patamar distinto do da razoabilidade a relação entre o pensar e o conhecer.

De fato, para um observador calcado na tradição da nacionalidade e da razoabilidade, o genocídio é tão gratuito quanto metódico, combinando a extrema proficiência metódica com aquilo que aparenta ser uma total ausência ou um vazio de propósitos. Por isso, a passagem do tudo é necessário ou tudo é permitido para o tudo é possível, que caracteriza o totalitarismo, rompe de tal maneira o encadeamento normal de causas e efeitos que a ideia de uma História razoável, para não dizer racional, fica fora de foco.

Porque "Os homens normais não sabem que tudo é possível", como afirma David Rousset na frase que serviu de epígrafe à terceira parte de *The Origins of Totalitarianism,* é que Hannah Arendt, instigada pela percepção de uma situação-limite radical, dedicou-se a refletir sobre três perguntas: "O que havia acontecido?"; "Por que havia acontecido?" e "Como pôde ter acontecido?".[45] Para lidar com estas perguntas ela não podia limitar-se a *conhecer* o totalitarismo. Necessitava *pensar* o seu significado. Dado o ineditismo do fenômeno, não havia também, no repertório da tradição, conceitos e categorias adequados para subsumi-lo. Por isso, o juízo teria que ser reflexivo e não determinante. Finalmente, o projeto de construir uma proposta para impedir um novo "estado totalitário de natureza" que caracteriza a obra de Hannah Arendt,[46] requeria uma vontade capaz de mover-se num mundo no qual o preço da liberdade é a contingência como um modo positivo do ser.

Em *The Origins of Totalitarianism* Hannah Arendt, como observou Paul Ricoeur, passa ocasionalmente, com alguma facilidade, da contingência do acontecimento à irrupção do conceito, no ponto cego representado pelo encontro entre a coerência da ficção ideológica, servida pela propaganda e pelo terror, e o rigor da organização burocrática que, em conjunto, assinalam o ineditismo do fenômeno totalitário.[47] Estes paradoxos epistemológicos não a impedem, no entanto, de apontar com clareza, como a seguir tentarei mostrar para justificar a relevância da reflexão arendtiana para o Direito, a dissolução, em situações-limite, do alcance dos campos de investigação elaborados pelo paradigma da Filosofia do Direito, tal como expostos na sequência do capítulo anterior. Tal dissolução exige uma interação entre *pensar o* Direito e *conhecer* as leis em novos termos.

(C) A RUPTURA, O TOTALITARISMO E AS INSUFICIÊNCIAS DA FILOSOFIA DO DIREITO COMO TEORIA FORMAL DO DIREITO: A CRISE DA LEGALIDADE

6. Na sua análise do totalitarismo no poder Hannah Arendt indica que o que caracteriza a gestão totalitária é o primado do movimento. Este primado do movimento é necessário para que o mundo, no dia a dia, não adquira a normalidade que advém da estabilização que as leis e as instituições oferecem. Com efeito, a estabilização, por pior que seja, pode criar um modo de vida regular, o que contribuiria para impedir uma dominação total dos indivíduos. Conceitos como o de uma "seleção racial que não pode parar", na Alemanha nazista, ou o da "revolução permanente", na URSS stalinista, serviram operacionalmente a este propósito de assegurar o primado do movimento.[48]

No plano do Direito, uma das maneiras de assegurar o primado do movimento foi o *amorfismo jurídico* da gestão totalitária. Este amorfismo reflete-se tanto em matéria constitucional quanto em todos os desdobramentos normativos.

A Constituição de Weimar nunca foi ab-rogada durante o regime nazista, mas a lei de plenos poderes de 24 de março de 1933 teve não só o efeito de legalizar a posse de Hitler no poder como o de legalizar geral e globalmente as suas ações futuras. Dessa maneira, como apontou Carl Schmitt — escrevendo depois da II Guerra Mundial —, Hitler foi confirmado no poder, tornando-se a fonte de toda legalidade positiva, em virtude de uma lei do Parlamento que modificou a Constituição. Também a Constituição stalinista de 1936, completamente ignorada na prática, nunca foi abolida.

Esta subversão do Direito do Estado, que deixa de ser, em consonância com os procedimentos e técnicas do constitucionalismo moderno, um mecanismo para controlar o poder e, destarte, uma qualidade de governo, viu-se aprofundada pela importância de instituições não disciplinadas por normas, como o partido e a polícia.

Na Alemanha nazista, observa Hannah Arendt, a competência de instituições paraestatais ou partidárias existentes ou criadas pelo regime e a alçada da polícia secreta não podiam ser clarificadas pelas leis e regulamentos que as regiam, inclusive porque muitas das normas em vigor não eram de domínio público.[49]

Ao amorfismo no plano do Direito corresponde o amorfismo no plano do Estado, obtido através da duplicação e, frequentemente, da multiplicação de órgãos e instâncias tratando dos mesmos assuntos no âmbito do Estado, do Partido ou da Polícia. O Estado totalitário tem uma fachada ostensiva e visível — que tem pouco poder — e uma dimensão oculta cujo poder aumenta com a sua invisibilidade. "O verdadeiro poder começa", ensina Hannah Arendt, "onde o segredo começa".[50] Por isso, a imagem mais adequada para a sociedade, o Estado e o Direito nos regimes totalitários não é a da tradicional pirâmide, mas sim a de uma cebola. No centro, numa espécie de espaço vazio, localiza-se o líder. Tudo o que faz, ele o faz de dentro, não de fora ou de cima. Todas as múltiplas e contraditórias instâncias do Estado e da sociedade totalitária, por sua vez, relacionam-se de tal modo que cada uma delas é fachada numa direção e centro na outra. Quanto mais próximo do centro da cebola, maior é o segredo e o poder. Quanto mais próximo da casca, menor o segredo e o poder. Esta enganosa fachada da estrutura em forma de cebola tem também, como observa Hannah Arendt, a vantagem de, organizacionalmente, tornar o regime totalitário à prova de choques, isolando as camadas interiores da factualidade do mundo.[51]

Por outro lado, porque o Estado totalitário almeja ser movimento, ele não pode ter estrutura definida, mas apenas direção. Daí a constante transferência, dentro da cebola, dos verdadeiros centros de poder como uma das características da gestão totalitária, "uma vez que o conhecimento da fonte das ordens e a sedimentação comparativamente permanente da hierarquia poderiam introduzir um elemento de estabilidade alheio ao domínio totalitário".[52]

No III Reich, os habitantes não apenas viviam sob a simultânea e frequentemente contraditória jurisdição de poderes rivais — a administração estatal, o partido, a SA, a SS — como nunca sabiam ao certo, e nunca se lhes dizia explicitamente, qual autoridade deveriam considerar superior. Por isso, todo habitante "tinha de desenvolver uma espécie de sexto sentido para saber, a cada momento, a quem devia obedecer e a quem devia ignorar".[53] Na URSS stalinista, a existência simultânea do aparelho soviético ou estatal, do aparelho do Partido e da NKVD, reproduziam estas mesmas características de gestão totalitária.[54]

No Estado totalitário não há hierarquia de poder ou competência definidas com base na lei, e este amorfismo é o mecanismo para instrumentalizar a realização do princípio de liderança. O desejo da liderança — do chefe — pode encarnar-se, dependendo do momento, em qualquer dos múltiplos órgãos existentes ou criados pelo regime.[55] Daí a insegurança e o isolamento dos indivíduos também no topo da estrutura do poder, obtidos inclusive com a cumplicidade da população, que é um dos ingredientes da gestão totalitária, pois através desta cumplicidade todos estão unidos por uma só culpa e incerteza.[56]

Neste contexto, "Direito é aquilo que é bom para o movimento", tal como entendido em função não apenas das ordens do *Führer* mas dos seus *desejos*. Hannah Arendt cita, neste sentido, o texto de autor alemão da época sobre a polícia, que diz: "Enquanto a polícia executa esse desejo de liderança, age em conformidade com a lei; se o desejo da liderança é violado, então não a polícia, mas um membro da polícia cometeu uma violação". Em síntese, o amorfismo do Estado e do Direito no regime totalitário substitui a relação jurídica pela fidelidade pessoal ao *Führer,* cuja função não é institucionalizada precisamente para impedir a estabilidade e permitir a dinâmica.[57]

Estas características sucintamente resenhadas da gestão totalitária podem ser vistas como constituindo um tipo ideal no sentido weberiano, ou seja, uma organização de relações inteligíveis, próprias a um conjunto histórico e a uma sucessão de acontecimentos.[58] Elas permitem realçar que a inteligibilidade de uma norma e do Direito em geral tem dois estratos: o primeiro cumpre uma função de comunicação e informação denotativa; o segundo não se restringe ao conteúdo lógico, mas conota uma visão do mundo contida em todo ordenamento jurídico, enquanto projeto de orientação.[59] Hannah Arendt, na sua análise, ao esclarecer o segundo estrato, ilumina o sentido do primeiro. Mostra que, num regime totalitário, as leis positivas não têm, como no Estado de Direito, a função de estabelecer canais de comunicação entre os homens, estipulando as diferenças entre o lícito e o ilícito.[60] Por isso, a norma não é uma diretriz objetiva de conduta e organização, razão pela qual não pode ser interpretada de maneira razoável, objetivamente desvinculada da vontade do legislador. O subjetivismo do "princípio do chefe" ou da "vontade da revolução" expressos pelo líder[61] faz, na dinâmica totalitária, com que as leis não tenham uma função estabilizadora de vidas, mas tornem-se exclusivamente leis de movimento.[62]

Neste sentido, se o positivismo jurídico combina a decisão com uma norma inserida no ordenamento, pode dizer-se que ele se vê efetivamente posto em questão pelo totalitarismo, que, exacerbando o decisionismo, termina por prescindir de normas, pois é *lex soluta*.[63]

O totalitarismo, por isso mesmo, não cria uma nova forma de legalidade, substitutiva de uma legalidade anterior: aniquila-a. A legitimidade totalitária, explica Hannah Arendt, desafia a legalidade procurando aniquilá-la ao executar a lei da História (stalinismo) ou da Natureza (nazismo), sem convertê-las em critérios de certo e errado que possam nortear a conduta individual. De fato, trata-se de aplicar a "lei" (da História ou da Natureza) diretamente à humanidade, sem se incomodar com a conduta dos homens — como adiante se verá com mais minúcias.[64]

Num contexto com estas características perdem evidentemente significado: o kelseniano princípio dinâmico do ordenamento; as normas de reconhecimento de Hart; a validade como uma categoria de utilidade prática, por meio da qual o pensamento jurídico seleciona os seus próprios dados a partir do ponto de vista interno do sistema jurídico; a definição do Direito como ordenamento e os problemas daí derivados que levam aos pressupostos da coerência, hierarquia e inteireza do sistema jurídico; a preocupação com o rigor da análise da sintaxe e da semântica do discurso jurídico — para mencionar temas e conceitos elaborados pelo paradigma da Filosofia do Direito no assim denominado campo ontológico de investigação. Em outras palavras, este repertório de categorias examinadas no capítulo anterior busca responder a problemas que não são os que caracterizam o Estado e o Direito no totalitarismo. Por isso, não ajudam a pensar o significado do totalitarismo e, por consequência, não levam ao seu conhecimento, uma vez que não permitem discernir até mesmo a classe de perguntas que devem ser formuladas. Esta descontinuidade entre conceitos e categorias e a realidade é uma primeira dimensão da ruptura, trazida pelo totalitarismo, que vulnera o paradigma da Filosofia do Direito.

(D) A RUPTURA, O TOTALITARISMO E AS INSUFICIÊNCIAS DO ANTIFORMALISMO NA FILOSOFIA DO DIREITO: A CRISE DA SOCIOLOGIA DO DIREITO E DO REALISMO JURÍDICO

7. Na elaboração do paradigma da Filosofia do Direito, uma atitude antiformalista caracteriza o campo de investigação preocupado com a correlação entre Fato e Direito. Daí, neste âmbito, a crítica ao formalismo e a insistência, conforme foi visto no capítulo anterior, no conceito de interesse, seja na análise da produção, seja na da aplicação do Direito a partir da inflexão teórica que remonta a Jhering.

O *interesse,* como algo distinto das paixões, que são fortes porém inconstantes, e da razão, que é constante mas não suficientemente forte para controlar as paixões, surge como um critério explicativo básico da ação humana a partir da Idade Moderna, como um dos desdobramentos da dissolução da unidade espiritual da *Respublica Christiana.* Daí a ideia de que a racionalidade do homem se traduz, à maneira de Hobbes, na capacidade de discernir o que é útil e o que é danoso. O interesse esclarece, no plano internacional, a conduta dos governos que obedecem, na tradição intelectual da explicação que remonta a Maquiavel, à lógica do realismo da "razão de estado". O interesse explica o funcionamento do mercado e justifica o capitalismo na medida em que, como argumenta Adam Smith, a busca do próprio interesse promove o interesse coletivo da sociedade. O interesse é também a grande matriz explicativa da dinâmica do conflito de classes no marxismo. A vocação de uma classe para a dominação resulta de sua capacidade de organizar o conjunto da sociedade, inclusive através do Direito, conforme os seus interesses. A legitimidade do proletariado para o exercício do poder resultaria de sua capacidade, enquanto classe universal, de organizar a sociedade no interesse das grandes maiorias.[65] Em que medida, portanto, para voltar à análise de Hannah Arendt, o *interesse* explica a direção do movimento que caracteriza a gestão totalitária?

Hannah Arendt observa que o amorfismo do Estado e do Direito é um empecilho sério à produtividade. A multiplicidade de instâncias, de ordens contraditórias, a duplicação de cargos, são destrutivos do senso de responsabilidade e da competência. Observa igualmente que, do ponto de vista utilitário, a URSS não deveria ter empreendido os expurgos da década de 30, pois estes interromperam a recuperação econômica longamente ansiada e, além do mais, minaram, com a destruição física do Estado-Maior do Exército Vermelho, a capacidade militar soviética, com sérias consequências na guerra fino-soviética e, sobretudo, germano-soviética. Na Alemanha nazista, a partir de 1942, as normas do domínio totalitário passam efetivamente a prevalecer sobre a economia e o esforço de guerra. Daí as dificuldades da

Wehrmacht em fazer ver aos altos funcionários do regime os fatores objetivos de natureza econômica e militar na condução da guerra.[66]

A natureza antiutilitária da estrutura estatal totalitária causa espanto, e é por isso que o totalitarismo é um fenômeno inédito e estranho, que não se confunde com os diversos tipos despótico-autoritários de tirania. Estes, regra geral, representam o governo absoluto de um só ou de uma pequena camarilha, que se não levam em conta ou são hostis aos interesses do povo, baseiam-se no interesse dos governantes na manutenção do seu poder. Obedecem, portanto, à lógica da categoria do interesse, ainda que circunscrito ao do tirano e de sua camarilha, comportando, por essa razão, alguma previsibilidade.[67] Não é isso o que acontece em meio à fantástica desordem que permeia o totalitarismo. De fato, como conhecer e lidar com um poder que despreza as consequências inéditas de sua atuação, que desconsidera interesses nacionais e que desdenha a motivação utilitária?[68] Por isso o totalitarismo é "um conceito de poder inteiramente novo e sem precedentes" para Hannah Arendt: "A ausência de estrutura no Estado totalitário, o seu desprezo pelos interesses materiais, a sua independência de motivações de lucro e as suas atitudes não utilitárias em geral contribuíram, mais do que qualquer outro elemento, para tornar quase imprevisível a política contemporânea".[69]

O antiutilitarismo é fundamental para se entender, na gestão totalitária, o papel da polícia secreta, que assume a posição de assegurar, através do terror, a permanente transformação da ficção ideológica em realidade. Existe, como aponta Hannah Arendt, uma diferença básica entre a polícia secreta de um regime despótico autoritário e tirânico e a polícia secreta de um regime totalitário.

Num regime despótico-autoritário e tirânico os serviços secretos ocupam-se da "pacificação" do país através da eliminação dos opositores, e posteriormente justificam os seus serviços fiscalizando, provocando e prendendo os suspeitos de ação hostil ao regime.

Num regime totalitário a polícia secreta atua em relação aos "inimigos objetivos". Os "inimigos objetivos" são definidos pela política governamental não por demonstrarem o desejo de derrubar o sistema. Não são pessoas hostis ao Estado, mas "perigosas" para o Estado porque portadoras de tendências, como alguém pode ser portador de uma doença. A categoria dos "inimigos objetivos", como os judeus na Alemanha nazista ou os descendentes das antigas classes governantes na União Soviética, sobrevive aos primeiros inimigos declarados do movimento, ideologicamente determinados. Novos inimigos objetivos são encontrados segundo as circunstâncias. Os nazistas, antecipando o total extermínio dos judeus — a solução final —, já haviam tomado providências preliminares para a liquidação dos poloneses, tendo Hitler chegado a planejar a dizimação de certas categorias de alemães. Na URSS o terror, tendo começado com os descendentes das antigas classes governamentais, dirigiu-se a seguir contra os *Kulaks* (no começo da década de 30), seguidos pelos russos de origem polonesa (entre 1936 e 1938), os tártaros (durante a II Guerra), os antigos prisioneiros de guerra e unidades das forças de ocupação do Exército Vermelho (depois da guerra) e a população judaica, tachada de cosmopolita depois da criação do Estado de Israel.[70]

O conceito de "inimigo objetivo", cuja identidade muda de acordo com as circunstâncias do momento — de sorte que, assim que uma categoria é liquidada, pode declarar-se guerra a outra —, corresponde exatamente à situação de um regime totalitário. Este não tem limites ou obstáculos, mas somente adversários, criados pelas circunstâncias totalitárias e, por isso, "não é um governo no sentido tradicional, mas um *movimento* cuja marcha constantemente esbarra contra novos obstáculos que têm de ser eliminados. Se é que se pode falar de algum raciocínio legal dentro do sistema totalitário", aponta Hannah Arendt, o "*oponente objetivo* é a sua ideia central".[71]

Quem define a direção do movimento através de decisão em relação ao próximo "inimigo objetivo" é o líder. Por isso, a polícia secreta está totalmente sujeita aos seus desejos e intenções, não podendo afirmar-se independentemente do governo, pois o dever da polícia totalitária não é prevenir ou descobrir crimes, como seria o de uma polícia normal no Estado de Direito, ou então fiscalizar, desvendar e prender os suspeitos de hostilidades em relação ao regime, como é o caso da polícia em regimes despótico-autoritários e tirânicos, mas sim "estar disponível, quando o governo decide aprisionar ou liquidar certas categorias da população".[72]

O "inimigo objetivo" leva, no plano jurídico, ao conceito totalitário de *crime possível,* que se baseia na previsão, calcada na ideologia, de que certos fatos poderiam ocorrer. O exemplo examinado como paradigmático por Hannah Arendt é o da condenação, nos processos de Moscou, da velha guarda bolchevista e dos chefes do Exército Vermelho, acusados de um complô contra Stalin que, se fosse bem-sucedido, enfraqueceria a URSS e levaria a uma trégua com Hitler. A essas possibilidades "objetivas", altamente improváveis, contrapunham-se fatores "subjetivos", como a fidelidade dos acusados ao regime e a Stalin e o sincero ódio deste grupo ao fascismo. Estes fatores subjetivos perfeitamente razoáveis, inclusive porque os acusados não tinham nenhum interesse num entendimento com Hitler, não tiveram peso, pois, como explica Hannah Arendt, "o pressuposto central do totalitarismo — de que tudo é possível — leva assim, através da constante eliminação de restrições reais, à consequência absurda e terrível de que todo crime que o governo possa conceber como viável deve ser punido, tenha sido cometido ou não".[73]

A determinação do "inimigo objetivo" e a tipificação do "crime possível" cabem à liderança e estão fora da alçada da polícia. Desta maneira, os serviços secretos dependem inteiramente das autoridades políticas, e é por isso que a polícia secreta, ao materializar as ordens e os desejos da liderança, torna-se, monisticamente, "a própria encarnação da lei".[74]

A consequência desta encarnação monástica da lei faz com que as qualidades peculiares de uma polícia secreta se transformem em qualidades gerais de uma sociedade totalitária. Daí a atitude de suspeita mútua e de espionagem generalizada que impregna o quotidiano num regime totalitário. A isto cabe acrescentar a cumplicidade que advém do fato de as pessoas, sobretudo nos escalões médios e altos, passarem a dever seus empregos e funções à eliminação injusta de seus predecessores, convertidos em "inimigos objetivos".[75] Evidentemente, numa sociedade com essas características, "culpa e inocência viram conceitos vazios; *culpado* é quem estorva o caminho do processo natural ou histórico que já emitiu julgamento quanto às *raças inferiores,* quanto a quem é *indigno de viver,* quanto a *classes agonizantes* e *povos decadentes.* O terror manda cumprir esses julgamentos, mas no seu tribunal todos os interessados são subjetivamente inocentes: os assassinados porque nada fizeram contra o regime e os assassinos porque não assassinaram, mas executaram uma sentença de morte pronunciada por um tribunal superior. Os próprios governantes não afirmam serem justos ou sábios, mas apenas executores de leis históricas ou naturais; não aplicam leis, mas executam um movimento segundo a sua lei inerente. O terror é a legalidade quando a lei é a lei do movimento de alguma força sobre-humana, seja a Natureza ou a História".[76]

Creio que mais não precisa ser dito para evidenciar que o antiformalismo elaborado no âmbito da Filosofia do Direito, para lidar com a correlação entre Fato e Direito, nada esclarece quanto às características do Direito num Estado totalitário. A razoabilidade maior ou menor dos interesses não explica a *direção* da lei. Não dá conta igualmente da ruptura representada pela alteração de função da polícia e do judiciário, que deixa de ser a de prevenir ou descobrir crimes — e eventualmente provar a existência de conspiração contra um governo ou um regime —, mas prender e sentenciar aqueles que a liderança escolheu banir da sociedade.[77] Nesta situação não há penas prescritas para crimes previstos em lei ou delitos que possam razoavelmente ser tidos como tais. Não há espaço também para uma "jurisprudência de interesses", voltada para a criação pelo judiciário de um sistema de *living law* apto a substituir o formalismo por uma lógica material, sem incidir num decisionismo irracionalista. Daí uma segunda dimensão da ruptura, trazida pelo totalitarismo, que também vulnera a razoabilidade de conceitos e categorias elaborados no âmbito do paradigma da Filosofia do Direito. A isto cabe acrescentar, para mostrar o alcance da ruptura na sua dimensão axiológica, que as vítimas — os "inimigos objetivos" — que cometeram os crimes possíveis são encaminhadas para um inferno eterno, onde suas vidas e mortes não interessam a ninguém. É o campo de concentração, no qual um regime totalitário alcança a sua plenitude, pois realiza a meta da dominação total.

(E) A RUPTURA, O TOTALITARISMO E AS INSUFICIÊNCIAS DA FILOSOFIA DO DIREITO COMO DEONTOLOGIA: A CRISE DA LEGITIMIDADE E DA JUSTIÇA

8. Na análise das áreas de investigação do paradigma da Filosofia do Direito, empreendida no capítulo anterior, procurei mostrar como a *deontologia* pode ser encarada na perspectiva de uma combinação entre a Teoria da Justiça e a Filosofia Política. Com efeito, não se pode lidar com a justiça sem um juízo sobre uma determinada conjuntura histórica, e não se pode julgar a História sem se examinar a autoridade e as propostas que ela representa de organização da sociedade através da opção por uma forma de governo que encarna um critério de justiça.

Num regime totalitário, que almeja o domínio total dos indivíduos, os campos de concentração, observa Hannah Arendt, são a verdadeira instituição, constitutiva do cerne do poder organizacional do regime. De fato, na análise arendtiana os campos de concentração têm este papel central, pois são: (I) o *laboratório* que demonstra a convicção totalitária de que tudo é possível; (II) o *locus* que permite não apenas o extermínio físico das pessoas, mas também a eliminação da espontaneidade como dimensão e expressão da conduta humana e, consequentemente, o ambiente que verdadeiramente permite a transformação da personalidade humana numa simples coisa; e (III) a *instituição* essencial para a preservação do poder do regime pelo medo indefinido que os campos de concentração inspiram na sociedade e pelo treinamento muito definido que oferecem em matéria de dominação total, que em nenhuma parte, a não ser no isolamento dos campos, pode ser testado em todas as suas radicais possibilidades.

Na dinâmica do totalitarismo no poder, o campo de concentração é uma ameaça permanente para todos e, por isso, a instituição mantenedora da *ubiquidade do medo,* que é uma das notas do regime. Por essa razão, tudo o que com eles se relaciona é difundido para inspirar o medo generalizado e, paradoxalmente, mantido em segredo para provocar a antecipação difusa do terror de sua realidade.[79] Hannah Arendt observa que, num regime totalitário, o medo é generalizado e difuso, mas também, de maneira paradoxal, não tem utilidade como critério de conduta individual, pois as ações que ele inibe e condiciona não evitam o perigo que se teme.[80] Não evitam o perigo que se teme, pois o ideal da dominação totalitária é demonstrar que todos os homens são supérfluos pela arbitrária escolha dos "inimigos objetivos" que vão para os campos de concentração. Daí a razão pela qual um regime totalitário não pode comportar a justiça como legalidade, pois as normas jurídicas, por mais injustas que sejam, representam um limite e uma estabilização e, destarte, um obstáculo à tentativa totalitária de tornar supérfluos todos os homens. Não prevalece, em outras palavras, qualquer lógica de razoável bom-senso que ponderaria que, estando as massas submissas, todo o gigantesco aparelho do terror é supérfluo. Ele não é supérfluo, observa Hannah Arendt, porque precisamente serve para tornar supérfluos os homens, realizando, desta maneira, o ideal da dominação total a que aspira um regime totalitário.[81]

Esta dimensão do inacreditável leva a um esforço de compreendê-lo por meio da racionalização. "Em cada um de nós", registra Hannah Arendt, "existe um liberal que procura persuadir-nos com a voz do bom-senso".[82] Não há, no entanto, bom-senso que consiga lidar com uma situação na qual desaparece a relação entre meios e fins. "O meio se transforma no fim e a afirmação de que os *fins justificam os meios* já não se aplica, pois o terror, não sendo mais o meio de aterrorizar as pessoas, perdeu a sua *finalidade.*"[83]

9. Hannah Arendt busca explicar, através do antissemitismo moderno e do imperialismo, a gênese do totalitarismo e dos campos de concentração. A sua análise não pode ser encarada como análise de um desenvolvimento histórico. As *origens* do totalitarismo, no caso, não são causas determinantes, mas elementos que representam uma seleção histórica *a posteriori* de aspectos aptos para iluminar o que é relevante para a compreensão da visão dos nazistas e dos comunistas na época de Stalin. São cristalizações de formas de atuação que ajudam a esclarecer eventos históricos, entre eles cabendo destacar: o conceito de "inimigo objetivo", a mentira ideológica, o racismo, o expansionismo e a burocracia. Estas formas de atuação contribuíram para a destruição da respeitabilidade dos valores tradicionais de justiça, exacerbando a violência e a crueldade por meio da simpatia criada entre governantes e governados por um ativismo político nas sociedades europeias.

No antissemitismo moderno, que analisa na primeira parte de seu livro, Hannah Arendt encontra uma antecipação de dois dos meios de ação de que se vale o totalitarismo no poder: (I) o conceito de *inimigo objetivo*, pois uma das notas do antissemitismo é o ataque, não a um judeu, mas aos judeus em geral, independentemente das atitudes e das ações dos judeus-indivíduos; e (II) o uso da *mentira,* que desfigura ideologicamente os fatos para ajustá-los às necessidades do poder no momento em que estigmatiza os "inimigos objetivos", como é o caso dos *Protocolos dos Sábios de Sião* — uma conhecida falsificação elaborada pela polícia secreta da Rússia czarista no século XIX, imputando aos judeus um projeto de dominação universal.

No imperialismo, analisado por Hannah Arendt na segunda parte de seu livro, também existem três prefigurações do paradigma totalitário. De fato, de acordo com a reflexão arendtiana, o imperialismo moderno — enquanto o processo político-econômico de exportação para o resto do mundo do capital supérfluo na Europa, administrado através da dominação imperial — provocou: (I) com *o racismo*, a perda do senso de realidade dos europeus no contato com outros povos — uma perda que gerou insensibilidades que propiciaram o advento do genocídio; (II) com o *expansionismo*, a vocação para a dominação global do totalitarismo; e (III) com a *burocracia* colonial, uma solução administrativa para a ubiquidade da gestão imperial, que iria prefigurar o alcance da arbitrariedade do totalitarismo.[84]

Não é, portanto, um evento inconsequente na prefiguração do totalitarismo o fato de os campos de concentração terem a sua origem na dinâmica imperial, mais precisamente na guerra dos Boers, no começo do século XX, e começarem a ser usados na África do Sul e na Índia para a "*custódia protetora*" de "*elementos indesejáveis*" — "*suspeitos*" cujos "*delitos*" não podiam ser provados e que, consequentemente, eram insuscetíveis de condenação através do *due process of law*. Estes campos, no entanto, se representam a cristalização do princípio de que "*tudo é permitido*", ainda se relacionam com motivos utilitários, pois respondem a interesses práticos de gestão dos governantes, ainda que questionáveis na perspectiva da Teoria da Justiça. Não é este o caso dos campos de concentração nos regimes totalitários, que assinalam a passagem para a esfera do "*tudo é possível*". Com efeito, indaga Hannah Arendt, qual é o significado do conceito de homicídio diante da produção em massa de cadáveres anônimos? Um assassino destrói uma vida, mas não a memória de uma vida e a dor dos que amaram a vítima. Os campos de concentração buscam fazer desaparecer a memória das vítimas. O extermínio nos campos de concentração é uma gestão administrativa impessoal que cria uma atmosfera de morte permanente, na qual tanto a vida quanto a morte veem--se efetivamente obstruídas.[85]

10. É interessante observar que questões desta natureza foram entre nós suscitadas pelo Supremo Tribunal Federal quando do julgamento, em 1967, dos pedidos de extradição requeridos pela Áustria, pela República Federal da Alemanha e pela Polônia do nazista Franz Paul Stangl, preso pela polícia em São Paulo, onde trabalhava como técnico-mecânico da Volkswagen. De fato, no exame da preferência, ao tratar da gravidade da infração, o ministro-relator Victor Nunes Leal entendeu caber preferência à Alemanha, pois as infrações penais cometidas no campo de concentração de Treblinka, nas quais se baseava o pedido alemão, eram mais graves do que as cometidas em Hartheim, base do pedido austríaco. Hartheim destinava-se à eliminação coletiva e metódica de insanos mentais, de pessoas idosas, fracas e incapacitadas para o trabalho, bem como das consideradas potencialmente perigosas. Já Treblinka era especificamente um campo de extermínio, estimando-se em cerca de 700 000 o número de pessoas lá assassinadas. No seu voto, o ministro Adaucto Cardoso entendeu que, depois que o homicídio passa a ser morticínio, não se pode distinguir entre o mais grave e o menos grave, e como morticínio houvera, tanto em Hartheim quanto em Treblinka, dificilmente se poderia dizer qual deles terá sido o mais grave.

No debate entre os ministros Victor Nunes Leal e Adaucto Cardoso, aquele afirmou que não se pode dizer que matar 12 ou 13 000 pessoas em Hartheim seja a mesma coisa que matar 300 000 em Treblinka, ponderando que se uma vida humana é tão valiosa como centenas, ou milhares, a instituição do crime de genocídio como crime de Direito Internacional tinha sido motivada, entre outros elementos, em virtude da quantidade de vítimas, e que em

Treblinka a intenção clara era a de exterminar uma raça, o que não estava completamente esclarecido em relação a Hartheim. Já o ministro Adaucto Cardoso entendeu que, entre matar 20 000 ou 200 000 pessoas, não há possibilidade de estabelecer qualquer gradação do ponto de vista das consequências penais.

No seu voto, o ministro Adalício Nogueira sentiu a necessidade de manifestar a repulsa de sua consciência jurídica diante de um crime inominável como o genocídio, que transcende, pelas suas características, a órbita do Direito comum. Por isso, afirmou, num desabafo, que um crime de tal porte não pode ser julgado à luz do rigor da teoria jurídica, devendo os critérios morais primar sobre a frieza das apreciações jurídicas.

Por sua vez, o ministro Evandro Lins, ao discutir a preferência, observou com argúcia que o crime não foi cometido apenas no território polonês ou alemão. O argumento decisivo em apoio à conclusão do relator — que concedia preferência à Alemanha — decorria de que, entre vários atos, o principal — a deliberação para a execução do crime — tinha ocorrido na Alemanha, em Berlim. Foi lá que um grupo se reuniu para deliberar a "solução final": o extermínio e a liquidação dos judeus.[86]

11. Penso que, no seu voto, o ministro Evandro Lins chamou a atenção para um dado fundamental: um crime como o genocídio só se esclarece através da análise do regime totalitário. É o totalitarismo no poder que enseja na sua dinâmica, a passagem do "tudo é permitido" para o "tudo é possível", ao fazer do campo de concentração a instituição central do regime.

Hannah Arendt busca evidenciar o alcance desta passagem da esfera do "tudo é permitido" para o "tudo é possível" diferenciando o campo de concentração dos trabalhos forçados, da prisão, da escravidão e do banimento. O trabalho forçado, enquanto pena, é limitado no tempo e na intensidade. O preso, se perde a liberdade, retém direitos sobre o próprio corpo; por isso não é torturado de forma absoluta, nem absolutamente dominado. A escravidão foi sempre, enquanto existiu, uma instituição histórica dentro da ordem social: os escravos como instrumento de trabalho tinham um preço e, como propriedade, um valor, e além disso não estavam, como os internados nos campos de concentração, necessariamente longe dos olhos e, consequentemente, da proteção dos seus semelhantes. O banido vê-se transferido de uma parte do mundo para outra, e, se isso é um processo penoso de desenraizamento, o banido não se vê excluído do mundo dos homens.

Nada disso caracteriza o campo de concentração. O internado, no campo de concentração, vê-se separado por um abismo intransponível do mundo dos vivos. Ingressa no mundo dos mortos-vivos. Não tem preço algum porque sempre pode ser substituído. Ninguém sabe a quem ele pertence, porque nunca é visto e, do ponto de vista da sociedade, é absolutamente supérfluo, embora em épocas de intensa falta de mão de obra tivessem os internados nos campos sido utilizados, durante a guerra, na URSS e na Alemanha, para o trabalho. O campo de concentração, em síntese, não é uma instituição criada em nome da produtividade, não tem função econômica e não é útil do ponto de vista prático. Daí a aparência de desatinada irrealidade, aos olhos do mundo do bom-senso, dos campos de concentração.[87]

Os campos de concentração e o que neles acontece, porque não integram o mundo dos vivos, mas o dos mortos-vivos, observa Hannah Arendt, só podem ser descritos com imagens extraterrenas. Na linha das concepções ocidentais de uma vida após a morte, ela os classifica em três tipos: (I) o *limbo*, campos nos quais são recolhidos todos os tipos de "elementos indesejáveis" e que existem mesmo em regimes não totalitários (são os campos de refugiados, apátridas, marginais, desempregados, deslocados por guerras); (II) o *purgatório,* representado pelos campos da URSS; e (III) o *inferno,* no sentido literal, constituído por aqueles campos que os nazistas aperfeiçoaram e nos quais a vida era organizada de modo a sistematicamente causar o maior tormento possível. O que estes três tipos têm em comum é que as massas humanas que detêm são tratadas como se já não existissem, como se já estivessem mortas, não interessando ao mundo dos vivos o que com elas acontece.

Esta analogia, no entanto, tem uma limitação. A concepção tradicional de inferno é admissível para o homem, observa Hannah Arendt, porque ela contém o pressuposto do Juízo Final, ou seja, a ideia de um critério absoluto de justiça combinado com a infinita possibilidade da misericórdia e do perdão. No campo de concentração do tipo inferno, não há nenhum critério de justiça — todos os castigados são inocentes — e nenhuma possibilidade de misericórdia.[88] Daí o ineditismo do regime totalitário, que a deontologia elaborada no âmbito do paradigma da Filosofia do Direito não capta, pois trata-se de uma proposta de organização da sociedade tendo como cerne constitutivo o campo de concentração, que rejeita todos os critérios de justiça elaborados e conhecidos pela tradição e pela teoria.

Hannah Arendt, num curso dado na Universidade de Chicago, no semestre da primavera de 1966, intitulado *Basic Moral Propositions,* realça precisamente este fato. Ela começa apontando a relação existente entre a ética e a política no pensamento clássico, para a seguir — depois de uma referência a Kant e ao problema do *fiat justitia pereat mundus,* e a Nietzsche e às distinções por ele elaboradas entre nobreza, inveja e ressentimento — afirmar que os regimes de Hitler e Stalin escapam à compreensão com base nestas e em outras categorias. O regime totalitário representa uma maciça invasão da criminalidade na esfera política, que se traduz num colapso geral da moral tal como concebida tradicionalmente. Este colapso alcança governantes e governados. Num regime totalitário as pessoas, como observa Hannah Arendt, não agem anarquicamente e não cometem crimes ao acaso, por força dos acidentes da fortuna: "they too act according to a law, but this law has become the opposite of those laws which are behind all legal systems". É a reversão do Decálogo: Hitler disse: matarás; e Stalin: darás falso testemunho contra o teu vizinho. Se há diferença entre os dois e os regimes que encarnaram, observa Hannah Arendt, esta diferença é a radicalidade maior do nazismo, que não abria espaço, como no stalinismo, para a hipocrisia racionalizadora dos comunicados oficiais.[89]

A radicalidade do colapso moral, representada pelo nazismo, para ser apreendida em toda sua extensão, requer um exame das três etapas por meio das quais, nos campos de concentração, se alcança o domínio total dos indivíduos, meta e objetivo constante dos regimes totalitários enquanto proposta de organização da sociedade.

A primeira etapa em direção ao domínio total, de acordo com Hannah Arendt, começa com a morte da personalidade jurídica do homem enquanto ser humano capaz de direitos e obrigações. Ela aponta o início deste processo referindo-se à desnacionalização maciça, na Europa do primeiro pós-guerra, num período de desintegração político-econômica e social. De fato, estas desnacionalizações redundaram na perda do *status civitatis* de centenas de milhares de pessoas. Isto afetou o estado e a capacidade destas pessoas, que se viram postas fora da lei na medida em que não tinham posição jurídica caracterizada no seio da coletividade, perdendo, por isso mesmo, o seu modo particular de existir juridicamente.[90]

O processo de liquidação da personalidade jurídica dos indivíduos aprofunda-se quando os campos de concentração surgem fora do contexto do Direito Penal normal, tal como concebido desde Beccaria, ou seja, só as leis podem determinar os delitos e as penas. Em outras palavras, o campo de concentração não é uma prisão. Numa prisão, os condenados por delitos previstos em lei cumprem penas, podendo-se, como se sabe, considerar a pena de prisão seja como castigo reparador da ordem social violada; seja como oportunidade de reforma moral do condenado, que o reabilita para a convivência social; seja como instrumento da prevenção geral de delitos, por força do papel intimidativo da pena de prisão. Não é este o caso dos campos de concentração. Eles não reabilitam ninguém e não são um instrumento de prevenção de delitos, inclusive porque não representam castigo previsível para um crime definido. Os internados dos campos de concentração do tipo inferno, na sua esmagadora maioria, nada tinham feito que tivesse alguma ligação racional com o fato de terem sido presos, nem em sua consciência, nem na consciência de seus atormentadores. Eram inocentes em todos os sentidos e, por isso, prestavam-se perfeitamente, enquanto grupo, à experiência radical da privação absoluta de direitos e da total destruição da personalidade jurídica. Com efeito, destituídos da distinção protetora de haverem feito alguma coisa, de terem tido alguma conduta delituosa, os internados nos campos de concentração ficavam completamente expostos, por isso mesmo, à total arbitrariedade. As câmaras de gás instrumentalizaram esta arbitrariedade, pois a enorme capacidade de matar das mesmas indica claramente que elas não se destinavam a casos individuais — como se destinam a forca, a guilhotina ou a cadeira elétrica —, mas sim a um grande e anônimo número de pessoas.[91]

A inocência dos internados nos campos de concentração

era fundamental para manter a continuidade dos campos, e estes, por sua vez, indispensáveis para a permanência do sistema do arbítrio, cuja finalidade é destruir os direitos civis de toda a população. De fato, qualquer limitação ao arbítrio através da objetividade da lei criaria algum tipo de estabilidade legal que permitiria às pessoas furtarem-se à dominação totalitária. Daí os *Volksnutzen* (necessidades do povo) dos nazistas e as oscilações do Partido na URSS, que permitiam a identificação de novos "inimigos objetivos". Neste sentido, o objetivo do sistema de arbítrio dos regimes totalitários é potencialmente colocar toda a população do país fora da proteção da lei.[92]

Não é por acaso que o regime nazista cogitava substituir o Código Civil Alemão — o BGB — por um Código do Povo — o *Volksgesetzbuch* — que não tinha como centro a pessoa ou o homem, mas sim o *Volksgenosse*, o homem enquanto integrado na comunidade do povo.[93] Penso também que a privação absoluta de direitos dos internados nos campos de concentração da Alemanha nazista evidencia-se pelo fato de o regime nunca ter concordado em admitir que prisioneiros em custódia, por motivos políticos e raciais, tivessem o *status* de civis internados que lhes permitisse serem considerados como pessoas ao alcance, pelo menos em tese, da proteção da Cruz Vermelha Internacional.[94]

As duas etapas que se seguem à privação dos direitos e à morte da personalidade jurídica são respectivamente as da destruição da personalidade moral do homem e a da eliminação da singularidade da pessoa humana.

A destruição da personalidade moral se obtém, na análise de Hannah Arendt, através do anonimato imposto pelo silêncio que cerca os campos de concentração. O silêncio faz desaparecer a palavra escrita e falada, a dor e a recordação, até mesmo na memória da família dos internados. Por isso, os campos não criam um espaço para o aparecimento nem de heróis nem de mártires. Além disso, "os campos de concentração, tornando anônima a própria morte e tornando impossível saber se um prisioneiro está vivo ou morto, roubaram da morte o significado de desfecho de uma vida realizada. Em certo sentido, roubaram a própria morte do indivíduo, provando que, doravante, nada — nem a morte — lhe pertencia e que ele não pertencia a ninguém. A morte apenas selava o fato de que ele jamais havia existido".[95]

A eliminação da singularidade da pessoa humana começa com as monstruosas condições dos transportes a caminho do campo — centenas de seres amontoados em vagões, baldeando de estação para estação, de desvio a desvio, dia após dia; continua com o choque bem organizado das primeiras horas no próprio campo — a raspagem das cabeças, o escárnio das roupas "e termina nas torturas inimagináveis, dosadas de modo a não matar o corpo ou, pelo menos, não matá-lo rapidamente. O objetivo desses métodos, em qualquer caso, é manipular o corpo humano — com as suas infinitas possibilidades de dor — de forma a fazê-lo destruir a pessoa humana tão inexoravelmente como certas doenças mentais de origem orgânica".[96]

Os campos são, neste sentido, o *locus* para a destruição fria e sistemática de corpos, estruturado para aniquilar a dignidade humana. Neles, seres humanos perfeitamente normais eram exterminados por homens perfeitamente normais, treinados para se tornarem perfeitos algozes. Esta destruição da individualidade e da espontaneidade só é possível, na sua inteireza, nos campos de concentração, que criam a sociedade dos que estão prestes a morrer. Esta, por sua vez, é a única forma de sociedade em que é possível dominar completamente o homem em todos os aspectos de sua vida e, destarte, permitir a um regime totalitário alcançar a plenitude de suas aspirações.[97]

Acredito que esta análise de Hannah Arendt, na qual a irrupção, provocada pelos acontecimentos históricos, dos conceitos e categorias, são denotações lógicas que conotam a emoção, permitem, através do pensar, a compreensão do significado. A compreensão do significado, por sua vez, permite um juízo reflexivo que diz respeito à Filosofia do Direito: a deontologia elaborada por juristas com interesses filosóficos, enquanto uma combinação da Filosofia Política e da Teoria da Justiça, não oferece elementos adequados para perguntas que levam a um entendimento dos regimes totalitários. Não fornece estes elementos para perguntas adequadas porque o totalitarismo é uma proposta de organização da sociedade que, precisamente por ter como cerne constitutivo o campo de concentração, escapa ao bom-senso de qualquer critério razoável de justiça.

(F) ATUALIDADE DO TEMA DA RUPTURA E LIMITES DA LÓGICA DO RAZOÁVEL

12. A análise arendtiana do totalitarismo ensejou vários tipos de crítica — seja em matéria de concepção global e articulação dos nexos; seja na amplitude, escolha e precisão dos dados factuais; seja, no campo ideológico, em virtude das afinidades que ela detectou entre nazismo e stalinismo.[98] Apesar dessas críticas, vejo na reflexão por ela proposta, além de méritos indiscutíveis, uma enorme e fecunda sugestividade heurística. Foi essa sugestividade que me permitiu, num diálogo com o seu pensamento, extrapolar explicitamente a ruptura para o campo jurídico com o objetivo de mostrar como o totalitarismo no poder efetivamente coloca em questão os conceitos e as categorias elaboradas pelo paradigma da Filosofia do Direito, com base

numa interação entre o pensar e o conhecer, apoiada na tradição da lógica do razoável.

Daí deriva a pergunta: o que fazer diante dessa ruptura? A derrocada dos nazistas e a morte de Stalin não representam, evidentemente, uma resposta a essa questão, pois apesar de ter sido o totalitarismo um "milagre negro", como o qualificou George Kateb — na sua análise da obra de Hannah Arendt[99] —, que ocorreu desafiando a lei das probabilidades, o fato e as circunstâncias de sua irrupção são de molde a colocar a hipótese de uma repetição.

Hannah Arendt observa, neste sentido, que um dos dados importantes, por ela identificado, no advento dos regimes totalitários que estudou, foi a existência de pessoas como desempregados, marginais, refugiados, que são percebidos como supérfluos. "A tentativa totalitária de tornar supérfluos os homens reflete a sensação da superfluidade das massas modernas numa terra superpovoada." Neste sentido é apenas na perspectiva de um bom-senso tradicional que: "o mundo dos agonizantes, no qual os homens apreendem que são supérfluos através de um modo de vida em que o castigo nada tem a ver com o crime, em que a exploração é praticada sem lucro e em que o trabalho é realizado sem proveito" pode ser visto como: "um lugar onde a insensatez é diariamente renovada".[100]

Com efeito, no mundo contemporâneo, caracterizado pelo desemprego crônico, pela automação, pela superpopulação e pelo risco onipresente da guerra nuclear, não há como não concordar com Hannah Arendt quando ela afirma: "Os acontecimentos políticos, sociais e econômicos de toda parte conspiram silenciosamente com os instrumentos totalitários inventados para tornar os homens supérfluos".[101] De fato, se a guerra e a miséria são indiscutivelmente dois dos problemas centrais do nosso tempo e se estes dois problemas têm como núcleo o absurdo e paradoxal contraste entre um excesso de poder — que cria, através da multiplicação dos meios da violência, as condições para uma verdadeira guerra de extermínio nuclear e também para o terrorismo de indivíduos e pequenos grupos — e um excesso de impotência — que vem condenando grandes massas à miséria e à fome —, parece-me que a reflexão de Hannah Arendt sobre o totalitarismo e os riscos que ele contém de converter todos em supérfluos guarda uma terrível e impressionante atualidade.[102]

Em verdade, depreende-se da análise arendtiana a persistência de uma situação-limite que exige um pensar sobre o conhecer, que não pode ter como pressuposto a razoabilidade do mundo para qualquer um, seja ele quem for, pois seres humanos, em número crescente, correm o risco de se tornarem supérfluos e descartáveis em termos estritamente utilitários. Por isso, os homens não se sentem à vontade no mundo, e é por essa razão que permanece atual o tema da ruptura, que o totalitarismo levou às suas últimas consequências. De fato, como conciliar a pessoa humana como "valor-fonte" legitimador dos ordenamentos jurídicos, segundo a tradição, com o risco permanente de sua descartabilidade? Em outras palavras: se os homens em geral têm múltiplas razões para não se sentirem em casa no mundo, como é que os direitos humanos — que representam a modernidade, inauguradora da perspectiva *ex parte populi* — podem continuar sendo o núcleo da reflexão deontológica do Direito, ou seja, da legitimidade do poder e da justiça da norma?

Esta é a questão que, mediante um diálogo com o pensamento de Hannah Arendt, procurarei tratar na segunda parte deste trabalho, com o objetivo de propor uma reconstrução da temática dos direitos humanos diante da persistência do processo de ruptura, que ela articulou como um ouriço. Penso que a sua obra presta-se admiravelmente a este diálogo, pois, na sua trajetória intelectual, tudo o que veio depois de *The Origins of Totalitarianism* representa, basicamente, um enorme esforço de continuar a *pensar* a ruptura, de *querer* evitar um novo estado de natureza totalitário e de oferecer, nesta caminhada, *juízos* reflexivos sobre a singularidade da situação presente, uma vez que o ineditismo do mundo contemporâneo não permite a subsunção ao repertório das categorias tradicionais.

PARTE II
A RUPTURA: OCASO E RECONSTRUÇÃO DOS DIREITOS HUMANOS

4. Os direitos humanos e a ruptura

(A) O "ESTADO TOTALITÁRIO DE NATUREZA" E A CRISE DOS DIREITOS HUMANOS: A PROBLEMÁTICA DA RUPTURA

1. O totalitarismo representa uma proposta de organização da sociedade que almeja a dominação total dos indivíduos. Encarna, neste sentido, o processo de ruptura com a tradição, pois não se trata de um regime autocrático, que em contraposição dicotômica a um regime democrático busca restringir ou abolir as liberdades públicas e as garantias individuais. Trata-se, em verdade, de um regime que não se confunde nem com a tirania, nem com o despotismo, nem com as diversas modalidades de autoritarismo, pois se esforça por eliminar, de maneira historicamente inédita, a própria espontaneidade — a mais genérica e elementar manifestação da liberdade humana. Gera, para alcançar este objetivo, o *isolamento* destrutivo da possibilidade de uma vida pública — que requer a ação conjunta com outros homens — e a *desolação*, que impede a vida privada.[1]

A eliminação da espontaneidade, através do isolamento e

da desolação, só se viabiliza plenamente nas condições do campo de concentração, que é, consequentemente, como foi visto no capítulo anterior, a instituição paradigmática, constitutiva do cerne do regime totalitário e o laboratório no qual se experimenta o "tudo é possível" da convicção totalitária.

O "tudo é possível", na dinâmica do totalitarismo, parte do pressuposto, também examinado no capítulo anterior, de que os seres humanos são supérfluos. Tal pressuposto contesta a afirmação kantiana de que o homem, e apenas ele, não pode ser empregado como um meio para a realização de um fim, pois é fim de si mesmo, uma vez que apesar do caráter profano de cada indivíduo, ele é sagrado, já que na sua pessoa pulsa a humanidade. Contesta igualmente, e de maneira frontal, o processo de objetivação histórica que, de acordo com Miguel Reale, levou a uma conquista axiológica: a do reconhecimento do valor da pessoa humana enquanto "valor-fonte" de todos os valores sociais e, destarte, o fundamento último da ordem jurídica, tal como formulado seja pela tradição do jusnaturalismo moderno, seja pela deontologia, no âmbito do paradigma da Filosofia do Direito.[2]

O valor da pessoa humana enquanto conquista histórico-axiológica encontra a sua expressão jurídica nos direitos fundamentais do homem. É por essa razão que a análise da ruptura — o hiato entre o passado e o futuro, produzido pelo esfacelamento dos padrões da tradição ocidental — passa por uma análise da crise dos direitos humanos, que permitiu o "estado totalitário de natureza". Este "estado de natureza" não é um fenômeno externo, mas interno à nossa civilização, geradora de selvageria,[3] que tornou homens sem lugar no mundo.

No mundo contemporâneo continuam a persistir situações sociais, políticas e econômicas que contribuem para tornar os homens supérfluos e, portanto, sem lugar no mundo. Por essa razão, o inter-relacionamento do tema da ruptura com o da crise dos direitos humanos continua na ordem do dia. Daí, a meu ver, a atualidade e a importância do problema, que constitui o objeto de investigação deste trabalho e que será conduzido, como foi apontado na Introdução, através de um diálogo livre com Hannah Arendt. Este diálogo, no meu entender, é particularmente fecundo, pois tendo a reflexão arendtiana como núcleo básico o inter-relacionamento entre a ruptura — que levou ao ocaso dos direitos humanos — e as possíveis respostas a esta ruptura, trata-se de uma obra que oferece indicações muito relevantes, que pretendo elaborar, para a reconstrução da temática dos direitos humanos.

(B) O VALOR DA PESSOA HUMANA E A TRADIÇÃO OCIDENTAL: ORIGEM E DESENVOLVIMENTO DOS DIREITOS HUMANOS

2. O valor atribuído à pessoa humana, fundamento dos direitos humanos, é parte integrante da tradição, que se viu rompida com a irrupção do fenômeno totalitário.

A Bíblia começa com a história das origens da humanidade e, no *Gênesis,* está dito que "Deus criou o homem à sua imagem" (1, 26). Ensina, desta maneira, o Velho Testamento, que o homem assinala o ponto culminante da criação, tendo importância suprema na economia do Universo. Observa, neste sentido, Hannah Arendt que os hebreus "[...] sempre sustentaram que a própria vida é sagrada, mais sagrada que tudo mais no mundo, e que o homem é o ser supremo sobre a terra". Todo homem, portanto, é único e quem suprime uma existência — afirma o Talmud — é como se destruísse o mundo na sua inteireza. Na elaboração judaica deste ensinamento isto se traduz numa visão da unidade do gênero humano, apesar da diversidade de nações, que se expressa através do reconhecimento e da afirmação das Leis de Noé. Estas (*Gênesis*, 9, 6-17) são um direito comum a todos, pois constituem a aliança de Deus com a humanidade e representam um conceito próximo do *jus naturae et gentium*, inspirador dos ensinamentos do cristianismo e, posteriormente, de Grócio e Selden, que são uma das fontes das Declarações de Direitos das Revoluções Americana e Francesa.[4]

Na vertente grega da tradição cabe mencionar o estoicismo, que na época helenística, com o fim da democracia e das cidades-estado, atribuiu ao indivíduo que tinha perdido a qualidade de cidadão, para se converter em súdito das grandes monarquias, uma nova dignidade. Esta nova dignidade resultou do significado filosófico conferido ao universalismo de Alexandre. O mundo é uma única cidade — *cosmo-polis* — da qual todos participam como amigos e iguais. À comunidade universal do gênero humano corresponde também um direito universal, fundado num patrimônio racional comum, daí derivando um dos precedentes da teoria cristã da *lex aeterna* e da *lex naturalis*, igualmente inspiradora dos direitos humanos.[5]

O cristianismo retoma e aprofunda o ensinamento judaico e grego, procurando aclimatar no mundo, através da evangelização, a ideia de que cada pessoa humana tem um valor absoluto no plano espiritual, pois Jesus chamou a todos para a salvação. Neste chamamento não "há distinção entre judeu e grego" (são Paulo, *Epístola aos Romanos*, 10, 12), pois "não há judeu, nem grego, não há escravo nem livre, não há homem nem mulher, pois todos vós sois um só em Cristo Jesus" (são Paulo, *Epístola aos Gálatas*, 3, 28). Neste sentido, o ensinamento cristão é um dos elementos formadores da mentalidade que tornou possível o tema dos direitos humanos.[6]

3. A emergência, com o cristianismo, da subjetividade jurídica não teve alcance político nos seus desdobramentos iniciais. De fato, de acordo com Hannah Arendt, uma das consequências importantes da difusão da mensagem cristã que afirmava a imortalidade da vida humana individual foi a de fazer com que a preocupação com a vida e a imortalidade do indivíduo tomassem o lugar antes ocupado pela preocupação com a vida e a imortalidade da *polis*. Esta visão antipolítica, voltada para a superioridade da *vita contemplativa*, diante do caráter ilusório da *vita activa*, trouxe, na análise arendtiana, uma alienação em relação ao mundo que tem, na época moderna, características muito específicas.

Com efeito, os antigos e os medievais, ao rejeitarem o mundo dos homens, voltaram-se, desde Platão, para a busca e a contemplação da verdade eterna. Os modernos, para o mundo interior do ser, por força da dúvida que coloca em questão a eterna verdade das coisas. São paradigmas da dúvida no mundo moderno, consoante Hannah Arendt: o telescópio de Galileu, que instituiu o hiato entre a realidade e o que aparece aos sentidos; e Descartes, para quem a dúvida surgiu como meio de afirmar a existência de processos mentais e a razão aparece, não como aptidão pública exercida na comunicação intersubjetiva, mas como faculdade natural e privada inerente a todo homem. Daí o *subjetivismo* e a redução da filosofia à epistemologia — a análise daquilo que o sujeito cognoscente é capaz de conhecer.[7]

É neste contexto que importa realçar outra dimensão importante da tradição que ensejou o tema dos direitos humanos, a saber, o *individualismo* na sua acepção mais ampla, ou seja, todas as tendências que veem no indivíduo, na sua subjetividade, o dado fundamental da realidade. O individualismo é parte integrante da lógica da modernidade, que concebe a liberdade como a faculdade de autodeterminação de todo ser humano. Tem, como ponto de partida, no plano epistemológico, o *nominalismo*, que substituiu a preocupação aristotélica com o geral pelas substâncias individuais de Guilherme de Occam. Com efeito, para o nominalismo só são reais os seres singulares designados por nomes próprios. Os nomes comuns ou as relações são apenas instrumentos úteis para conotar — para notar em conjunto — uma pluralidade de seres individuais. Os "universais" e as relações, por isso mesmo, só têm existência no discurso forjado convencionalmente pelos homens, pois o mundo não é um cosmos — um sistema ordenado —, mas sim um agregado de individualidades isoladas que são a base da realidade. Disso deriva, segundo Michel Villey, um momento copernicano na história do pensamento jurídico ocidental, representado pela instauração do ponto de vista do particular. Isto culminará na elaboração do conceito de direito subjetivo — especificamente, nos poderes de agir atribuídos ao indivíduo — visto como um *prius* em relação ao direito objetivo e, por isso, convertido em palavra-chave do Direito Moderno. É assim que Grócio define o Direito, ao considerar o *jus* como faculdade da pessoa que a torna apta para possuir ou fazer algo justamente.[8]

O direito subjetivo é uma figura jurídica afim com a dos direitos do homem e da personalidade,[9] todos representativos, no seu desenvolvimento teórico, do individualismo. Este marca, na passagem da Idade Média para a Idade Moderna, a erosão de uma concepção hierárquica de sociedade na qual a igualdade só se colocava no momento da morte.[10] É por essa razão que, no Direito Medieval, a noção correspondente à do direito subjetivo é o conceito de privilégio — as prerrogativas concedidas aos "estamentos" ou "ordens" em torno das quais, na Idade Média e em grande medida até a Revolução Francesa, a sociedade se organizava na Europa.[11]

4. A passagem das prerrogativas estamentais para os direitos do homem encontra na Reforma, que assinala a presença do individualismo no campo da salvação, um momento importante da ruptura com uma concepção hierárquica de vida no plano religioso, pois a Reforma trouxe a preocupação com o sucesso no mundo como sinal da salvação individual. Desta ruptura da unidade religiosa deriva o primeiro direito individual reivindicado: o da liberdade de opção religiosa. Na experiência norte-americana, esta é um traço do legado puritano que integra o que Hannah Arendt chama a *"constitutio libertatis"*, a fundação da liberdade na Revolução Americana. Este legado está na raiz da prática governamental das colônias inglesas na América do Norte e é uma das bases das Declarações de Direitos dos Estados Americanos — a primeira das quais foi a de Virgínia — que inspiraram a Declaração Francesa, na lição de Jellineck.[12]

Outra consequência da Reforma que merece ser destacada, nesta breve reconstituição da tradição que levou aos direitos humanos, é a laicização do Direito Natural a partir de Grócio e o consequente apelo à *razão* como fundamento do Direito, aceitável, por isso mesmo, por todos, porque comum aos homens independentemente de suas crenças religiosas. Este processo de secularização, examinado no capítulo 1, culmina com o *sapere aude* kantiano, ou seja, com a liberdade do uso autônomo da própria razão, que pode produzir a *Ilustração* e a maioridade dos homens.[13] Daí a reivindicação da liberdade de pensamento e de opinião.

O Direito Natural laicizado difundiu largamente, nos séculos XVII e XVIII, a tese do contrato social como explicação da origem do Estado, da Sociedade e do Direito. A explicação *contratualista* ajusta-se à passagem de um Direito baseado no *status* para o Direito baseado no indivíduo, numa sociedade na qual começa a surgir o *mercado* e a competição. Com efeito, no contratualismo a relação autoridade-liberdade fundamenta-se na auto-obrigação dos governados, resolvendo-se desta maneira um dos problemas básicos da Filosofia Jurídica individualista, que é o de explicar como é que o Direito, que deve servir aos indivíduos, pode também vinculá-los e obrigá-los. Esta vinculação provém de uma auto-obrigação no momento da celebração do contrato social, na passagem do estado de natureza para a vida organizada em sociedade. Afirma-se, desta maneira, que o Estado e o Direito não são prolongamento de uma sociedade natural originária e orgânica, como a família, mas sim uma construção convencional dos indivíduos, ao saírem do estado de natureza. Por outro lado, o contratualismo oferece uma justificação do Estado e do Direito que não encontra o seu fundamento no poder irresistível do soberano ou no poder ainda mais incontrastável de Deus, mas sim na base da sociedade, através da vontade dos indivíduos.[14]

Os indivíduos, até mesmo no contratualismo de Hobbes — que Hannah Arendt denomina vertical porque instaurador do poder do *Leviatã* —, retêm o direito inalienável à vida.[15] No contratualismo de Locke — que Hannah Arendt considera de tipo horizontal porque criador de uma *societas* entre indivíduos[16] — o Estado e o Direito são um meio-termo que compatibiliza a liberdade do estado de natureza, onde tudo é permitido, com as exigências da vida em sociedade. Por isso,

> Absolute arbitrary power, or governing without settled standing laws, can neither of them consist with the ends of society and government, which men would not quit the freedom of the state of nature for, and tie themselves up under were it not to preserve their lives, liberties and fortunes; and by stated rules of right and property to secure their peace and quiet.[17]

Existe uma relação direta entre a teoria política de Locke e os princípios que inspiraram a tutela dos direitos fundamentais do homem no *constitucionalismo*. Com efeito, a passagem do Estado absolutista para o Estado de Direito transita pela preocupação do individualismo em estabelecer limites ao abuso de poder do *todo* em relação ao *indivíduo*. Estes limites, vistos como necessários para que as individualidades possam ser livres, resultariam da divisão dos poderes, na lição clássica de Montesquieu — que tem as suas raízes na teoria do governo misto,[18] combinada com uma declaração de direitos, ambas expressas num texto escrito: a constituição. Diz, neste sentido, o artigo 16 de Declaração Francesa dos Direitos do Homem e do Cidadão, de 1789:

> Toute societé dans laquelle la garantie des droits n'est pas assurée, ni la séparation des pouvoirs determinée, n'a point de Constitution.

A ideia de que os homens podem organizar o Estado e a sociedade de acordo com a sua vontade e a sua razão, pondo de lado a tradição e os costumes, foi a grande novidade da Ilustração. Ela trouxe a substituição do princípio de legitimidade dinástica que, na forma da monarquia hereditária, foi o legado que a Idade Moderna herdou da sociedade medieval, baseada nos costumes, pelo princípio da soberania popular, de origem contratualista.

Com efeito, dessa maneira o contrato social deixou de estar relegado à origem hipotética do Estado e passou a ser parte integrante de sua história através do poder constituinte originário. O titular deste poder, na lição de Sièyes, é a nação, que elabora a Constituição — o pacto que dá início à ordem jurídica e que constitui o título em que se baseiam os poderes constituídos.[19]

No jusnaturalismo, que inspirou o constitucionalismo, os direitos do homem eram vistos como direitos inatos e tidos como verdade evidente, a compelir a mente. Por isso, dispensavam tanto a violência quanto a persuasão e o argumento. Seriam, na tradição do pensamento que remonta a Platão, uma medida de conduta humana que transcende a *polis*, da mesma maneira como, nas palavras de Hannah Arendt ao analisar esta tradição, "um metro transcende todas as coisas cujo comprimento pode medir, estando além e fora destas".[20]

A proclamação dos direitos do homem surge como medida deste tipo, quando a fonte da lei passa a ser o homem e não mais o comando de Deus ou os costumes. De fato, para o homem emancipado e isolado em sociedades crescentemente secularizadas, as Declarações de Direitos representavam um anseio muito compreensível de proteção, pois os indivíduos não se sentiam mais seguros de sua igualdade diante de Deus, no plano espiritual, e no plano temporal no âmbito dos *estamentos* ou ordens das quais se originavam.[21] É por isso que a positivação das declarações nas constituições, que se inicia no século XVIII com as Revoluções Americana e Francesa, tinha como objetivo conferir aos direitos nelas contemplados uma dimensão permanente e segura. Esta dimensão seria o dado da estabilidade, que serviria de contraste e tornava aceitável a variabilidade, no tempo e no espaço, do Direito Positivo, dependente da vontade do legislador em contextos localizados e variáveis.[22]

5. É sabido, no entanto, que o processo de positivação das declarações de direitos não desempenhou esta função estabilizadora, pois do século XVIII até os nossos dias, o elenco dos direitos do homem contemplados nas constituições e nos instrumentos internacionais foram-se alterando com a mudança das condições históricas. É difícil, consequentemente, atribuir uma

dimensão permanente, não variável e absoluta para direitos que se revelaram historicamente relativos.[23] Algumas liberdades, como a de opinião, a de pensamento e a de associação — e no campo econômico a do consumidor —, revelaram-se mais abrangentes do que outras — por exemplo, a empresarial ou a de propriedade, por força da interação histórica do legado liberal, que enfatiza a liberdade do indivíduo, e do legado socialista, que realça o igualitarismo.[24] Daí a crítica proposta no âmbito do paradigma da Filosofia do Direito à fundamentação jusnaturalista dos direitos humanos, baseada num conceito como o de natureza humana — que se evidenciou ambíguo e plurívoco — e a sua substituição por uma fundamentação historicista.[25] Neste ângulo, o problema acabou se colocando como o da razoabilidade dos direitos do homem na História, não se tratando, consequentemente, nas palavras de Croce, "de demandas eternas, senão apenas de direitos históricos, manifestação das necessidades de tal ou qual época e intentos de satisfazer estas necessidades".[26]

Observa, neste sentido, Hannah Arendt, ao examinar as relações entre a verdade e a política, que Jefferson, quando redigiu a Declaração de Independência dos EUA, insistiu na existência de *verdades evidentes*, pois desejava colocar o consenso básico da Revolução Americana acima da discussão e do argumento. Entretanto, ao dizer que "We hold these truths to be self-evident", este "we hold" mostra que, para o próprio Jefferson, os direitos inalienáveis, entre os quais ele realçava "life, liberty and the pursuit of happiness", baseados todos no pressuposto de que "all men are created equal", não eram evidências nem consistiam um absoluto transcendente. Representavam uma conquista histórica e política — uma invenção — que exigia o acordo e o consenso entre os homens que estavam organizando uma comunidade política. A modalidade de asserção desta conquista não resultava, portanto, da coerção imposta ou pela natureza ou pela evidência racional, mas sim dos fatos históricos que tornaram politicamente viável e intelectualmente razoável a "*powerful eloquence*" que anima a tutela dos direitos humanos. Daí a recusa do jusnaturalismo por Hannah Arendt, que observa, em *On Revolution*, que os homens não nascem iguais nem são criados igualmente por obra da natureza — daquilo que é dado por ser *physis*. É a *polis*, por meio da lei, isto é, do *nomos* — na acepção ampla de norma, costume, opinião e maneira de pensar, termo que em Hannah Arendt opõe-se dicotomicamente a *physis* —, que faz surgir uma ordem igualitária, sendo esta, portanto, um construído convencional. É por essa razão que o aprofundamento do diálogo com o pensamento arendtiano requer um exame dos aspectos históricos que possibilitaram a asserção política e a posterior crise desta invenção para a convivência coletiva, que são os direitos humanos.[27]

(C) A AFIRMAÇÃO POLÍTICO-JURÍDICA DOS DIREITOS HUMANOS NA HISTÓRIA: OS DIREITOS HUMANOS DE PRIMEIRA, SEGUNDA E TERCEIRA GERAÇÃO

6. Na análise dos processos de asserção e mudança dos direitos do homem na História, creio que é útil recorrer à distinção entre a perspectiva *ex parte populi* — a dos que estão submetidos ao poder — e a perspectiva *ex parte principis* — a dos que detêm o poder e buscam conservá-lo. Esta distinção que permeia a história do pensamento político não há de ser entendida como dicotomia do tipo dualista, ou seja, como cisão taxativa, graças à qual uma perspectiva exclui a outra. Trata-se, na verdade, de uma dicotomia do tipo pluralista que procura

classificar, combinando, uma realidade complexa e em permanente transformação.

Feita esta necessária matização, sublinho a importância da dicotomia para o tema dos direitos humanos, pois a preeminência da perspectiva *ex parte populi* tem a sua origem na lógica da modernidade, que afirmou a existência de direitos naturais, que pertencem ao indivíduo e que precedem a formação de qualquer sociedade política. Disso resulta, como aponta Bobbio, o princípio, solenemente proclamado pelas declarações americana e francesa, de que o governo é para o indivíduo e não o indivíduo para o governo.[28]

Isto posto, penso que se pode dizer que a perspectiva *ex parte principis,* em relação aos direitos humanos enquanto invenção histórica, norteia-se pela governabilidade de um conjunto de homens e coisas num dado território. Com efeito, como observa Foucault, a partir da segunda metade do século XVIII, "a população será o ponto em torno do qual se organizará aquilo que nos textos do século XVI se chamava de paciência do soberano, no sentido em que a população será o objeto que o governo deverá levar em consideração em suas observações, em seu saber, para conseguir governar efetivamente de modo racional e planejado".[29] É por essa razão que, numa perspectiva *ex parte principis,* deontologicamente aceitável para o critério da razoabilidade do paradigma da Filosofia do Direito, o tema dos direitos humanos é o da escolha, baseada numa "ética de responsabilidade", de quais os direitos humanos que podem efetivamente ser tutelados, levando-se em conta os recursos disponíveis e a necessidade de evitar, com a discórdia excessiva, a desagregação da unidade do poder.[30]

Já a perspectiva *ex parte populi,* em contraste com a *ex parte principis,* não se ocupa com a governabilidade, mas se preocupa com a liberdade. É por essa razão que, na perspectiva *ex parte populi*, os direitos humanos, desde Locke, colocaram-se como uma conquista política a serviço dos governados. Daí porque, no século XIX, e particularmente depois da I Guerra Mundial, os direitos humanos, na interação entre governantes e governados, serviram de ponto de apoio para as reivindicações dos desprivilegiados, constituindo, nas palavras de Hannah Arendt, "uma espécie de lei adicional, um direito de exceção para aqueles que não tinham nada melhor em que se apoiar".[31]

Com efeito, num primeiro momento, na interação entre governantes e governados que antecede a Revolução Americana e a Revolução Francesa, os direitos do homem surgem e se afirmam como direitos do indivíduo face ao poder do soberano no Estado absolutista. Representavam, na doutrina liberal, através do reconhecimento da liberdade religiosa e de opinião dos indivíduos, a emancipação do poder político das tradicionais peias do poder religioso e através da liberdade de iniciativa econômica a emancipação do poder econômico dos indivíduos do jugo e do arbítrio do poder político.

Os direitos humanos da Declaração de Virgínia e da Declaração Francesa de 1789 são, neste sentido, direitos humanos de primeira geração, que se baseiam numa clara demarcação entre Estado e não Estado, fundamentada no contratualismo de inspiração individualista. São vistos como direitos inerentes ao indivíduo e tidos como direitos naturais, uma vez que precedem o contrato social. Por isso, são direitos individuais: (I) quanto ao *modo de exercício* — é individualmente que se afirma, por exemplo, a liberdade de opinião; (II) quanto ao *sujeito passivo do direito* — pois o titular do direito individual pode afirmá-lo em relação a todos os demais indivíduos, já que estes direitos têm como limite o reconhecimento do direito do outro, isto é, nas palavras do artigo 4º da Declaração Francesa de 1789: "[...] l'existence des droits naturels de chaque homme n'a de bornes que celles qui assurent aux autres membres de la societé la jouissance de ces mêmes droits"; e (III) quanto ao *titular do direito*, que é o homem na sua individualidade.

Na evolução do liberalismo o individualismo ver-se-ia complementado pelo reconhecimento, não contemplado na Declaração de 1789, dos direitos individuais exercidos coletivamente. É a liberdade de associação, reconhecida na Primeira Emenda da Constituição Americana, que permitiu o aparecimento dos partidos políticos e dos sindicatos. Com efeito, no caso, trata-se de direitos que só podem ser exercidos se várias pessoas concordarem em utilizar os seus direitos numa mesma e convergente direção — por exemplo, associando-se a um partido político, a um sindicato ou concordando em fazer uma greve. Os direitos individuais exercidos coletivamente incorporaram-se, no correr do século XIX, à doutrina liberal, que neles reconheceu um ingrediente fundamental para a prática da democracia e, consequentemente, um dado importante na interação entre governantes e governados, que favorece, *ex parte populi*, a liberdade ao ensejar o controle do todo político-econômico-social pelos governados.[32]

7. A primeira geração de direitos viu-se igualmente complementada historicamente pelo legado do socialismo, vale dizer, pelas reivindicações dos desprivilegiados a um direito de participar do "bem-estar social", entendido como os bens que os homens, através de um processo coletivo, vão acumulando no tempo. É por essa razão que os assim chamados direitos de segunda geração, previstos pelo *welfare state*, são direitos de crédito do indivíduo em relação à coletividade. Tais direitos — como o direito ao trabalho, à saúde, à educação — têm como sujeito passivo o Estado porque, na interação entre governantes e governados, foi

a coletividade que assumiu a responsabilidade de atendê-los. O titular desse direito, no entanto, continua sendo, como nos direitos de primeira geração, o homem na sua individualidade. Daí a complementaridade, na perspectiva *ex parte populi,* entre os direitos de primeira e de segunda geração, pois estes últimos buscam assegurar as condições para o pleno exercício dos primeiros, eliminando ou atenuando os impedimentos ao pleno uso das capacidades humanas. Por isso, os direitos de crédito, denominados direitos econômico-sociais e culturais, podem ser encarados como direitos que tornam reais direitos formais: procuraram garantir a todos o acesso aos meios de vida e de trabalho num sentido amplo, impedindo, desta maneira, a invasão do *todo* em relação ao *indivíduo,* que também resulta da escassez dos meios de vida e de trabalho.[33]

No plano do Direito Positivo o reconhecimento da importância dos direitos de segunda geração já se encontra na Constituição Francesa de 1791, que no seu Título 1º previa a instituição do *secours publics* para criar crianças abandonadas, aliviar os pobres doentes e dar trabalho aos pobres inválidos que não o encontrassem. Na Constituição Francesa de 1848, que, apesar de ter emanado de uma Constituinte conservadora, refletiu a consciência dos problemas trazidos pela Revolução Industrial e pela condição operária, o tema aparece no Item I do Preâmbulo, no trecho que considera como objetivo da República o de "assurer une répartition de plus en plus équitable des charges et des avantages de la societé". Nesta Constituição, no entanto, se há o reconhecimento de deveres sociais do Estado, não existe uma proclamação dos direitos correlativos dos cidadãos. Estes só surgirão nos textos constitucionais do século XX, por força da influência da Revolução Russa, da Revolução Mexicana e da Constituição de Weimar. Na experiência brasileira, como é sabido, o reconhecimento constitucional dos direitos de segunda geração data da Constituição de 1934.[34]

O processo de afirmação histórica dos direitos de primeira e segunda geração, sucintamente resenhados, mostra que eles não são absolutos, mas podem ser vistos como razoáveis no sentido de que existem bons argumentos para fundamentá-los eticamente.[35] A ideia de razoabilidade que permeia a deontologia no paradigma da Filosofia do Direito não elimina, evidentemente, os problemas práticos da tutela, que se colocam tanto para a perspectiva *ex parte populi* quanto para a *ex parte principis.*

Na perspectiva *ex parte principis,* que é a da governabilidade, os problemas práticos da tutela surgem em primeiro lugar em relação aos direitos de primeira geração. É o caso dos limites eventualmente impostos ao direito de reunião, de associação, de opinião ou de greve, tendo em vista a tradicional preocupação dos governantes com a ordem, até mesmo em situações de normalidade constitucional. Estes problemas surgem também, e sequencialmente, em relação aos direitos de segunda geração, pois é a coletividade que, através do Estado enquanto o sujeito passivo destes créditos, fixa, em função dos meios disponíveis e das prioridades estabelecidas, em que medida pode e pretende saldar os compromissos assumidos em relação aos indivíduos em matéria, por exemplo, de saúde, educação ou trabalho.

Na perspectiva *ex parte populi,* que é a da liberdade, uma das contradições, na prática, da tutela resulta do fato de os direitos de primeira geração almejarem limitar os poderes do Estado, demarcando com nitidez a fronteira entre Estado e sociedade, e os direitos de segunda geração exigirem a ampliação dos poderes do Estado. É por essa razão que são distintas as técnicas jurídicas que ensejam a fruição, *ex parte populi,* dos direitos de primeira e de segunda geração. No primeiro caso a iniciativa cabe aos indivíduos e o papel do Estado é de polícia administrativa por parte do Executivo, de controle pelo Judiciário das lesões individuais, tudo em conformidade com as leis elaboradas pelo Legislativo, nos termos e nos limites estabelecidos pela Constituição. No segundo caso o atendimento dos direitos depende do Estado, requerendo que o Direito desempenhe uma função de promoção dos indivíduos na sociedade através da ampliação dos serviços públicos.

A heterogeneidade jurídica que diferencia as liberdades clássicas dos direitos de crédito explica por que, tecnicamente, no plano internacional, foram elaborados dois pactos distintos no sistema de tutela dos direitos humanos na ONU: um para os direitos civis e políticos e outro para os direitos econômicos e sociais.

De fato, os direitos civis e políticos comportam o processo de reclamação ou petição individuais a um organismo internacional, que pode resultar de uma garantia-coletiva criada pelos Estados Parte de uma convenção sobre direitos humanos. Já os direitos econômico-sociais e culturais, pelas suas características de "objetivos" a serem realizados progressivamente por uma coletividade, através da ação estatal, são menos suscetíveis de aplicação imediata. Por isso, o acompanhamento de sua tutela, no plano internacional, não cuida normalmente da reparação ou do problema da violação individuais, como é o caso dos direitos civis e políticos, mas geralmente se faz através de relatórios sobre situações prevalecentes que afetam grupos ou coletividades humanas e que são discutidos e examinados por um organismo internacional.[36]

A heterogeneidade jurídica acima referida deriva de duas distintas concepções do papel do Estado. Ela é um dos pontos de clivagem que dificultam a convergência política entre a herança liberal e a socialista, no processo histórico de afirmação dos direitos humanos. Esta clivagem pode ser rastreada a duas distintas representações de revolução — a americana e a francesa — e às suas consequências no processo de afirmação dos direitos humanos, consequências que são independentes do paralelismo de conteúdo que caracteriza as proclamações americanas de 1776 e a declaração francesa de 1789.

Para os americanos de 1776 e os seus herdeiros ideológicos, o funcionamento natural da sociedade tende a atualizar espontaneamente os direitos do homem, desde que a sociedade seja autônoma e o Estado limite as suas intervenções a um mínimo. Para os franceses da Revolução e seus herdeiros ideológicos, o Direito Natural só se positiva mediante uma correção voluntarista, de iniciativa política, que transforma uma ordem social corrompida tornando-a conforme a um ideal de virtude.

Da representação americana deriva o horizonte da visão liberal clássica, que a prática da História demonstrou não resolver o problema social e político da desigualdade. Esta visão, na sua formulação contemporânea mais radical, que é a de Hayek, termina, paradoxalmente, num evolucionismo histórico pela crença no autodesenvolvimento do mercado, visto como um processo impessoal no qual prevaleceria a astúcia da razão econômica.

Da representação francesa, na sua tradição jacobina, deriva o horizonte de um poder onipotente e constantemente ativo, que no limite leva ao terror. É por essa razão que a herança jacobina da revolução social tem algo a ver com a ruptura totalitária, e é por isso que, no meu entender, Hannah Arendt a criticou em *On Revolution*.

É com base nestas distintas representações que Luc Ferry e Alain Renaut acentuam o obnubilamento constitutivo da tradição socialista em relação ao alcance democrático dos direitos de primeira geração e a reticência congênita da tradição liberal em relação às exigências democráticas de justiça social, promovidas pela iniciativa estatal por meio dos direitos de segunda geração.

É, no entanto, da convergência entre as liberdades clássicas e os direitos de crédito que depende a viabilidade da democracia no mundo contemporâneo, apesar da heterogeneidade de suas origens, e é por essa razão que entendo que esta desarmonia em relação ao papel do Estado na sociedade, na passagem da primeira para a segunda geração de direitos, obedece, como foi dito, na perspectiva *ex parte populi*, a uma dialética que subordina a contradição à complementaridade, pois as duas gerações de direitos baseiam-se na intuição da irredutibilidade do ser humano ao todo do seu meio social, e no pressuposto de que a sua dignidade se afirmará com a existência de mais liberdade e menos privilégios.

Esta antinomia entre os direitos de primeira e os de segunda geração é, aliás, um bom exemplo do caráter heurístico da dicotomia pensar/conhecer, examinada no capítulo anterior, pois os direitos de crédito, por meio dos quais se exprime, no plano jurídico, a exigência de solidariedade, são uma ideia da razão que transpõe os limites práticos do conhecimento, no parar para pensar o problema da desigualdade.[37]

8. Cabe finalmente apontar, no processo de asserção histórica dos direitos humanos, aqueles que, na linguagem da ONU, têm sido contemporaneamente denominados direitos de terceira e até mesmo de quarta geração e que, como os das gerações anteriores, têm servido como ponto de apoio para as reivindicações jurídicas dos desprivilegiados. Estes direitos têm como titular não o indivíduo na sua singularidade, mas sim grupos humanos como a família, o povo, a nação, coletividades regionais ou étnicas e a própria humanidade. É o caso por excelência do di-

reito à autodeterminação dos povos, expresso na Carta das Nações Unidas (art. 1º, § 2º, art. 55), e reivindicado com muita nitidez na prática da ONU em relação às potências colonialistas no processo de descolonização, a partir da Resolução 1514 (XV) da Assembleia Geral de dezembro de 1960. O direito à autodeterminação dos povos foi consagrado tanto no Pacto Internacional sobre Direitos Econômicos, Sociais e Culturais (art. 1º), quanto no sobre Direitos Civis e Políticos (art. 1º), e é juridicamente concebido como um direito de titularidade coletiva, que se insere como um dos exemplos, pacificamente aceito por todos os Estados, de *jus cogens* no plano internacional. Neste sentido, cabe marcar uma distinção importante entre o princípio das nacionalidades consagrado pelo Pacto da Sociedade das Nações — que foi aplicado preferencialmente na Europa e que não levou à rejeição do colonialismo na África, na Ásia e na América Latina — e o princípio da autodeterminação dos povos no sistema da ONU, que levou a uma norma peremptória de Direito Internacional Público de escopo universal.

No contexto dos direitos de titularidade coletiva que vêm sendo elaborados no sistema da ONU é oportuno, igualmente, mencionar: o direito ao desenvolvimento, reivindicado pelos países subdesenvolvidos nas negociações, no âmbito do diálogo Norte/Sul, sobre uma nova ordem econômica internacional; o direito à paz, pleiteado nas discussões sobre desarmamento; o direito ao meio ambiente arguido no debate ecológico; e o reconhecimento dos fundos oceânicos como patrimônio comum da humanidade, a ser administrado por uma autoridade internacional e em benefício da humanidade em geral, no texto do tratado que resultou das negociações da Terceira Conferência das Nações Unidas sobre o Direito do Mar (cf. arts. 136, 140, 154 e 157).

9. Os direitos reconhecidos como do homem na sua singularidade — sejam eles os de primeira ou de segunda geração — têm uma titularidade inequívoca: o indivíduo. Entretanto, na passagem de uma titularidade individual para uma coletiva, que caracteriza os direitos de terceira e quarta geração, podem surgir dilemas no relacionamento entre o indivíduo e a coletividade que exacerbam a contradição, ao invés de afirmar a complementaridade do todo e da parte. Estes dilemas provêm, em primeiro lugar, da multiplicidade infinita dos grupos que podem sobrepor-se uns aos outros, o que traz uma difusa e potencial imprecisão em matéria de titularidade coletiva — basta pensar na criança, na família, na mulher, nos trabalhadores, nas minorias étnicas, religiosas, linguísticas e sexuais.

Um bom exemplo de imprecisão em matéria de direitos de titularidade coletiva é o próprio direito à autodeterminação dos povos, pois os textos falam de povos, que é um termo plurívoco, daí advindo a dificuldade em diferenciá-lo de outros, como o de nação, que com ele se relaciona, mas não se identifica. De fato, o direito à autodeterminação, no Direito Internacional Público contemporâneo, foi atribuído a povos, mas não a Estados ou nações. As minorias que, dependendo das circunstâncias, podem ser vistas como nação em potencial não possuem, no Direito Internacional Público contemporâneo, um direito coletivo de autodeterminação, consoante o art. 27 do Pacto Internacional sobre Direitos Políticos e Civis. Por outro lado, a famosa Resolução 1514 (xv), acima mencionada, no seu item 6, realça que o direito à autodeterminação não pode quebrar, total ou parcialmente, a unidade e a integridade territorial de um país. É por essa razão que, com exceção da dominação colonial ou estrangeira, não se reconhece um direito à secessão de Estados.

Em síntese, a diversidade de situações hoje existentes na

vida internacional e a variabilidade potencial dos elementos constitutivos do conceito de *povo* podem trazer dúvidas sobre a compreensão do conceito, ou seja, de sua exata conotação para os efeitos de precisar qual é a coletividade que tem a inequívoca titularidade para afirmar, no campo do Direito Internacional Público, o seu direito à autodeterminação.

Outro dilema suscitado pela contradição entre os direitos de primeira e segunda geração e os de terceira geração advém da dialética entre os direitos dos indivíduos e os seus correspondentes deveres em relação à comunidade. É certo que, em princípio, existe complementaridade nesta dialética, como estabelece a Declaração Universal dos Direitos do Homem no seu art. 29, § 1º, depois de elencar os direitos humanos, ao afirmar que: "Todo homem tem deveres para com a comunidade na qual o livre e pleno desenvolvimento de sua personalidade é possível", o mesmo ocorrendo, em ordem inversa, no preâmbulo do Pacto Internacional sobre Direitos Econômicos, Sociais e Culturais. Entretanto, a participação de um indivíduo num grupo coletivo não repousa necessariamente numa adesão voluntária — numa escolha —, e pode não ser o mais apropriado para o desenvolvimento de sua personalidade.[38]

O grupo nacional, por exemplo, dá ao indivíduo o seu meio de comunicação — a língua — e não é preciso reiterar que o pacto linguístico, como já ensinava Rousseau, é um pressuposto do contrato social. A língua permite a herança cultural, que é um repertório compartilhado de significados que pode ensejar a nacionalidade, ou seja, hábitos complementares de comunicação que, ao privilegiarem, na comunicação social e no processo decisório, mensagens, imagens e memória nacionais, indubitavelmente vinculam o homem à sua coletividade nacional. Entretanto, a afirmação do primado da coletividade nacional em relação ao indivíduo na sua singularidade pode levar à tese de que o indivíduo não tem direitos, mas apenas deveres em relação ao todo, pois a sua plenitude só se dá com o desenvolvimento do *Volk*, da Raça ou da Nação. É o que ocorreu no nazismo, cujo Direito propunha-se a ter como centro não a pessoa humana, mas sim o homem enquanto integrado na comunidade do povo — o *Volksgenosse*.[39]

A tese de que os indivíduos não têm direitos, mas apenas deveres em relação à coletividade, na medida em que estes deveres são estipulados *ex parte principis*, sem um controle e uma participação de cunho democrático dos governados, levou, no totalitarismo, à negação do valor da pessoa humana enquanto "valor-fonte" da ordem jurídica. Ora, este "valor-fonte" da tradição, que afirma a dignidade do homem graças à "invenção dos direitos humanos", na interação histórica entre governantes e governados teve, e continua tendo, como função, na perspectiva *ex parte populi*, servir de ponto de apoio para as reivindicações dos desprivilegiados. No totalitarismo isto não ocorreu, pois os indivíduos foram vistos como supérfluos pelos governantes. Como entender esta situação, que rompe tão flagrantemente com uma tradição que, apesar de tantas marchas e contramarchas, indicava o processo de objetivação histórica de uma direção, ou pelo menos de uma esperança razoável de aperfeiçoamento da convivência coletiva? Em outras palavras, como é que foi possível o totalitarismo, nas suas vertentes nazista e stalinista, desdobramentos históricos aparentemente contraditórios e surpreendentes da utopia liberal — inspiradora dos direitos de primeira geração — e da utopia socialista — inspiradora dos direitos de segunda geração?[40]

Hannah Arendt, ao procurar responder a estas perguntas, que são constitutivas de sua reflexão sobre a ruptura, entende que existem *origens* do totalitarismo. Estas origens, como já foi observado, não são causas, mas sim antecedentes, vale dizer, cristalizações de formas de atuação que ajudam a esclarecer os eventos que culminaram no totalitarismo. No exame destes antecedentes do processo de ruptura, que a meu ver explicam, no campo jurídico, a erosão tanto do paradigma do Direito Natural quanto do da Filosofia do Direito, a análise arendtiana ilumina como os direitos humanos não são, na linha de pensamento que remonta a Platão, uma medida externa à *polis*, ou seja, um *dado*. São um *construído*, uma invenção ligada à organização da comunidade política, que na experiência europeia foi mais ou menos duradoura em função das vicissitudes históricas derivadas da aplicação do princípio das nacionalidades na estruturação do Estado.

(D) OS DIREITOS HUMANOS E O PRINCÍPIO DAS NACIONALIDADES ATÉ A I GUERRA MUNDIAL — O RELACIONAMENTO ENTRE DIREITOS DE TITULARIDADE INDIVIDUAL E DIREITOS DE TITULARIDADE COLETIVA

10. A noção de Estado, tal como vem sendo tradicionalmente elaborada pela teoria jurídica, requer a presença de quatro elementos: governo, população, território e soberania. Neste sentido, não existe ambiguidade de natureza teórica quanto aos elementos constitutivos da noção jurídica de Estado, mas, na prática, podem surgir dúvidas em razão da diversidade das situações de fato que a noção comporta.[41] Um aspecto destas dúvidas de natureza factual diz respeito à incidência sobre a população do relacionamento entre nação e Estado, que passo a examinar.

No mundo moderno, no âmbito da civilização europeia, até as Revoluções Americana e Francesa, prevaleceu basicamente, tanto no plano interno quanto no plano internacional, o princípio da legitimidade dinástica. Este princípio, por força da influência do fenômeno revolucionário, viu-se substituído pelo princípio da legitimidade popular, que cortou o liame dinástico na relação entre governantes e governados. Graças a este corte, sobretudo por força da inspiração da Revolução Francesa, o "Viva a Nação" tomou o lugar do "Viva o Rei", colocando-se a nação divinizada no trono do monarca absoluto. Observa neste sentido Hannah Arendt, ao comentar Sièyes e as consequências da inexistência de limites ao poder constituinte originário: "Tanto o poder como o Direito estavam ancorados na nação, ou melhor, na vontade da nação que, por si só, mantinha-se fora e acima de todos os governos e de todas as leis".[42]

A ideia de uma vontade única da nação deu lugar à postulação da coincidência entre Estado e Nação que efetivamente deslocou, da dinastia legítima para a Nação, o critério da lealdade e do vínculo de uma população em relação ao Estado. Daí o inter-relacionamento entre a Nação e a comunidade política que inspirou, a partir do século XIX, o esforço de organizar o sistema interestatal com base no princípio das nacionalidades.[43] Por isso, denomina-se habitualmente de nacionalidade o vínculo jurídico e político que une uma população a um Estado. É com base neste vínculo, que se pressupõe dotado de permanência e continuidade, que no âmbito de um Estado se distingue o nacional do estrangeiro, fundamentando-se também neste nexo a competência pessoal do Estado em relação aos seus nacionais além de suas fronteiras.

11. O termo nacionalidade e o termo cidadania frequentemente são utilizados como sinônimos, ainda que a identificação

entre os dois, em distintos sistemas jurídicos nacionais, nem sempre seja correta. A cidadania pressupõe a nacionalidade, mas o nacional pode estar legalmente incapacitado para exercer a cidadania, ou seja, os seus direitos políticos. É o caso, por exemplo, do menor, até ele atingir a maioridade política, dos interditados, e em certos países dos analfabetos ou dos condenados a penas de reclusão. Entretanto, como a nacionalidade é o vínculo jurídico-político entre um Estado soberano e um indivíduo, que faz deste indivíduo membro de uma comunidade política e, consequentemente, parte integrante da competência pessoal do Estado, os textos de Direito Internacional Público contemporâneo, em matéria de direitos humanos, tendem a assimilar a nacionalidade à cidadania. Valem-se do termo cidadania para caracterizar quem é membro do Estado e a ele deve lealdade em virtude de sua nacionalidade, em contraposição a outros indivíduos que não têm essa relação jurídica. (Cf. Pacto Internacional sobre Direitos Civis e Políticos, art. 25; Convenção Internacional sobre a Eliminação de Todas as Formas de Discriminação Racial, art. 1º, § 2º.)

Sublinha-se, dessa maneira, como a dimensão pessoal, mais do que o território e o governo, constitui a base do princípio de continuidade do Estado numa perspectiva *ex parte populi*, em consonância, aliás, com a clássica lição da democracia grega. De fato, a base jurídico-política principal da *polis* era a união pessoal — o grupo humano da cidadania — e é por essa razão que Tucídides afirmou que "os homens são a cidade, não as muralhas ou os navios sem homens", e Aristóteles, na *Política*, definiu a *polis* como "uma coletividade determinada pelos cidadãos".

Um Estado possui jurisdição sobre todas as pessoas que se encontram no seu território. Tal jurisdição é parte de sua competência pessoal, e uma das questões que a competência pessoal do Estado suscita diz respeito à definição de quais são os nacionais de um Estado e por quais mecanismos jurídicos atribui-se a nacionalidade originária, obtida desde o nascimento (por exemplo, pelo critério do *jus solis* ou do *jus sanguinis*), e a adquirida por naturalização.[44] A atribuição jurídica da nacionalidade originária, seja pelo critério do *jus solis*, seja pelo do *jus sanguinis*, oferece precisamente, em virtude da diversidade de situações de fato que o princípio das nacionalidades alberga, problemas de denotação do conceito de nação, ou seja, de sua extensão e limites em casos concretos.

12. Etimologicamente, nação vem do latim *natio*, por sua vez derivado de *natus*, particípio do verbo *nascor*: nascer. Designava originariamente a ação de nascer e tinha um sentido étnico que, por uma transição fácil, aplicada a coletividades, passou a ter a acepção de indígena, ou seja, a dos nascidos no território e, por isso, originários do país, por oposição aos alienígenas. Numa acepção derivada, o termo nação, depois das Revoluções Americana e Francesa, foi sendo aplicado à organização política do *populus*, identificando-se com o Estado, daí advindo a origem do princípio contemporâneo de autodeterminação dos povos.

Quais são as notas típicas que permitem dizer que um grupo de homens forma uma nacionalidade, suficientemente caracterizado e distinto para, com base no princípio das nacionalidades, organizar-se como Estado independente no sistema internacional? A esta pergunta foram dados basicamente dois tipos de respostas no século XIX: uma de natureza objetiva, outra de natureza subjetiva — ambas, no entanto, não eliminando as ambiguidades derivadas dos problemas da extensão e do limite do conceito de nação em casos concretos.

A resposta de natureza objetiva busca fundamentar o conceito de nação, enquanto critério de estruturação da comunidade política, em elementos de fato, não levando em conta a adesão voluntária dos indivíduos. É a teoria alemã que, na síntese de Charles Rousseau, repousa na comunidade do território, na identidade da língua, na raça — daí derivando o pangermanismo, o pan-islamismo e o racismo — e na comunhão de cultura e civilização.

A resposta de natureza subjetiva realça a dimensão da escolha dos indivíduos ao privilegiar a consciência que têm os homens de formarem um grupo diferenciado de grupos similares. É a teoria franco-italiana de nação, inspirada por autores como Madame de Staël, Mancini e Renan. Esta teoria, na síntese de Charles Rousseau, tem um elemento psicológico — ligado a uma consciência nacional, ou seja, ao sentimento nacional de uma consciência comum — e tem um elemento voluntarista — vale dizer, o consentimento de uma população a um querer viver coletivo.[45]

A identificação do Estado com a nação coincidiu, na experiência europeia, com o despertar dos governos constitucionais que, baseados no princípio da legalidade, visavam impedir o exercício arbitrário do poder. Esta coincidência fez com que os direitos humanos de primeira geração, que na formulação jusnaturalista eram tidos como inalienáveis e dados, e por isso independentes de qualquer governo, viessem a ser positivados em declarações de direitos através das emancipações nacionais e dos governos constitucionais delas derivados. Desta coincidência deriva a conjugação dos direitos humanos com a soberania nacional, consoante o modelo da Revolução Francesa.

O modelo da Revolução Francesa realça a existência de pontos de convergência relevantes entre os processos históricos de asserção dos direitos humanos de primeira e segunda geração e os de terceira geração. Com efeito, na interação entre governantes e governados os movimentos de libertação das nacionalidades, assim como o movimento operário e, antes dele, a reivindicação burguesa de eliminação dos privilégios hereditários baseados na tradição, refletiam os anseios de participação na vida pública de camadas da população europeia historicamente excluídas dos negócios públicos.[46]

Esta identificação dos direitos do homem com os direitos dos povos, na medida em que a nacionalidade era o resultado de uma livre escolha, não trouxe dilemas insuperáveis na compatibilização entre direitos de titularidade individual e direitos de titularidade coletiva. De mais a mais, no século XIX, a identificação acima mencionada baseava-se num pressuposto implícito: o padrão de normalidade era a distribuição, em escala mundial, dos indivíduos entre os Estados de que eram nacionais. Para a vigência histórica deste padrão e para a continuidade do seu processo de normalização, no século XIX, sem dúvida contribuiu o liberalismo, tanto político quanto econômico.

Com efeito, no plano político o liberalismo trouxe, com a expansão geográfica do constitucionalismo, a positivação crescente das declarações de direitos pelo Direito Público dos Estados nacionais e, concomitantemente, um interesse internacional pela tutela dos direitos humanos, exemplificado pela proibição e repressão ao tráfico de escravos; pelo esforço de proteger os indígenas; pelo início da proteção internacional em matéria de condições de trabalho; pelo surgimento, com a Cruz Vermelha, do Direito Humanitário; e, por intervenções das grandes potências, em prol de súditos perseguidos pelos próprios Estados de que eram nacionais.

Esta ideia de delimitação da soberania — e portanto da restrição ao poder arbitrário dos governantes, em função do respeito à dignidade humana — viu-se associada, numa economia capitalista em expansão, ao liberalismo no plano econômico. De fato, o liberalismo econômico favorecia não apenas a livre circulação de mercadorias e capitais, como também a de pessoas. Daí a liberdade de movimentos migratórios e a convergência de interesses entre países de imigração e de emigração, que fizeram com que a afirmação de Jefferson, na sua mensagem presidencial ao Congresso norte-americano de 1801 — "Every man has a right to live somewhere on the earth" — tivesse um sentido concreto.[47]

13. É certo que, no século XIX, a carência de nacionalidade não deixou de se colocar como problema político na Europa, com a emigração que se seguiu aos movimentos revolucionários de 1848 e com grupos como os ciganos e os judeus, que não eram tidos necessariamente como naturais de nenhum país. É por isso que o termo apátrida — que significa, para um indivíduo, ser estrangeiro em todos os países e, portanto, carecer de direitos políticos e sofrer restrições em matéria de direitos civis — surge no século XIX, mostrando a existência do problema.[48] Aliás, a literatura romântica de cunho liberal, por ser sensível a camadas discriminadas da sociedade, entre as quais estavam os judeus e os ciganos, registra o problema, como se vê na peça de 1838 de Domingos José Gonçalves de Magalhães, "Antonio José ou O Poeta e a Inquisição", que assinala a presença e o início do romantismo no teatro nacional. De fato, esta peça exemplifica a percepção de Hannah Arendt de que, na história das minorias e na formação dos povos apátridas, os judeus desempenharam um papel importante.[49] Este registro ocorre quando Gonçalves de Magalhães coloca, na boca de seu herói cristão-novo, no quinto e último ato, no diálogo de Antonio José com frei Gil, que antecede à fogueira da Inquisição, as seguintes palavras:

Co'o labéo de Judeu, com que me infamam,
Fica minha memória nodoada.
A minha geração erra proscrita
Sobre os pontos da terra, e quanto cuida
Achar oculto asilo onde repouse,
Encontra a maldição dos outros homens.[50]

O "errar proscrito" das minorias, no século XIX, de que falava o poeta, não chegou a afetar, em função de seu número, o padrão de normalidade do sistema interestatal, que era o da distribuição regular em escala mundial dos indivíduos entre Estados de que eram nacionais. O término da I Guerra Mundial, no entanto, modificou radicalmente este padrão com o aparecimento, em escala numericamente inédita, de pessoas que não eram bem-vindas a lugar algum e que não podiam ser assimiladas em parte alguma. Estas *displaced persons,* observa Hannah Arendt, converteram-se no *refugo da terra*, pois ao perderem os seus lares, a sua cidadania e os seus direitos viram-se expulsos da trindade Estado-Povo-Território. Por isso passaram a ser gente deslocada no âmbito de um sistema interestatal, baseado no princípio das nacionalidades. Esta é uma das origens do totalitarismo no sentido arendtiano, de eventos que iluminam como foi possível a conversão de um grande número de seres humanos em pessoas explicitamente supérfluas e incômodas no plano mundial. É este processo ligado — como observa Raymond Aron na sua análise de *The Origins of Totalitarianism* — à dissociação entre os dois componentes do movimento liberal, os direitos do homem e os direitos das nações à independência estatal, que passo a examinar.[51] Este exame visa a esclarecer como o tema da ruptura tornou inadequada, com a crise dos direitos humanos, a lógica da razoabilidade do paradigma da Filosofia do Direito.

(E) O PRINCÍPIO DAS NACIONALIDADES E A CRISE DOS DIREITOS HUMANOS DEPOIS DA I GUERRA MUNDIAL — OS DESLOCADOS NO MUNDO E A RUPTURA

14. Para o surgimento das *displaced persons* no primeiro pós-guerra, sem dúvida contribuíram fatores econômicos como a *inflação*, que corroeu o padrão monetário, e o *desemprego*, que alcançou proporções fabulosas ao vitimar classes e nações, pois os Estados reagiram a esta situação por meio de políticas nacionalistas que davam preferência ao protecionismo e à autarquia. Estas políticas dificultaram sobremaneira a livre circulação de pessoas,[52] que se viram tolhidas na sua liberdade de movimento.

Um fato esclarecedor dessa afirmação é a disseminação dos passaportes e dos vistos, que antes da I Guerra Mundial não eram usuais, pois as pessoas cruzavam as fronteiras e permaneciam em países de que não eram nacionais sem maiores problemas de documentação. Escreve a propósito Hannah Arendt, ao discutir o direito do cidadão ao passaporte e ao criticar a distinção entre viagens autorizadas ou não autorizadas a certos países, pelos Estados Unidos, em carta de 18 de dezembro de 1967 a James Cogley, do Center for the Study of Democratic Institutions, a respeito de pesquisa sobre a Constituição Americana: "The question itself, of course, could not possibly come up earlier because prior to 1914, no country except Czarist Russia was in the habit of issuing passports. At that time, it was clearly felt that passports were a mark of tyrannical government. Things have changed since and passports are demanded by all countries chiefly as a mean of identification".[53]

É, aliás, esta referência à Rússia que explica o provérbio russo: "Um homem sem passaporte é um homem sem alma", com o qual Daniel Turack inicia a sua cuidadosa monografia sobre o passaporte no Direito Internacional, onde aponta que se o passaporte foi visto como expressão da tirania, hoje é tido como documento de identidade e prova, ainda que não conclusiva, de nacionalidade.[54]

As restrições à livre circulação das pessoas dificultaram migrações maciças como as do século XIX, bem como a possibilidade de as pessoas adquirirem uma nova nacionalidade por naturalização, o que acabou tornando bem menos efetivo, no plano dos fatos, o direito humano afirmado por Jefferson em 1801, qual seja, o de que todo homem tem o direito de viver em algum lugar da terra. De fato, a estes fatores acima mencionados cabe acrescentar os problemas políticos derivados da aplicação do princípio das nacionalidades como critério da criação de novos Estados, com a derrocada do império austro-húngaro, do império czarista e do império otomano.

Observa neste sentido Hannah Arendt que a solidariedade na opressão, existente nos cinturões das populações mistas, desapareceu com a extinção das burocracias despóticas e centralizadoras dos impérios multinacionais, o que fez aflorar, por exemplo, os conflitos dos eslovacos com os checos, dos croatas com os sérvios, dos ucranianos com os poloneses. Conflitos deste tipo contribuíram para minar o sistema interestatal europeu que resultou da I Guerra Mundial, pois realçaram, com a derrocada dos impérios, as dificuldades de afirmação da soberania. Estas dificuldades verificaram-se no plano externo para os novos Estados então criados, em virtude dos dados modernos do poder, que exigem escala para viabilizar politicamente uma nação (é o tema da balcanização); e também, no plano interno, por força dos problemas concretos de denotação do conceito de nação provenientes do surgimento das minorias e dos refugiados, que colocaram a hipótese da falta de coincidência entre o Estado e a nação.

É certo, no que tange aos problemas concretos de denotação do conceito de nação, que sempre existiram minorias e que a estipulação de garantias internacionais, para a tutela de seus direitos, é uma prática que se iniciou, na Europa, no século XVII, na esfera da religião, para assegurar aos protestantes a liberdade de opção religiosa. No entanto, depois da I Guerra Mundial surgiu algo novo neste plano, como resultado da escala numérica e do impacto crescente da nacionalidade como critério de legitimidade interna e internacional.

Uma parte da explicação para o problema da escala e da legitimidade, que ensejou direitos humanos de titularidade coletiva, encontra-se na criação de novos Estados com base no princípio das nacionalidades em território dos antigos impérios multinacionais, nos quais residiam grupos humanos que não se viam como homogêneos, ou seja, de uma única nacionalidade, por força de suas especificidades linguísticas, étnicas e religiosas. Para administrar esta nova situação, fruto da secessão e da sucessão de Estados, ganhou ímpeto o tema da proteção internacional das minorias por meio de direitos voltados para os indivíduos, mas com uma vocação para adquirir titularidade coletiva. Esta proteção foi obra dos tratados celebrados com a Polônia, a Checoslováquia, o Estado servo-croata-esloveno, a Romênia, a Grécia, a Áustria, a Bulgária, a Hungria e a Turquia, que previam, em cláusulas de igual teor, um tratamento justo e igualitário de suas minorias raciais, linguísticas e religiosas. Posteriormente, como condição de sua admissão na Sociedade das Nações, compromissos semelhantes, de natureza obrigatória, foram assumidos pela Albânia, Estônia, Letônia, Lituânia e Iraque.

Os compromissos assumidos envolviam uma obrigação dos Estados de garantirem esta proteção por meio de suas legislações internas, cabendo à Sociedade das Nações supervisionar a efetividade dos direitos conferidos às minorias nos instrumentos internacionais acima mencionados. Estes direitos previam a tutela da vida; a liberdade, inclusive, de opção religiosa; a aquisição, por certos habitantes, da nacionalidade do Estado-contratante; a igualdade dos nacionais perante a lei em matéria de direitos políticos e civis e o uso de suas respectivas línguas; a liberdade de associação para propósitos religiosos e educacionais; e a obrigação dos Estados contratantes de oferecerem educação primária na língua das minorias em distritos nos quais constituíam parcela ponderável da população. A tutela destes direitos de vocação coletiva, com o objetivo de criar um *modus vivendi* aceitável entre grupos humanos diferentes, no território e na jurisdição dos Estados que assumiram estas obrigações, deu margem a uma importante ação política da Sociedade das Nações, sobretudo através dos "Comitês das Minorias", que se espelhou inclusive, no plano jurídico, em importantes decisões da Corte Permanente de Justiça Internacional.

Havia, no entanto, uma tensão latente no sistema criado para a proteção das minorias no âmbito da Sociedade das Nações, que resultava do potencial de conflito entre os direitos coletivos das minorias e o da nação dentro da qual estavam inseridos. De fato, para os representantes das grandes potências que conceberam os princípios da ordem mundial interestatal com base no princípio das nacionalidades, a proteção das minorias tinha sido uma solução política que objetivava criar um *modus vivendi* muito necessário naquele momento para evitar conflitos entre populações mistas. Estava claro, no entanto, para eles, que no âmbito dos Estados-nacionais, mais cedo ou mais tarde, as minorias teriam que ser ou assimiladas ou eliminadas, pois enquanto coletividades com identidade própria elas colocavam no território estatal o problema da tensão entre Estado e nação, inclusive por força do alcance transnacional de movimentos como o pangermanismo, que posteriormente serviu à política anexionista do III Reich.

Com efeito, na perspectiva *ex parte principis*, que é a da governabilidade, como disse Afrânio de Mello Franco na Sociedade das Nações, num pronunciamento que veio a ser a única citação de autor brasileiro em *The Origins of Totalitarianism* — e que refletia a perspectiva dos países latino-americanos, que se propunham a assimilar os seus imigrantes: "Quer me parecer óbvio que aqueles que conceberam este sistema de proteção não sonhavam criar dentro de certos Estados um grupo de habitantes que se consideraria permanentemente estranho à organização geral do país". Não era esta, evidentemente, a perspectiva *ex parte populi* daqueles que insistiam na liberdade de afirmar a sua identidade nacional enquanto alemães, húngaros, ucranianos, judeus, etc. É por essa razão que o regime de proteção internacional das minorias acabou sucumbindo às pressões internas e externas sobre ele exercidas e se viu formalmente extinto com a extinção da Sociedade das Nações.[55]

As minorias, enquanto perdurou o sistema da Sociedade das Nações, apesar de deslocadas num sistema interestatal baseado no princípio das nacionalidades, eram povos sem Estado apenas parcialmente. Pertenciam a algum corpo político; apenas necessitavam de proteção internacional adicional sob a forma de garantias internacionais. Por isso, eram integradas por seres humanos capazes de direitos e obrigações, aptos, consequentemente, enquanto desprivilegiados, a valerem-se dos direitos humanos na interação com os governantes.

Não era esta a situação dos apátridas, cujo número também aumentou extraordinariamente depois da I Guerra Mundial, seja pela anulação da naturalização de estrangeiros pronunciada pelos Estados beligerantes, seja pelo critério do *Heimatrecht* utilizado pelos tratados de Saint-Germain e Trianon para a distribuição dos antigos austro-húngaros entre os Estados sucessores da monarquia dual. O número de apátridas viu-se também multiplicado por uma prática política nova, fruto de atos do Estado no exercício da competência soberana em matéria de emigração, naturalização e nacionalidade. Refiro-me ao cancelamento em massa da nacionalidade por motivos políticos, caminho inaugurado pelo governo soviético em 1921 em relação aos russos que viviam no estrangeiro sem passaportes das novas autoridades, ou que tinham abandonado a Rússia depois da Revolução sem autorização do governo soviético. Este caminho foi a seguir percorrido pelo nazismo, que promoveu desnacionalizações maciças, iniciadas por lei de 14 de julho de 1933, alcançando grande número de judeus e de imigrados políticos residentes fora do Reich.[56]

Observa neste sentido Hannah Arendt, ao registrar como a privação da nacionalidade foi utilizada com parcimônia por Mussolini, que uma importante medida do grau de infecção totalitária de um governo é o uso maior ou menor do direito soberano de desnacionalização.[57] De fato, uma coisa é a perda individual da nacionalidade, seja por atos de traição ou deserção em tempo de guerra, judicialmente comprovados, seja por força de atos praticados voluntariamente por pessoas, como servir nas forças armadas de um país estrangeiro, aceitar comissão ou emprego de governo estrangeiro e, portanto, exercer função pública em outro país, ou adquirir outra nacionalidade. Legislação que enseja medidas deste tipo insere-se na lógica do razoável e tem como explicação atos contrários ao interesse nacional numa situação excepcional como a guerra, ou então o esforço de evitar as tensões internacionais que resultam da dupla nacionalidade, que contraria o princípio da unidade de nacionalidade. A dupla nacionalidade é presumível quando uma pessoa pratica atos que indicam vinculação de cidadania com um país estrangeiro, daí advindo a perda da condição de nacional por incompatibilidade. Impede-se, por outro lado, a dupla nacionalidade quando um indivíduo, ao adquirir voluntariamente outra nacionalidade, perde a sua nacionalidade anterior. É a perda da condição de nacional por mudança.

A perda da condição de nacional por *mudança* ou *incompatibilidade,* fruto de atos deliberados dos indivíduos, não é o caso daqueles que se converteram coletivamente em apátridas, não pelo que fizeram ou pensaram, mas pura e simplesmente porque nasceram e eram membros de uma classe, de uma raça ou de um grupo nacional.[58] Estas desnacionalizações maciças pronunciadas pelos regimes soviético e nazista, independentemente da conduta específica das pessoas e no contexto das restrições à livre circulação das pessoas que caracterizaram o primeiro pós-guerra, fizeram com que o problema dos apátridas se tornasse um problema inédito. Herbert W. Briggs explicita a situação nos seguintes termos, com toda a objetividade: "Antes da I Guerra Mundial, o número de apátridas em um determinado país era relativamente pequeno e a possibilidade das pessoas de cruzarem fronteiras sem passaportes ou vistos e permanecerem sem serem molestadas em países de residência provisória tornou o problema da apatridia de interesse internacional relativamente insignificante. Entretanto, as maciças medidas de desnacionalização postas em prática pelos regimes soviético, fascista e nazista, por razões políticas ou raciais, criaram grupos, significativamente grandes, de apátridas e motivaram esforços internacionais para aperfeiçoar o *status* jurídico dos apátridas e eliminar a apatridia automática causada por conflito de leis de nacionalidade".[59]

Estes esforços internacionais mencionados por Briggs, no entanto, tiveram pouco êxito e o seu insucesso teve implicações que acabaram escapando à lógica do razoável em matéria de direitos humanos, tendo em vista o direito soberano dos Estados de expulsarem ou asilarem estrangeiros. Com efeito, o número de pessoas convertidas em apátridas, não pelo que fizeram, mas simplesmente pelo que eram, tornou pouco exequível o *direito de asilo territorial,* que é um instituto concebido para ser aplicado individualmente. Do asilo beneficia-se um indivíduo por ter sido acusado, em um país, da prática de crimes políticos — de pensamento e de ação — que o Estado que concede o asilo entende que não deva ser punido. O asilo não é, por isso mesmo, um direito para atender a um grande número de pessoas. É um direito para indivíduos e, por essa razão, neste período só serviu para aqueles cuja fama e reputação os diferenciavam das multidões anônimas de apátridas.

Da mesma maneira, não eram aplicáveis à multidão de apátridas os institutos clássicos de *naturalização* e de *repatriação.* De fato, a naturalização encontrava o seu limite em políticas nacionalistas dos Estados pouco favoráveis a movimentos migratórios em larga escala, numa época de crise e desemprego, e a repatriação não era uma solução, pois o país de origem ou não aceitava as *displaced persons* ou, quando aceitava, isto significava entregá-las aos seus piores inimigos. Foi dessa maneira que as *displaced persons* tornaram-se o refugo da terra, pois nem o país de origem nem qualquer outro os aceitavam, passando estes refugiados a dever suas vidas não ao Direito, mas à caridade.[60]

Daí a impossibilidade destes desprivilegiados recorrerem aos direitos humanos. Foi esta situação que deu início à ruptura, pois trouxe seríssimas consequências jurídicas num contexto que veio a se caracterizar pela mudança do padrão de normalidade do sistema interestatal até então vigente, que se baseava no pressuposto da distribuição regular dos indivíduos entre os Estados de que eram nacionais.

De fato, era e continua sendo tido como pressuposto de uma ordem mundial, caracterizada pela distribuição individual do poder entre os Estados no plano internacional, que o território e a nacionalidade são assuntos que, *ratione materiae*, integram o objeto do Direito Internacional Público. Este aspecto necessário de objeto resulta de uma relação de complementaridade lógica, pois assim como o Direito Internacional Público, ao tratar da disciplina jurídica do território, reparte legalmente o espaço físico da terra, ao tratar da nacionalidade reparte legalmente a população mundial.[61] Ora, foi precisamente esta incapacidade de repartir juridicamente o elemento demográfico um dos aspectos da ruptura que colocou em questão a normalidade e com ela a razoabilidade do paradigma da Filosofia do Direito, na análise arendtiana da crise dos direitos humanos, como buscarei explicitar, a seguir, no próximo capítulo.

5. Os direitos humanos como construção da igualdade

A cidadania como o direito a ter direitos

(A) O VÍNCULO ENTRE OS DIREITOS HUMANOS E O "STATUS CIVITATIS"

1. As realidades das *displaced persons*, discutidas no capítulo anterior, colocaram na ordem do dia um problema fundamental para a Filosofia do Direito: o de examinar em que medida existe a possibilidade da asserção dos direitos humanos independentemente do *status civitatis*, pois os apátridas ensejaram a verificação de que os direitos do homem enquanto tais são inúteis, mesmo quando juridicamente tutelados, na medida em que surgem grandes massas privadas de cidadania e, por isso, destituídas do princípio da legalidade.

O drama dos apátridas proposto pela análise arendtiana não é, portanto, apenas o de terem, enquanto apátridas, perdido sua casa, vale dizer, o tecido social em que nasceram e no qual estabeleceram um lugar no mundo. Esta calamidade não é nova; o novo foi a impossibilidade de encontrar uma nova casa — um novo tecido social. Essa impossibilidade não se colocou como um problema de espaço, mas sim de organização política. O apátrida não acha um lugar na família das nações. Ele perde, dessa maneira, em primeiro lugar o seu elemento de conexão básico com o Direito Internacional Público, que é a nacionalidade, pois o nexo tradicional entre o indivíduo e o Direito das Gentes estabelece-se através da nacionalidade, que permite a proteção diplomática, resultante da competência pessoal do Estado em relação aos seus nacionais.

A condição de apátrida provoca igualmente a perda de um elemento de conexão com a ordem jurídica interna dos Estados, que afeta a vida das instituições jurídicas de maneira inédita e nada tem a ver com a clássica distinção entre nacionais e estrangeiros.[1] Com efeito, o apátrida, sem direito à residência ou ao trabalho, vivia permanentemente à margem da lei, transgredindo a ordem jurídica do país em que se encontrava. Sem cometer crimes, estava sempre sujeito a ir para a cadeia, pois a sua mera presença e existência num território nacional constituía uma anomalia. Por isso, a única maneira do apátrida estabelecer um vínculo apropriado com a ordem jurídica nacional era efetivamente cometer um crime. Um crime — por exemplo, um pequeno furto — passava a ser, observa Hannah Arendt, uma forma paradoxal de recuperar certa igualdade humana, pois enquanto criminoso, num estado de direito, mesmo um apátrida via-se tratado como qualquer outra pessoa nas mesmas condições. "Só como transgressor da lei pode o apátrida ser protegido pela lei. Enquanto durar o julgamento e o pronunciamento de sua sentença, estará a salvo daquele domínio arbitrário da polícia, contra a qual não existem advogados nem apelações."[2] Em outras palavras, era frequentando o Código Penal comum a todos que o apátrida se tornava uma pessoa, um sujeito dotado de direitos e obrigações, recuperando dessa maneira a condição humana.

Desta análise da condição do apátrida Hannah Arendt extraiu a conclusão de que, num mundo como o do século XX, inteiramente organizado politicamente, perder o *status civitatis* significava ser expulso da humanidade, de nada valendo os direitos humanos aos expelidos da trindade Estado-Povo-Território.

Com efeito, os direitos humanos enquanto conquista histórica e política, ou seja, uma invenção humana, estavam vinculados à solução de problemas de convivência coletiva *dentro* de uma comunidade política. É por isso que, no âmbito desta, o próprio cerceamento dos direitos humanos por força de lei não significa perder os benefícios da legalidade. É o que ocorre, por exemplo, com o soldado em época de guerra, que vê o seu direito à vida posto em questão; com o condenado por um crime à prisão, que perde o seu direito de ir e vir; com o cidadão que num estado de sítio enfrenta restrições em matéria de liberdade de opinião, de pensamento ou associação. Estas e outras restrições sempre permitem aos desprivilegiados um recurso aos direitos humanos no seu todo, desde que juridicamente tutelados.

Não é esta a situação dos apátridas. Eles não perdem direitos como o direito à vida, à liberdade, à busca da felicidade, ou ainda à igualdade diante da lei por não serem nacionais. De fato, "sua situação angustiante não resulta do fato de não serem iguais perante a lei, mas sim de não existirem mais leis para eles",[3] pois estão privados de uma comunidade política que os contemple como sujeitos de direito e em relação à qual tenham direitos e deveres.[4] Os apátridas, ao deixarem de pertencer a qualquer comunidade política, tornam-se supérfluos. O tratamento que recebem dos *Outros* não depende do que façam ou deixem de fazer. São inocentes condenados, destituídos de um lugar no mundo — um lugar que torne as suas opiniões significativas e suas ações efetivas. Não é por acaso que os nazistas iniciaram a perseguição aos judeus privando-os do *status civitatis*, para poder convertê-los em "inimigos objetivos". Não é também por acaso que o território mais usual dos apátridas, nos anos 30, tenha sido o campo de internamento — o limbo, como foi visto no capítulo 3, no qual são recolhidos, mesmo em regimes não totalitários, os "elementos indesejáveis".[5]

2. Hannah Arendt foi uma refugiada. Viveu na própria pele a condição de apátrida e num artigo de janeiro de 1943, intitulado "We refugees", escreveu: "Perdemos nossos lares, o que significa a familiaridade da vida quotidiana. Perdemos nossas ocupações, o que significa a confiança de que temos alguma utilidade no mundo. Perdemos nossa língua, o que significa a naturalidade das reações, a simplicidade dos gestos... Aparentemente, ninguém quer saber que a história contemporânea criou um novo tipo de seres humanos — o que é colocado em campos de concentração por seus inimigos, e em campos de internamento por seus amigos".[6]

Há, portanto, na sua discussão da condição dos apátridas e dos refugiados em *The Origins of Totalitarianism*, além da documentação e da cuidadosa pesquisa, tanto uma admirável análise fenomenológica quanto a autenticidade que confere à sua hermenêutica de significados uma força dramática. É por isso que na sua obra adquirem densidade o conceito jasperiano de situação-limite; o desconcerto diante do mundo no qual o ser se vê jogado — um dos temas-chave do existencialismo —; os dilemas do relacionamento do homem com o mundo que a filosofia da *Existenz* explicita; e a estranheza do mundo que Kafka capta nos seus relatos. Estas categorias de que se vale Hannah Arendt, conforme foi visto no capítulo 3, se obnubilam a sua percepção dos comportamentos reiterados e das regularidades, não são, na sua obra, abstrações desvinculadas da realidade. Muito pelo contrário, pois ela partiu do concreto de sua experiência para, a partir de uma perspectiva *ex parte populi*, chegar a uma reflexão sobre o significado mais amplo do que estava acontecendo. Este significado não se restringia à subjetividade da situação dos apátridas. Teve consequências objetivas para o princípio da legalidade. Estas consequências configuram-se como ruptura mais ampla, seja no que diz respeito a um novo papel desempenhado pela polícia, seja em matéria de dilemas na organização do Estado nacional, como passo, a seguir, a indicar.

3. A situação dos apátridas reforçou de maneira inédita, na Europa Ocidental, o papel da polícia, pois o Estado transferiu a ela o problema daqueles que não tinham vínculo de nacionalidade com a ordem jurídica interna e internacional. Nessa esfera a polícia deixou de ser teoricamente um instrumento da lei voltada para a preservação da paz pública; a proteção dos direito à vida, à liberdade e à propriedade; a prevenção e investigação de crimes; e a detenção de criminosos. Transformou-se num poder independente de governos e ministérios, cuja autonomia crescia na proporção direta do influxo de refugiados. Daí a tendência da transformação do Estado de Direito num Estado policial, bastando mencionar, para se sentir o peso da afirmação de Hannah Arendt, que na França, antes da II Guerra Mundial, 10% da população total era constituída de refugiados — pessoas sem Estado. Outra consequência do número crescente de apátridas, tanto nos países totalitários quanto nos não totalitários, foi o inter-relacionamento transnacional das polícias, o que conduziu, nesta área, a uma política internacional independente da orientação dos governos e de cunho nitidamente policialesco. Criou-se, em outras palavras, no espaço interestatal europeu, "uma forma de ilegalidade, organizada pela polícia, que praticamente resultou na coordenação do mundo livre com a legislação dos países totalitários".[7]

Foram sérias, igualmente, as consequências desta situação para a organização política e jurídica dos Estados por ela atingidas, pois um Estado nacional vê-se corroído por dentro com a ruptura do princípio de isonomia. Sem a igualdade jurídica, observa Hannah Arendt, "que originalmente se destinava a substituir as leis e ordens mais antigas da sociedade feudal, a nação se desenvolve numa massa anárquica de indivíduos super e subprivilegiados. As leis que não são iguais para todos transformam-se em direitos e privilégios, o que contradiz a própria natureza do Estado-Nação. Quanto mais clara é a demonstração de sua incapacidade de tratar os apátridas como 'pessoas legais', e quanto mais extenso é o domínio arbitrário do decreto policial, mais difícil é para os Estados resistir à tentação de privar todos os cidadãos da condição legal e dominá-los com uma polícia onipotente".[8]

(B) OS DIREITOS HUMANOS COMO CONSTRUÇÃO DA IGUALDADE E A CIDADANIA COMO O DIREITO A TER DIREITOS NA VISÃO DE HANNAH ARENDT — IMPLICAÇÕES JUSFILOSÓFICAS

4. Desta reflexão sobre a fundamental importância do princípio de isonomia como critério de organização do Estado-nação, e de sua análise da condição dos apátridas, Hannah Arendt extrai a sua conclusão básica sobre os direitos humanos. Não é verdade que "todos os homens nascem livres e iguais em dignidade e direitos", como afirma o art. 1º da Declaração Universal dos Direitos do Homem da ONU, de 1948, na esteira da Declaração de Virgínia de 1776 (artigo 1º), ou da Declaração Francesa de 1789 (art. 1º). Nós não nascemos iguais: nós nos tornamos iguais como mem-

bros de uma coletividade em virtude de uma decisão conjunta que garante a todos direitos iguais. A igualdade não é um *dado* — ele não é *physis*, nem resulta de um absoluto transcendente externo à comunidade política. Ela é um construído, elaborado convencionalmente pela ação conjunta dos homens através da organização da comunidade política. Daí a indissolubilidade da relação entre o direito individual do cidadão de autodeterminar-se politicamente, em conjunto com os seus concidadãos, através do exercício de seus direitos políticos, e o direito da comunidade de autodeterminar-se, construindo convencionalmente a igualdade.

De fato, a asserção de que a igualdade é algo inerente à condição humana é mais do que uma abstração destituída de realidade. É uma ilusão facilmente verificável numa situação-limite como a dos refugiados ou dos internados em campos de concentração. Estes se deram conta de que a única dimensão que lhes sobrava era o fato de serem humanos. Pessoas forçadas a viver fora de um mundo comum, vale dizer, excluídas de um repertório compartilhado de significados que uma comunidade política oferece e que a cidadania garante, veem-se jogadas na sua *natural givenness.* As *displaced persons,* precisamente por sua falta de relação com um mundo, foram e continuam sendo tentação constante para os assassinos e para as nossas próprias consciências. É como se não existissem. São supérfluas. Esta é a nota básica da ruptura representada pelo totalitarismo, pois a tradição ocidental, baseada no valor da pessoa humana como "valor-fonte" de todos os valores, viu-se frontalmente contestada por uma situação criada no seu próprio bojo — e não por ameaça externa, como no passado os mongóis em relação à Europa — que produziu, de um lado, bárbaros, e de outro forçou milhões de pessoas, tidas como supérfluas, a voltarem ao estado de natureza.[9]

Esta reflexão de Hannah Arendt — contida basicamente no

último capítulo da parte II do *The Origins of Totalitarianism*, em que ela cuida da perplexidade gerada pelo totalitarismo em relação aos direitos humanos — mostra a inadequação da tradição em dois sentidos, como aponta Robert Legros em importante e recente artigo sobre o assunto. O primeiro prende-se ao fato de que, se os direitos humanos pressupõem a cidadania como *meio* para a sua proteção, isso significa que um *valor universal* — ligado à essência da natureza humana para o jusnaturalismo, ou resultante de um processo de objetivação histórica muito razoável para a Filosofia do Direito — repousa na precariedade da *contingência* — a cidadania no âmbito de uma comunidade. Este primeiro paradoxo, que se traduz no problema de um valor universal depender do acidente de uma contingência, já seria por si só algo para vulnerar os paradigmas de reflexão metajurídica. A reflexão arendtiana, no entanto, vai mais além. O que ela afirma é que os direitos humanos pressupõem a cidadania não apenas como um fato e um meio, mas sim como um princípio, pois a privação da cidadania afeta substantivamente a condição humana, uma vez que o ser humano privado de suas qualidades acidentais — o seu estatuto político — vê-se privado de sua substância, vale dizer: tornado pura substância, perde a sua qualidade substancial, que é de ser tratado pelos *outros* como um *semelhante.*[10]

Hannah Arendt fundamenta o seu ponto de vista sobre os direitos humanos como invenção que exige a cidadania através de uma distinção ontológica que diferencia a esfera do privado da esfera do público. Para ela, a condição básica da ação e do discurso, em contraste com o labor e o trabalho, é o mundo comum da pluralidade humana. Esta tem uma característica ontológica dupla: a igualdade e a diferença. Se os homens não fossem iguais, não poderiam entender-se. Por outro lado, se não fossem diferentes não precisariam nem da palavra, nem da ação para se fazerem entender. Ruídos seriam suficientes para a comunicação de necessidades idênticas e imediatas. É com base nesta dupla característica da pluralidade humana que ela insere a *diferença* na esfera do privado e a *igualdade* na esfera do público.

Na esfera do privado prevalece a lei da diferença e da diferenciação, que assinala a especificidade única de cada indivíduo. Aliás, é justamente com o objetivo de reduzir a uma escala razoável a amplitude destas diferenças e diferenciações individuais que comunidades políticas altamente desenvolvidas, como a *polis* e o Estado-nação, almejam a homogeneidade étnica e linguística. Desta maneira, procuram evitar a "estranheza", e com ela a desconfiança que ameaça a igualdade e a democracia em relação àquilo que o homem não pode, atuando, mudar à vontade.

Esta observação de Hannah Arendt, que também está no fecho da parte II de *The Origins of Totalitarianism*, é um dado a mais que me leva a abrir um parêntesis para concordar com Paolo Flores d'Arcais, quando este afirma que a visão arendtiana do privado e do público pressupõe e requer uma sociedade onde prevaleça um mínimo de igualdade no plano econômico. Com efeito, para que uma sociedade não se veja atolada pela questão social e, portanto, pela lógica da administração, que não dá espaço para a lógica da ação, é preciso que o dever político arendtiano da participação na esfera pública não se inviabilize em virtude da "estranheza" proveniente do hiato que separa a miséria da riqueza, que dificulta o agir conjunto. É neste sentido que a proposta de Hannah Arendt contém um ideal redistributivo necessário para reduzir, na esfera do privado, as diferenças sociais derivadas da desigualdade econômica à escala do razoável e permitir aos homens que não sejam apenas diferentes, mas possam ter condições para distinguir-se na esfera pública.

Hannah Arendt, num dos seus últimos textos, "Public Rights

and Private Interests", publicado, aliás, postumamente, aponta claramente para isso ao realçar a premência dos interesses individuais ligados à vida. Observa que os requisitos do processo vital, que são próprios a cada um individualmente, precisam estar atendidos para que o ser humano tenha condições de mover-se e distinguir-se na esfera pública, que é comum a todos.

Na esfera do público, que diz respeito ao mundo que compartilhamos com os Outros e que, portanto, não é propriedade privada de indivíduos e/ou do poder estatal, deve prevalecer, para se alcançar a democracia, o princípio da igualdade. Este não é dado, pois as pessoas não nascem iguais e não são iguais nas suas vidas. A igualdade resulta da organização humana. Ela é um meio de se igualizar as diferenças através das instituições. É o caso da *polis*, que torna os homens iguais por meio da lei — *nomos*. Por isso, perder o acesso à esfera do público significa perder o acesso à igualdade. Aquele que se vê destituído da cidadania, ao ver-se limitado à esfera do privado fica *privado* de direitos, pois estes só existem em função da pluralidade dos homens, ou seja, da garantia tácita de que os membros de uma comunidade dão-se uns aos outros. É neste sentido preciso que para Hannah Arendt a política institui a pluralidade humana e um mundo comum.

Com efeito, os direitos humanos, para Hannah Arendt, resultam da ação. Não derivam nem do comando de Deus nem da natureza individual do homem, porque se assim fosse teriam validade mesmo que existisse um só homem — o que contraria a condição humana, que é a da pluralidade, pois viver é estar entre os homens, *inter homines esse.* Por isso, para Hannah Arendt, aristotelicamente, no plano da *vita activa,* a *polis* antecede a família e a cada um de nós individualmente, e o primeiro direito humano que a *polis* como um artefato humano pode conceder, e do qual derivam todos os demais, é o direito à vida pública, que permite o comando da palavra e da ação. É neste sentido que ela afirma que a liberdade privada — a liberdade dos modernos — é derivativa da liberdade pública — a liberdade dos antigos —, pois é a existência desta última que permite a plena afirmação da primeira.[11] É por isso também que a organização da igualdade, *dentro* de uma comunidade política, requer tanto uma análise do fundamento da obrigação político-jurídica, que será empreendida no capítulo 7, quanto um novo exame da distinção entre o público e o privado, que será objeto do capítulo 8, enquanto condições impeditivas de um novo "estado totalitário de natureza".

Observa neste sentido Hannah Arendt, realçando a importância da cidadania em *The Origins of Totalitarianism:* "para o ser humano que perdeu o seu lugar na comunidade, a condição política na luta do seu tempo e a personalidade legal que transforma num todo consistente as suas ações e uma parte de seu destino, restam apenas aquelas qualidades que geralmente só se podem expressar no âmbito da vida privada, e que necessariamente permanecerão ineptas, simples existência, em qualquer assunto de interesse público. Essa simples existência, isto é, tudo o que nos é misteriosamente dado por nascimento, e que inclui a forma de nosso corpo e os talentos de nossa mente, só pode ser aceito pelo acaso imprevisível da amizade e da simpatia, ou pela grande e incalculável graça do amor que diz, como santo Agostinho, 'Volo ut sis' (quero que sejas), sem poder oferecer qualquer motivo particular para essa suprema e insuperável afirmação".[12]

É justamente para garantir que o dado da existência seja reconhecido e não resulte apenas do imponderável da amizade, da simpatia ou do amor no estado de natureza, que os direitos são necessários. É por essa razão que Hannah Arendt realça, a partir dos problemas jurídicos suscitados pelo totalitarismo, que o primeiro direito humano é o *direito a ter direitos*. Isto significa pertencer, pelo vínculo da cidadania, a algum tipo de comunidade juridicamente organizada e viver numa estrutura onde se é julgado por ações e opiniões, por obra do princípio da legalidade. A experiência totalitária é, portanto, comprobatória, no plano empírico, da relevância da cidadania e da liberdade pública enquanto condição de possibilidade, no plano jusfilosófico de asserção da igualdade, uma vez que a sua carência fez com que surgissem milhões de pessoas que haviam perdido seus direitos e que não puderam recuperá-los devido à situação política do mundo, que tornou supérfluos os expulsos da trindade Estado-Povo-Território.

Num mundo único a cidadania, como base para o direito a ter direitos e como condição para um indivíduo beneficiar-se do princípio da legalidade, evitando-se dessa maneira o surgimento de um novo "estado totalitário de natureza", não pode ser examinada apenas no âmbito interno de uma comunidade política. Em verdade, só pode ser assegurada por um acordo da *comitas gentium, pois* este primeiro direito humano, como todos os demais que dele derivam, só pode existir, observa Hannah Arendt em artigo publicado em 1949, por meio de acordo e garantias mútuas, pois não se trata de algo dado, mas construído, e este construído, no caso, requer um entendimento de alcance internacional.[13] A relevância desta conclusão não é hoje contestada em Direito Internacional Público, que *ratione materiae* necessariamente inclui no seu objeto a repartição legal da população mundial, como foi apontado no fecho do capítulo anterior, e que por isso mesmo procura evitar que existam pessoas que, ao se verem expulsas da trindade Estado-Povo-Território, percam os benefícios da legalidade.

(c) OS DIREITOS HUMANOS COMO CONSTRUÇÃO DA IGUALDADE E A CIDADANIA COMO O DIREITO A TER DIREITOS NA VISÃO DE HANNAH ARENDT — DESDOBRAMENTOS NO CAMPO DO DIREITO INTERNACIONAL PÚBLICO

5. No capítulo das garantias da *comitas gentium*, aventadas por Hannah Arendt no seu artigo de 1949, cabe mencionar preliminarmente a substituição, em matéria de direitos humanos, do princípio de proteção diplomática, baseado no exercício de competência pessoal dos Estados, pelo da proteção internacional, que busca tutelar os direitos dos indivíduos *qua* indivíduos e não enquanto nacionais de qualquer Estado. É por essa razão que as Convenções Internacionais sobre Direitos Humanos, posteriores à II Guerra Mundial, buscam ir além dos interesses específicos dos Estados, criando garantias coletivas. Estas procuram estabelecer obrigações objetivas em matéria de direitos humanos, que são vistas e percebidas como necessárias para a preservação da ordem pública internacional. Daí o esforço do Direito Internacional Público de tutelar os direitos dos "não cidadãos", no contexto mais amplo do princípio de proteção internacional.[14]

Na evolução do Direito Internacional Público Contemporâneo, e em resposta à ruptura totalitária que levou Hannah Arendt à conclusão de que a cidadania é o direito a ter direitos, a primeira garantia coletiva da *comitas gentium* a ser elencada está ligada ao interesse objetivo da ordem internacional de impedir o surgimento em larga escala de apátridas. A Declaração Universal dos Direitos Humanos de 1948 afirma, no seu artigo XV: "1. Todo homem tem direito a uma nacionalidade. 2. Ninguém será arbitrariamente privado de sua nacionalidade, nem do direito de mudar de nacionalidade", valendo a pena registrar, na passagem da *soft law* das Declarações para a *hard law* das convenções, o Estatuto dos Apátridas de 1954 e a Convenção para a Redução de Apátridas de 1961.

O Estatuto dos Apátridas de 1954, em vigor desde 1958 e que vincula 32 Estados, busca conferir aos destituídos de nacionalidade, nos Estados em que se encontram os benefícios da legalidade, conferindo-lhes tratamento nacional em certas matérias — como liberdade de religião (art. 4º), propriedade intelectual e industrial (art. 14), direito de acesso aos tribunais (art. 16), educação pública (art. 22) — e tratamento igual aos estrangeiros em geral em outras matérias, por exemplo: propriedade mobiliária e imobiliária (art. 13), profissões assalariadas (art. 17), profissões liberais (art. 19), alojamento (art. 21), liberdade de circulação (art. 26). O Estatuto limita o arbítrio do Estado, no que tange à expulsão (art. 31), e estimula a assimilação e naturalização dos apátridas (art. 32).

Na Convenção para a Redução dos Apátridas de 1961, que entrou em vigor em 1975 e que vincula quatorze Estados, merecem destaque neste diálogo com as preocupações arendtianas o artigo 9º, que proíbe a privação individual ou coletiva da nacionalidade por razões de ordem racial, religiosa ou política, e o artigo 10º, que prevê normas, no caso de mudança da soberania territorial, para impedir que, em consequência dessa mudança, pessoas se tornem apátridas. No âmbito regional, no que diz respeito ao direito à nacionalidade, cabe destacar o artigo 20 da Convenção Americana sobre Direitos Humanos — o Pacto de São José de 1969. Este acrescenta ao artigo 14 da Declaração Universal de 1948, acima citada, o seguinte dispositivo: toda pessoa tem direito a nacionalidade do Estado em cujo território nasceu, se não tem direito a outra (art. 20-2). Este dispositivo reproduz em essência o previsto nos trabalhos de 1954 da Comissão de Direito Internacional da ONU, mas não acolhido na

Convenção de 1961 para a redução de apátridas, que resultou desses trabalhos.[15]

6. A plena expulsão da trindade Estado-Povo-Território, que juridicamente exprime-se pela apatridia, tem entre as suas causas, como foi visto no capítulo anterior, a existência de *minorias* e o surgimento de *refugiados*. As minorias e os refugiados não desapareceram no segundo pós-guerra e não são mais um fenômeno predominantemente europeu. Daí a continuidade no tempo e a extensão no espaço dos problemas suscitados pela reflexão arendtiana sobre a ruptura e a importância a eles dada pelo Direito Internacional Público Contemporâneo.

No que diz respeito às *minorias*, que Hannah Arendt examinou dentro da concepção de sistema imaginada pela Sociedade das Nações, como foi visto no capítulo anterior, vale a pena sublinhar a universalização do problema. De fato, aumentaram com o processo de descolonização, particularmente na África e na Ásia, as minorias, ou seja, os grupos numericamente inferiores ao resto da população de um Estado e numa posição não dominante num país, que possuem objetivamente características étnicas, religiosas ou linguísticas distintas do resto da população, e que subjetivamente desejam preservar a sua cultura, as suas tradições, a sua religião e a sua língua.

Na África os novos Estados constituíram-se obedecendo às fronteiras dos antigos impérios que separavam comunidades étnicas, linguísticas e religiosas. Na Ásia inseriram-se, igualmente, na vida da população dos novos Estados relevantes diferenças étnicas, linguísticas e religiosas.

Diferenças religiosas levaram a Índia colonial inglesa a dividir-se em dois Estados: o Paquistão e a Índia, e as tensões subsequentes entre os dois Estados à secessão de Bangladesh do Paquistão. Diferenças entre católicos e muçulmanos mantêm viva a guerra civil no Líbano, que ameaça seriamente a sua viabilidade como Estado independente. Diferenças étnicas e linguísticas levaram à guerra civil na Nigéria em 1967-1970, no bojo da qual dramaticamente desapareceu a proposta de um novo Estado: Biafra. Nos anos 70 o Iraque enfrentou a rebeldia dos curdos, uma minoria linguística e étnica. Chipre enfrenta o problema das relações entre a maioria grega e a minoria turca. Conflitos entre a maioria linguística inglesa e a minoria linguística francesa sacudiram o Canadá.

Em síntese: exemplos mais dramáticos, como os acima mencionados, e outros menos incisivos porque melhor encaminhados, não faltam para indicar que o problema continua na ordem do dia. É por essa razão que o direito das minorias, que não foi contemplado nem na Carta das Nações Unidas, nem na Declaração Universal dos Direitos do Homem, que cuida apenas no seu art. VII do direito à igualdade e à não discriminação, acabou sendo consagrado posteriormente no art. 27 do Pacto Internacional sobre Direitos Civis e Políticos.

Estes direitos previstos no art. 27, cujo pré-requisito é a não discriminação, têm como função promover medidas especiais em prol de minorias étnicas, religiosas e linguísticas para que estas possam ter a sua própria vida cultural, professar e praticar a sua própria religião e empregar o seu idioma.

Evidentemente, e no contexto da lógica de um sistema interestatal, estas medidas não podem ser uma ameaça à unidade nacional e à integridade territorial dos Estados, exigência compreensível, sobretudo nos novos Estados constituídos no processo de descolonização, que estão numa fase de *nation-building*. É por isso que o direito das minorias consagrado no texto do art. 27 do Pacto Internacional sobre Direitos Civis e Políticos, ao levar em conta a experiência da Sociedade das Nações, explicitamente não considera estes direitos como direitos de titularidade coletiva. Eles são direitos individuais das pessoas, que integram uma minoria para, em conjunto, exercer em comum com os demais membros do seu grupo, no âmbito interno dos Estados, os direitos correspondentes: (I) às minorias étnicas de usufruírem sua própria cultura através, por exemplo, de uma política educacional apropriada; (II) às minorias religiosas a professarem e praticarem a sua própria religião, por exemplo, administrando com autonomia os assuntos de suas próprias comunidades religiosas; e (III) às minorias linguísticas de usarem o seu próprio idioma, por exemplo, em assuntos oficiais, perante uma Corte, o Executivo e no Legislativo.[16]

A sistemática internacional contemporânea da proteção das minorias tem contribuído, na medida em que é bem-sucedida, para aprimorar a convivência entre grupos populacionais heterogêneos, *dentro* do âmbito dos Estados, e representa, na linha da reflexão de Hannah Arendt, uma proposta válida, em situações específicas onde existam minorias, de *construir a igualdade* através da lei e por meio da organização da comunidade política.

7. Os esforços para reduzir a apatridia e para dar aos apátridas os benefícios do princípio da legalidade, assim como o tratamento das minorias, previsto na legislação internacional, sucintamente referidos acima, não foram suficientes para eliminar os problemas das *displaced persons,* que Hannah Arendt colocou como um dos ingredientes da ruptura totalitária. Entre as *displaced persons* estão os refugiados, tanto no sentido mais amplo daqueles que se veem deslocados por problemas políticos e sociais, quanto no sentido mais preciso do Estatuto dos Refugiados de 1951 e do seu Protocolo Adicional de 1966. Neste sentido mais preciso, a qualificação de qualquer pessoa como refugiado deriva da existência de um fundado receio de perseguição por

motivos de raça, religião, nacionalidade, participação em determinado grupo social ou convicções políticas. É este fundado receio de perseguição que leva a pessoa a se tornar refugiada ao se encontrar fora do país de que é nacional, impedindo-a também de pedir a proteção do seu país. O Estatuto e o seu Protocolo Adicional preveem igualmente, nas mesmas condições de perseguição, a condição de refugiado para o apátrida que estiver fora do país em que tinha a sua residência habitual e a ele não possa ou não queira voltar em virtude do receio da perseguição (Estatuto dos Refugiados, 28 de julho de 1951, art. 1-A-(2); Protocolo Adicional à Convenção Relativa ao Estatuto dos Refugiados, de 16 de dezembro de 1966, art. 1-2).

O Estatuto dos Refugiados de 1951, assim como o início das atividades operacionais da ONU em prol dos refugiados, foram concebidos para resolver ou minorar os problemas derivados do segundo pós-guerra, cujas raízes e consequências foram objeto da análise arendtiana. Entretanto, a importância da questão dos refugiados palestinos ensejou a criação da UNRWA (United Nations Relief and Work Agency for Palestine Refugees), e o contínuo afluxo de refugiados em todas as partes do mundo levou à criação, em 1951, do Alto Comissariado das Nações Unidas para Refugiados. Um indicador do alcance e da importância crescente do problema é a ampliação *ratione personae* das tarefas do Comissariado, pois quando as suas atividades tiveram início, estimava-se o número de refugiados em 1,5 milhão de pessoas. Atualmente, calcula-se que cerca de 10 milhões de pessoas estão na condição de refugiados. Daí a razão de ser do Protocolo Adicional de 1966, que, levando em conta novas situações dos refugiados desde a celebração do Estatuto de 1951, buscou estender no tempo e no espaço a tutela internacional sobre eles, não a limitando aos problemas da Europa derivados da II Guerra Mundial.

Os problemas dos refugiados têm portanto peso numérico, chegando em certos países ou regiões a exceder 15% da população total. O problema tem também alcance generalizado. Na África, a persistência de tensões raciais e de conflitos políticos, a guerra civil no Chad, os conflitos entre a Etiópia e a Somália levaram, *inter alia*, em 1981, a mais de 6,5 milhões de refugiados. No Sudeste da Ásia, depois do término da Guerra do Vietnã e por força das características dos regimes do Vietnã, do Laos e do Camboja, a Tailândia se viu a braços com um grande número de refugiados provenientes daqueles países. Os eventos do Sudeste da Ásia provocaram também o aparecimento dos "boat people": refugiados dos anos 70, que se viram e se veem submetidos a ataques de pirataria nos mares em que flutuam à procura de asilo. Esta ameaça à segurança de refugiados que o Alto Comissariado para Refugiados da ONU vem procurando coibir, por meio de uma cooperação com o programa de antipirataria do Governo da Tailândia, tem recebido contribuições financeiras de diversos países.

O problema dos refugiados palestinos — um contingente hoje de cerca de 1,9 milhão de pessoas — continua pendente, contribuindo para exacerbar as tensões no Oriente Médio. A invasão soviética no Afeganistão acelerou o êxodo do país, fazendo do Paquistão o primeiro asilo para os afeganes, que atualmente constituem o maior grupo nacional de refugiados no mundo, da ordem de 2,5 a 3 milhões.

Na Europa, a União Soviética e os países da Europa Oriental são fontes de refugiados que buscam asilo em outros Estados europeus, nos Estados Unidos e em Israel.

Na América Latina a Revolução Cubana deu origem, desde 1959, a mais de um milhão de refugiados; o regime de Duvalier, no Haiti, levou cerca de 12% dos haitianos a viverem fora de seu país; o Chile de Pinochet fez com que cerca de 80 000 chilenos se refugiassem no exterior; a Argentina do regime militar provocou a diáspora de cerca de 300 000 pessoas.

Atualmente, o foco principal do problema dos refugiados na América Latina concentra-se na América Central. Em El Salvador a violência interna, desde o início dos anos 80, desenraizou cerca de um quarto da população total. Na Guatemala problemas políticos levaram a um êxodo para o México, onde se avalia que estão entre 165 000 e 400 000 salvadorenhos e guatemaltecos. O regime sandinista da Nicarágua provocou igualmente um fluxo de refugiados, dos quais a Costa Rica, tradicional país de primeiro asilo na América Central, abriga atualmente cerca de 100 000. Cerca de 70 000 refugiados da Nicarágua, El Salvador e Guatemala encontram-se em Honduras. É por essa razão que o problema dos refugiados constitui item prioritário na agenda de negociação da paz na América Central.[17]

Em conclusão: o problema colocado por Hannah Arendt continua, conforme se verifica, na ordem do dia, pois a existência de seres humanos sem lugar contribui para a persistência da situação em que o homem pode ser visto como supérfluo. De fato, expressivo número de refugiados permanece deslocado no mundo, pois: (I) existem sérios obstáculos em muitas partes à sua repatriação voluntária; (II) o país de primeiro asilo — o do asilo temporário —, muito frequentemente, como foi visto acima, é subdesenvolvido e tem limitada capacidade econômica para transformar refugiados em imigrantes; e (III) é difícil encontrar países que absorvam refugiados em virtude dos problemas de toda natureza que têm hoje em dia os Estados para receberem novas e significativas correntes migratórias.

É certo que a situação atual é melhor do que a prevalecente no período analisado por Hannah Arendt, pois uma das consequencias da ruptura, em matéria de refugiados, por força das garantias da *comitas gentium* por ela sugeridas, é a da consolidação, no Direito Internacional Público, do princípio de *non-refoulement* — vale dizer: a não expulsão ou devolução obrigatória de um refugiado a qualquer Estado no qual possa ser objeto de perseguição (Declaração da Assembleia Geral das Nações Unidas de 1967 sobre Asilo Territorial — Resolução 2312 (XXII), art. 3-1). É por essa razão que nas palavras do Alto Comissário das Nações Unidas para Refugiados: "States have continued to grant asylum to refugees who flee from persecution and other threats or danger". Entretanto, continua ele no mesmo trabalho, datado de agosto de 1987, submetido à Assembleia Geral: "a substantial portion of those in need of protection today obtain only temporary asylum and find it increasingly difficult to benefit from a durable solution".[18] Daí, aliás, uma das razões da proposta apresentada pela Dinamarca, visando regionalizar a solução do problema, pela responsabilidade que cada região do mundo assumiria pela integração dos refugiados dela provenientes. Tudo isso confirma amplamente a atualidade da reflexão arendtiana, sugerindo também o interesse num exame de como veio a ter um impacto direto e exemplar *dentro* de uma comunidade política. Foi o que ocorreu nos Estados Unidos quando a Suprema Corte consagrou juridicamente a tese da cidadania como o direito a ter direitos.

(D) OS DIREITOS HUMANOS COMO CONSTRUÇÃO DA IGUALDADE E A CIDADANIA COMO O DIREITO A TER DIREITOS NA VISÃO DE HANNAH ARENDT — DESDOBRAMENTOS NO CAMPO DO DIREITO CONSTITUCIONAL

8. A contribuição de Hannah Arendt para a ampliação dos

horizontes do Direito norte-americano em função dos problemas jurídicos suscitados pelo totalitarismo em matéria de direitos humanos foi rastreado por Stephen J. Whitfield, no seu livro de 1980: *Into the Dark — Hannah Arendt and Totalitarianism.*[19] Whitfield mostra como ela marcou o pensamento de Stephen J. Pollak no seu artigo de 1955 sobre o "Expatriation Act" de 1954. Com base em Hannah Arendt, Pollak discute o significado mais amplo do "Expatriation Act" que, no contexto do anticomunismo prevalecente nos EUA, contemplava a desnacionalização de indivíduos como pena para a subversão. E argumenta, num primeiro momento, em termos do que pode ser considerado deontologia, que a criação de apátridas por condenações criminais não passa pelo teste de razoabilidade, característico da legislação que busca evitar o conflito positivo de nacionalidade.

Com efeito, legislação que procure eliminar a dupla nacionalidade insere-se na lógica do razoável, pois não só não tem intuitos penais como visa evitar tensões internacionais, não ensejando, além do mais, o apátrida, pois a sua consequência é fazer com que um indivíduo perca o privilégio de uma dupla nacionalidade. Não era este o espírito do "Expatriation Act" de 1954, que tinha função punitiva e procurava resolver um problema interno de eventual subversão, dotando o governo de sanções para o combate ao comunismo nos EUA através de legislação que permitiria ao Judiciário condenar um cidadão norte-americano à pena da perda de sua nacionalidade.

Pollak dá sequência aos seus argumentos examinando a constitucionalidade do "Expatriation Act" de 1954 em dois planos. No primeiro, que diz respeito à competência do Congresso norte-americano de promulgar legislação que pode privar um norte-americano de sua nacionalidade, ele responde afirmativamente. A sua conclusão baseia-se nos precedentes judiciais que desde Marshall construíram a interpretação da "necessary and proper clause" da Constituição norte-americana (Secção VIII-18), como outorga de poder ao Legislativo para editar leis, e considerando como apropriados legalmente todos os meios que, não sendo proibidos, são consistentes com a letra e o espírito da Constituição.

Num segundo plano, Pollak examina a 8ª Emenda à Constituição norte-americana, que proíbe "cruel and unusual punishment", indicando preliminarmente que o sentido de "unusual" é o do desconhecido e obsoleto, e o de "cruel" traduz-se na destruição desnecessária e desproporcional de valores humanos, como é o caso da tortura. A seguir, depois de evidenciar como a cidadania norte-americana é um valor positivo, ele argumenta, com base em Hannah Arendt, que a perda da nacionalidade representa uma privação do direito a ter direitos. Por isso afirma que, no século XX, depois da constatação do que significou o totalitarismo, a perda da nacionalidade como sanção constitui um "cruel and unusual punishment". Daí, a partir da tradição constitucional norte-americana, que interpreta a 8ª Emenda como limitação ao poder de punir, concluiu ele pela inconstitucionalidade do "Expatriation Act" de 1954.[20]

A reflexão de Pollak marcou o voto minoritário discordante do *Chief Justice* Warren, da Suprema Corte norte-americana, voto este acompanhado pelos ministros Black e Douglas — no caso *Perez v. Brownell* de 1958. No seu voto Warren afirma: "A cidadania é o direito básico do homem, uma vez que é nada menos do que o direito a ter direitos. Tire este bem inestimável e restará um apátrida, humilhado e degradado aos olhos de seus compatriotas. Ele não tem direito à proteção jurídica de nenhuma nação, e nenhuma nação asseverará direitos em seu nome. Sua própria existência está na dependência do Estado em cujas fronteiras ele estiver. Nesse país o expatriado irá presumivelmente gozar, quando muito, apenas direitos limitados e privilégios de estrangeiros, e, como o estrangeiro, estará inclusive sujeito à deportação e, desse modo, privado do direito de afirmar quaisquer direitos".[21]

O ponto de vista de Warren acabou sendo vitorioso em *Trop v. Dulles,* também decidido em 1958. No seu voto, subscrito pelos ministros Black, Douglas e Whittaker, Warren afirma: "A cidadania não é uma licença que expira com a má conduta", observando que: "A cidadania não se perde a cada vez que um dever de cidadania é esquivado. E a privação da cidadania não é uma arma que o governo pode usar para expressar seu descontentamento com a conduta de um cidadão, por mais repreensível que esta conduta possa ser", para mais adiante, depois de se referir a Pollak, escrever: "Nós entendemos, como entendeu o Juiz-presidente Clark na instância inferior, que o uso da desnacionalização enquanto pena é proibido pela 8ª Emenda. Podem não estar envolvidos maus-tratos físicos ou tortura grave. Há, em vez disso, a destruição total do *status* do indivíduo na sociedade organizada. É uma forma de pena mais grave do que a tortura, pois destrói para o indivíduo a existência política que demorou séculos para ser desenvolvida. A pena despoja o cidadão de seu *status* na comunidade política nacional e internacional. Sua própria existência está na dependência do Estado no qual ele se encontrar. Ao mesmo tempo em que qualquer país pode outorgar-lhe alguns direitos, e presumivelmente enquanto ele permanecer nesse país gozará os direitos limitados de um estrangeiro, nenhum país precisa agir assim, porque ele é um apátrida. De mais a mais, sua fruição, ainda que de direitos limitados de um estrangeiro, pode ser cancelada a qualquer momento por força de deportação. Em resumo, o expatriado perdeu o direito a ter direitos.

"Esta pena ofende os princípios fundamentais que a Constituição sustenta. Ela subordina o indivíduo a um destino de sempre crescente medo e angústia. Ele não sabe qual discriminação pode ser contra ele estabelecida, quais proibições podem contra ele ser dirigidas, e quando e por que motivo sua existência em sua pátria pode ser terminada. Ele pode estar sujeito à expulsão, um fato universalmente repudiado pela comunidade internacional de democracias. Não é resposta sugerir que todas as consequências desastrosas deste destino poderão não ser aplicadas a um apátrida. A ameaça torna a pena detestável".[22]

O direito a ter direitos, na jurisprudência norte-americana, foi também consagrado no caso *Kennedy v. Mendoza-Martinez — Rusk v. Cort,* decidido em 1963. Neste caso, o *Justice* Goldberg, discutindo a situação de Cort, que como expatriado tornar-se-ia apátrida, cita diretamente Hannah Arendt: "A calamidade não é a perda de direitos específicos, portanto, mas a perda de uma comunidade desejosa e capaz de garantir quaisquer direitos que sejam***. Arendt, *The Origins of Totalitarianism* (1951), 294. O apátrida pode terminar jogado de nação para nação, nenhuma sendo obrigada a recebê-lo, ou, no caso Cort, pode receber o dúbio abrigo de um regime comunista, carecedor das liberdades essenciais, preciosas à cidadania americana".[23]

9. A reflexão de Hannah Arendt sobre o direito a ter direitos é oportuna para uma sugestão *de lege ferenda* em relação ao Direito Brasileiro, que admite a perda da nacionalidade como pena. A perda/punição foi prevista na Constituição do Império para o banido por sentença (art. 7º, § 3º). O banimento como pena foi abolido com a República e a Constituição de 1891 não contemplava a perda da nacionalidade como punição (cf. art. 71 da Constituição de 1891*)*. Entretanto, a Constituição de 1934 reintroduziu a perda da nacionalidade como punição para o natura-

lizado que viesse a exercer atividade social ou política nociva ao interesse nacional (art. 107). A Carta de 1937 manteve a perda/punição (art. 116), eliminando a garantia constitucional de um processo judicial, com ampla defesa, em processo de cancelamento de naturalização, previsto na Constituição de 1934. Com efeito, no Estado Novo o cancelamento da naturalização era objeto de processo administrativo no âmbito do Ministério da Justiça. A Constituição de 1946 restabeleceu a garantia judicial do processo de cancelamento de naturalização (art. 130-III), garantia essa que se manteve na Constituição de 1967 (art. 141-III) e na Emenda Constitucional de 1969 (art. 146-III).[24]

A perda da nacionalidade prevista na tradição constitucional brasileira, que se inicia em 1934, não é uma sanção penal, que para uma tutela adequada dos direitos humanos e de acordo com o princípio de legalidade exigiria conduta delituosa previamente estabelecida por lei. É uma sanção política. Sanciona-se o não cumprimento por naturalizado do dever de patriotismo, independentemente de outras sanções, inclusive as penais, se os atos praticados configurarem delitos.[25] Esta sanção política parece-me inaceitável à luz do exposto neste capítulo, pois como disse o *Justice* Warren em *Trop v. Dulles,* acima citado, a cidadania não é uma licença que expira com a má conduta, nem se perde toda vez que um indivíduo se esquiva ao cumprimento dos deveres de cidadania. O cancelamento da nacionalidade não é, consequentemente, uma arma que o governo pode empregar para expressar o seu desagrado diante da conduta de um cidadão, por mais repreensível que ela seja. É por essa razão que nessa linha de raciocínio vale a pena evocar o artigo 16 da Lei Fundamental da República Federal da Alemanha. Este artigo — sem dúvida uma resposta jurídica à experiência da ruptura trazida pelo nazismo — afirma que a nacionalidade alemã não pode ser cassada e que a perda da nacionalidade só pode ocorrer com base numa lei e, contra a vontade do atingido, apenas se o mesmo, em consequência disso, não vier a tornar-se apátrida. Este dispositivo constitucional da Alemanha de Bonn contrasta com a Constituição de 1977 da URSS, que no seu artigo 33 delega à lei sobre a cidadania determinar os fundamentos e a ordem em que se outorga e se revoga a cidadania soviética, cabendo ao Presidium do Soviet Supremo decidir sobre os casos de abandono e privação da cidadania da URSS (artigo 121-10). O texto constitucional da URSS chancela portanto a prática soviética da sanção política da cassação da nacionalidade.

É precisamente esta sanção que no plano da política do Direito parece-me inadmissível na tradição constitucional brasileira iniciada em 1934.

Trata-se, com efeito, de uma pena inaceitável — uma punição cruel como a tortura —, ainda mais quando cominada para um comportamento como "atividade contrária ao interesse nacional", que nos próprios termos do texto constitucional é uma noção de conteúdo variável, não oferecendo aos destinatários da norma elementos para dela inferir um comportamento adequado; por isso, pode dar margem à confusão, à ambiguidade, ao erro e, destarte, ao arbítrio, mesmo no contexto das garantias de um processo judicial.[26]

É isso, aliás, o que aponta de forma mais matizada e com outros argumentos o ministro José Francisco Rezek, no seu importante curso sobre a nacionalidade, dado na Academia de Direito Internacional de Haia, ao comentar o já citado artigo 15-2 da Declaração Universal de 1948, que proíbe aos Estados arbitrariamente privar o indivíduo da sua nacionalidade. Observa ele que o problema em matéria de direitos humanos surge quando da perda da nacionalidade resulta a apatridia, configurando-se o arbítrio quando a destituição da nacionalidade é imotivada e provém de um capricho *ex parte principis*. Aceita o ministro Rezek a perda da nacionalidade de naturalizado por deslealdade, mas insiste numa definição legal estrita de deslealdade, observando que os juízes brasileiros enfrentam insuperáveis e compreensíveis dificuldades em caracterizar, em tempo de paz, o que é o exercício de uma atividade contrária ao interesse nacional.[27]

Pessoalmente, e pelas razões apontadas neste capítulo, vou além, *de lege ferenda*, desta exigência, pois entendo que a tradição constitucional brasileira, iniciada em 1934, ao prever o cancelamento judicial da nacionalidade apenas para o naturalizado, inseriu na norma uma desigualdade arbitrária, pois a eventual "atividade contrária ao interesse nacional" é sancionada com a perda da nacionalidade apenas para o cidadão naturalizado.

A reflexão de Hannah Arendt sobre a cidadania como o direito a ter direitos, provocada pelos problemas concretos gerados pelo "estado de natureza totalitário", tem como nota, no meu entender, a especificidade da ruptura. Com efeito, não se trata nem da injustiça social, nem da opressão econômica, nem da privação da liberdade, nem de repressão política, que constituem violações dos direitos humanos frequentes na interação entre governantes e governados em regimes tirânicos, autoritários e ditatoriais. De fato, estas violações não são uma novidade. Elas ocorrem *dentro* de comunidades políticas, exigindo a sua mudança — uma mudança que postula uma adequada distinção entre o público e o privado, como se verá — mas que pode seguir os caminhos do processo de asserção histórica dos direitos humanos como uma "invenção" rastreada acima no capítulo 4.

O que Hannah Arendt estabelece é que o processo de asserção dos direitos humanos, enquanto invenção para convivência coletiva, exige um espaço público. Este é kantianamente uma dimensão transcendental, que fixa as bases e traça os limites da interação política.[28] A este espaço só se tem acesso pleno por meio da cidadania. É por essa razão que, para ela, o primeiro direito humano, do qual derivam todos os demais, é o direito a ter direitos, direitos que a experiência totalitária mostrou que só podem ser exigidos através do acesso pleno à ordem jurídica que apenas a cidadania oferece.

6. O genocídio como crime contra a humanidade

Pluralidade e diversidade da condição humana e sua tutela pelo Direito Internacional Penal

(A) GENOCÍDIO E RUPTURA: O SURGIMENTO DO DIREITO INTERNACIONAL PENAL

1. O problema dos seres humanos supérfluos que Hannah Arendt coloca, na sua análise da cidadania, está numa esfera que, lógica e praticamente, põe-se acima das nações e dos Estados. Diz respeito ao mundo como um todo e, portanto, à humanidade. É por essa razão que, numa reflexão sobre os direitos humanos, outra importante dimensão que surge num diálogo com o seu pensamento diz respeito ao genocídio como crime contra a humanidade, que assinala a especificidade da ruptura totalitária, que pôs o mundo às avessas.

2. A qualificação técnico-jurídica do genocídio como crime contra a humanidade é uma das consequências da ruptura totalitária. A base inicial da tipificação deste crime, em texto internacional, encontra-se no ato constitutivo do Tribunal de Nürenberg, de 8 de agosto de 1945. O Tribunal, criado pelos governos da França, EUA, Grã-Bretanha e URSS, para julgar e punir os grandes

criminosos de guerra das potências europeias do Eixo, tinha competência e jurisdição, nos termos do art. 6º do seu estatuto, em relação aos *crimes contra a paz, os crimes de guerra e os crimes contra a humanidade.* Princípios, jurisdição e competência análogos caracterizaram o Tribunal de Tóquio, criado em 19 de janeiro de 1946, para julgar e punir os grandes criminosos de guerra do Extremo Oriente. Posteriormente, em 13 de fevereiro de 1946, a Assembleia Geral da ONU retomou a definição de crime contra a humanidade formulada pelo estatuto do Tribunal de Nürenberg e, na sua Resolução de 11 de dezembro de 1946, confirmou os princípios reconhecidos pelo Tribunal de Nürenberg e de Tóquio como princípios de Direito Internacional, dando, desta maneira, início a um Direito Internacional Penal, com um regime específico e distinto de responsabilidade.[1]

Com efeito, crimes contra a paz e crimes de guerra já eram tidos como comportamentos ilícitos na perspectiva do Direito Internacional antes da II Guerra Mundial. Existiam de fato não só tratados que contestavam a legitimidade do recurso à guerra, seja como mecanismo de solução de controvérsias internacionais, seja como instrumento de política nacional — é o caso do Pacto de Paris ou Briand-Kellog, de 1928 —, como também convenções que fixavam as leis e os costumes de guerra — é o *jus in bello.*

O *jus in bello,* cuja codificação se inicia no século XIX, tem como objeto a regulamentação jurídica da guerra e, portanto, do uso da força armada em conflitos internacionais. Apresenta duas vertentes: o Direito de Haia e o Direito de Genebra. Este se preocupa com a proteção do ser humano em período de conflito armado, merecendo destaque a convenção pioneira de Genebra de 1864, revista e ampliada em 1906 e 1929. Aquele ocupa-se dos direitos e deveres dos beligerantes e busca restringir e disciplinar a escolha dos meios de destruição, cabendo realçar as convenções da Primeira Conferência de Paz de Haia de 1889, revistas e ampliadas na Segunda Conferência de 1907.

Comportamentos contrários à paz e ao *jus in bello*, apesar de ilícitos, não chegaram, no entanto, a se configurar antes de Nürenberg como ilícitos penais, mesmo porque não tiveram aplicação prática tanto o art. 227 do Tratado de Versalhes — que ensaiou o tema do crime contra a paz ao contemplar a criação de um tribunal especial para julgar Guilherme II, ex-imperador da Alemanha, por ofensa à moral internacional e à autoridade sagrada dos tratados — quanto o art. 228 do mesmo tratado, que também concebeu o tema dos crimes de guerra ao prever a submissão a tribunais militares das potências vitoriosas de alemães acusados de atos contrários às leis e aos costumes de guerra.

Já a concepção de *crimes contra a humanidade*, previstos no art. 6º, "c", do Estatuto do Tribunal de Nürenberg, procurava identificar algo novo, que não tinha precedente específico no passado. Representava um primeiro esforço de tipificar, como ilícito penal, o ineditismo da dominação totalitária, que pelas suas características próprias — o assassinato, o extermínio, a redução à escravidão, a deportação, os atos desumanos cometidos contra a população civil, as perseguições por razões políticas, raciais e religiosas, para usar termos do art. 6º, "c", do Estatuto acima mencionado — tinha uma especificidade que transcendia os crimes contra a paz e os crimes de guerra.

Nürenberg, como o Direito do momento do segundo pós-guerra, teve como nota básica situar no âmbito do judiciário a reação dos vencedores aos crimes do nazismo. Se é certa a afirmação de que as potências vitoriosas criaram um Direito Internacional Penal *ad hoc* através do estatuto do Tribunal, é igualmente válido dizer-se que elas o fizeram sem desvio de poder, pois não incidiram na tentação das represálias e das violências incontroladas. Esta conquista da consciência jurídica teve desdobramentos importantes no tempo, pois Nürenberg não se esgotou nas sentenças de um tribunal *ad hoc*, mas acabou se convertendo no momento inicial que levou à afirmação, no plano do Direito Positivo, de um Direito Internacional Penal.

3. A concepção de um Direito Internacional Penal que Nürenberg ensejou parte do pressuposto de que existem certas exigências fundamentais de vida na sociedade internacional. Estas exigências configuraram-se como sendo as da ordem pública internacional. Consequentemente, toda ação ou omissão contrária ao Direito Internacional Público, nociva à ordem pública internacional, precisaria ser tipificada em norma internacional geral como ilícito penal, pois o comportamento ilícito, concebido como gravíssimo atentado contra os próprios fundamentos da sociedade internacional, deveria acarretar não apenas a reparação civil interestatal do dano — vale dizer, a concepção clássica de responsabilidade do Direito das Gentes —, mas a responsabilidade penal individual dos governantes e daqueles que executam e cumprem as suas determinações.[2]

Os princípios de Nürenberg foram oficialmente sistematizados pela Comissão de Direito Internacional da ONU, por solicitação da Assembleia Geral em resolução de 1947. A formulação destes princípios, na forma de sete artigos, data de 1950. Os dois primeiros princípios desta sistematização afirmam a existência de um Direito Internacional Penal. Os princípios 3 e 4 excluem a alegação de ato de Estado e da ordem superior como justificativas a elidir a responsabilidade criminal. Esta deveria, consoante o princípio nº 5, ser apurada num *fair trial* a que se veriam submetidos os acusados das três infrações internacionais cominadas no princípio 6: crimes contra a paz, crimes de guerra, crimes contra a humanidade. Finalmente, o sétimo princípio considera crime internacional o conluio no cometimento de crimes previstos no princípio anterior.[3]

Estes princípios, no que diz respeito ao genocídio, converteram-se em norma geral, internacionalmente positivada em *hard law*, através da Convenção para a Prevenção e a Repressão do Crime de Genocídio, de 11 de dezembro de 1948, que entrou em vigor em 12 de janeiro de 1951. Cabe igualmente mencionar que a importância atribuída ao genocídio como crime internacional viu-se, na sua dimensão de *hard law*, reiterada na Convenção sobre a Imprescritibilidade dos Crimes de Guerra e dos Crimes contra a Humanidade, de 1968 (cf. art. 1º, "b"), tendo sido reafirmada em mais de uma oportunidade pela jurisprudência da Corte Internacional de Justiça. De fato, a Corte, como o principal órgão judiciário da ONU — tanto no exercício de sua competência consultiva no conhecido parecer de 28 de maio de 1951, a respeito da admissibilidade de reservas à Convenção para a Prevenção e a Repressão do Crime de Genocídio, quanto posteriormente na sentença do caso *Barcelona Traction*, de 5 de fevereiro de 1970 —, afirmou que existem obrigações assumidas em relação à comunidade internacional, indicando entre elas explicitamente a repressão ao genocídio. No Direito Internacional contemporâneo estas obrigações, no entender da Corte, são oponíveis *erga omnes* porque distintas, pelas características de universalidade dos interesses que tutelam, das obrigações que os Estados assumem nas suas relações *inter se*. Por isso, normas como as que contemplam a repressão ao genocídio têm sido consideradas como *jus cogens* e, consequentemente, base para uma sanção penal. Daí, aliás, a ideia de distintos regimes de responsabilidade, inclusive a penal, para os crimes e delitos internacionais contida no art. 19 do Projeto de 1976 da Comissão de Direito Internacional sobre Responsabilidade Internacional, relatado por Roberto Ago, que considera, *inter alia*, uma obrigação internacional essencial para a salvaguarda dos interesses fundamentais da comunidade internacional as normas que proíbem o genocídio.[4]

A Convenção para a Prevenção e a Repressão do Crime de Genocídio tipifica o comportamento ilícito no seu art. 2º, entendendo por genocídio "qualquer dos seguintes atos, cometidos com a intenção de destruir, no todo ou em parte, um grupo nacional, étnico, racial ou religioso, tal como:

(*a*) assassínio de membros do grupo;
(*b*) dano grave à integridade física ou mental do grupo;
(*c*) submissão intencional do grupo a condições de existência que lhe ocasionem a destruição física total ou parcial;
(*d*) medidas destinadas a impedir os nascimentos no seio do grupo;
(*e*) transferência de menores do grupo para outro grupo".

Conforme se verifica, a tipificação do crime de genocídio no art. 2º estabelece, nas letras "a", "b", "c", "d" e "e", os aspectos objetivos do comportamento ilícito, e no seu *caput* o aspecto subjetivo, que é a *intenção* de destruir, no todo ou em parte, um grupo nacional, étnico, racial ou religioso. É por isso que alguns autores, ao estudarem este crime, consideram-no um caso qualificado de crime contra a humanidade. É por isso também que, graças ao elemento subjetivo, a Convenção para a Prevenção do Genocídio se insere como um dos aspectos da tutela internacional penal dos direitos das minorias.[5]

4. A Convenção para a Prevenção do Genocídio, na linha do desenvolvimento do Direito Internacional Penal do segundo pós-guerra, exclui a responsabilidade coletiva ao buscar individualizar a responsabilidade penal do agir criminoso. Ela tutela os direitos

humanos na perspectiva *ex parte populi*, estabelecendo a responsabilidade penal dos governantes, dos funcionários e dos particulares (art. IV) que tenham não só cometido o genocídio, mas também praticado os seguintes atos: o conluio para cometer o genocídio; a incitação direta e pública a cometer o genocídio; a tentativa de genocídio; a cumplicidade no genocídio (art. III, letras "b", "c", "d" e "e"). As condutas previstas nas letras "b", "c", "d" e "e" do artigo III, acima citadas, procuram caracterizar, para responsabilizar penalmente, a participação no empreendimento criminoso. Representam um esforço de tipificar aspectos de *conspiracy* — uma categoria do Direito Norte-Americano que pode ser vista como teoria geral de participação criminosa que permite considerar como criminalmente responsáveis tanto os que conceberam ou incitaram o empreendimento criminoso, quanto os que o executaram ou tentaram executar — nas suas minúcias. Em outras palavras, a norma internacional penal exige, para que a responsabilidade criminal se estabeleça, uma participação individualizada e pessoal no empreendimento, mas considera suficiente, dada a gravidade do crime de genocídio, uma participação menos direta e ativa, como é o caso do incitamento ou da cumplicidade.

Conforme se verifica, nos termos do Direito Internacional Público Positivo, o genocídio e a participação no genocídio é crime internacional por força da Convenção de 1948 — que é pacificamente considerada norma imperativa geral do Direito das Gentes, uma vez que a prevenção e a repressão ao genocídio são vistas pela comunidade internacional como uma necessidade de ordem pública, uma exigência básica da vida na sociedade internacional.

A Convenção de 1948 estabelece, igualmente, no art. 1º, a obrigação de suas partes-contratantes de punirem o comportamento ilícito nela tipificado. A convenção, no entanto, é incompleta do ponto de vista das exigências técnicas de uma norma criminal, uma vez que ela obedece à lógica do sistema internacional, que se caracteriza pela distribuição individual do poder entre os Estados. Por essa razão, a convenção não fixa a pena — a norma de repressão —, deixando esta incumbência ou à legislação e aos tribunais competentes em cujo território o ato foi cometido (é o princípio do *forum deliti comissi*), ou então ao tribunal internacional competente em relação às partes-contratantes que lhe tiverem reconhecido a jurisdição (art. VI).[6]

É neste contexto jurídico que se insere o *Caso Eichmann*, relativo a um alto funcionário nazista, notoriamente conhecido pela sua atuação na organização do genocídio dos judeus na Europa durante a II Guerra Mundial, e que, capturado por agentes israelenses na Argentina, foi julgado e afinal condenado pela justiça de Israel.

(B) EICHMANN E O GENOCÍDIO: A ANÁLISE ARENDTIANA DO PROCESSO

5. Hannah Arendt tratou do Caso Eichmann em seu livro *Eichmann in Jerusalem — A Report on the Banality of Evil*, publicado em 1963, datando de 1965 a edição revista e definitiva do livro. O texto de Hannah Arendt teve como base os artigos que ela escreveu em 1963 para *The New Yorker*, ao fazer para esta revista norte-americana, em 1961, a cobertura do processo.[7]

No entanto, as origens de *Eichmann in Jerusalem* não fazem desse livro um acidente jornalístico na obra de Hannah Arendt. Muito pelo contrário, pois ele representa uma continuação e, em certo sentido, o fecho da reflexão arendtiana sobre o significado da ruptura que resultou da relação entre o antissemitismo, os judeus e o mundo moderno — um dos temas centrais de *The Origins of Totalitarianism.* De fato, no processo Eichmann julgou-se o genocídio — um crime contra a humanidade —, que encarna, paradigmaticamente, a temática da ruptura com a tradição. Foi por essa razão que Hannah Arendt quis cuidar do assunto, oferecendo-se e sendo aceita com entusiasmo pelo *The New Yorker* como repórter do processo.[8]

6. O processo Eichmann suscita importantes questões jurídicas, entre elas cabendo destacar a da competência judiciária e legislativa de Israel. Hannah Arendt tinha consciência da complexidade da problemática, apesar de não ter formação jurídica. Em carta a Carl J. Friedrich de 11 de janeiro de 1962 ela escreve:

> What do you really think about the Eichmann trial? I would be very grateful if you could let me have your opinion in a nutshell. To answer your questions, I am of course interested in the question of justice as raised by the Eichmann trial, but I very much fear I am not the right person to treat it in a "professional" way. The reason is simple. I have no legal training.
>
> I read Kirscheimer's book on "Political Justice". Did you see it? I found it quite interesting but it too avoids the main point raised by the Nürenberg trials, and that is to render justice beyond the scope of positive law.
>
> I am writing about the Eichmann trial but probably in a descriptive, non analytical way. I will see to it that you receive a copy of what probably will be a series of articles as soon as they are printed. [9]

Conforme se verifica nesta carta de 1962, Hannah Arendt identificou como problema central do processo Eichmann os suscitados pelo Tribunal de Nürenberg, a saber: "fazer justiça além do escopo do Direito Positivo" por atos — acrescento eu

— cometidos no contexto do "estado totalitário de natureza". Foi por esse motivo que ela acabou tendo que empreender — apesar de não ter tido inicialmente esta intenção por falta de formação — uma análise jurídica, cujo alcance para o Direito Internacional Penal vou buscar explicitar e complementar, por meio de um diálogo com o seu pensamento.

7. Nas discussões doutrinárias sobre o processo Eichmann, as objeções à competência judicial da Corte israelense para julgá-lo foram de duas ordens: as ligadas às circunstâncias especiais que cercaram a captura do acusado e que violaram a soberania da Argentina, e as vinculadas ao princípio de territorialidade — vale dizer, ao fato de Israel não ser o *forum deliti comissi* previsto pela Convenção para a Prevenção do Genocídio de 1948.

Alguns dos problemas jurídicos suscitados pelo modo através do qual Eichmann veio a Israel são de elucidação relativamente simples. De fato, o tema da violação da soberania argentina por ocasião da captura de Eichmann, enquanto ato ilícito internacional, foi solucionado por acordo com a Argentina antes do início do processo, através de um comunicado conjunto argentino-israelense de 3 de agosto de 1960. Por outro lado, uma eventual responsabilidade internacional de Israel perante a Alemanha, pela captura de um cidadão alemão na Argentina para ser julgado em Israel pelo crime de genocídio cometido na Europa, não poderia ser invocada, pois a República Federal recusou qualquer tipo de proteção diplomática a Eichmann e colaborou com as autoridades israelenses, ouvindo inclusive testemunhas do processo na Alemanha. Desta maneira, por aprovação e aquiescência, a Alemanha Federal, de sua parte, sanou qualquer responsabilidade internacional de Israel no que tange à competência judicial da corte israelense que julgou Eichmann.[10]

Hannah Arendt não cuidou destes aspectos acima mencionados e discutiu a competência da Corte de Israel examinando os três princípios de Direito Internacional Público invocados na sentença: o da personalidade passiva, o da competência universal e o territorial. Ela rejeita o princípio da personalidade passiva, que é o do *forum patriae victimae*, pois entende que a função de uma corte é fazer justiça e não oferecer às vítimas um direito à vingança. Ela rejeita igualmente o princípio da competência universal admitido no Direito Internacional em matéria de pirataria, contestando a analogia entre pirataria e genocídio ao mostrar que o genocídio, como crime, só pode ocorrer com base na lei criminosa de um Estado criminoso, nada tendo a ver com a pirataria, que é um crime clássico cometido precisamente sem obediência a qualquer bandeira.

Deste duplo posicionamento deriva a sua crítica, no plano da legalidade, ao sequestro de Eichmann, que ela considera um precedente perigoso.[11] Já em relação ao princípio de territorialidade ela assume posição original e muito pouco ortodoxa, juridicamente, que consiste numa redefinição do que é território. Afirma ela:

> Israel poderia ter facilmente reivindicado jurisdição territorial se tivesse apenas explicado que "território", como o Direito o entende, é um conceito político e jurídico, e não apenas um termo geográfico. Não se relaciona tanto, e não primariamente, a um pedaço de terra como ao espaço entre indivíduos num grupo cujos membros estão vinculados, e ao mesmo tempo separados e protegidos, uns dos outros, por toda espécie de relacionamentos, baseados numa língua comum, religião, numa história comum, costumes e leis. Tais relacionamentos tornam-se espacialmente manifestos na medida em que eles próprios constituem o espaço no qual os diferentes membros de um grupo relacionam-se e se comunicam uns com os outros.

> O Estado de Israel não teria jamais se constituído se o povo judeu não tivesse criado e mantido seu próprio e específico espaço de relacionamento durante todos os longos séculos de dispersão, isto é, antes da reocupação de seu antigo território. A Corte, porém, nunca se colocou à altura do desafio do sem precedentes, nem mesmo em relação à natureza sem precedentes das origens do Estado de Israel, que certamente estava mais próxima de seu coração e seu pensamento.[12]

Esta definição de território como um espaço interpessoal judaico que antecede e fundamenta a reocupação geográfica de Israel pelos judeus, prende-se à visão do sionismo de Hannah Arendt e à legitimidade do Estado de Israel, que ela sempre afirmou apesar de ter sido uma crítica da vertente majoritária do sionismo encarnada na proposta de Herzl. Para ela, na linha de Bernard Lazare, os judeus enquanto sionistas deveriam prioritariamente emancipar-se como povo na forma de nação, e não procurar escapar ao antissemitismo através da criação de um Estado, como queria Herzl. Por isso, a questão territorial era subsidiária e o problema do relacionamento com os árabes crucial.[13] Daí a especificidade de sua posição em relação ao sionismo, que ela, com a sua inclinação metodológica para a diversidade das situações-limite, vê como algo sem precedentes no âmbito da manifestação do princípio da autodeterminação dos povos, pois, em verdade, no sionismo se entrecruzam a ideia laica da emancipação nacional e o anseio religioso do retorno a Jerusalém.[14] É a especificidade da posição de Hannah Arendt que fez com que ela, no livro, aceitasse a competência da Corte por meio de uma redefinição extensiva do conceito de território, mas contestasse com originalidade a competência legislativa de Israel e a posição da promotoria que nela se baseou.

8. Eichmann foi julgado e condenado pela Corte com base

na legislação penal comum de Israel, combinada com a lei israelense nº 5710, de 1950, que dispunha sobre o julgamento dos nazistas e de seus colaboradores, e não com fundamento na Convenção para a Prevenção e Repressão do Genocídio de 1948, da qual Israel era e é parte. A lei israelense, que se inspirou nos princípios de Nürenberg, contemplava três crimes: crimes contra o povo judeu cometidos no período nazista (1933-1945), crimes contra a humanidade e crimes de guerra. A proteção de um grupo religioso e étnico, tal como contemplada pela lei israelense, ao prever os crimes contra o povo judeu, não contraria o Direito Internacional.[15] Mas ela pode levar a um equívoco básico, que caracterizou a promotoria na sua análise do genocídio.

Hannah Arendt critica a posição da promotoria apontando que esta, vendo no indiciado o agente e o executor de uma lei geral — o ódio aos judeus no correr da História —, fundamentou a acusação no que "os judeus sofreram, não sobre o que Eichmann fizera". Ela insiste, no epílogo do livro, em que uma postura desta natureza, calcada no conceito de crimes contra o povo judeu, leva a um equívoco básico: o de ver precedente num crime sem precedentes.[16]

Este equívoco, para Hannah Arendt, deriva de uma falta de foco muito frequente na historiografia judaica, que privilegia a *memória* genérica da perseguição aos judeus em detrimento da especificidade dos contextos históricos. Daí uma peculiar dissociação do mundo, que impede uma avaliação e um juízo adequado da ruptura totalitária, ainda que uma postura com estas características, provocada pela autorreferibilidade da catástrofe, possa ser compreensível nos planos sociológico e psicológico.[17]

Esta posição de Hannah Arendt permeia *Eichmann in Jerusalem,* um livro inclemente na avaliação do papel de grande parte das lideranças judaicas durante o Holocausto e severo na análise da promotoria, tendo, por isso mesmo, suscitado uma enorme polêmica nos meios judaicos. Gershom Scholem observou, em carta a ela dirigida em 23 de junho de 1963, que faltava-lhe *Ahabath Israel* — amor ao povo judeu. Na resposta a Scholem, em carta de 24 de julho de 1963, Hannah Arendt disse que sempre considerou a sua judaicidade como algo *dado* que ela jamais quis mudar ou repudiar, mas que nunca amou povos ou coletividades — como o povo alemão, francês ou americano, ou a classe operária. Afirmou também que tinha grande confiança no conceito de *Selbstdenken* de que falava Lessing, ou seja, na capacidade de cada um pensar por conta própria, capacidade essa que não pode e não deve ser substituída por "convicções", pela opinião pública ou por ideologias.[18]

A capacidade de pensar por conta própria não pode ser inibida pela lealdade — por um *Ahabath Israel* —, e foi por isso que em *Eichmann in Jerusalem* Hannah Arendt deu sequência à sua reflexão sobre a especificidade do antissemitismo moderno, que é, enquanto ideologia laica, resultante das transformações ocorridas na Europa a partir de fins do século XVIII, um aspecto relevante e premonitório da ruptura — independente e distinto do antissemitismo tradicional, que tinha notas religiosas e econômicas. É por isso que, consoante procurou mostrar em *The Origins of Totalitarianism*, o antissemitismo moderno é um instrumento de poder e uma antecipação paradigmática do totalitarismo, que explica, como afirma em *Eichmann in Jerusalem*, "a escolha das vítimas", mas não a natureza do crime, que estava *sub judice*.[19]

Foi a natureza do crime e não o sofrimento das vítimas o que ela destacou no livro, seguindo a tradição subterrânea de rebeldia que, a partir da secularização iniciada no século XIX, é, no seu entender, a melhor faceta da resposta judaica às transformações ocorridas na Europa — uma rebeldia de que são exemplos Heine, Rahel Varnhagen, Franz Kafka, no campo da criação literária; Walter Benjamin no da crítica; Rosa Luxemburgo no do socialismo; e Bernard Lazare no do sionismo, autores que ela estudou ou comentou e com os quais se afinou e identificou.[20]

Em síntese, como se depreende da análise acima feita, Hannah Arendt critica a promotoria por querer subsumir o Caso Eichmann na memória genérica do antissemitismo, uma posição facilitada pela lei israelense, que previa crimes contra o povo judeu, e pelo fato de a Corte ser o *forum patriae victimae.* Esta crítica tem como objetivo mostrar que, desta maneira, não se esclarece o que foi o genocídio perpetrado pelos nazistas, ou seja, como diz Hannah Arendt, "um crime contra a humanidade, perpetrado no corpo do povo judeu".[21]

9. O genocídio é um crime estruturalmente ligado à gestão totalitária e é, justamente, o ineditismo do regime totalitário enquanto forma de governo, qualitativamente diferente da tirania e do despotismo, que ensejou a crítica de Hannah Arendt à defesa de Eichmann. Os argumentos da defesa, no correr do processo, basearam-se fundamentalmente: (I) na noção de *ato soberano*, ou seja, na alegação de que a razão de um Estado não pode ser julgada por outro Estado; e (II) no conceito de *ato executado por ordens superiores,* que exime o funcionário da responsabilidade pelos fins, desde que zele pelos meios. A exclusão da justificativa baseada no ato soberano do Estado, ou na ordem emanada de superior hierárquico, consta dos princípios 3 e 4 da sistematização dos princípios de Nürenberg levada a cabo pela Comissão de Direito Internacional da ONU em 1950.[22]

Esta exclusão é indispensável para a efetiva prevenção e repressão do genocídio, que não é um crime que pode ser cometido por indivíduos isoladamente, mas sim um crime de governantes e daqueles que executam e cumprem as suas determinações. É isto que Hannah Arendt comprova narrando, nos capítulos 4, 5 e 6, como o aparelho estatal nazista organizou administrativamente o genocídio em três etapas: *expulsar, concentrar e matar,* e mostrando, nos capítulos 9, 10, 11, 12 e 13, como a execução deste planejamento foi zelosamente gerenciada por Eichmann na Europa dominada pelo III Reich. Estes capítulos indicam a propriedade técnica do ponto de vista da tutela penal do artigo III da Convenção para a Prevenção e a Repressão do Genocídio, que procura caracterizar, para responsabilizar penalmente, a participação no empreendimento criminoso que é o genocídio.

Há um limite, no entanto, à teoria da participação criminosa — a *conspiracy* — para efeitos de tipificação do crime de genocídio. Esta limitação provém das características de um Estado totalitário. Com efeito, a *conspiracy* é um conluio de duas ou mais pessoas para, através de seu esforço conjunto, cometer, ou um ato ilícito, ou então um ato que se torna ilícito pela ação conjunta das pessoas envolvidas. Não era esta a posição de Eichmann, que no correr do processo reiterou que cumprira o seu dever, obedecendo não apenas a ordens superiores mas também à lei.[23] Em outras palavras, ele e seus superiores não estavam conluiados para cometer um ato juridicamente ilícito no âmbito da dominação nazista, mas sim para cumprir a lei de um Estado totalitário. O problema que se coloca, portanto, é de como encarar a legalidade totalitária, que escapa, como foi visto na parte I deste trabalho, à lógica do razoável com a qual operam normalmente os juristas, no âmbito do paradigma da Filosofia do Direito explícita.

De fato, num Estado totalitário fundado em princípios criminosos, a lei é instrumento de uma dominação posta a serviço da perversidade, que não se encontra nas pessoas que agem em conjunto ou individualmente, mas sim na dinâmica corruptora do totalitarismo. Esta dinâmica marcou os algozes, permeou a sociedade e alcançou até mesmo as vítimas. É por essa razão que o mal, no III Reich, deixou de ser uma tentação individual ou a *conspiracy* de um grupo para converter-se em legalidade. Neste contexto, Eichmann — e a maioria — eram cidadãos que respeitavam e acatavam a lei. Daí a inadequação, provocada pela ruptura totalitária, dos conceitos de que se valeu a defesa — conceitos que foram elaborados pela tradição do positivismo jurídico, que identifica o Direito com a lei. Esta inadequação provém não só dos possíveis erros teóricos do positivismo enquanto postura reducionista da multidimensionalidade da experiência jurídica, mas sim de algo inédito: os seus horrores políticos na medida em que, num regime totalitário, a redução do Direito à lei é uma redução do Direito a Hitler — *reductio ad Hitlerum.*[24]

10. Como se depreende, Hannah Arendt criticou a *defesa* por querer isentar Eichmann da responsabilidade através de conceitos jurídicos gerais, operativos apenas num Estado de Direito onde prevalece o senso comum. Este senso comum é o senso intersubjetivo da comunidade — para ela, em última instância, o da comunidade do mundo enquanto condição kantiana transcendental da existência cosmopolita, ou seja, daquilo que permite o auditório universal de que fala Perelman, ao fundamentar o contexto dentro do qual atua a lógica do razoável. Num contexto totalitário não existe o senso intersubjetivo da comunidade nem, consequentemente, uma lógica de razoabilidade, pois o senso comum vê-se dissolvido na insanidade, cujo sintoma, como lembra Kant na leitura de Hannah Arendt, é precisamente a perda do *senso communis* e a insistência obstinada na lógica do *sensus privatus* de cada qual[25] — que, no caso de

Eichmann, ofereceu, no correr do seu processo, "a lição da temerosa banalidade do mal, que desafia palavra e pensamento".[26]

Em síntese, Hannah Arendt questionou a *promotoria* por querer ver no Holocausto um *pogrom* em grande escala, e a *defesa* por se valer de conceitos jurídicos válidos apenas num contexto de razoabilidade, realçando que estes dois posicionamentos não contribuíram, no correr do processo, para a inteligibilidade do *genocídio:* um crime burocrático insólito, engendrado pelo ineditismo da dominação totalitária que assume o ser humano como supérfluo e que tem, no campo de concentração, a instituição constitutiva do cerne do poder organizacional do regime. O genocídio, em outras palavras, não é uma discriminação em relação a uma minoria, não é um assassinato em massa, não é um crime de guerra nem um crime contra a paz. O genocídio é algo novo: um crime burocrático sem precedentes, cometido por pessoas "aterradoramente normais" como Eichmann. Estas nas circunstâncias da dominação totalitária não estavam agindo por inclinação para o mal radical, mas sim no exercício de uma capacidade profissional, numa época na qual a técnica tornara o assassinato em larga escala industrialmente fácil e asséptico.[27] Por isso, como disse Hannah Arendt, refletindo sobre o caso Eichmann, na sua já citada carta a Scholem: "É minha opinião agora que o mal nunca é 'radical', que ele é apenas extremo e que não possui nem profundidade nem dimensão demoníaca. Ele pode invadir e destruir todo o mundo precisamente porque se propaga como um fungo na superfície. Ele desafia o pensamento, como disse, porque o pensar busca a profundidade, procura alcançar as raízes e, no momento em que se ocupa do mal, se vê frustrado porque nada encontra. Esta é a banalidade do mal. Só o bem tem profundidade e pode ser radical".[28]

Como fazer justiça — ou seja, como definir, julgar e punir

um delito sem precedentes, extremo porém não radical, que pela sua própria enormidade não estava, quando cometido, previsto por qualquer legislação positiva e que escapava, por isso mesmo, tanto ao metro do Direito Positivo, quanto ao padrão de razoabilidade, seja do paradigma do Direito Natural, seja da deontologia elaborada pela Filosofia do Direito explícita? Este é o problema colocado por Hannah Arendt[29] e da resposta por ela elaborada derivam: (I) as suas objeções à competência da Corte israelense; (II) a sua proposta de reformulação dos fundamentos da sentença e da tipificação do delito; e (III) a sua aceitação da pena imposta pela Corte de Jerusalém.

(C) O GENOCÍDIO COMO UM CRIME CONTRA A HUMANIDADE: A CONTRIBUIÇÃO DE HANNAH ARENDT À TIPIFICAÇÃO DO DELITO

11. O genocídio representa "um ataque à diversidade humana como tal", isto é, "as características de *status* humano, sem o qual as exatas expressões *gênero humano* ou *humanidade* ficariam sem sentido". Por essa razão, o que estava substantivamente em juízo no processo não era um crime contra os judeus, mas sim um crime contra a humanidade. Eichmann era um inimigo do gênero humano porque perpetrara uma política de extermínio ao não querer dividir a terra com o povo judeu e com os povos de várias nações, achando que ele e seus superiores tinham o direito de determinar quem deveria e quem não deveria habitar o mundo.

A exterminação física de 6 milhões de judeus foi, insiste Hannah Arendt, ao qualificar o genocídio como um crime contra a humanidade, perpetrado no corpo do povo judeu. Apenas a escolha das vítimas — como já foi observado na análise da posição da promotoria —, e não a natureza do crime, no entanto, poderia provir da longa história do judeu malquisto e do antissemitismo. Daí a sua objeção básica à Corte de Jerusalém, pois o que estava *sub judice* não era um crime contra o povo judeu — em relação ao qual a Corte teria competência por força do princípio territorial, graças à redefinição do conceito de território por ela proposta —, mas sim um crime contra a humanidade. Ora, só um tribunal internacional seria apropriado, como disse Jaspers, por ela invocado, para julgar um crime contra a humanidade, ainda mais que no caso a Corte de Jerusalém decidiu com base na lei israelense de 1950 e esta naturalmente privilegiava os crimes contra o povo judeu. Por isso, apenas um tribunal internacional, representativo da humanidade, daria o devido realce ao genocídio como um crime contra a condição humana, e não um tribunal nacional, como a Corte de Jerusalém, que decidiu com base na lei israelense e não com fundamento no Direito das Gentes.[30]

É certo que a um tribunal internacional — como foi o de Nürenberg — poder-se-ia objetar que decidiria com base numa lei retroativa. Entretanto, num caso como o genocídio o não cumprimento do *nullum crimen, nulla poena sine lege* é uma exigência da justiça, pois é justamente o ineditismo do delito — "O Milagre Negro" da ruptura com a tradição — que não permitiu a sua prévia tipificação em lei.[31] Daí o consenso da comunidade internacional quanto ao tema da retroatividade, ao fazer da repressão ao genocídio um imperativo de ordem pública, conforme foi relatado no item A deste capítulo.

É interessante observar, para comprovar como o livro sobre Eichmann se insere coerentemente no contexto da obra de Hannah Arendt, que a qualificação do genocídio como crime contra o gênero humano perpetrado no corpo do povo judeu tem validade exemplar, confirmatória de suas reflexões sobre a condição humana. Esta, na antropologia filosófica arendtiana que é *The Human Condition*, tem como características: a *pluralidade*, a *diversidade* e a *esperança* que provêm da *natalidade*, isto é, a permanente capacidade que têm os homens de começar algo novo, escapando inclusive ao risco da reincidência num "estado totalitário de natureza". É por isso que a reflexão de Hannah Arendt tem como nota constante tanto o horror à unidade, que não capta a diversidade e a pluralidade, quanto a contestação a um conceito monístico do homem, que só vê na diversidade e na pluralidade epifenômenos do Ser. É por isso também que ela inovou substantivamente o pensamento político ao fazer da natalidade a categoria central da política, explicativa e constitutiva da liberdade: "O fato de que o homem é capaz de agir significa que se pode esperar dele o inesperado, que ele é capaz de realizar o infinitamente improvável. E isto, por sua vez, só é possível porque cada homem é singular, de sorte que, a cada nascimento, vem ao mundo algo singularmente novo".[32]

Existem evidentemente certos pré-requisitos para que possam surgir e vingar a pluralidade, a diversidade e a esperança provindas da natalidade, que assinalam a proposta de reconstrução arendtiana. Esta proposta almeja um mundo centrífugo, que permita ao homem vários fins e caminhos por oposição expressa ao centripetismo do *Führer Prinzip* que assinala a dominação totalitária, ensejadora da ruptura com a qual ela obsessivamente se preocupou. É nisto, aliás, que se radica, em Hannah Arendt, a complementaridade entre a visão de ouriço — que sabe muito bem o que significa a ruptura — e a visão de raposa — que sabe e deseja muitas coisas para os homens no mundo —, para retomar o fragmento de Arquíloco a partir do qual Isaiah Berlin, ao estudar a filosofia da história de Tolstoi, construiu a instigante classificação de pensadores e pensamentos apresentada na introdução deste trabalho.[33] São justamente os pré-requisitos de um mundo centrífugo que, ao meu entender, permitiram a Hannah Arendt uma reformulação extremamente original dos fundamentos da sentença e da tipificação do delito do genocídio, bem como das razões da aceitabilidade da pena imposta a Eichmann pela Corte de Jerusalém.

12. Para Hannah Arendt, fiel às suas origens e à inspiração kantiana, já discutidas no capítulo 3, os pré-requisitos de sua antropologia filosófica podem ser encarados como condições transcendentais. Estas encontram-se no *Projeto de Paz Perpétua,* como se pode depreender, penso eu, das suas aulas publicadas postumamente sobre a Filosofia Política de Kant. Nelas, dá realce: (I) à *necessidade de manter a confiança recíproca,* que Kant estipula no 6º princípio da 1ª seção, ao cuidar dos artigos preliminares de uma paz perpétua; e (II) ao *direito à hospitalidade universal,* do qual Kant cuida na 2ª seção, no 3º artigo definitivo para a paz perpétua. Kant confirma o direito à hospitalidade universal ao afirmar a existência de um direito comum à posse da superfície da terra, pois sendo ela um globo, os homens não podem se dispersar infinitamente e devem tolerar-se uns ao lado dos outros, ninguém tendo um direito fundamental, maior que o do Outro, a ocupar um determinado local.[34]

Ora, o genocídio é um crime da gestão totalitária contra a humanidade porque impede a condição humana, ao impor a ubiquidade do medo — impeditivo da confiança recíproca — através do campo de concentração, que é, por sua vez, a instituição que aniquila, sem finalidades utilitárias, a diversidade contemplada no direito à hospitalidade universal. Com efeito, a aniquilação dos judeus na Europa, pelos nazistas, não teve finalidade utilitária e tradicional — lamentável mas inteligível — como é, desde tempos imemoriais, a aquisição de território através da guerra de conquista. Representou a tentativa de mostrar como os seres humanos são efetivamente supérfluos e sem lugar no mundo. Este "tudo é possível" é o que assinala a ruptura e, porque ocorreu, constitui precedente que há de ser reprimido. Esta exigência de repressão é uma norma de *jus cogens* essencial para a ordem pública internacional, pois nenhum povo da terra pode sentir-se razoavelmente seguro de sua existência, e portanto à vontade e em casa no mundo, na medida em que se admita o genocídio como probabilidade futura. Este é o fundamento último e o significado da prevenção e da repressão ao genocídio, que requer para a sua tutela um Direito Internacional Penal que responsabilize individualmente — a fim de haver a possibilidade da liberdade numa perspectiva *ex parte populi* — governantes e aqueles que, ao cumprirem e executarem as suas determinações, criaram — e podem recriar — um "estado totalitário de natureza", gerador de selvageria que deliberadamente tornou homens sem lugar no mundo. É por isso que se trata de normas que tutelam interesses de escopo e alcance universal, como disse a Corte Internacional de Justiça nos casos citados e examinados no item A deste capítulo.[35]

Com efeito, a possibilidade e a intencionalidade de exterminar grupos étnicos, nacionais, religiosos ou raciais — o comportamento ilícito tipificado no art. 2º da Convenção para a Prevenção e a Repressão ao Crime de Genocídio —, sejam eles judeus, poloneses, ciganos ou quaisquer outros — vale dizer, a aspiração de fazer desaparecer da face da terra um grupo, antes de ser um delito que fere os direitos das minorias é um crime contra a humanidade e a ordem internacional. É um crime contra a humanidade e a ordem internacional porque visa eliminar a diversidade e a pluralidade que caracterizam o gênero humano, que Kant pretende preservar falando do direito à hospitalidade universal e apontando que a violação dos direitos de uns alcança a todos. É esta monstruosidade do genocídio que se vê atenuada, aponta Hannah Arendt, quando um processo como o de Eichmann fica na alçada de um tribunal nacional que julga de acordo com a lei de um só país.[36]

13. Este posicionamento não a impediu de concordar com a pena imposta a Eichmann pelo Tribunal de Jerusalém. E a concordância não deriva obviamente de qualquer proporcionalidade entre a pena de morte imposta a Eichmann e os crimes contra a humanidade por ele cometidos, mas sim da própria natureza do genocídio. Ainda que ele, Eichmann — conclui Hannah Arendt no epílogo de seu relato —, tenha sido um instrumento da organização burocrática do extermínio, não há dúvida de que praticou uma política de não querer dividir a face da terra com o povo judeu e com outros povos. Porque ele e os seus superiores — os governantes da dominação totalitária — se arvoraram o direito de determinar quem deveria e quem não deveria habitar o mundo, é que ela entende que não se possa esperar que algum membro da raça humana queira compartilhar com ele a face da terra. Esta é a razão, e é a única razão pela qual deveria ser, como foi, enforcado.[37]

(D) A ANÁLISE DE HANNAH ARENDT DO GENOCÍDIO COMO UM CRIME CONTRA A CONDIÇÃO HUMANA DE DIVERSIDADE E PLURALIDADE E A TRADIÇÃO JUDAICA

14. O livro de Hannah Arendt suscitou, como já foi exposto, uma polêmica enorme, particularmente penosa nos meios judaicos. É interessante, por isso mesmo, realçar que a análise da condição humana como pluralidade, diversidade e singularidade

da natalidade, que Hannah Arendt propõe na sua obra, a partir de uma reflexão muito pessoal sobre a tradição do pensamento ocidental e que fundamenta, como procurei demonstrar, a sua análise do processo Eichmann, coincide com a tradição judaica. Com efeito, esta tem como notas básicas a concomitante afirmação da *unidade do gênero humano* e do *pluralismo das nações.* O ponto de partida da Bíblia não é a história do povo judeu, mas sim a da humanidade — e o homem foi criado só (*Gênesis*, 5, 1), explica o *Talmud* no Tratado *Sanhedrin,* a fim de que ninguém pudesse alegar a superioridade de sua genealogia. Esta afirmação da unidade do gênero humano — que é uma explícita recusa do racismo — complementa-se com outra, que insiste na diversidade: "Se um homem cunha várias moedas a partir de um só molde, todas elas são iguais. Entretanto o Senhor talhou os homens a partir do modelo do primeiro homem. Por isso nenhum se assemelha a outro". "Em três coisas os homens diferem uns dos outros: na voz, na aparência e nos pensamentos".[38]

A diversidade, inclusive da nacionalidade, é portanto um ingrediente constitutivo da condição humana a ser respeitado e tutelado. Daí o direito à hospitalidade universal que se exprime no Velho Testamento através da obrigação de dispensar tratamento igualitário aos estrangeiros. A lei será uma só para os cidadãos e para o estrangeiro, diz Iahaweh a Moisés e a Arão (*Êxodo*, 12, 49) e a mesma legislação regerá estrangeiros e nacionais pois Ele é o Deus de todos (*Levítico*, 24, 22). Iahaweh ama os justos (*Salmos*, 146, 8) e a exegese judaica deste versículo acrescenta que Ele ama os justos de todas as nações, cabendo também lembrar no plano humano a admoestação de não oprimir o estrangeiro, que deverá ser tratado como concidadão por aqueles que sabem o que foi ter sido estrangeiro na terra do Egito (*Levítico*, 19, 33-34).[39]

A experiência do Êxodo é portanto o padrão de referência para a defesa dos estrangeiros e dos escravos (*Êxodo*, 23, 9), cabendo destacar que a promessa contida nesta grande alegoria que anuncia a redenção do gênero humano é indefinida no tempo. A sua realização não depende do lugar no qual o povo se instala — a Terra Prometida —, mas sim de uma postura ética. Daí a retomada pelos Profetas do tema do Segundo Êxodo enquanto nova Aliança, por obra da qual a Lei estará inserida no coração do povo, dispensando-se desta maneira a instrução do irmão ou do próximo (*Jeremias*, 31, 31-34).[40]

O profetismo messiânico, ao retomar o tema do Êxodo, fez do povo de Israel testemunha (*Isaías*, 43, 12) do que Iahaweh anunciou aos povos e às nações. Por isso, a visão judaica da época messiânica, na sua vertente utópica — de paz enquanto plenitude — não significa o desaparecimento das identidades nacionais, mas sim o das dominações imperiais.

A paz enquanto plenitude, a permitir a diversidade e a pluralidade, tanto de indivíduos quanto de comunidades políticas — que é para Hannah Arendt uma afirmação de caráter ontológico[41] —, requer na tradição religiosa judaica, que dá ênfase ao ativismo messiânico, a atuação dos homens. De fato, a obra de Deus — dizem os rabinos — necessita de um aperfeiçoamento que cabe aos homens realizar, pois todo homem, na sua singularidade, é concebido como parceiro de Deus no contínuo aperfeiçoamento da Criação. No plano individual este aperfeiçoamento da obra de Deus não está ligado a uma *crença,* mas sim a uma *ética*: é contribuindo para a liberdade do homem que se alcança a salvação. No plano coletivo esta ética traduz-se na expectativa de que a História, apesar de suas marchas e contramarchas, tem uma direção: o período messiânico, no qual prevalecerá a plenitude. É por isso que se pode dizer que a substância da *particularidade* da tradição judaica é a da afirmação da universalidade.[42]

Neste sentido, entendo que o juízo de Hannah Arendt sobre o caso Eichmann e a sua qualificação do genocídio como crime contra a humanidade, por ser uma recusa da diversidade e por procurar aniquilar a esperança que provém da natalidade, confirma, na particularidade exemplar do seu relato polêmico, não apenas a sua antropologia filosófica como também o mais expressivo legado da tradição judaica, que é a mensagem da universalidade.

(E) O RELATO ARENDTIANO DO CASO EICHMANN E OS CAMINHOS DA ESPERANÇA E DA RESISTÊNCIA

15. No terrível relato sobre o caso Eichmann, Hannah Arendt encontra, apesar de tudo, elementos que podem ser vistos como confirmatórios de sua antropologia filosófica. No livro isto acaba aparecendo nos capítulos 9, 10, 11 e 12, nos quais ela examina as deportações de judeus na Europa e as distintas e diversificadas condutas — mais ou menos dignas, mais ou menos oportunistas — que se verificaram na Alemanha, Áustria, França, Bélgica, Holanda, Dinamarca, Itália, Iugoslávia, Bulgária, Grécia, Romênia, Hungria, Eslováquia, Estônia, Lituânia e Letônia.

Neste relato sobre a diversidade do espírito dos povos e de suas reações ao "estado totalitário de natureza" merece realce o caso da Dinamarca. De fato, a Dinamarca confirmou o princípio da esperança que, através da natalidade, instaura a liberdade e o inesperado do poder da ação conjunta, pois lá povo e governo não apenas sabotaram — como na Itália e na Bulgária — as ordens alemãs, como também recusaram frontalmente a política nazista, e desta maneira impediram o genocídio. O exemplo da Dinamarca — que embarcou através de sua frota pesqueira, para a segurança da Suécia, os judeus do país, tendo antes rejeitado qualquer medida discriminatória, seja em relação aos judeus dinamarqueses, seja em relação aos refugiados judeus-alemães que tinham encontrado asilo político no país — é, afirma Hannah Arendt, leitura obrigatória em Ciência Política. Com efeito, a reação de governantes e governados na Dinamarca, à dominação nazista, é demonstrativa do enorme potencial de poder inerente à ação da não violência na resistência a um adversário possuidor de vastos e superiores instrumentos de violência.[43] É justamente este exemplo, penso eu, o pano de fundo que levou Hannah Arendt a tratar da desobediência civil como direito humano crucial para a sua proposta de resistência a qualquer reincidência num novo "estado totalitário de natureza", tutelando, dessa maneira, a possibilidade de um mundo assinalado pela diversidade, pela pluralidade e pela singularidade da natalidade.

7. A resistência à opressão e a desobediência civil

A obrigação político-jurídica

(A) O TEMA DA RESISTÊNCIA À OPRESSÃO NO PARADIGMA DO DIREITO NATURAL E A POSITIVAÇÃO DO DIREITO DE RESISTÊNCIA NAS REVOLUÇÕES AMERICANA E FRANCESA

1. O tema da resistência à opressão através da desobediência à lei injusta é um tema clássico, que pode ser analisado com base na distinção entre a perspectiva *ex parte principia* e a perspectiva *ex parte populi*, que venho utilizando no exame dos processos de afirmação histórica dos direitos humanos. De fato, do ângulo dos governantes — classicamente preocupados com a ordem e a manutenção do seu poder — e dos filósofos — que na tradição do pensamento político, que remonta a Platão, querem ter a segurança necessária para a *vita contemplativa* —, a obrigação política traduz-se num *dever* dos súditos de obediência às leis emanadas do soberano. Já do ângulo dos governados, bem como dos escritores tradicionalmente preocupados com a liberdade, acentua-se, compreensivelmente, não o dever de obediência mas sim o *direito* de resistência à opressão.[1]

A obrigação política enquanto dever de obediência à lei precisa ser encarada na sua acepção prescritiva para um adequado entendimento do tema da resistência. Com efeito, não se trata de descrever *como* a norma obriga, na medida em que existe a força dos governantes que a tutela através da ameaça ou da possibilidade de sanção. Nesta hipótese, que é a da obrigação política na sua acepção descritiva, o dever político se cria, como afirma Bentham, através do castigo, e é a prudência dos governados que explica a obediência à lei. Cuida-se de examinar, para uma análise apropriada do tema da resistência, *por que* e *quando* os governados se sentem na obrigação moral de acatar a norma jurídica posta pelo Estado. Nesta hipótese, que é a da obrigação política na sua acepção prescritiva, importa discutir as razões substantivas que justificam a lealdade ao ordenamento jurídico e aos princípios que os inspiram, por parte de um cidadão que integra uma comunidade juridicamente organizada e socialmente coesa.

2. A obrigação política encarada como um *dever ser* tem sido justificada de diversas maneiras na história do pensamento jurídico e político. Penso, no entanto, que para a inteligibilidade do tema da resistência, o fulcro da questão reside na ideia de uma reciprocidade de direitos e deveres na interação entre governantes e governados: se o legislador pode reivindicar o direito a ser obedecido, o cidadão pode igualmente reivindicar o direito a ser governado sabiamente e por leis justas.[1]

É neste contexto de uma reciprocidade que, no âmbito do paradigma do Direito Natural, santo Tomás contempla o direito de revolução que pode ser afirmado contra um regime tirânico — que não se ordena ao bem comum, mas ao bem particular de quem governa. Neste caso, o tirano é um sedicioso em relação ao qual é lícito lutar, desde que a luta não cause ao povo maiores males do que a obediência. É interessante observar que santo Tomás assinala uma mudança na concepção cristã originária de obediência. Esta, tal como formulada por são Paulo na *Epístola aos Romanos* (13, 1 e seguintes), prescreve sem reservas a submissão a toda e qualquer autoridade civil enquanto autoridade constituída por Deus. Não é esta a posição de santo Tomás na medida em que contempla o tema da resistência à opressão à luz da reciprocidade de direitos e deveres que deve existir entre governantes e governados.

Com efeito, no tomismo o soberano — a *potestas publica* — é *legibus soluta* no que diz respeito ao poder coercitivo da lei. Entretanto, a vontade do Príncipe só tem força de lei se seguir a *vis directiva* da *ratione regulata* que exprime a ordem natural da justiça. A Política, portanto, para santo Tomás está subordinada à Ética, e o Direito Natural, como algo objetivo e dado, constitui a garantia desta subordinação pelos deveres que impõe a governantes e governados.[3]

3. No jusnaturalismo moderno, por obra do individualismo que o permeia e que foi examinado genericamente no capítulo 1, e especificamente em matéria de direitos humanos no capítulo 4, a ênfase no que diz respeito ao tema da resistência desloca-se dos deveres impostos pelo Direito Natural como um direito objetivo e dado a garantir a eticidade da Política, para os direitos subjetivos inatos dos indivíduos. Entre estes direitos, que antecedem e condicionam o contrato social, está o de resistência à opressão — como se pode ver em Locke, que merece destaque nesta recapitulação sobre o clássico tema da desobediência à lei injusta por ter sido ele, no jusnaturalismo moderno, o grande formulador do direito de resistência.

Com efeito, para Locke o mal extremo é o despotismo que resulta da conduta desordenada do soberano, pois ele encara o

Estado na perspectiva *ex parte populi*, considerando as "partes" anteriores ao "todo". Por isso, a afirmação doutrinária do direito de resistência na sua obra é um excelente exemplo da revolução copernicana na reflexão sobre as relações entre governantes e governados, trazida pelo processo histórico de asserção e reconhecimento dos direitos do homem e do cidadão, discutido no capítulo 4, como passo em seguida a examinar.

Para Locke, no seu *Segundo Tratado sobre o Governo*, que é obra de maturidade, a lei da natureza é a razão, e esta ensina que todos são iguais e independentes, ninguém devendo "harm another in his life, health, liberty or possessions". Para ele o estado de natureza não se identifica, como em Hobbes, com o estado de guerra, caracterizando-se por ser aquela situação em que os homens vivem "together according to reason, without a common superior on earth with authority to judge between them". Esta situação é precária, pois nela todos são juízes e executores da lei da natureza, e como os homens são "partial to themselves, passion and revenge is very apt to carry them too far". Daí a necessidade do Estado.

O Estado, para Locke, não deve, no entanto, anular a condição natural do homem, mas sim conservá-la e preservá-la, pois a concessão de poderes à sociedade, na passagem do estado de natureza para o da instauração do governo, faz-se com a intenção de cada qual, para melhor "preserve himself, his liberty and property (for no rational creature can be supposed to change his condition with an intention to the worse)". O fim da lei, qualquer que ela seja — lei natural ou lei de Estado — "is not to abolish or restrain, but to preserve and enlarge freedom". Consequentemente, as leis do Estado só podem substantivamente ser a positivação, a estabilização e a garantia das leis naturais, nas quais se fundamentam os direitos do indivíduo, ainda mais que, para Locke, o Estado baseia-se no consenso dos governantes e nas relações de confiança, no *trust* que deve prevalecer entre governantes e governados.

É a partir desta perspectiva, que é uma perspectiva *ex parte populi*, baseada na liberdade dos indivíduos, que Locke fundamenta o direito de resistência. Ele se coloca contra os defensores incondicionais dos poderes constituídos e afirma que são estes os rebeldes — e não o povo — quando o governo emprega a força em oposição às finalidades das leis, criadas na passagem do estado de natureza para o ingresso na sociedade. Essas finalidades, para Locke, são as da "preservation of property, peace, and unity" entre os homens.

O direito de resistência é, portanto, a consequência de uma crise no estado da sociedade civil, que fere a liberdade tornando possível a reversão provisória ao estado de natureza, vale dizer, àquela situação em que não existindo autoridade, os homens "may appeal, as Jephta did, to heaven, and repeat their appeal, till they have recovered their native right of their ancestors, which was to have such a legislative over them as the majority should approve and freely acquiesce in". Locke, ao contrário de Hobbes, para quem o estado de natureza é a guerra de todos contra todos, não tem receio de uma reversão a uma situação na qual a obrigação provém da própria consciência de cada qual, pois isto acontece apenas quando a sociedade civil degenera por falta de liberdade, ou pela *conquista,* ou pela *usurpação, ou* pela *tirania* ou pela *dissolução do governo,* que são as hipóteses que ele examina nos capítulos 16, 17, 18 e 19 de seu *Tratado.*

A regeneração do Estado e da sociedade civil, nestas hipóteses, transita pela resistência e pela desobediência, ou seja, pelo direito natural dos homens de não se deixarem oprimir pelos governantes. É isto que faz Locke defender eloquentemente o oprimido contra o opressor e afirmar a liberdade e a soberania popular, opondo-se, no seu *Tratado*, à ordem injusta imposta por governantes inescrupulosos.[4]

4. Os norte-americanos de 1776 e os franceses de 1789, que promoveram revoluções inspiradas pela legitimidade da resistência à opressão prevista no paradigma do Direito Natural, procuraram, num primeiro momento, positivar o direito de resistência com o objetivo de conferir uma dimensão permanente e segura à rebelião dos indivíduos contra o poder arbitrário dos governantes, tornando, desta maneira, lícito o direito subjetivo de desobediência à lei injusta.

A Declaração de Independência dos EUA de 4 de julho de 1776 afirma que é um direito e um dever do povo alterar, abolir ou instituir um novo governo se ocorrerem abusos ou usurpações despóticas. A Declaração do Bom Povo de Virgínia, que é do mesmo ano mas que a antecede, estabelece no seu art. III que o governo deve ser instituído para o proveito comum, a proteção e a segurança do povo, e que se um governo se mostra inadequado ou é contrário a tais princípios, a maioria da comunidade tem o direito indiscutível e inalienável de reformá-lo, alterá-lo ou aboli-lo de maneira considerada condizente com o bem público.

A Declaração Francesa dos Direitos do Homem e do Cidadão, de 1789, estabelece no seu art. 2º: "Le but de toute association politique est la conservation des droits naturels et imprescriptibles de l'homme. Ces droits sont la liberté, la propriété, la sureté et la résistance à l'oppression". A Declaração Francesa dos Direitos do Homem e do Cidadão de 1793 contempla, igualmente, no seu art. 1º, a resistência à opressão como um dos direitos do homem em sociedade, juntamente com a igualdade, a liberdade, a segurança, a propriedade e a garantia social.

(B) A POUCA IMPORTÂNCIA ATRIBUÍDA AO DIREITO DE RESISTÊNCIA NO PARADIGMA DA FILOSOFIA DO DIREITO — A LEGITIMIDADE DA LEGALIDADE

5. Estas conhecidas e históricas consagrações legislativas do direito à resistência desapareceram posteriormente do Direito Positivo, ao contrário de outros direitos humanos que foram sendo afirmados e positivados em novas declarações e em outros instrumentos jurídicos.[5] Este desaparecimento está relacionado com a pouca importância atribuída ao direito de resistência pelo pensamento jurídico-filosófico no século XIX, uma consequência do processo de identificação da justiça com a lei, examinado no capítulo 2. A justiça entendida como legalidade deriva da legitimação do Estado de Direito, que ensejou, no paradigma da Filosofia do Direito, a postulação da fidelidade ao ordenamento jurídico e, destarte, o dever-ser prescritivo da obediência à lei. Para o processo de legitimação do Estado de Direito e da obrigação política encarada como um dever de obediência à lei por parte dos cidadãos, sem dúvida contribuíram razões institucionais e expectativas ideológicas, que convém sumariar para um adequado entendimento da problemática.

Entre as razões institucionais cabe mencionar a positivação, pelo Direito Constitucional, de importantes instrumentos de controle destinados a evitar os abusos de poder prevalecentes no Estado absolutista. Entre eles destacam-se: as declarações de direitos; a separação dos poderes; a desconcentração espacial do poder por meio das técnicas do federalismo; a legitimação constitucional das oposições; a crescente investidura popular dos governantes através da extensão do sufrágio e o controle dos atos administrativos pelo judiciário.

Entre as expectativas ideológicas vale a pena realçar que

tanto a tradição do liberalismo quanto a do marxismo são herdeiras da reflexão do século XIX, que emancipou a sociedade do Estado. Nesta emancipação, a Sociedade, nas suas várias articulações, torna-se o *todo* do qual o Estado é considerado a *parte* que detém o monopólio da coerção organizada. Daí a ideia da supremacia da sociedade diante do Estado. Para o liberalismo, por força desta supremacia, o Estado seria reduzido à função de um simples supervisor da evolução espontânea da humanidade. Para o marxismo, o Estado desapareceria depois da fase intermediária da ditadura do proletariado, dando margem ao aparecimento de uma sociedade autorregulada e sem classes.

A isto cabe agregar que, no século XIX, marcado pela vigência cultural da ideia de progresso e animado pelas possibilidades da Revolução Científica e da Reforma Política, acreditava-se que surtiria um grande e permanente efeito tanto o processo de desconcentração do poder religioso e ideológico — que resultaria da laicização da cultura e da liberdade de opinião e de pensamento — quanto o processo de desconcentração do poder econômico, que seria fruto da descentralização a ser gerada, no plano empresarial, pela liberdade de iniciativa e, no plano dos trabalhadores, pela organização do contrapoder da classe operária.

6. Estas expectativas ideológicas não se materializaram e o século XX presencia, em nossos dias, não o desaparecimento, mas sim o crescimento do Estado, cuja sombra encobre o planeta e as sociedades. Este crescimento do Estado vem se dando no âmbito de uma burocratização geral da sociedade e num contexto de remonopolização, tanto do poder econômico quanto do poder ideológico. A remonopolização do poder econômico vem ocorrendo seja no plano estatal — é o caso-limite das economias centralmente planificadas, mas também das economias mistas —, seja no plano da iniciativa privada, por obra da concentração do

poder econômico em macroempresas, como se vê na ação das empresas transnacionais. A remonopolização do poder ideológico vem se dando, de um lado através da "indústria cultural", que nos países capitalistas forma e conforma a opinião pública, e de outro através dos partidos de massa, que particularmente nos países comunistas assumem a situação-limite do partido único, que detêm o poder de estipular o certo e o errado, o bem e o mal para a sociedade.

Estas tendências multiplicaram as possibilidades da opressão e recolocaram na ordem do dia o tema da resistência, que não se volta mais, como no paradigma do Direito Natural, contra uma pessoa — pois não é abatendo o tirano que se instaura a liberdade —, mas sim contra um "sistema". Na análise da resistência e da contestação a um "sistema" é preciso rastrear as origens da crise da legitimidade da legalidade e da identificação da justiça com a lei, nas quais, no âmbito do paradigma da Filosofia do Direito, se procurou fundamentar o dever de obediência à lei.[6]

(C) A CRÍTICA E A CRISE DA LEGALIDADE — A NOVA ATUALIDADE DO TEMA DA RESISTÊNCIA COLOCADO PELA RUPTURA TOTALITÁRIA

7. Marx e depois dele as diversas correntes marxistas representaram um marco inicial paradigmático da crise da legalidade — como foi apontado no capítulo 2 — na exata medida em que a tradição marxista parte de uma dicotomia básica, que é a da distinção entre estrutura e superestrutura. Esta distinção insere o Direito e o Estado na categoria de superestruturas dependentes da estrutura de produção, que atuam como instrumentos de dominação de classe. Daí o questionamento substantivo do de-

ver de obediência à lei e o entendimento de que o acatamento às normas do ordenamento jurídico, pela sociedade, há de ser visto, numa perspectiva marxista, como puramente tática e avaliada em função de sua utilidade no processo pelo qual o proletariado afirmaria a legitimidade de sua dominação. É por essa razão que, na tradição marxista não revisionista, o dever de obediência à lei vê-se substituído pelo dever revolucionário, vale dizer, pela expectativa de superar a opressão por meio de uma revolução, que através da violência derruba as autoridades políticas existentes, substituindo-as com o fim de provocar mudanças substantivas nas relações políticas, no ordenamento jurídico-constitucional e na esfera socioeconômica.[7]

Marx se insere, como observa Bobbio, na tradição do realismo político, que enxerga o Estado e o Direito como instâncias baseadas na correlação de forças, mas contrasta com a maioria dos realistas na medida em que tem uma concepção otimista das possibilidades do Homem e da História. Esta concepção otimista permeia a sua teoria revolucionária da sociedade e norteia a sua expectativa de que o problema da justiça se resolve através do encaminhamento adequado da pergunta "Quem governa?". De fato, quando o poder se deslocar das mãos de poucos burgueses, que governam em função de seus interesses limitados, para o proletariado, necessariamente se resolveria o problema do bom governo. Com efeito, neste momento instaurar-se-ia a reciprocidade dos direitos e deveres de governantes e governados, pois o pressuposto da legitimidade da dominação do proletariado, para o marxismo, é o da universalidade dos interesses que caracterizaria a sua gestão. É por essa razão que a reflexão marxista deu e dá ênfase à maneira pela qual o proletariado pode adquirir o poder, seja através do partido de massa — é a proposta do socialismo reformista —, seja através do partido de vanguarda — é a proposta leninista.

A prática do socialismo real, no entanto, mostra que não se resolve o problema do bom governo apenas através da conquista do poder por um partido de vanguarda, que postula uma identificação com a perspectiva *ex parte populi.* O proletariado pode ser um sujeito histórico, mas a ditadura do proletariado não é uma resposta institucional apropriada para garantir a reciprocidade de direitos e deveres entre governantes e governados, pois esta reciprocidade não se vê instaurada apenas com as fórmulas de confraternização do tipo das sugeridas por Marx na sua análise da Comuna de Paris e, posteriormente, retomadas por Lenin em *O Estado e a Revolução.*[8] O stalinismo, como mostra a análise arendtiana discutida no capítulo 3, é uma das facetas da ruptura totalitária, e a presença de dissidentes na URSS indica que o tema da resistência à opressão, no socialismo real, continua na ordem do dia na ótica dos governados, mesmo depois do degelo pós-stalinista e apesar — pelo menos por enquanto — da *perestroika.*

8. Outra vertente importante da crise da legalidade que merece destaque no processo histórico de erosão do dever moral de obediência à lei é a da crítica de direita ao formalismo funcionalista do Direito posto pelo Estado liberal. C. Schmitt, por exemplo, realça que a legalidade liberal, indiferente teoricamente ao seu próprio conteúdo e baseada na mera estatística de maiorias ocasionais e nas regras do jogo parlamentar, é uma legalidade sem força de convicção. Para Schmitt, o equívoco básico do liberalismo é o de tentar reduzir o conflito político ou à ideia de concorrente no campo econômico ou à de adversário no plano das ideias, sem se dar conta de que a dicotomia básica da política é a relação amigo-inimigo entendida como antagonismo supremo. Este antagonismo não é marcado por *privata odia,* mas sim animado por uma guerra pública.

Schmitt inspirou-se em Hobbes, mas suas ideias serviram a Hitler, pois o seu "decisionismo", combinado com a aceitação da dicotomia amigo-inimigo por uma ditadura constituinte e soberana, para aplicar as suas categorias ao nazismo, incitou os governantes a empreenderem uma busca "total" de "inimigos totais", com os quais deveriam travar uma guerra pública, sem levar em conta legalidades pálidas e opacas.

É importante realçar que Hitler deu um sentido preciso ao que Schmitt denominou de hostilidade absoluta, ao erigir a comunidade racial ariana em sujeito da História e ao definir como inimigos trans-históricos do povo alemão todos os demais povos. O ideólogo Alfred Rosenberg afirmava neste sentido, em artigo de 1937: "O jurídico e o antijurídico não são conceitos abstratos nem letras mortas, mas jurídico é aquilo que os homens arianos aprovam como jurídico e antijurídico é aquilo que eles rejeitam".[9] Essa concepção nazista ensejou situações-limite de opressão que levaram na Europa, durante a II Guerra Mundial, à resistência dos governados, que contestaram o dever de obediência às normas e comandos do soberano.

9. A resistência europeia à ocupação alemã — direta ou indireta —, através de diversas formas de oposição, tanto ativas quanto passivas, tem a ver com as hipóteses em relação às quais, no paradigma do Direito Natural, se configura o direito de resistência. Com efeito, a dominação nazista na Europa foi simultaneamente, para falar como o Locke do *Segundo Tratado de Governo*, uma *conquista* — pelos alemães —, uma *usurpação* — pelos colaboracionistas — e uma *tirania* — de ambos enquanto governantes. Neste sentido, um jusnaturalista poderia dizer que a resistência europeia foi uma reação, uma defesa e uma oposição à conquista, à usurpação e à tirania.

A resistência europeia tem, no entanto, notas diferenciadas

importantes que a distinguem das hipóteses contempladas pelo paradigma do Direito Natural. Refiro-me, de um lado, à agravante da hostilidade absoluta que caracteriza o ineditismo da dominação totalitária e cria a situação-limite de ruptura discutida no capítulo 2; de outro, ao fato de que a resistência europeia ocorreu no contexto de uma guerra tradicional interestatal entre os países do Eixo e as potências aliadas. Por essa razão, a resistência ativa, cuja dimensão militar foi a guerrilha dos *partisans*, viu-se subordinada à estratégia dos aliados e sofreu politicamente a influência das tensões e incompatibilidades entre eles, daí advindo os conflitos entre a ala nacionalista e a ala comunista da resistência nos diversos países europeus. Mais autônoma foi a resistência passiva, a ação não violenta da resistência à opressão, que se aproxima da desobediência civil e cujo potencial de poder Hannah Arendt realçou quando discutiu, como já foi apontado, o exemplo da Dinamarca, que recusou e derrotou a política antissemita imposta pelos alemães.[10]

10. O término da II Guerra Mundial, que acarretou a derrocada do nazismo, não amainou a importância do tema da resistência. Esta continuou na ordem do dia em relação a distintos tipos de opressão, como a opressão colonial no Terceiro Mundo, a opressão da presença militar soviética no Leste Europeu, a opressão econômica interna e internacional, a opressão de classes, etc. A percepção destes distintos tipos de opressão contribuiu para manter viva a crise de legalidade, ou seja, o processo de deslegitimação da identificação de justiça com a lei que caracteriza o positivismo jurídico.

É importante observar que, no contexto contemporâneo, a erosão do paradigma do Direito Natural, que data do século XIX, e a sua substituição pelo paradigma da Filosofia do Direito, deslocou a discussão da resistência do plano jurídico e do campo da Filosofia do Direito para o plano político. Com efeito, no âmbito do paradigma do Direito Natural discutia-se a licitude ou ilicitude da resistência, assim como se discutia se uma guerra, por ser justa, se colocava como meio, ou seja, como sanção apta a restabelecer o Direito. Hoje discute-se predominantemente a oportunidade e a eficácia de distintos meios de resistência à opressão, assim como no plano estratégico internacional se examina a eficácia da dissuasão como meio de evitar, através do equilíbrio do terror, uma guerra nuclear. É por essa razão que, no debate sobre a resistência à opressão posterior à II Guerra Mundial, tem tido preeminência a análise política de técnicas e instrumentos. Em outras palavras, o debate não tem girado basicamente em torno da reciprocidade de direitos e deveres de governantes e governados, mas sim sobre a força das técnicas a serem empregadas para derrubar a opressão dos comandos e normas emanados do soberano. A única exceção importante, como se verá a seguir, é a discussão sobre a legitimidade e a legalidade do emprego da força armada nas guerras de libertação nacional, uma consequência do princípio de autodeterminação dos povos encarado como uma norma cogente de Direito Internacional Público.[11]

(D) O DEBATE SOBRE A RESISTÊNCIA VIOLENTA À OPRESSÃO NO MUNDO CONTEMPORÂNEO: A GUERRILHA E O TERRORISMO

11. No exame das técnicas da violência cabe realçar a importância da guerra de guerrilha empregada nas lutas de libertação nacional — no processo de descolonização — e nas lutas revolucionárias de inspiração comunista. Estas últimas agrega-

ram a reflexão e a prática de Lenin, a reflexão e a prática de Mao--Tse-Tung, de Fidel Castro, de Che Guevara, de Ho-Chi-Minh. A guerrilha justifica a violência a partir de uma perspectiva *ex parte populi,* afirmando a violência originária dos governantes e insistindo em que esta violência institucional originária só pode ser negada e superada pela violência revolucionária, que encontra na guerrilha, com as suas características de alta mobilidade de forças irregulares de intenso engajamento político, a resposta técnica apropriada.[12]

É importante assinalar, para identificar o significado da exceção acima mencionada, que o princípio de autodeterminação dos povos, aplicado ao processo de descolonização, agrega à discussão técnica sobre a eficácia das guerrilhas como a arma do fraco contra o forte uma importante discussão jurídica, que se inicia nos anos 60, sobre os direitos e deveres dos movimentos de libertação nacional no plano do Direito Internacional Público. Com efeito, a doutrina e os esforços recentes de codificação do Direito Internacional Público têm levado à afirmação de que os movimentos de libertação nacional, que se valem normalmente da guerrilha, têm um *jus ad bellum.* Desta afirmação de legitimidade deriva a tese de que a luta contra a dominação colonial não é uma guerra interna mas sim um conflito internacional, ao qual se estende o *jus in bello.* Daí o princípio de que aos combatentes dos movimentos de libertação nacional se aplicam as Convenções de Genebra de Direito Humanitário, independentemente do reconhecimento da beligerância — que é um instituto clássico do Direito das Gentes, o qual confere aos rebeldes, numa guerra civil que se internacionalize, um certo *status* jurídico.

A legalidade da resistência armada à dominação colonial coloca, em virtude da técnica da guerrilha, problemas complexos para a vigência e a eficácia das normas do *jus in bello*, pois estas foram concebidas para a guerra convencional. Por isso, ajustam-se com dificuldade a uma guerra não convencional, que não tem uma frente militar claramente definida; que não oferece uma distinção nítida entre combatentes e população civil, e em relação à qual o princípio de efetividade não pode ser definido apenas pelo controle do território, mas requer igualmente uma apreciação sobre a adesão que um movimento de libertação nacional suscita numa população. Estas dificuldades não eliminam, no entanto, o fato de que acabou sendo aceito, por força da universalização do princípio de autodeterminação dos povos, a licitude do direito de resistência à opressão colonial e, destarte, a legitimação da contestação *ex parte populi* à ordem internacional, tradicionalmente administrada *ex parte principis* pelas grandes potências.[13]

12. Esta licitude não alcança, no entanto, no mundo contemporâneo, a dialética da violência, que também se expressa através do terrorismo político, visto como instrumento de resistência à opressão. Aqui cabe uma distinção entre terror e terrorismo.

Com efeito, evocando o regime do terror durante a Revolução Francesa, posto em prática por Robespierre e Saint-Just através dos Comitês de Salvação Pública, pode-se denominar de terror a violência empregada pelos governantes para conservar o seu poder. O totalitarismo, nas suas duas vertentes — a nazista e a stalinista —, representa o paroxismo do terror, em permanente movimento, como foi discutido no capítulo 3. O terror *ex parte principis* está igualmente presente nos regimes autoritários mais extremados, como é o caso do Chile de Pinochet e da Argentina do regime militar.

Já o terrorismo político, como tal entendida a prática de grupos e indivíduos que se valem da violência contra bens e pessoas para, ao provocarem o terror, contestar as autoridades estabelecidas, vistas como opressoras, coloca-se numa perspectiva *ex parte populi*. Tem as suas raízes no populismo russo e no anarquismo, que viam no *atentado* um instigador catalítico na luta política contra a opressão. É interessante observar que Lenin diferenciava a guerrilha do terrorismo, associando este último ao anarquismo e ao blanquismo. Ele via no terrorismo uma ação individualista contraproducente, pois a violência indiscriminada dos atentados causa vítimas inocentes, que podem gerar o distanciamento do povo, e não tem, além do mais, o sentido e o alcance da ação militar de sabotagem a objetivos bem escolhidos e definidos. Daí um esforço doutrinário de distinguir o guerrilheiro do terrorista na medida em que se pode dizer — o que nem sempre ocorre — que: (*a*) o *uso* da força por parte do terrorista é indiscriminado e excessivo, em contraste com o do guerrilheiro; (*b*) que os guerrilheiros agem sempre em grupo, tendo uma estrutura de comando e organização mais institucionalizada, que é um embrião de governo, ao passo que os terroristas têm uma ação mais individualista e anárquica; (*c*) que com os guerrilheiros surge uma guerra, o que não ocorre com a existência dos terroristas.[14]

O terrorismo político continua na agenda política contemporânea, seja através da oposição extraparlamentar no âmbito interno de democracias como a Itália e a Alemanha, seja em lutas de cunho nacionalista, como a dos bascos na Espanha e a do IRA na Irlanda do Norte, seja através da ação terrorista transnacional. Esta última caracteriza o terrorismo árabe de diversos movimentos de libertação da Palestina, que contam, em maior ou menor grau, com o apoio de Estados que respaldam estes grupos na sua ação transnacional.

A resistência à opressão, baseada no terrorismo político, tem sido considerada ilícita pelo Direito Internacional Público, o que se explica não só em função dos direitos humanos dos inocentes, violados pelas suas técnicas, mas também porque o terrorismo político contesta a lógica do sistema interestatal, que confere aos Estados o monopólio dos meios da violência. É por essa razão que, no tratamento do problema da repressão, distinguem-se aqueles que, mais próximos da perspectiva *ex parte populi*, preocupam-se com as suas causas — ou seja, com os fatores que provocam a ação terrorista — e aqueles que, mais voltados para a perspectiva *ex parte principis*, ocupam-se de sua repressão por meio da cooperação interestatal. Esta última é viável no plano da fiscalização e da transmissão de informações, mas difícil no plano da repressão penal propriamente dita. Com efeito, a severidade das penas não é um meio apto para intimidar terroristas, pois o medo da pena pressupõe a razoabilidade e a prudência dos governados, qualidades que não vicejam nos grupos terroristas. É por isso aliás que, em relação a eles, não vige a obrigação política na sua acepção descritiva.[15]

(E) O DEBATE SOBRE A RESISTÊNCIA À OPRESSÃO NO MUNDO CONTEMPORÂNEO: A DESOBEDIÊNCIA CIVIL

13. A resistência à opressão baseada nas técnicas da violência contrapõe-se à resistência apoiada na não violência, merecendo destaque todo especial a *desobediência civil*. A reflexão sobre a desobediência civil remonta a Thoreau — um individualista de inclinação anárquica e libertária —, que procedeu a uma crítica da verdade do jurista, afirmando, ao discutir Webster, que ela é apenas uma conveniência consistente baseada na prudência. Daí a sua objeção à fidelidade ao ordenamento, pois não vê ele sabedoria no predomínio inquestionado da consciência do legislador, pois o caráter opressivo de uma lei não é atenuado, mesmo numa democracia, pela sua origem majoritária. Tho-

reau critica o conformismo afirmando a capacidade do indivíduo para mudar as coisas através da transgressão deliberada a leis injustas, entre as quais menciona, na sua célebre conferência de 1848, ao discutir a situação dos EUA, a escravidão e a guerra com o México. E é no contexto da campanha abolicionista que propõe o "fazer algo pelo que é certo" por meio do não pagamento de impostos.[16]

A desobediência civil tal como formulada por Thoreau pode ser encarada como direito humano de primeira geração. Ela é individual quanto ao modo de exercício, quanto ao sujeito passivo do direito e quanto à titularidade. Aproxima-se da objeção de consciência, mas dela se diferencia, pois a objeção de consciência obedece a um imperativo moral, que leva o indivíduo que a afirma, *qua* indivíduo, à recusa de violar um imperativo supremo de sua ética e, por via de consequência, ao não cumprimento da lei positiva. Já a desobediência civil visa demonstrar a injustiça da lei através de uma ação que almeja a inovação e a mudança da norma através da publicidade do ato de transgressão. Esta transgressão à norma, na desobediência civil, é vista como cumprimento de um dever ético do cidadão — dever que não pretende ter validez universal e absoluta, mas que se coloca como imperativo pessoal numa dada situação concreta e histórica.

A reflexão de Thoreau influenciou Gandhi, que nela encontrou um argumento ocidental para também fundamentar a *Satyagraha* — a sustentação da verdade frente à injustiça. A postura de Gandhi, no entanto, diferencia-se da de Thoreau, pois para ele e para a prática da não violência que liderou com sucesso, no processo de independência da Índia, a desobediência civil tende a ser uma ação coletiva, que assume as características de um direito individual que só pode ter sucesso se grande número de pessoas o exercerem em conjunto e de maneira convergente.

Neste sentido, a desobediência civil tem afinidades com os direitos individuais exercidos coletivamente — como o direito de greve — e postula como nota específica uma sólida e vigorosa ética de grupo. Com efeito, Gandhi não admitia diferença entre o que é lícito ao indivíduo e o que é lícito ao grupo, afirmando que o uso de meios inadequados de resistência à opressão compromete os fins almejados pela desobediência civil. Daí a relevância da dimensão exemplar da desobediência civil e a sua conclusão de que a não violência é a única alternativa política adequada à violência do "sistema".

Em síntese, creio que se pode dizer que a desobediência civil, no século XX, conserva de Thoreau o caráter predominantemente não violento da resistência individual à opressão e à injustiça, e de Gandhi a dimensão de uma ação de grupo, que se exprime através de uma resistência coletiva, afirmada eticamente através da convergência entre meios e fins.

14. É interessante apontar, da mesma maneira como foi feito através da distinção entre terror imposto pelos governantes e terrorismo político imposto por governados, a diferença entre a perspectiva *ex parte principis* e *ex parte populi* em matéria de meios e técnicas de não violência. Esta diferença opõe, simetricamente, de um lado o poder de veto, e de outro a desobediência civil. Com efeito, e como observa Bobbio, o poder de veto é um poder institucionalizado, autorizado por uma norma secundária do ordenamento, através do qual governantes buscam preservar o *status quo*. Um excelente exemplo desta assertiva, no sistema da ONU, é o poder de veto das grandes potências no Conselho de Segurança. A desobediência civil, ao contrário, nasce fora dos quadros institucionais vigentes, tem o seu suporte na ação dos governados e busca a mudança através da resistência à opressão, que se exprime pelo não acatamento à lei tida como injusta.

A desobediência civil pode consistir tanto num fazer ilícito quanto numa omissão ilícita. Exemplo do primeiro é a inobservância de lei proibitiva discriminatória através de uma ação positiva, como ocorreu na luta contra a discriminação racial nos EUA — são os *sit-ins* organizados dos negros em escolas, ônibus e restaurantes. Exemplo do segundo é o não cumprimento da lei imperativa, como a prestação de serviço militar através de uma abstenção que, nos EUA, exprimiu-se através da queima coletiva, em cerimônias públicas, dos *draft-cards* dos convocados para lutar na guerra do Vietnã.[17]

15. Penso que é importante realçar, para arrematar esta recapitulação sobre a resistência à opressão em nossos dias, que o tema está relacionado intimamente ao questionamento do Estado como lugar geométrico da positividade jurídica nas sociedades contemporâneas. Este questionamento, apontado no capítulo 2, deriva da substituição de uma concepção de legitimidade centrípeta, vigente no século XIX, que leva à fidelidade ao ordenamento, por uma concepção de legitimidade centrífuga e tópica, hoje prevalecente, e que está muito voltada para o particularismo de temas específicos. Esta última concepção de legitimidade enseja, mesmo em regimes democráticos que pretendem a não discriminação e a não violência, a crítica à seleção de alternativas positivadas pelo Estado, pois estas resultam menos de um critério de justiça, sempre discutível, e mais do cálculo do dissenso tolerável.[18]

Com efeito, uma das características da legitimidade no século XIX é o holismo da ordem. Para Hegel, por exemplo, o Estado é o "racional em si e para si", pois no seu "idealismo objetivo" o autodesenvolvimento da razão é menos o resultado da reflexão individual e mais o processo de positivação da razão, que resulta da lógica interna da História, consistindo a racionalidade do Estado e do Direito na unidade entre a liberdade objetiva de uma vontade universal e substantiva, e a liberdade subjetiva do conhecimento e da volição de fins particulares.

Os hegelianos de direita interpretaram a identificação hegeliana entre o racional e o real enfatizando que só o que é de fato real é racional. Daí, para eles, a legitimidade global do Estado, da ordem social e do ordenamento jurídico. Os hegelianos de esquerda, ao contrário, afirmaram que só o racional, ainda em estado ideal, era verdadeiramente real. Por isso, toda ordem vigente era um engodo a ser desmistificado por meio de sucessivas críticas. Marx é um herdeiro da tradição de esquerda hegeliana, para quem a legitimação última da ordem social e política provém da lógica da História, que esclarece e encaminha, através da crítica à ordem vigente, a verdadeira vontade do povo.[19]

A reflexão sobre a ruptura totalitária que permeia a obra de Hannah Arendt mostra que a lógica da História não leva à atualização da razão na realidade. Daí a erosão de uma concepção de legitimidade centrípeta e abrangente, dotada de direção, e a sua substituição, depois da II Guerra Mundial, por uma visão de legitimidade tópica e centrífuga. Neste sentido, vale a pena mencionar que também o marxismo ocidental, que se dedicou à *Kulturkritik* no espírito da dialética negativa, acabou, ao proceder à crítica do capitalismo e do socialismo real, somando-se ao individualismo inconformista do ser e do viver diferente para, em conjunto, abrir espaço ao alternativo dos particularismos. Este alternativo, no qual se fundamenta a legitimidade tópica, por ser centrífugo encontra sérias dificuldades para aceitar a obrigação política como um dever-ser de fidelidade ao ordenamento jurídico, posto que esta fidelidade pressupõe o conceito de unidade. O conceito de unidade, que preside a ideia de comunidade política na elaboração teórica que vai da *polis* grega ao Estado moderno, ao vincular os cidadãos, que de outra forma estariam em permanente conflito, permite a governabilidade e estabelece — como ocorre no paradigma do Direito Natural — certos parâmetros para a resistência à opressão.[20] É justamente o problema da falta de parâmetros, inclusive em matéria de resistência à opressão, um dos aspectos da ruptura com o qual Hannah Arendt se confrontou na sua proposta de reconstrução, como passo agora a examinar, dando andamento ao diálogo com a sua reflexão.

(F) A ANÁLISE ARENDTIANA DO PODER E DA AUTORIDADE E A SUA CRÍTICA À CRIATIVIDADE DA VIOLÊNCIA

16. No mundo contemporâneo, depois da II Guerra Mundial, tem-se discutido prioritariamente, como foi apontado, a oportunidade e a eficácia dos distintos meios de resistência à opressão. Na análise de meios avulta a importância da análise das técnicas da violência. É por essa razão que um exame da contribuição de Hannah Arendt ao tema da resistência deve começar pela reflexão por ela empreendida sobre o significado da violência.

O seu grande ensaio sobre a violência é de 1969 e foi publicado na *New York Review of Books.* Tem como pano de fundo os debates e eventos da década de 60, particularmente a rebelião estudantil de 1968 e a guerra do Vietnã. Publicado na forma de livro em 1970 com um importante apêndice de notas, passou a integrar posteriormente a coletânea de ensaios, de 1972, intitulada *Crisis of the Republic,* que também inclui a reflexão sobre a desobediência civil.[21]

Hannah Arendt inicia a sua reflexão registrando que o século XX, como vaticinara Lenin, é um século de guerras e revoluções e tem, por isso mesmo, a violência como denominador comum. Em contraste, no entanto, com a incerteza e a dubiedade sobre o emprego da violência no plano internacional, que decorre da descoberta do imenso potencial destrutivo das armas nucleares, cresceu o apelo da violência no plano interno, sobretudo em matéria de revoluções.

Na análise das origens intelectuais do apelo à violência, salienta que esta tem suas raízes no anarquismo, na atitude mental da Direita e na ação de militares que se dedicaram a levantes armados organizados. Não era uma prerrogativa do marxismo, pois para Marx a violência era apenas a dor do parto, e não a causa do nascimento de uma nova ordem, que tinha as suas origens nas contradições da sociedade. Aponta Hannah Arendt que, para Hegel, o homem se "produz" através do pensamento, e que para Marx, que virou o idealismo de cabeça para baixo, é o metabolismo do homem com a natureza — o *labor* — que cumpre esta função. Nem do conceito de pensamento, nem do de *labor* se chega à violência, que no entanto integra *o pathos* da Nova Esquerda. Sartre, por exemplo, no seu famoso prefácio a Fanon, glorifica a violência, apontando que ela é criadora, pois é através dela que os danados da terra se transformam em homens.

A ideia da criatividade da violência está associada à influência do "vitalismo", seja através do "élan vital" de Bergson, que marcou Sorel, seja através de Nietzsche, observando Hannah Arendt que a combinação de violência, vida e criatividade está presente no estado de espírito da rebeldia existencial que assinala a geração dos anos 60. Aponta ela, igualmente, que este estado de espírito, que caracteriza a Nova Esquerda, tem a ver com a ruptura totalitária, pois foi a geração do segundo pós-guerra que se deu conta da maciça inserção da violência na política, quando tomou conhecimento da realidade dos campos de concentração, do genocídio, da tortura e do extermínio, inclusive de populações civis, derivado das novas tecnologias empregadas na guerra. Diante desta maciça inserção da violência, uns reagiram optando pelo pacifismo e pela não violência — é o caminho da desobediência civil —, outros, confiando na dialética hegeliano-marxista do poder de negação, imaginaram que, sendo o mal a privação do bem, do mal da violência surgiria o bem de uma nova ordem.

A crítica arendtiana à criatividade da violência se desdobra em vários planos. Um primeiro aspecto que realça é o risco, presente até numa obra tão instigante como a de Bertrand de Jouvenel, de se tentar apreender a política através de modelos orgânicos. É a ideia de que o poder ou cresce e se expande ou encolhe e morre, sendo a morte de um poder a penalidade biológica da fraqueza. Esta visão orgânica, associada à identificação do poder com o monopólio legal da violência, característica da tradição do pensamento político que entende o poder como a efetividade do comando, é, no entender de Hannah Arendt, equivocada.[22] O equívoco radica na oposição que ela estabelece entre poder e violência, através de uma análise fenomenológica por meio da qual diferencia da violência — poder, vigor, força e autoridade.

17. Em *On Violence,* retoma sua reflexão sobre o poder afirmando que ele não é opressão nem coerção, mas sim a aptidão humana para agir em conjunto. Trata-se de um fenômeno coletivo — plural — que surge da comunicação entre os homens, ensejando a concordância quanto a um caminho comum de ação. O poder reside no povo — *potestas in populo* — e, para Hannah Arendt, esta premissa é não só teórica quanto prática. Para ela o poder é sempre potencial, como se vê nas palavras correspondentes em grego, *dynamis,* e em latim, *potentia.* O poder fala a linguagem da *persuasão,* dando Hannah Arendt realce, na sua aná-

lise, ao processo de *geração do poder*. É por isso que contesta a distinção entre governantes e governados, que cuida apenas do emprego e da manutenção do poder — o que, para ela, é um erro conceitual, pois o poder pode ser atualizado *ex parte populi* através da geração de mais poder, mas não pode ser estocado *ex parte principis* para ser empregado ou mantido. Uma revolução, observa, deixa isto claro, pois evidencia a situação-limite de desintegração do poder. Com efeito, quando os comandos não são obedecidos, os meios da violência deixam de ser úteis, pois a questão da obediência, em última instância, não se resolve, como afirma a tradição jurídica e política, pela violência, mas sim pela opinião e pelo número daqueles que compartilham o curso comum de ação expresso no comando. Em síntese, a primeira pergunta não é por que se obedece ao comando mas sim por que se apoia o comando, obedecendo-o.

Hannah Arendt explicita a sua análise recorrendo à etimologia, pois vê na linguagem o repertório da experiência humana. Em latim e grego, dois verbos distintos designam o que chamamos de agir: *agere*, que significa liderar, iniciar, e *gerere*, que significa levar adiante, o que corresponde, em grego, a *archein* e *prattein*. O líder político gera poder através da iniciativa que obtém o apoio de muitos, que levam adiante esta iniciativa. Esta interação — conotativa do poder entendido arendtianamente como ação — permite a criatividade do novo, que por ser imprevisível não se subordina, por isso mesmo, à relação entre meios e fins.

Hannah Arendt agrega à sua análise fenomenológica do poder uma dimensão ontológica que se fundamenta na divisão, por ela estabelecida em *The Human Condition*, entre os três campos da *vita activa: labor, trabalho* e *ação*. A relação entre meios e fins não é constitutiva da ação, pois esta permite, através do exercício da liberdade, a criatividade da inovação. Ela caracteriza, no entanto, o campo do *homo faber*, pois é a instrumentalidade dos meios que organiza os fins, ensejando através do domínio da natureza a criação de um mundo humano. Daí, aliás, um dos aspectos da crítica arendtiana à tradição do pensamento político — que remonta a Platão e passa por Marx — que identifica a atividade política com a do *homo faber*, ou seja, com a fabricação da comunidade política, justificando, dessa maneira, alguma violência, pois a fabricação violenta a natureza ao dominá-la. A ação também não integra o campo do *labor*, que assinala a condição do homem na natureza, pois este é marcado pelo ritmo da vida e de suas necessidades, e não pela liberdade.[23]

O poder surge quando os homens se reúnem num espaço, sendo a convivência humana o único fator material para a sua geração. Todo aquele que se isola, afirma Hannah Arendt, renuncia ao poder por maior que seja a sua força e por mais válidas que sejam as suas razões. Por isso o poder — ao contrário da violência — é inerente a qualquer comunidade política, que busca manter de maneira viva e permanente a convivência entre os homens. O poder, por não se inserir no campo do labor ou do trabalho, não necessita de justificação — a justificação das necessidades da vida ou a do equacionamento dos meios aos fins. Requer, no entanto, legitimidade. Foi precisamente a reflexão sobre a legitimidade que levou Hannah Arendt a retomar, em *On Violence*, sua análise sobre a autoridade, que integra *Between Past and Future*, e permeia sob outros ângulos diversas passagens relevantes de sua obra.

Autoridade não se confunde com o igualitarismo da persuasão que caracteriza o discurso do poder, pois é através da persuasão que uma iniciativa obtém o apoio e a cooperação dos Outros quanto a um curso comum de ação. Autoridade também não se confunde com o monólogo da coerção, imposto pela força, pelo vigor ou pela violência. A autoridade é um reconhecimento inquestionado que vincula sem coerção e convence sem persuadir. Ela é como observa Mommsen, citado por Hannah Arendt, mais que um conselho e menos que um comando.

Autoridade, etimologicamente, provém do latim. Deriva de *augere*: aumentar, acrescentar, e foram os romanos os que nos deram tanto a palavra quanto o conceito. É o início da ação conjunta — a fundação de uma comunidade política — que confere autoridade ao poder. O que a ação política, geradora de poder, faz é acrescentar, através dos feitos e dos acontecimentos dela derivados, importância à comunidade política e dinamismo às suas instituições. É por isso que em Roma o poder, como dizia Cícero, estava com o povo, mas a autoridade residia no Senado, dotado de *gravitas* e incumbido de zelar pela continuidade da fundação de Roma.

A persistência desta noção romana de fundação pode ser rastreada, na Idade Média, na distinção entre a autoridade dos papas e o poder temporal. No mundo moderno e contemporâneo ela é verificável na importância atribuída à independência e autonomia dos Estados nacionais enquanto comunidades políticas — uma importância consagrada pelo sistema interestatal, que levou à criação do Direito Internacional Público e que se desdobrou, com o princípio das nacionalidades e o da autodeterminação dos povos, no processo de descolonização. É precisamente a relevância da participação numa comunidade política como condição da ação, sem a qual o homem é impotente, que levou Hannah Arendt a considerar, no mundo contemporâneo, depois da ruptura totalitária, a cidadania como o direito a ter direitos, conforme já foi visto.

A conexão entre fundação e autoridade está igualmente presente no processo de legitimação da ideia de revolução, que almeja instituir, por um ato criador de fundação, uma nova ordem que separe o não mais (o passado) do ainda não (o futuro). A própria palavra *princípio,* do latim *principium,* observa Hannah Arendt em *On Revolution,* que envolve tanto origem quanto preceito, mostra que no próprio ato de fundação o princípio (o início) da ação conjunta estabelece os princípios (os preceitos) que inspiram os feitos e acontecimentos da ação futura.

Conforme se verifica, existe na análise arendtiana de autoridade uma certa metafísica do inaugural, que deriva da politização da questão kantiana a respeito da admissibilidade de um poder capaz de, por si só, começar uma série nova de coisas e estados sucessivos. Num certo sentido, a resposta afirmativa a esta questão proposta na *Crítica da Razão Pura,* como observa Enégren, sustenta toda a reflexão de Hannah Arendt. No caso de sua análise da autoridade, o acesso ao evento fundador de uma nova série é matizado pela ideia da transparência de um ponto de partida comum e de uma história livre para se modelar de acordo com um esquema inédito. É por isso que se pode dizer que é através da noção de autoridade que Hannah Arendt insere a temporalidade no espaço político de uma comunidade.[24]

Da temporalidade deriva a autoridade encarada como memória, ou seja, como repertório compartilhado de significados que têm, para falar como Karl Deutsch, uma prioridade no conjunto de mensagens difundidas no âmbito de uma comunidade política e, por isso mesmo, relevância para a conduta dos seus membros. É através da inserção nesta memória que a ação humana perecível pode se recuperar pela lembrança. Esta oferece a possibilidade aos homens de, ao se inserirem na História — a de uma comunidade política —, transcenderem a sua própria mortalidade. Este "milagre de permanência" é um dos ingredientes que dá ao mundo durabilidade, significado e confiabilidade, inclusive porque a autoridade, sendo início e princípio, impede o tudo conceber e proíbe o tudo ousar.

Quando a confiança desaparece, a autoridade, tanto de pessoas quanto de instituições, se vê solapada. Nada é mais destrutivo, por exemplo, da autoridade do Estado, ou, no plano da educação, da justiça e da religião, da autoridade da Universidade, do Judiciário e da Igreja, do que o desprezo que exprime a desconfiança em relação ao princípio da fundação. Na Idade Moderna esta desconfiança está relacionada com a dúvida generalizada que, no plano político, se cristaliza com a ruptura totalitária que assinala, precisamente, com a erosão do *amor mundi,* a crise da autoridade.[25]

A crise de autoridade, ou seja, a falta de confiança mais ampla no mundo, é um dos aspectos importantes do processo que contribuiu para abalar a concepção centrípeta da legitimidade. De fato, esta se baseia no conceito de unidade — no "muitos em um" da fundação de comunidades, graças ao qual o "nós", como observa Hannah Arendt em *Willing,* está adequadamente estabelecido para a jornada através do tempo da História.[26] Não é por acaso, conforme foi dito, que o conceito de unidade preside à ideia de comunidade política, na elaboração teórica que vai da *polis* grega ao Estado nacional. Da crise da autoridade provém o apego aos particularismos e o apelo da legitimidade centrífuga, que ao dissolver os vínculos da confiança entre os cidadãos cria problemas de governabilidade. Estes problemas ensejam dificuldades para a geração e a atualização do poder, vale dizer, para a contínua renovação da concordância quanto a um curso comum de ação, mas não explicam a violência. Esta explicação requer o exame de outros dados que Hannah Arendt explicita através dos elementos que diferenciam força, vigor e violência de autoridade e poder.

18. Para Hannah Arendt, *strength* — que em alemão ela traduziu por *Stärke*, que na tradução francesa de seu livro aparece como *puissance*, na italiana como *potenza*, e na tradução para o português como "fortaleza", e que estou traduzindo por *vigor* —, em oposição ao poder, que é sempre plural, designa algo no singular, que pertence a uma entidade individual. É uma propriedade inerente a um objeto ou a uma pessoa — por exemplo, o vigor físico — e diz respeito ao seu caráter. O vigor pode afirmar-se em relação a outras coisas ou pessoas, mas é essencialmente independente delas. Diferencia-se da *força* — em alemão *Kraft* — que na linguagem corriqueira é sinônimo de violência, pois trata-se de termo que Hannah Arendt reserva conceitualmente para designar a energia liberada por movimentos físicos e sociais, como se vislumbra nas expressões: "forças da natureza" ou "força das circunstâncias". A violência, por sua vez, que Hannah Arendt em alemão traduziu para *Gewalt*, caracteriza-se especificamente pelo seu caráter instrumental.

Fenomenologicamente a violência se aproxima do vigor, pois os seus meios e implementos, como de resto qualquer outra ferramenta, são projetados e usados para multiplicar o vigor natural, podendo substituí-lo dependendo do estágio de seu desenvolvimento técnico.

É interessante observar que, na sua análise, Hannah Arendt se refere, com entusiasmo, à obra de Passérin d'Entrèves, apontando que ele realça a importância de se distinguir a violência do poder. Força, diz ele, na acepção de violência, na medida em que é qualificada no seu exercício pelo Direito, deixa de ser força e passa a ser poder. Hannah Arendt não concorda com a posição de Passérin d'Entrèves, pois entende que a definição de poder apenas como violência mitigada pelo Direito não capta a especificidade fenomenológica do poder enquanto agir conjunto.

Em correspondência com Hannah Arendt, Passérin d'Entrèves, ao agradecer, em carta de 11 de abril de 1970, a remessa de *On Violence*, discorda da avaliação de Hannah Arendt de que, para ele, a diferença entre força e poder é apenas quantitativa. Ela é, diz Passérin d'Entrèves, qualitativa, pois valendo-se da própria análise de Hannah Arendt, afirma que a violência exercida em conformidade com o Direito não é propriedade de um indivíduo, na sua singularidade, mas sim algo que lhe é coletivamente conferido pelo Direito. A esta objeção, que se prende à concepção de legalidade, voltarei mais adiante quando tratar da visão arendtiana do papel do Direito. O que importa realçar, neste momento, é a coincidência entre Hannah Arendt e Passérin d'Entrèves sobre a dimensão instrumental da violência e sobre o vigor como uma propriedade que designa algo no singular, em contraste com o poder, que é sempre plural.

É em função desta nítida separação entre o singular da violência e do vigor, e o plural do poder e da autoridade, que Hannah Arendt aponta que a forma extrema de poder é todos contra um, pois a interação de pluralidade representa uma limitação ao vigor do indivíduo, visto como este vigor é superável pelo poder potencial de uma maioria. Já a forma extrema da violência é um contra todos, o que só é possível, dados os limites do vigor individual, graças ao alcance técnico-destrutivo dos novos implementos da violência, que multiplicam infinitamente o vigor.

A violência destrói o poder, mas não o cria ou substitui, pois o poder, para ser gerado, exige a convivência, e a violência se baseia na exclusão da interação/cooperação com os Outros. Isto explica a combinação, que não é rara na experiência política, de violência e impotência, pois governantes e governados frequentemente não resistem à tentação de substituir o poder que está desaparecendo pela violência. Por essa razão, Hannah

Arendt, em nota ao seu ensaio sobre a violência, aventa a hipótese de que a ineficiência da polícia, ou seja, a incapacidade de apurar crimes está provavelmente associada ao acréscimo da sua brutalidade.[27]

19. A análise fenomenológica das diferenças entre poder, autoridade, vigor, força e violência capta, bem ao modo de Hannah Arendt, a diversidade, mas não o inter-relacionamento existente entre estas experiências. Com isto, o que quero ressalvar é que elas não são compartimentos estanques no mundo real, de onde, no entanto, foram extraídas. Servem, contudo, como instigação heurística e fundamento para a hermenêutica do significado da violência proposta por Hannah Arendt.

A violência brota da ira, mas a ira não é uma reação automática ao sofrimento e à miséria. Ninguém reage iradamente a um terremoto ou a uma doença incurável. É só quando existem razões para se acreditar que determinadas situações e condições podem ser mudadas, e não o são, é que surge a ira.

Em certas circunstâncias a violência — o agir sem argumento e palavras e sem calcular as consequências — pode ser a única maneira de reequilibrar a balança da justiça. É preciso, no entanto, realçar-lhe o caráter instrumental, para examinar a sua racionalidade. Com efeito, sendo um instrumento, a violência só é racional na medida em que é efetiva para alcançar um fim justificável. Como quando agimos não temos, e não podemos ter, certeza das consequências — pois a ação enseja a criatividade do novo —, a violência só adquire racionalidade na medida em que busca objetivos de curto prazo. É o caso da legítima defesa a um perigo claro e presente. Em outras palavras, ela só é racional quando é reação — e não ação — esgotando-se rapidamente ao alcançar o seu fim. Por isso, no paradigma do Direito Natural, a resistência violenta à opressão é vista como reação ao desaparecimento da reciprocidade de direitos e deveres entre governantes e governados, desempenhando a discussão sobre a licitude ou ilicitude da resistência a função de examinar se os meios são adequados aos fins.

A ira geradora da violência é frequentemente induzida pela hipocrisia, que corrói a atualização do poder, pois esta atualização requer a convergência da palavra e da ação, que revela e cria novas realidades e novas relações baseadas no agir conjunto. A palavra que esconde interesses debaixo da aparência de racionalidade — muito mais que os próprios interesses — é o que provoca a ira. O que converte *engagés* em *enragés* é a hipocrisia, como lembra Hannah Arendt ao apontar, na Revolução Francesa, a batalha de Robespierre contra este vício dos vícios. Arrancar da cara do inimigo, através da violência, a máscara da hipocrisia, que lhe permite manipular e maquinar e, desta maneira, dominar, para assim tornar límpida a verdade, é uma das grandes motivações da violência em nossos dias, mesmo sabendo os seus agentes que correm o risco de tudo aniquilar.

Este risco de aniquilação é real quando a violência deixa de ser reação e se transforma em estratégia. Daí a crítica substantiva de Hannah Arendt à criatividade da violência e, portanto, à adequação da análise de técnicas e instrumentos da resistência violenta à opressão, típica do debate sobre o assunto depois da II Guerra Mundial. Esta crítica se baseia, em primeiro lugar, na concepção arendtiana de poder e autoridade. Técnicas e instrumentos caracterizam o *homo faber* e minoram as dificuldades do *animal laborans,* mas não são condições materiais permanentes da ação. Não geram poder nem criam autoridade, mas podem destruir ambos dada a capacidade letal da multiplicação do vigor que a tecnologia moderna permite. É o caso do terrorismo político e do terror *ex parte principis.* Este último configura o totalitarismo como forma inédita de governo, assinalado pela ubiquidade da violência.

Do cano de um fuzil brota um comando efetivo, do qual resulta a obediência instantânea. O que não nasce do cano de um fuzil, observa Hannah Arendt contestando Mao-Tse-Tung, é poder, pois este requer, para ser gerado, a ação conjunta de muitos. Além do mais, como para ela a política, por ser ontologicamente o campo da liberdade, é imprevisível, os meios são constitutivos da ação. Em outras palavras, a instrumentalidade dos meios da violência não pode predeterminar os resultados políticos — no caso, o término da opressão.

Também exclusivamente do emprego dos meios da violência não surge o evento fundador do qual possa brotar a autoridade. Com efeito, se aqueles que se valem da violência podem alcançar a fraternidade na experiência do combate, também é certo que a comunidade política não se fundamenta adequadamente na igualdade diante da morte e na sua atualização através da violência. Um grupo de terroristas suicidas, por exemplo, pode se constituir como fraternidade, mas da fundação dessa fraternidade não surgirão os preceitos de um *novus ordo saecolorum.*

A ira instigadora da violência é particularmente inadequada, politicamente, quando se generaliza como estratégia *erga omnes* e se volta contra substitutos, que passam a ser "inimigos objetivos" independentemente de sua conduta e de sua ação. Quando todos são culpados, ninguém é apropriadamente responsabilizado. É o que ocorre, observa Hannah Arendt, quando os negros, nos EUA, para reagirem ao racismo, se voltam indiscriminadamente contra todos os brancos. Se a violência pudesse ser, como a lança de Aquiles, a cura de todos os males, na afirmação de Sartre que Hannah Arendt contesta, a vingança — este tema típico do romantismo e do individualismo — seria o remédio para tudo.

A vingança de sangue deixa de ser uma reparação quando a violência se volta contra tudo, pois aí ela não enseja um *novus ordo saecolorum* revolucionário, mas sim, para continuar na tópica literária, a aniquilação generalizada de um "crepúsculo dos deuses". Com efeito, sendo a violência produto da motivação pessoal, não pode ter como horizonte o longo prazo do coletivo, pois existe uma discrepância entre a expectativa de vida individual, que se localiza na esfera do privado, e a expectativa necessariamente mais longa do mundo público de uma comunidade política. Esta discrepância faz com que, não havendo confiabilidade no mundo, desapareça a razoabilidade da lógica que sustenta o interesse coletivo. Daí o frio realismo da violência, com o qual se confronta, frequentemente sem sucesso, o calor humano da razoabilidade do *amor mundi.*

O frio realismo da violência *erga omnes* deita suas raízes na multiplicação das possibilidades de opressão não individualizáveis num tirano, mas atribuíveis a um "sistema". Quanto maior for a burocratização da vida, maior será a possibilidade de violência. Num sistema burocrático plenamente desenvolvido não há ninguém com quem se possa efetivamente argumentar. O governo de "todo mundo e de ninguém" é um não governo. Como dizia Gil Vicente, é sabido,

> Que quer em extremo grado,
> Todo o Mundo ser louvado,
> E Ninguém ser repreendido.

É por essa razão que a glorificação da violência no mundo contemporâneo é provocada pela severa frustração da faculdade de agir. É isto que explica a rebeldia — palavra que provém de *bellum* e evoca a belicosidade da desobediência rebelde, estéril na perspectiva da comunidade política, porque se coloca à revelia do processo de geração do poder, mas explicável diante da crise de autoridade, que não pode afirmar-se quando, para continuar com Gil Vicente,

> Todo Mundo é mentiroso,
> E Ninguém diz a verdade.

A monopolização do poder, uma das características do mundo contemporâneo, que defraudou, como já foi observado, as expectativas ideológicas do século XIX, seca as fontes autênticas do poder. Daí a vulnerabilidade à guerrilha e ao terrorismo das grandes burocracias, das grandes potências e impérios e mesmo dos Estados nacionais. É o que se verificou com os impérios coloniais europeus no processo de descolonização, com os EUA no Vietnã, e que também se verifica nos Estados nacionais diante de afirmações particularistas de minorias políticas, étnicas, religiosas e linguísticas, que se valem da violência para resistirem à opressão.[28]

Resgatar a faculdade de agir para resistir à opressão e impedir, desta maneira, a destrutividade da violência, é resposta que deriva da análise arendtiana em *On Violence.* É neste contexto que se insere, no meu entender, a sua discussão a respeito do efeito deletério da mentira na política e dos critérios que devem diferenciar o público e o privado — objeto do próximo capítulo — e sobre a desobediência civil. Esta, no entanto, requer, como passo analítico prévio, uma discussão sobre o papel do Direito numa comunidade política, na visão de Hannah Arendt, que passo, a seguir, a examinar.

(G) O DIREITO E A "VITA ACTIVA" NA VISÃO ARENDTIANA — A DURABILIDADE E OS PRINCÍPIOS DA AÇÃO: A PERVERSÃO DO DIREITO EM CONSUMO NO MUNDO CONTEMPORÂNEO

20. A experiência jurídica é, estruturalmente, uma composição de estabilidade e movimento. Se é certo que o movimento é inerente à vida jurídica, não é menos verdade que ela não pode prescindir da estabilidade. Por isso, um ordenamento jurídico em vigor, como observa Miguel Reale, constitui o "horizonte de estabilidade" de uma comunidade política num dado momento histórico. A própria Ciência do Direito, tal como nos vem sendo transmitida a partir do legado romano, se baseia no pressuposto de que a vida social apresenta um conjunto de relações dotadas de estabilidade, que tornam possível reger atos humanos por meio de normas jurídicas.[29]

Estas considerações preliminares são importantes para uma aproximação inicial à visão que tem Hannah Arendt do Direito. Com efeito, em *The Human Condition, o* estudo da tríade *labor, trabalho* e *ação* tem como um de seus fios condutores, como aponta Ricoeur, as distintas dimensões temporais da *vita activa,* dentro da qual se insere o Direito como o seu jogo dialético de estabilidade e movimento.

O *labor* é uma atividade governada pelas necessidades de subsistência do ciclo biológico da vida. Por essa razão, o *animal laborans* consome rapidamente os produtos que elabora, metabolizando-os na própria reprodução da vida. As coisas necessárias para a vida não têm, consequentemente, durabilidade. É o caso por excelência do alimento.

Já o *trabalho* não está necessariamente contido no repetitivo ciclo vital da espécie. É através do trabalho que o *homo faber* cria coisas extraídas da natureza, que assim se convertem em objetos de uso. Estes têm durabilidade, embora não absoluta, pois a durabilidade dos artefatos humanos se vê corroída pelo próprio processo da vida. É o caso de uma mesa de madeira exposta às intempéries. Ao contrário, no entanto, dos objetos do laborar, cujo destino é a destruição inerente ao consumo, os objetos do *homo faber* têm como característica a durabilidade necessária para o uso. É esta durabilidade que dá às coisas do mundo humano a sua objetividade. Neste sentido, os objetos criados pelo *homo faber* através do domínio da natureza têm como função estabilizar a vida humana e contra-arrestar o dito de Heráclito, de que nunca podemos entrar no mesmo rio. Contra a subjetividade do homem ergue-se a objetividade de um mundo feito pelo homem. Sem estes artefatos que se inserem entre a natureza e os homens, unindo-os e separando-os num habitat humano, existe o eterno movimento, mas nenhuma objetividade.

Uso e consumo, assim como trabalho e labor, por vezes coincidem. Entretanto, não se identificam. A destruição, embora inevitável, é incidental no uso, porém inerente ao consumo.

A ação contrasta com o labor e o trabalho por não ser nem consumo rapidamente metabolizado pela vida, nem trabalho que dura. Ação também não é obra de arte, cuja característica, enquanto trabalho, é a durabilidade. Ação, temporalmente, é passagem. Ela se recupera através da reminiscência. Daí a interligação entre o poder e a autoridade, na medida em que esta é memória compartilhada de feitos e acontecimentos do agir conjunto.[30]

Na análise arendtiana da *vita activa,* sem dúvida um dos pontos altos reside na discussão da ação. Poucos autores, na história do pensamento político, como observa com acerto Bhikhu Parekh, articularam com tanta originalidade a complexidade, o significado, o alcance e o *pathos* da ação.[31] Por isso, pode-se dizer que o fascínio de Hannah Arendt pela ação fez com que ela examinasse a *vita activa* sobretudo a partir desta perspectiva. É neste contexto, portanto — o da preocupação em preservar as possibilidades da ação posta em xeque pela ruptura totalitária —, que o tema da estabilidade e o do movimento inerente à experiência jurídica se coloca na sua obra.

21. Na análise da gestão totalitária, Hannah Arendt mostra que um dos ingredientes importantes que tornou possível a ruptura foi o primado do movimento. Esse primado do movimento, como procurei realçar no capítulo 3, é necessário para que o mundo não adquira a normalidade, que advém da estabilização possibilitada pelas leis e as instituições, pois a normalidade, por pior que seja, impede a dominação total dos indivíduos. Daí a importância atribuída por Hannah Arendt ao "horizonte de estabilidade" inerente à legalidade, pois a experiência totalitária mostrou que uma "legalidade" que muda diariamente, sem um quadro estável de referência, pode levar à criminalidade generalizada de governantes e governados.[32]

Por outro lado, como a ação é temporalmente passagem, que se recupera pela reminiscência e tem como característica a liberdade, a fragilidade é um dos seus aspectos constitutivos. De fato, toda e qualquer sequência de feitos e acontecimentos poderia ter sido diferente do que foi, pois o campo do possível é sempre maior do que o campo real. Por essa razão, a verdade factual, que informa a ação política, não é nem evidente nem necessária, e o que lhe atribui a natureza de verdade efetiva é que os fatos ocorrem de uma determinada maneira e não de outra, como se vê no importante ensaio "Verdade e Política", em *Between Past and Future.*

Ora, uma das características da gestão totalitária é o emprego da mentira, que desfigura os fatos para adequá-los a uma ideologia, que Hannah Arendt define literalmente como a lógica de uma ideia, tendo como objeto a história à qual se aplica a ideia. Daí, na ruptura totalitária, a prevalência dos "inimigos objetivos", como tal considerados aqueles que são tidos como perigosos para o desdobrar lógico da ideia, na visão dos governantes, independentemente do que fizeram ou deixaram de fazer, como procurei mostrar no capítulo 3 e quando examinei o tema dos refugiados e das desnacionalizações coletivas. Daí também o reescrever da história não em termos de interpretação, mas sim de deliberada exclusão ou desfiguração dos fatos — é Trotski não participando da Revolução Russa nos compêndios soviéticos, ou a velha guarda bolchevique organizando um complô contra Stalin para enfraquecer a URSS e, assim, oferecer uma trégua a Hitler, de acordo com as "verdades" dos processos de Moscou.

Este tipo de manipulação da verdade factual, que implica a reabertura da possibilidade para o passado, impede que a História, como reminiscência, desempenhe a sua função, pois o repertório de opções é o campo do futuro e o papel da História é registrar os feitos e acontecimentos, decorrentes da ação política, a partir dos quais se entreabre a estabilidade do possível agir futuro.

Situações deste tipo, em larga escala, geram o ceticismo inibidor da ação, pois a mentira imposta pode destruir a verdade factual — assim como a violência destrói o poder —, mas não a substitui porque os fluxos e refluxos do primado ideológico do movimento carreiam uma instabilidade permanente que não dá um ponto de partida para o início de algo novo. Daí a importância, de que se deu conta Hannah Arendt em função da ruptura totalitária, de alguns mecanismos de defesa da verdade factual criados pelas sociedades modernas, fora de seu sistema político, mas indispensáveis para a sua própria sobrevivência. É o caso da imprensa livre, da universidade autônoma e, no contexto da legalidade, a relevância de um Judiciário independente, voltado para a apuração imparcial dos fatos no processo de conhecimento, sem o que o Direito não desempenha a sua função estabilizadora.[33] É por essa razão, como já foi apontado, que no processo de asserção dos direitos humanos a sua positivação tem como função servir — na lógica da inegabilidade dos pontos de partida da dogmática jurídica — como quadro estável de referências que torna aceitável a convivência com a variabilidade do Direito.

A estes riscos de instabilidade, desvendados pela ruptura totalitária, que realçam a fragilidade inerente aos assuntos humanos (e que levaram Hannah Arendt a sublinhar a importância do direito à informação no contexto da distinção entre o público e o privado — como se verá no próximo capítulo), agrega ela a especificidade fenomenológica da ação no quadro da *vita activa*. A ação, seja qual for o seu conteúdo específico, sempre estabelece relações. Estas não têm limitações dada a produtividade específica da ação, que por inserir-se no campo da liberdade, também tem como nota a imprevisibilidade. À ilimitação e à imprevisibilidade geradoras da incerteza quanto aos resultados do agir conjunto, cabe adicionar a nota da irreversibilidade. Não escapamos das consequências dos nossos atos. Fragilidade, inexistência de limites, imprevisibilidade e irreversibilidade, enquanto notas típicas da ação, levam Hannah Arendt a realçar a importância da lei que protege o poder, que para ela reside exclusivamente na ação.[34]

22. As leis, diz em *The Origins of Totalitarianism*, "destinam-se a erigir fronteiras e a estabelecer canais de comunicação entre os homens, cuja comunidade é continuamente posta em perigo pelos novos homens que nela nascem. A cada nascimento, um novo começo surge para o mundo, um novo mundo em potencial passa a existir. A estabilidade das leis corresponde ao

constante movimento de todas as coisas humanas, um movimento que jamais pode cessar enquanto os homens nasçam e morram. As leis circunscrevem cada novo começo e, ao mesmo tempo, asseguram a sua liberdade de movimento, a potencialidade de algo inteiramente novo e imprevisível; os limites das leis positivas são, para a existência política do homem, o que a memória é para a sua existência histórica: garantem a preexistência de um mundo comum, a realidade de certa continuidade que transcende a duração individual de cada geração, absorve todas as novas origens e delas se alimenta".[35]

Política e Direito são, portanto, para Hannah Arendt, como aponta Enégren, complementares: a primeira favorece a diversificação da ação e o segundo protege e preserva a sua especificidade. A legalidade impõe uma duração às vicissitudes da ação e a constituição cumpre o papel de delimitar o espaço público igualitário que torna possível a criatividade da ação,[36] pois sem a proteção estabilizadora da lei o espaço público não sobreviveria ao próprio instante da ação e do discurso.[37]

É, portanto, a preocupação com a estabilidade necessária para a ação que fez Hannah Arendt, em *The Human Condition,* dar realce à dimensão da durabilidade e, portanto, de trabalho do Direito.[38]

Com efeito, ela lembra, neste contexto, que na experiência grega a função do legislador estava associada a um artesanato — como a arquitetura —, pois tanto o legislador quanto o arquiteto criam objetos temporais: "[...] o legislador era como o construtor dos muros da cidade, alguém cujo trabalho devia ser executado e terminado antes que a atividade política pudesse começar. Consequentemente, era tratado como qualquer outro artesão ou arquiteto, e podia ser trazido de fora e contratado sem que precisasse ser cidadão, ao passo que o direito de *poli-*

teusthai, de engajar-se nas muitas atividades em curso na *polis*, era privilégio exclusivo dos cidadãos. Para os gregos, as leis, como os muros da cidade, não eram produto da ação mas da fabricação. Antes que os homens começassem a agir, era necessário assegurar um lugar definido e nele erguer uma estrutura dentro da qual se pudesse exercer todas as ações subsequentes: o espaço era a esfera pública da *polis* e a estrutura era a sua lei [...]".[39] Depreende-se, consequentemente, que no legislar os homens atuam como artesãos e o resultado técnico do seu fazer é um processo que leva a um fim, cujo resultado é um produto tangível — a lei.[40]

Platão e Aristóteles, observa Hannah Arendt, reagindo à precariedade da ação, promoveram a legislação e a construção da cidade ao mais alto nível da vida política. Daí deriva a longa tradição da teoria do bom legislador na história das doutrinas políticas, bastando mencionar os livros III e IV das *Leis* de Platão, o capítulo 1 dos *Discursos sobre a Primeira Década de Tito Lívio* de Maquiavel ou o capítulo 7 do livro II do *Contrato Social* de Rousseau. Esta tradição viu-se continuamente reforçada pela reflexão sobre a experiência romana, pois em Roma a fundação da cidade e o estabelecimento das leis constituíram-se como o grande e decisivo ato político, o evento fundador em relação ao qual todos os feitos e realizações posteriores tinham que ser relacionados para se revestirem de autoridade.[41]

Há, no entanto, um risco e um equívoco na identificação do Direito com a Política e na redução do Direito ao fazer do trabalho. O primeiro está muito claramente colocado por Hannah Arendt, pois na medida em que se entende o Direito como trabalho e se postula a identificação da Política com o Direito, na tradição que remonta a Platão, a especificidade da ação se perde, pois a meta passa a ser a fabricação da comunidade política. Dessa maneira, não há ação mas apenas a instrumentalização dos meios aos fins que caracteriza a atividade do *homo faber.*[42] Daí a complementaridade e não a identificação entre Política e Direito, conforme já foi observado. Entretanto, é essa complementaridade, em virtude de suas características próprias, que impede a redução do Direito a uma atividade exclusiva do *homo faber.*

Com efeito, na esfera dos negócios estritamente humanos, nós não podemos fabricar algo. Não se pode fazer leis e instituições como se fossem mesas e cadeiras, pois não se lida com os homens, realça Hannah Arendt, como se lida com qualquer "material". É por essa razão que a lei não é apenas muro que assegura a duração do espaço político, mas princípio da ação. É neste sentido que ela observa, em nota de rodapé, o interesse da colocação de Montesquieu, quando este, no *Espírito das Leis,* define lei como relação entre distintos seres e não como fronteira e limite, pois a sua preocupação era com os princípios que levam um governo a agir. Os princípios que levam um governo a agir dizem respeito aos homens. A *polis,* lembra Hannah Arendt, não era Atenas, mas os atenienses. É por isso que Tucídides afirmou que "os homens são a cidade, não as muralhas ou os navios sem os homens", e num dos famosos fragmentos de Heráclito está dito: "É preciso que lute o povo pela lei, tal como pelas muralhas".[43]

Hannah Arendt tem, na sua reflexão, muita consciência destes aspectos, tanto que, para ela, espaço público não é território, na acepção geográfica de localização e delimitação, mas antes de mais nada um conceito jurídico e político. É por esse motivo que, na análise do processo Eichmann — como foi visto —, ela está de acordo com a competência territorial da Corte de Jerusalém, pois a sua definição de território é a de um espaço interpessoal judaico, que antecede e fundamenta a reocupação geográfica de Israel pelos judeus.[44]

O espaço público de uma comunidade política, para Hannah Arendt, resulta da ação de seus membros. Estes não são sujeitos mas cidadãos, e as leis que eles criam não são para serem obedecidas apenas como os meios devem obedecer aos fins na atividade de fabricação, mas sobretudo apoiadas. É através do apoio que se leva adiante a iniciativa do agir conjunto. Obedecer à lei é apoiar o governo. É gerar poder para que ele dê andamento às suas iniciativas através da cooperação dos governados.[45] Neste sentido, para voltar à discussão de Passérin d'Entrèves com Hannah Arendt, o poder conferido pelo Direito não é propriedade de um indivíduo, mas algo que lhe é coletivamente conferido pelo apoio dos demais membros de uma comunidade. É, portanto, na análise da ação enquanto agir conjunto que se pode encontrar, penso eu, na visão arendtiana, o *fundamento* do Direito, apesar do destaque por ela atribuído à função de limite estabilizador do jurídico, que encontraria, à primeira vista, na durabilidade inerente à atividade do *homo faber* uma justificação ontológica preponderante.

23. Em *The Human Condition,* Hannah Arendt vê liberdade e soberania como situações excludentes. Se a soberania e a liberdade fossem a mesma coisa, diz ela, nenhum homem poderia ser livre, pois a soberania — a ideia de autossuficiência e autodomínio — contradiz a própria condição humana de pluralidade. Ninguém pode ser soberano porque a terra não é habitada por um homem, mas por homens. É na pluralidade — e não na necessidade dos outros, como imaginava Platão e a tradição política dele derivada — que Hannah Arendt busca o fundamento do Direito, encontrando nas próprias potencialidades da ação a maneira de lidar com as dificuldades da governabilidade, derivadas da não soberania.

São características da ação humana, para ela, a irreversibilidade e a imprevisibilidade que produzem a instabilidade. Entretanto, tanto a irreversibilidade quanto a imprevisibilidade encontram um recurso nas próprias potencialidades da ação. O recurso para a irreversibilidade é a faculdade de perdoar, cuja importância para os assuntos humanos foi articulada por Jesus, na medida em que este afirmou, nos Evangelhos, que o poder de perdoar não deriva de Deus, mas sim dos homens. O recurso para a imprevisibilidade e a caótica incerteza do futuro é a faculdade de prometer e cumprir promessas. *Perdoar* e *prometer* correspondem à condição humana da pluralidade e se opõem à noção platônica de governo, que se baseia no autodomínio soberano da relação do eu consigo mesmo. Não se promete ou se perdoa na solidão e no isolamento. É a presença dos *Outros* que confirma a promessa e o perdão.

24. O perdão, observa Hannah Arendt, é normalmente visto como irrealista na esfera pública devido à sua conotação religiosa. Ele tem, no entanto, função importantíssima nos negócios humanos: a de pôr fim a algo que sem a sua interferência prosseguiria indefinidamente.[46] O Direito Positivo reconhece a sua importância no direito de graça, que compreende tanto o indulto quanto a comutação, prerrogativa constitucional habitual dos chefes de Estado no mundo contemporâneo. O direito de graça é uma exceção à regra. Corresponde à possibilidade de rever com um gesto as possíveis distorções da lei. Frosini observa que o direito de graça é encontradiço em todos os ordenamentos jurídicos e, como a equidade, deve ser compreendido no todo de um ordenamento jurídico. Inspira-se numa lógica diversa da aplicação geral das normas jurídicas, pois busca confirmar o princípio de justiça, não o reduzindo ao formalismo da lei. Dessa maneira, através de um evento singular o direito de graça busca adicionar autoridade moral à lei.[47]

A alternativa ao perdão — que é a exceção à regra — é a punição. Perdão e punição (sobretudo quando esta, observo eu, funciona como sanção reparadora e expiadora) têm em comum, observa Hannah Arendt, pôr fim a algo.[48] Neste sentido, a sentença transitada em julgado desempenha, na vida normal do Direito, que é a da aplicação das normas, a função de encerrar a ação através de uma decisão. Com efeito, toda ação gera uma cadeia irreversível de feitos e acontecimentos. Julgar é definir e terminar uma ação. Por essa razão, Parekh aponta que, para Hannah Arendt, o juízo, histórico ou jurídico, busca pôr um termo à cadeia de feitos e acontecimentos. No plano histórico, através da compreensão, graças à qual, como já foi apontado, "em constante mudança e variação, nos ajustamos e nos reconciliamos com a realidade". No campo jurídico esta reconciliação é obtida através das sentenças do Judiciário, que representam a maneira como os homens, coletiva e publicamente, chegam a um acordo com as controvérsias do seu passado e preparam o caminho para o seu futuro.[49]

Este enfoque sobre o papel do Judiciário, à luz da visão arendtiana, pode ser aprofundado para um adequado entendimento do papel do Direito na *vita activa* com base nas indicações oferecidas por José Ignácio Botelho de Mesquita, inspirado em Hannah Arendt, sobre o princípio de liberdade na prestação jurisdicional. Existe no processo uma dimensão de estabilidade que resulta da não sujeição das partes à vontade do juiz, mas à vontade da lei. Esta dimensão de liberdade, baseada no princípio da legalidade, configura, na lide, o horizonte de estabilidade necessário para que haja confiabilidade no mundo jurídico. É a partir deste horizonte que as partes exercem a sua liberdade positiva de agir movendo o juiz através do contraditório para que, por meio da prestação jurisdicional, algo de novo se possa criar nas relações entre os homens: a justiça, no caso concreto, que se exprime através da sentença e, convertida em coisa julgada, põe fim ao processo.[50]

Hannah Arendt aponta que a base do perdão é o respeito e não o amor — relação sem mediações que percebe o *who* mas não o *what*. O respeito, como a *philia politike* aristotélica, é uma amizade sem intimidade ou proximidade: "é uma consideração pela pessoa, nutrida à distância que o espaço do mundo coloca entre nós, consideração que independe das qualidades que possamos admirar ou das realizações que possamos ter em alta conta".[51] Penso que o que Hannah Arendt diz a propósito da base do perdão é igualmente relevante na análise daquilo que deve separar o público do privado, e no exame do juízo histórico ou jurídico, como buscarei explicitar mais adiante, nos próximos capítulos.

25. Em oposição ao perdão, o poder de estabilização inerente à faculdade de fazer promessas sempre foi reconhecido pela tradição jurídico-política.

No Velho Testamento, observa Michael Walzer, a Aliança é a inovação política do *Êxodo*, cuja leitura muito sugestivamente serviu de modelo às diversas variedades de contratualismo moderno. De fato, e em contraste com as alianças mais antigas com Noé e Abrão, que são compromissos incondicionais com Deus, a Aliança no Sinai é fruto de uma escolha. É no meio do caminho, ainda no deserto e muito distante da Terra Prometida, que ocorre a promessa feita pelo povo. A Aliança estipulada no *Êxodo* é, neste sentido, um ato fundador, na acepção arendtiana, criador de uma nação composta de cidadãos que livremente consentem. Ela exprime uma vontade geral, pois tem a sua base no consentimento individual de todos, renovado de geração em geração. É por essa razão que o *Êxodo*, como grande alegoria da tradição que anuncia a redenção, teve a sua base na promessa. Esta não se estanca no tempo, pois sendo os altos e os baixos traços da condição humana, novas promessas são necessárias.[52]

Daí a vocação para a Aliança e a crença no poder da promessa recíproca que caracteriza o Velho Testamento. Também o *pacta sunt servanda* dos romanos, assim como a grande variedade das teorias contratualistas, confirmam o lugar central ocupado pela promessa na reflexão política.

A promessa busca lidar com dois aspectos da imprevisibilidade: "A treva do coração humano", ou seja, a inconfiabilidade fundamental dos homens, que não nos permite dizer hoje quem serão amanhã, e a impossibilidade de prever as consequências da ação numa comunidade de iguais, onde todos têm a mesma capacidade de agir.

A promessa observa Hannah Arendt, é a única alternativa à soberania que se fundamenta no domínio de si e dos outros. É a liberdade dada na condição de pluralidade. O perigo e ao mesmo tempo a superioridade das comunidades políticas que se baseiam nos contratos e nos tratados, e não na soberania e na obediência ao mando, é que elas não interferem nem com a imprevisibilidade dos negócios humanos, nem com a inconfiabilidade dos homens. Limitam a imprevisibilidade e a inconfiabilidade, criando ilhas de previsibilidade e marcos de confiabilidade. O que mantém unida uma comunidade política não é o espaço público, nem o poder de agir conjunto gerado neste espaço público, mas sim a promessa do contrato mútuo. A norma só se sustenta na boa intenção de enfrentar os riscos inerentes à criatividade da ação através da disposição de perdoar e de ser perdoado, fazer promessas e cumpri-las. O desejo de conviver com os outros na modalidade do discurso e da ação requer, consequentemente, a presença, na *vita activa,* da faculdade de desfazer o que fizemos e de controlar, pelo menos parcialmente, os processos que desencadeamos.[53]

26. Para o internacionalista que convive com um Direito baseado na distribuição individual do poder entre os Estados, a colocação de Hannah Arendt surge como extremamente apropriada. Sem a possibilidade de criar ilhas de previsibilidade através de tratados e de acordos, que se fundamentam no *pacta sunt servanda,* não seria possível a política internacional, porque não haveria aquele mínimo de controle dos processos desencadeados pela ação. Por outro lado, sem a possibilidade de, em certas circunstâncias, eximir-se das consequências, sempre imprevisíveis, da ação, a capacidade de agir ficaria extremamente limitada. É por essa razão que um dos assuntos mais importantes no Direito Internacional Público contemporâneo é o da gestão dos riscos inerentes à cooperação. Esta gestão envolve desde técnicas que procuram cuidar da incerteza que deriva da desconfiança mútua, que corrói o princípio do *pacta sunt servanda* — como os acordos para se chegar a um acordo, ou os acordos sobre temas de importância menor para ir-se construindo a confiança entre os parceiros — até as cláusulas de salvaguarda que limitam o alcance de um acordo, seja estipulando a sua duração ou revisão, seja estabelecendo a possibilidade de *waivers* que, em certas circunstâncias, permitam o não cumprimento das obrigações assumidas, mesmo na vigência do tratado. Este mesmo tipo de preocupação está presente no campo contratual, sobretudo nos contratos de longa duração que envolvem a cooperação das partes no tempo, como é o caso das *joint ventures* ou dos contratos de fornecimento.[54] É claro, no entanto, para voltar a Hannah Arendt, que estas técnicas são ilhas de certeza num oceano de incertezas, pois a faculdade de prometer e de perdoar não pode abarcar todo o futuro e traçar caminhos seguros em todas as direções.[55]

Para o cientista político e para o constitucionalista a colocação de Hannah Arendt é igualmente interessante. Com efeito, na medida em que o tema do neocontratualismo está na ordem do dia, pois a unidade do Estado é um processo contínuo que precisa se renovar pelo jogo das forças sociais para ensejar a governabilidade, como já foi observado mais de uma vez no correr deste trabalho, torna-se claro que esta renovação requer a presença da faculdade de prometer e de perdoar, criadoras das ilhas de certeza necessárias para a estabilidade do agir conjunto.

27. Esta minha leitura da visão arendtiana do Direito, em *The Human Condition,* encontra a sua confirmação numa importante nota que integra o ensaio sobre a violência. Nela, Hannah Arendt observa que a sanção não é da essência do Direito e, recorrendo a Passérin d'Entrèves, observa que certas leis não são comandos que se apoiam na sanção, mas sim diretivas aceitas. As diretivas, neste caso, são regras do jogo.

Hannah Arendt leva adiante esta reflexão, aliás, com o inteiro apoio de Passérin d'Entrèves, que na sua já mencionada carta de 12 de abril de 1970 afirma a relevância do aprofundamento do tema nos termos propostos em *On Violence.* Diz ela que a aceitação da norma não deriva nem da submissão voluntária nem do reconhecimento teórico de sua validade. A aceitação da norma é uma consequência do desejo de jogar. Eu não posso entrar no jogo se não me submeter às suas regras, e como o desejo de jogar, na condição da pluralidade, é o desejo de viver, não há como escapar das regras do jogo. Com efeito, todo homem nasce numa comunidade com normas preexistentes, que ele aceita porque não há outro meio de ingressar no grande jogo da vida. Um revolucionário pode querer mudar as regras do jogo e um criminoso pode querer abrir uma exceção individual a elas, mas negar as normas não significa simples desobediência, e sim recusar-se a entrar na comunidade humana. O dilema colocado pela alternativa: ou a lei é absolutamente válida e, por isso, requer o legislador perfeito (Deus; a voz do povo, que é a voz de Deus; a razão encarnada) ou a lei é simplesmente um comando, sem nada por trás, a não ser o monopólio da violência do Estado, é uma ilusão. Todas as normas são mais *diretivas* que *imperativas*. Elas dirigem o relacionamento humano, assim como as regras dirigem o jogo, e a sua garantia fundamental está contida no princípio do *pacta sunt servanda*.[56]

Na teoria jurídica o termo diretiva tem mais de um significado. Pode indicar uma norma de menor intensidade obrigatória, pois o comportamento nela contido é percebido pelo destinatário como proposto e não como imposto. É o caso das normas programáticas que estabelecem o fim, deixando em aberto a escolha dos meios. No sistema do Direito Comunitário Europeu a diretiva vincula o Estado-membro quanto ao resultado a ser alcançado, deixando aos órgãos nacionais a escolha da forma e dos meios apropriados para se chegar a um resultado. Bobbio considera diretivas aquelas normas que impõem ao destinatário a obrigação, não de observá-las, mas de tê-las presente, não as cumprindo apenas quando existe justificação motivada. É o caso dos pareceres no Direito Administrativo, que têm em comum com as normas programáticas uma certa discricionariedade do destinatário, com a diferença de que a discricionariedade não reside na escolha dos meios, mas sim na faculdade de aduzir argumentos plausíveis para justificar a sua não aplicação. Também merecem destaque, nesta ordem de considerações, as recomendações que emanam dos organismos internacionais. Estas são normas de Direito Internacional Público que procuram dirigir e orientar a conduta dos Estados.[57]

Não é, no entanto, neste sentido que, no meu entender, se deve interpretar o termo diretiva tal como colocado por Hannah Arendt. Penso que, para ela, o discurso jurídico é não só diretivo, mas constitutivo do jogo da ação na *vita activa*. Não se trata, em outras palavras, de normas que regulamentam formas de comportamento já existentes, precedente e independentemente das regras, como as normas de estacionamento ou de trânsito. Elas são normas constitutivas que definem formas de comportamento que não existem independentemente do jogo. É o caso das regras do xadrez, e também das normas derivadas da promessa. Estas são igualmente constitutivas, e porque criam comportamentos, são também reguladoras. É nesta acepção mais profunda das diretivas do Direito, como constitutivas do jogo da ação, que, penso eu, reside a colocação arendtiana. Elas são a condição de possibilidade da ação, condição necessária, mas não suficiente, pois o jogo da promessa — como apontou Hare na sua crítica a Searle — exige um amplo consenso em relação às normas constitutivas, pois sem este consentimento não há jogo.[58]

Hannah Arendt discute a natureza e a forma desse consentimento que, através de uma constituição, gera normas constitutivas de uma comunidade política. Em *The Human Condition* e num plano mais abstrato, o consentimento deriva das promessas de homens iguais e independentes. Em *On Revolution,* num plano mais concreto e tendo como pano de fundo a experiência francesa e norte-americana, ela retoma o tema afirmando: "A gramática da ação: vale dizer, a ação entendida como a única faculdade humana que requer uma pluralidade de homens; e a sintaxe do poder: vale dizer, o poder entendido como o único atributo que se refere tão somente a um espaço interpessoal no mundo pelo qual os homens estão mutuamente relacionados, combinam-se no ato de fundação em virtude do fazer e do manter promessas, que no domínio da política pode bem ser a mais alta faculdade humana".[59]

Em síntese, para Hannah Arendt a constituição é uma convenção, em que a contingência é uma virtude, pois a verdade da lei repousa no consenso geral da comunidade, que enseja a gramática da ação e a sintaxe do poder. Como para ela a gramática da ação e a sintaxe do poder resultam da pluralidade, o consenso *ex parte populi* faz de uma comunidade política uma associação voluntária, representando a Constituição o acordo de associação do qual deriva o pacto de governo. É por isso que, na visão arendtiana, a lealdade se estabelece com os outros cidadãos e não com o governo e os governantes.[60]

28. No mundo contemporâneo, depois da ruptura totalitária e tendo em vista a multiplicação das possibilidades de opressão, é possível recuperar um consenso geral, constitutivo de uma comunidade política criativa e criadora, aberta para as possibilidades da ação e, destarte, resgatadora da obrigação política e impeditiva da destrutividade da violência, para voltar à questão colocada no fecho de minha análise a respeito da crítica arendtiana à violência?

Na sua decomposição crítica da modernidade Hannah Arendt enfatiza o aspecto dissolvente da vitória do *animal laborans*. Esta foi tão completa que, praticamente, excluiu da *vita activa* o *homo faber* e a ação. Foi a vida da espécie que, afinal, se afirmou. Tudo o que não é necessário para o metabolismo da vida passou a ser visto como supérfluo ou como alguma particularidade da vida humana, em oposição à vida animal. Desapareceram as atividades e passaram a preponderar as rotinas e os processos.[61]

Embora ela não tenha tratado explicitamente do Direito na sua reflexão sobre o efeito deletério da vitória do *animal laborans*, não tenho dúvidas em afirmar que a sua análise é aplicável à experiência jurídica. Com efeito, o Direito, no mundo contemporâneo — e particularmente no Brasil —, vem perdendo a sua dimensão de durabilidade — que o aproxima do trabalho — e a sua dimensão de norma constitutiva da gramática da ação e da sintaxe do poder, para se converter em consumo. Daí a perversão ideológica do processo de positivação, inclusive no campo dos direitos humanos, como mostrou Tércio Sampaio Ferraz Jr., que leva a situações em que "Todo Mundo" é funcionalmente responsável pelos atos da coletividade, mas a "Ninguém" em particular — enquanto pessoa — se pode imputar essa responsabilidade.[62]

As normas, em outras palavras, graças à perversão funcional do processo de positivação, deixaram de ser ilhas de certeza no oceano das incertezas. Não podem ser qualificadas de jurídicas pelo seu conteúdo, mas sim pela sua forma — como se viu no capítulo 2 no exame da Filosofia do Direito encarada como Teoria Geral do Direito —, e se inserem em ordenamentos que vão perdendo a sua identidade e confiabilidade, inclusive pela mudança não só das normas primárias mas das próprias normas secundárias. As normas — primárias e secundárias — empregadas como instrumento de gestão estatal da sociedade vão sendo consumidas no seu próprio metabolismo, daí advindo a necessidade e a concomitante futilidade de seu processo de criação e desaparecimento.

Este é um dado fundamental para o entendimento da erosão da obrigação política, explicativo da erosão da lei, que constitui o quadro de referência explícito da análise de Hannah Arendt sobre a desobediência civil, como passo a seguir a examinar.[63]

(H) A DESOBEDIÊNCIA CIVIL COMO A REAFIRMAÇÃO DA OBRIGAÇÃO POLÍTICO-JURÍDICA NA VISÃO DE HANNAH ARENDT

29. A análise de Hannah Arendt sobre a desobediência civil tem como origem sua participação numa conferência realizada na Universidade de Nova York, em maio de 1970. O tema gené-

rico da conferência era: "Is the law dead?", e dela participaram Eugene V. Rostow, Robert Paul Wolff e Ronald Dworkin. Publicada em *The New Yorker* de 12 de setembro de 1970, o texto revisto e definitivo integra *Crisis of the Republic.*[64]

Na sua reflexão Hannah Arendt observa que a desobediência generalizada à lei — civil e penal — é uma tendência universal, que se verifica nos EUA e em outras partes do mundo, refletindo a diminuição da autoridade governamental e, consequentemente, as dúvidas dos cidadãos a respeito da legitimidade dos governos. Ela aponta, neste contexto, que se a mudança é inerente à condição humana, a velocidade da mudança no século XX é inédita, pois pela primeira vez a rapidez das transformações suplanta a substituição das gerações. O hiato das gerações deixou de ser a diferença, por assim dizer, "natural" entre pais e filhos, e está ocorrendo a cada quatro ou cinco anos. Esta velocidade sem precedentes, que é extrajurídica, atinge o Direito, afetando a relação entre estabilidade e movimento que tradicionalmente caracterizou a vida do Direito. Ela compromete, em verdade, o "horizonte de estabilidade" de uma comunidade política, fazendo com que o Direito, espelhando a velocidade da mudança, deixe de ter a dimensão de durabilidade necessária para a confiabilidade no mundo. Daí um dos aspectos da corrosão da autoridade da lei.[65]

A permissividade legal e o desafio à autoridade são marcas do nosso tempo que explicam a importância, no âmbito do paradigma da Filosofia do Direito, de um campo próprio de investigação voltado para a conduta dos destinatários das normas, tal como foi exposto no capítulo 2. A distância entre o Direito formalmente válido e a realidade social não significa, no entanto, que a desobediência civil possa ser considerada como uma variante adicional da crescente conduta ilícita. Em outras palavras, não é na falta de durabilidade da lei, na incompetência da polícia, na inépcia do sistema carcerário e na inadequação do Judiciário que se radica a desobediência civil. Esta tem uma especificidade própria, que Hannah Arendt vincula ao tema da obrigação política na sua acepção prescritiva, mencionando que, nos EUA, ela foi, *inter alia,* uma reação à segregação racial, à guerra do Vietnã e à presença crescente dos serviços secretos na vida pública.[66]

30. Na sua análise da obrigação política Hannah Arendt discorda de Rousseau e Kant na medida em que, para eles, o fundamento da obrigação política é a auto-obrigação dos contratantes. Ela entende, ao contrário, que a relação do eu consigo mesmo é insuficiente e inadequada para lidar com os Outros na esfera pública da pluralidade. Por isso, ao repassar o tema do consentimento no contratualismo, Hannah Arendt acentua a importância da versão horizontal do contrato em Locke — o pacto de associação — e realça que consentimento significa participação voluntária numa *societas.* A seguir, retoma o tema do consentimento tácito para, dando sequência ao que afirmara em outros textos, asseverar que ele é inerente à condição humana. Todos nós nascemos membros de uma determinada comunidade e só podemos sobreviver se nela somos bem-vindos e nos sentimos à vontade com as regras do grande jogo da vida, diretivas e constitutivas da interação de pluralidade. Vivemos e sobrevivemos, em outras palavras, por uma espécie de consentimento tácito que, no entanto, não podemos denominar de voluntário — pois por ser preexistente é predeterminado —, a não ser que o dissentimento seja uma possibilidade real. Com efeito, dissentir implica consentir, pois quem sabe que pode discrepar está consentindo quando não diverge.[67]

Na sua análise da experiência constitucional americana, Hannah Arendt chama a atenção para o "espírito das leis" da

Revolução Americana, observando que os princípios de ação da Constituição Americana resultam, à maneira de Locke, de uma *societas* baseada na reciprocidade, que leva a uma pluralidade que não se dissolve e da qual resulta uma união. Este é o significado do *e pluribus unum*, que contrasta com a aspiração a uma unidade completa, do tipo da *union sacrée* que caracteriza a experiência francesa de nacionalidade. No consenso constitucional americano a obrigação do cidadão é o dever de fazer e manter as promessas que levaram à constituição, pois estas, como foi visto, ordenam o futuro, tornando-o previsível e seguro dentro do humanamente possível. A promessa e o princípio do *pacta sunt servanda* têm, no entanto, limites que derivam da gramática da ação. Entre eles Hannah Arendt destaca a mudança excepcional de circunstâncias e a erosão da reciprocidade inerente a toda promessa, situações com as quais os *founding fathers* se preocuparam, salvaguardando os direitos das minorias dissidentes, para que estas não fossem submetidas à eventual tirania das maiorias.

O consentimento e o direito de dissentir ensinaram aos americanos a grande arte da associação voluntária, como mostrou Tocqueville, que Hannah Arendt cita com entusiasmo. As minorias, nos EUA, se associam, ensina Tocqueville, para verificar o seu peso numérico e enfraquecer o império moral da maioria, e é por essa razão que a liberdade de associação se converteu numa garantia necessária contra a tirania da maioria — posicionamento com o qual Hannah Arendt se sente inteiramente afim na medida em que toda a sua reflexão afirma a importância da diversidade e exprime o horror ao "um" da soberania e da vontade geral.

É interessante, neste contexto, abrir um parêntesis para realçar, no plano especificamente jurídico, o significado dos votos dissidentes na prática da Suprema Corte. Com efeito, Marshall, no início da vida da Corte, quando ela ainda não estava consolidada, pôs de lado a tradição inglesa dos votos individuais dos juízes e adotou o sistema de um voto único, redigido por um juiz em nome dos demais. A decisão numa só voz contribuiu para afirmar o Judiciário como poder de igual hierarquia à do Executivo e do Legislativo. Entretanto, a partir de 1805, com o primeiro voto dissidente do Juiz Paterson em *Simms and Wise v. Slacum*, consolidou-se a prática dos votos dissidentes. Estes mostram que a Corte é ao mesmo tempo o seu todo e os juízes que individualmente a integram — na linha do *e pluribus unum*. Quando a unanimidade não é possível, o voto dissidente cumpre a função de enfatizar o limite de uma decisão majoritária e realçar com o vigor maior ou menor da *ratio dicendi* minoritária, a possibilidade de, no futuro, alterar-se a força vinculante do precedente obrigatório — o *stare decisis* do sistema norte-americano. Este tem sido o papel dos grandes votos dissidentes na prática judiciária estadunidense, que vaticinaram o evolver dos *standards* que assinalam o progresso da sociedade norte-americana.

O *consensus universalis* da República Americana, lembra Hannah Arendt, continha, no entanto, a partir de suas origens, como aliás já notara Tocqueville, um gravíssimo problema: era o vício de origem representado pela não inclusão, no seu bojo, dos negros e dos índios. O caso *Dred Scott v. Sanford*, decidido em 1857 pela Suprema Corte, explicitou esta realidade quando afirmou, naquela época, que os negros não eram e não podiam ser cidadãos no sentido da Constituição Federal.[68]

Esta denegação do acesso igualitário ao espaço público — cuja relevância para a visão arendtiana da ruptura foi explicitada quando se discutiu a cidadania como o direito a ter direitos — é um dado importante que ajuda a explicar por que ela deu ênfase ao fato de que, nos EUA, no século XX, a primeira experiência importante de desobediência civil vincula-se à luta contra a segregação racial nos estados do Sul.

31. De fato, a ideia de Constituição, na reflexão de Hannah Arendt, tem a sua fonte de inspiração na experiência constitucional norte-americana, mas incorpora por acumulação e implicação outras dimensões que resultam de sua preocupação de ouriço com a ruptura. Assim, para ela constituição significa "*rule of law*"; o direito de dissentir de indivíduos ou grupos como condição para tornar a promessa não apenas o resultado de um consentimento implícito mas sim explícito — que desta maneira se estende no tempo — e também a plena aceitação, numa comunidade política, do Outro como semelhante.[69]

É por essa razão que ela sublinha que, na prática norte-americana, por obra do sistema federativo, a desobediência civil — como estratégia da luta pelo acesso ao espaço público — exprimiu-se preliminarmente através do não cumprimento de leis estaduais discriminatórias, com o objetivo de testar a constitucionalidade das mesmas. Neste sentido, o fundamento para a desobediência civil era o da inconstitucionalidade das leis que impediam a inclusão dos negros no *consensus universalis.* Esta inconstitucionalidade encontrou apoio na famosa decisão de 1954 da Suprema Corte: *Brown v. Board Education of Topeka,* que retomou o ponto de vista expresso no grande voto dissidente do Juiz Harlen em 1896, em *Plessy V. Ferguson.* Neste voto o Juiz Harlen afirmou que o princípio de "separados, mas iguais" era tão pernicioso para o espírito do *consensus universalis* almejado pela Constituição Americana quanto tinha sido a decisão *Dred Scott v. Sanford.* Daí a visibilidade do apelo do movimento dos direitos civis, baseado na desobediência, a uma *higher law* — a Constituição —, buscando tornar efetiva a 14ª Emenda, que tinha permanecido como letra morta por cerca de cem anos.

Este casamento entre moralidade, desobediência à lei e controle da constitucionalidade deixou, no entanto, de ser aplicável quando o movimento dos direitos civis, nos EUA, deixou de ser a luta pelo acesso igualitário ao espaço público e, portanto, a batalha pelo efetivo cumprimento das promessas da Constituição Americana.

Com efeito, na medida em que a desobediência civil assumiu as características de um desafio público a políticas governamentais, traduzindo-se no não cumprimento de leis federais, desfez-se o casamento acima mencionado. A Suprema Corte, contrariando as expectativas da resistência à guerra no Sudeste Asiático, recusou-se a deliberar sobre a legalidade da guerra do Vietnã, baseando-se na *political question doctrine*, ou seja, na soberania de decisões do Executivo e do Legislativo ligadas à razão de estado. É precisamente no contexto de uma situação para a qual não existem — como foi o caso da segregação racial — soluções no âmbito do Direito, que reside, como observa Hannah Arendt, o verdadeiro problema da desobediência civil.[70]

32. O tema do fundamento da desobediência civil, observa Hannah Arendt, é frequentemente analisado em termos da relação moral do cidadão com a lei, dando-se ênfase à consciência do indivíduo que se sente impedido de cumprir uma lei que ele considera moralmente inaceitável. O peso político atribuído a decisões morais encontrou um ponto de apoio no paradigma do Direito Natural, tanto na sua vertente religiosa, inspirada pela Filosofia Cristã, quanto na sua vertente secularizada, pois o pressuposto era o de que a voz da consciência, como um *lumen naturale*, seria a voz de Deus ou da razão, a iluminar os homens sobre a existência de uma lei superior à lei positiva. Daí a tendência de vincular-se a desobediência civil à objeção de consciência.

Hannah Arendt questiona esta colocação, da mesma maneira como não aceita como fundamento da obrigação política a auto-obrigação dos contratantes. As regras da consciência são as do diálogo do eu consigo mesmo. Dizem respeito à capacidade que cada indivíduo tem de conviver com os seus próprios atos. Elas são, neste sentido, subjetivas e respondem a um autointeresse, pois o que incomoda moralmente a um indivíduo pode não perturbar a outro.[71] Sem dúvida, e sobretudo em situações-limite — como ela apontou em "Thinking and Moral Considerations" —, as regras de consciência têm relevância para o mundo público. Entretanto, não é na consciência individual e numa filosofia da subjetividade que se fundamenta a desobediência civil. O desejo de ser bom está na esfera do privado e corresponde a uma legítima preocupação com o próprio ser. Entretanto, na ação política a preocupação não é com o *eu*, mas com o *mundo* e, portanto, na esfera do interesse público é que se coloca o tema da desobediência civil,[72] enquanto expressão do direito de resistência à opressão. É interessante, neste contexto, apontar que a Lei Fundamental de Bonn, que constitucionalizou o direito de resistência no seu artigo 20 — sem dúvida por força da experiência anterior de ruptura —, destaca que este direito conferido a todos os alemães está ligado ao interesse público na manutenção dos princípios constitucionais contemplados na Constituição Alemã.

Observa Hannah Arendt, neste sentido, sublinhando a dimensão pública da desobediência civil, que ela nunca é ato isolado de um indivíduo, mas sempre uma ação de grupo. O seu momento inicial resulta de minorias organizadas, unidas por uma opinião comum, que tomam a decisão de se opor a leis ou a políticas governamentais percebidas como injustas, ainda que estas tenham o apoio da maioria. É a ação conjunta, baseada no acordo, que dá credibilidade à desobediência civil, independentemente da maneira como as pessoas chegaram, individualmente, às suas conclusões. A consciência subjetiva pode levar um indivíduo a unir-se ao grupo, mas é na ação conjunta, e não na consciência individual, que reside o poder da desobediência civil, pois quem se isola renuncia ao poder, por mais válidas que sejam as suas razões. É só desta maneira, aliás, que se explica a desobediência indireta, ou seja, o não cumprimento, pelos "Freedom Riders", de leis de tráfego — leis que, enquanto tais, não eram passíveis de objeção, mas cujo descumprimento tinha como meta, nos EUA, protestar, coletiva e publicamente, contra outras leis e práticas governamentais tidas como injustas.

Conforme se verifica, Hannah Arendt liga a desobediência civil a uma associação voluntária, que tem como objetivo mostrar a sua força numérica e diminuir o poder moral da maioria — e que como se viu por ocasião da análise da evolução dos direitos humanos no liberalismo não é algo que possa ser exercido individualmente, como a liberdade de opinião. Da mesma maneira que os direitos derivados da liberdade de associação — a liberdade de participar de um partido político, de um sindicato, de fazer greve —, trata-se de algo que só pode ocorrer se várias pessoas concordarem com um curso comum de ação. Este curso comum de ação é público, ao contrário do ato criminoso, e é por essa razão que a desobediência civil nada tem a ver com a *conspiracy*, que é, no sistema norte-americano, conforme já foi apontado no exame da tipificação do genocídio, o conluio de duas ou mais pessoas para cometer um ato ilícito, ou que se torna lícito pela ação conjunta das pessoas envolvidas, mas que como todo ato criminoso evita o olhar do público.[73]

"A desobediência civil aparece", diz Hannah Arendt, "quando um número significativo de cidadãos se convence de que os canais normais de mudança já não funcionam e que as queixas não estão sendo ouvidas nem terão qualquer efeito [...]". Nos EUA foram situações-limite de emergência que, ao corroerem a autoridade das instituições, levaram, nos anos 60, à associação voluntária e ao dissentimento — práticas normais na experiência norte-americana — a se converterem em desobediência civil, ou seja, em resistência ilegal à opressão.[74]

A desobediência civil enquanto resistência *ex parte populi* à opressão é não violenta. Por isso, não é rebelde, pois não se coloca, arendtianamente, à revelia do processo de geração de poder, e pode vir a ser revolucionária, como foi o caso do movimento de Gandhi. Ela tem como fundamento a possibilidade de dissentir, que para Hannah Arendt é básica para o consentimento em relação às normas constitutivas do espaço público, pois quem pode discrepar está consentindo quando não diverge. É por isso que, para ela, quem obedece à lei apoia um governo, ajudando-o a se manter no poder. Por outro lado, a possibilidade de dissentir é uma realidade — e não uma utopia — que deriva da aptidão humana para agir em conjunto, graças à qual se gera poder, inclusive fora dos quadros institucionais vigentes — como ela enfatizou na discussão da resistência dinamarquesa às leis antissemitas impostas pelos nazistas. É por isso que a desobediência civil geralmente exprime um poder novo, que está surgindo e que se volta para a mudança do *status quo*.

33. Hannah Arendt entende que a desobediência civil enquanto forma extremada de dissentimento, que se exprime por meio da associação voluntária e que fala a linguagem da persuasão, é compatível com o "espírito das leis" nos EUA, e chega a sugerir a conveniência de uma emenda constitucional que positive este direito de resistência à opressão. Ela reconhece, no entanto, que esta positivação enfrenta sérias dificuldades no plano

jurídico. Com efeito, uma lei não pode, sem mais, autorizar o descumprimento da lei, pois todo ordenamento jurídico pressupõe um princípio último que o delimita como sistema — seja este princípio a soberania ou a norma fundamental —, pois sem esta delimitação não se operacionaliza a distinção entre lícito e ilícito. É por essa razão que, no paradigma da Filosofia do Direito, postula-se a fidelidade ao ordenamento, pois sem esta fidelidade desaparecem os princípios de unidade e de coerência com os quais, dentro da lógica do razoável, operam os juristas no seu trabalho epistemológico de comprovar, interpretar e conciliar normas de Direito Positivo.

A consciência deste problema não impede Hannah Arendt de insistir na criatividade da desobediência civil. Esta, com efeito, se ajusta perfeitamente tanto à sua concepção de poder como algo que resulta da concordância de muitos, quanto a um curso comum de ação, quanto à sua expectativa esperançosa no princípio da natalidade, vale dizer, na permanente capacidade que têm os homens de começar algo novo. Além do mais, como ela distingue o ordenamento jurídico do sistema político, conferindo preeminência a este último, a desobediência civil surge como possibilidade de resgatar a faculdade de agir e, desta maneira, como resistência legítima à degenerescência da lei que corrói uma comunidade política, impedindo a gramática da ação e a sintaxe do poder. Neste sentido, para ela a desobediência civil, sendo a expressão de um empenho político, não é a rejeição da obrigação política, mas a sua reafirmação. É por isso que, na lógica das situações-limite que caracteriza a reflexão arendtiana, o reconhecimento da relevância da desobediência civil, como diz com acerto Teresa Serra, é a asserção de uma função constitutiva da comunidade política, própria do agir do homem que vive e se constitui na interação da pluralidade.[75]

É interessante apontar, para arrematar esta discussão sobre a desobediência civil como instrumento válido de luta para obstruir a reconstituição de um estado de natureza totalitário, o que separa a visão arendtiana da de John Rawls, que também se dedicou ao estudo do fundamento da desobediência civil. Para Rawls, a desobediência civil é um ato político, público e não violento, contrário à lei, feito com o objetivo de promover a mudança de leis e de políticas governamentais. Esta definição — que não é incompatível com o que diz Hannah Arendt e com o que foi exposto no item E, quando tratei, *in genere,* da desobediência civil — vincula-se, em *A Theory of Justice,* com o que Rawls chama de deveres naturais, que não são, para ele, a mesma coisa que obrigação política. O dever natural de todos é o de apoiar e desenvolver instituições justas, inclusive a Constituição, quando esta é vista como justa. Não se trata de uma obrigação política, pois esta não vincula a universalidade dos cidadãos, mas apenas aqueles que a assumem por um ato voluntário — explícito e não tácito —, como é o caso, por exemplo, dos investidos em cargos públicos. Neste sentido, para Rawls a obrigação política é dos governantes e o dever natural é um atributo dos governados. É, portanto, no dever natural de todos — cidadãos ou estrangeiros — que podem apelar ao senso de justiça de uma comunidade que Rawls fundamenta a desobediência civil. Para Rawls, como já foi apontado, justiça é *fairness,* na linha de uma visão liberal do mundo baseada no pressuposto de que os homens são razoáveis, incomodam-se com a desigualdade e só podem aceitá-la se ela efetivamente trabalhar para o interesse de todos.[76]

Rawls, em outras palavras, se insere na lógica do razoável que caracteriza o paradigma da Filosofia do Direito, reelaborando em termos contemporâneos uma nova e dinâmica visão da noção de dever natural que permeia o paradigma jusnaturalista.

Ora, como foi visto no capítulo 3, não é possível lidar com a ruptura totalitária por meio da lógica do razoável dos deveres naturais. A igualdade não é um dado — um dever natural —, mas uma construção que requer, como enfatiza Hannah Arendt, o acesso ao espaço público e o vínculo da cidadania. A verdade da lei é uma contingência que repousa no consenso geral da comunidade, ensejadora da gramática da ação e da sintaxe do poder. É por isso que, para ela, o fundamento da desobediência civil é a reafirmação da obrigação política. É, portanto, na criatividade da ação e no seu *pathos* que Hannah Arendt, com a sua propensão metodológica para as situações-limite, em oposição ao dia a dia do razoável, busca a regeneração do Direito e a salvação da comunidade política, permanentemente ameaçada no mundo contemporâneo pelo horizonte ameaçador da reconstituição do "estado totalitário de natureza", agravado pela vitória avassaladora do metabolismo do *animal laborans.*

Neste sentido, o tratamento que dá à desobediência civil não foge às características da reflexão contemporânea sobre a resistência à opressão, que desloca a discussão do plano jurídico para o plano político. A sua originalidade reside na demonstração de que os meios violentos são inadequados porque destrutivos do poder e da autoridade, e de que o caminho para se evitar esta destrutividade reside na própria ação política, da qual a desobediência civil é uma expressão possível em situações-limite.

Evidentemente, o que fica faltando aprofundar, nesta exposição, é o tema dos parâmetros — a possibilidade de tipificação das situações-limite — para que a resistência à opressão, através da desobediência civil, não descambe no anarquismo — que não é a posição de Hannah Arendt, pois o que ela pretende não é o desaparecimento do poder e da autoridade, mas sim a sua recuperação. A isto voltarei no capítulo final, ao tratar do juízo na visão arendtiana. Antes, no entanto, se faz necessário, para o exato entendimento de sua posição, complementar o exame dos direitos humanos, que ela reivindica como indispensáveis para a tarefa da reconstrução do "contrato social" diante do risco da ruptura. Isto passa pela distinção entre a esfera do público — base da obrigação política, cuja reafirmação fundamenta a desobediência civil e que tem como pressuposto a cidadania como o direito a ter direitos, no contexto de um sistema internacional que qualifica o genocídio como crime contra a humanidade, por se constituir na recusa da condição humana da diversidade — e a esfera do privado, na qual ela, que dá tanta ênfase ao princípio da ação, radica o direito à intimidade — "the right to be let alone" —, longe, portanto, da interação pública da pluralidade.

8. Público e privado

O direito à informação e o direito à intimidade

(A) DIREITOS PÚBLICOS E DIREITOS PRIVADOS NA VISÃO DE HANNAH ARENDT

1. Num dos seus últimos textos Hannah Arendt discutiu a distinção entre direitos privados e direitos públicos. A oportunidade para esta discussão surgiu no contexto de um simpósio sobre Políticas Públicas e Humanidades, realizado na Universidade de Columbia, em Nova York, quando, em comentário-resposta a um trabalho de Charles Frankel, ela observou que não lhe parecia apropriado o pressuposto individualista de que os nossos direitos são privados e as nossas obrigações são públicas. Ela retomou, neste sentido, em "Public Rights and Private Interests", as suas preocupações com a distinção entre o público e o privado, já referidas quando do exame da cidadania como o direito a ter direitos.

Em "Public Rights and Private Interests", publicado, aliás, postumamente, Hannah Arendt sublinha que a vida pública e a vida privada devem ser consideradas separadamente, pois são diferentes os objetivos e as preocupações que as comandam. Os interesses de um indivíduo têm uma *premência* dada pelo horizonte temporal limitado da vida individual. Por isso, frequentemente se chocam com o bem comum, isto é, com aqueles interesses que temos em comum com os nossos concidadãos, que se localizam num mundo público — que compartilhamos, mas não possuímos — e que ultrapassam, por serem interesses comuns e públicos, o horizonte da vida de um ser humano considerado na sua singularidade. É por essa razão que ela contesta a ideia de que do jogo de interesses individuais surge necessária e harmoniosamente o interesse público. Daí advém, na minha leitura de Hannah Arendt, um dos sérios problemas que avassala o Direito contemporâneo, proveniente do conhecido fenômeno da publicização do Direito Privado e da privatização do Direito Público, pois este fenômeno leva à identificação e não à diferenciação entre a esfera do público e do privado.

2. Hannah Arendt considera por excelência como um direito público, ligado àqueles interesses que temos em comum com os nossos concidadãos, o direito de associação, que confere a "toda e qualquer pessoa o direito de se associar livremente com outras" — para usar a linguagem do art. 22 do Pacto da ONU de 1966 sobre Direitos Civis e Políticos. Ela, portanto, realça a importância da associação voluntária privilegiando, na sua exposição, entre os direitos humanos de primeira geração, os direitos individuais exercidos coletivamente. Estes, como foi visto, para terem vigência plena, requerem o vínculo da cidadania, que permite a construção da igualdade através do acesso à esfera do público.

A associação voluntária, inclusive na sua vertente mais radical, que é a desobediência civil — cujo significado em situações-limite, ligado à reafirmação da obrigação política, explorei no capítulo anterior —, pressupõe a condição humana da pluralidade e da diversidade. Hannah Arendt afirma ontologicamente a pluralidade e a diversidade, e é por isso que vê no genocídio, que procura exterminá-las, um crime contra a humanidade — como também já foi amplamente examinado no capítulo 6.

Em síntese, a sua preocupação com os direitos humanos, até agora discutidos, é com aqueles que, adequadamente exercidos *ex parte populi*, podem impedir a ruptura totalitária. De fato, esta tem como uma de suas notas o *isolamento* destrutivo da vida pública, que para ela requer a ação conjunta com outros homens, ou seja, o exercício do direito de associação, que gera poder, voltado para um mundo comum e compartilhado.

É interessante, neste contexto, relembrar que para o cidadão grego, na *polis* clássica, duas eram as ordens de existência: a pública e a privada. Daí a diferença entre *koinón* — aquilo que é comum (o público) — e *idion* — aquilo que é próprio, pessoal, privativo (o privado). De *idios*, por exemplo, deriva idiossincrasia, idioma, idiomático — mas também idiota, isto é, ignorante. O idiota, aponta Hannah Arendt, é aquele que vive apenas na sua casa e se preocupa apenas com a sua vida e as necessidades a ela inerentes. Por isso é ignorante, pois desconhece a relevância do mundo comum e compartilhado, cuja importância, para se evitar um novo estado de natureza totalitário, a visão arendtiana destaca, sublinhando a importância dos direitos humanos voltados para a esfera do público.

3. Hannah Arendt, no entanto, também aponta que uma das características do totalitarismo, como forma inédita de governo e dominação, é a *desolação*, que impede a vida privada e promove o desenraizamento. A desolação faz desaparecer a inti-

midade, que é, para ela, essencialmente uma descoberta positiva e importante do mundo moderno. A desolação, além do mais, é um óbice *à vita contemplativa*, pois nela não se dá o estar só ensejador do diálogo socrático do eu consigo mesmo, que explica a frase atribuída a Catão por Cícero: "nunquam minus solum esse quam cum solus esset". De fato, na desolação a pessoa está sozinha, porque, não tendo mais identidade, não consegue fazer-se companhia na solidão. É, portanto, aquela situação em que — como diz Jaspers, em frase que Hannah Arendt recorda — eu estou em falta comigo mesmo e não tenho tranquilidade para pensar, e o pensamento, para ela, ao questionar prejulgamentos, torna possível uma autêntica *vita activa*. Para esta situação, que não abre espaço para *The Life of the Mind*, o totalitarismo concorre poderosamente, através da propaganda e da ideologia instrumentalizadas pelo terror, ao prender as pessoas ao mundo das aparências e ao agudizar, através da atomização do indivíduo na massa, o estar sozinho da desolação.

É por isso que, na visão arendtiana — tão vinculada enquanto "ouriço" ao tema da ruptura, e tão voltada enquanto "raposa" para a possibilidade da pluralidade e da diversidade, tanto da *vita activa* quanto da *vita contemplativa* —, um dos mais importantes direitos privados, que se coloca igualmente na perspectiva *ex parte populi*, é o direito à intimidade.[1] É "the right to be let alone" de que falava Brandeis, que ela cita com toda a propriedade, pois foi Brandeis, num artigo escrito em parceria com Samuel Dennis Warren e publicado em 1890 na *Harvard Law Review*, um dos juristas que impulsionaram a elaboração doutrinária e jurisprudencial em torno deste direito, realçando a importância, para as pessoas, do estar só.

(B) O DIREITO À INTIMIDADE E O DIREITO À INFORMAÇÃO — CONFLITO E COMPLEMENTARIDADE

4. O direito à intimidade é hoje considerado parte integrante dos direitos da personalidade. Tutela o direito do indivíduo de estar só e a possibilidade que deve ter toda pessoa de excluir do conhecimento de terceiros aquilo que a ela só se refere, e que diz respeito ao seu modo de ser no âmbito da vida privada.

A postulação de um direito à intimidade é uma consequência das novas realidades sociais do mundo contemporâneo. Estas realidades vêm levando, de um lado, à interferência crescente na esfera da vida privada por parte do poder público — tanto no exercício quotidiano do poder de polícia quanto no campo da atividade judiciária — e, de outro, à maior possibilidade de terceiros se intrometerem no âmbito da intimidade das pessoas. Para isso vêm concorrendo os artefatos derivados da inovação tecnológica, como teleobjetivas, gravadores de minúsculas dimensões, aparelhos de interceptação telefônica, computadores.

A construção doutrinária e pretoriana em torno do direito à intimidade tem como ponto de partida o tema clássico da inviolabilidade de domicílio, passa pelo sigilo da correspondência, o segredo profissional, o direito à honra e à reputação, e acabou adquirindo projeção autônoma em relação aos demais direitos da personalidade, que têm como objeto a integridade moral do ser humano.[2]

A Declaração Universal dos Direitos do Homem de 1948 — que, seja dito de passagem, é uma resposta à ruptura totalitária — contempla o direito à intimidade no seu artigo 12: "Ninguém sofrerá intromissões arbitrárias na sua vida privada, na sua família, no seu domicílio ou na sua correspondência, nem ataques à sua honra e reputação. Contra tais intromissões ou ataques toda pessoa tem direito à proteção da lei". O direito à intimidade está igualmente previsto no art. 17 do Pacto da ONU sobre Direitos Civis e Políticos; no art. 11 da Convenção Americana de 1969 sobre os Direitos do Homem e no art. 8º da Convenção Europeia de 1950 sobre os Direitos do Homem, que o formula da seguinte maneira: "Qualquer pessoa tem direito ao respeito de sua vida privada e familiar, do seu domicílio e de sua correspondência".

O direito à intimidade, como um direito autônomo da personalidade, é tutelado em diversos sistemas jurídicos nacionais. Entre nós, pode-se dizer que ele é um dos direitos humanos implicitamente reconhecidos pela Emenda Constitucional de 1969, por força do § 36 do art. 153. A primeira referência explícita, em texto legal brasileiro, ao direito à intimidade como um todo é o art. 49 da Lei nº 5250, de 9 de fevereiro de 1967 — a Lei de Imprensa —, que estabeleceu a responsabilidade civil nos casos de calúnia e difamação, se o fato imputado, ainda que verdadeiro, disser "respeito à vida privada do ofendido e a divulgação não foi motivada em razão de interesse público". O art. 162 do Código Penal de 1969, que não entrou em vigor, acolheu entre os crimes contra a inviolabilidade dos segredos a violação da intimidade. O Projeto de Código Civil, ora em tramitação no Congresso Nacional, elaborado pela comissão presidida por Miguel Reale, ao cuidar dos direitos da personalidade, também contempla o direito à intimidade, graças, *inter alia*, à iniciativa de uma emenda proposta em 1976 pelo então Deputado Tancredo Neves. É a seguinte a redação do texto do Projeto de Código Civil sobre a matéria, tal como aprovada pela Câmara dos Deputados:

> Art. 212 — A vida privada da pessoa física é inviolável, e o juiz, a requerimento do interessado, adotará as providências necessárias para impedir ou fazer cessar ato contrário a esta norma.[3]

Também cabe destacar que a lei nº 7232, de 29 de outubro de 1984, ao dispor sobre a política nacional de informática, estabelece, entre os princípios desta política, a proteção ao sigilo dos dados armazenados, processados e vinculados, que sejam do interesse da privacidade das pessoas (art. 2º, VIII).

5. A positivação de um direito humano, conforme já foi visto quando foram examinados os processos históricos de asserção dos direitos de primeira, segunda e terceira geração, não elimina, e por vezes exacerba, os problemas práticos de sua tutela. É o que ocorre quando surgem situações por força das quais distintos direitos humanos podem ser vistos não apenas como complementares, mas também como contraditórios. É isto o que sucede com o direito à intimidade, que frequentemente se choca com o direito à informação e com a prática dele derivada do jornalismo de investigação, que tem sido considerado um ingrediente importante da liberdade de imprensa.[4]

6. O direito à informação, que no Direito das Gentes, como o direito à intimidade, tem como objeto a integridade moral do ser humano, é precipuamente uma liberdade democrática, destinada a permitir uma adequada, autônoma e igualitária participação dos indivíduos na esfera pública.

A Declaração Francesa de 1789 já antecipara este direito, ao afirmar não apenas a liberdade de opinião — artigo 10 —, mas também a livre comunicação das ideias e opiniões, que é considerada no artigo 11, um dos mais preciosos direitos do homem. Na Declaração Universal dos Direitos do Homem, o direito à informação está contemplado no art. 19 nos seguintes termos: "Todo o indivíduo tem direito à liberdade de opinião e de expressão, o que implica o direito de não ser inquietado pelas suas opiniões e o de procurar, receber e difundir, sem consideração de fronteiras, informações e ideias por qualquer meio de expressão". O direito à informação está igualmente consagrado em outros textos internacionais, entre os quais destaco o Pacto da ONU sobre Direitos Civis e Políticos — art. 19 —; a Convenção Americana sobre os Direitos do Homem — art. 15 —; a Convenção Europeia dos Direitos do Homem — art. 11 — e a Carta Africana dos Direitos do Homem e dos Povos de 1981 — art. 9º. Entre nós, ele está consagrado no art. 1º da Lei de Imprensa, a Lei nº 5250, de 9 de fevereiro de 1967, acima citada como o primeiro texto legislativo brasileiro que contemplou com mais precisão o direito à intimidade.

O direito à informação, como se vê pela leitura do texto da Declaração Universal dos Direitos do Homem, está ligado à liberdade de opinião e de expressão. Estas envolvem tanto uma neutralidade por parte dos Outros — a liberdade negativa de não se ver molestado pelas suas opiniões — quanto a liberdade positiva de expressar publicamente suas ideias. Ambas, enquanto expressões do *sapere aude* kantiano, pressupõem uma informação exata e honesta como condição para o uso público da própria razão, que enseja a ilustração e a maioridade dos homens. É por essa razão que a democracia, por obra do legado kantiano, tem como uma de suas notas constitutivas o princípio da publicidade e o da transparência na esfera do público.[5]

7. Hannah Arendt tem uma percepção muito clara da relevância do direito à informação como meio para se evitar a ruptura totalitária. Com efeito, uma das notas características do totalitarismo é a negação, *ex parte principis,* da transparência na esfera pública e do princípio da publicidade, seja através da estrutura burocrática na forma de cebola, seja através do emprego da mentira e da manipulação ideológica, que impedem a circulação de informações exatas e honestas — conforme foi visto no capítulo 3 e em outros trechos deste trabalho. Ocorre, no entan-

to, que o direito à intimidade estabelece um limite ao direito de informação ao impor o respeito ao segredo da vida privada. É por essa razão que, na dialética do conflito e da complementaridade da tutela desses dois direitos, é preciso ponderar o interesse público de se procurar, receber e difundir uma informação. Daí a importância de se arrematar esta reflexão sobre a contribuição arendtiana aos direitos humanos tomando como ponto de partida, para o exame da possível antinomia entre o direito à intimidade — que ela afirma como um direito privado essencial — e o direito à informação — que é uma das condições para o adequado exercício do direito de associação, por ela considerado um direito público por excelência —, sua análise sobre a distinção entre o público e o privado.

(C) PÚBLICO E PRIVADO — OBSERVAÇÕES PRELIMINARES

8. Público/Privado constitui uma das grandes dicotomias do Direito. É por essa razão que Radbruch, reconhecendo a sua importância, entende que os conceitos de Direito Público e Direito Privado são categorias *a priori* do pensamento jurídico, no sentido de que tem sempre cabimento indagar a propósito de qualquer preceito jurídico a respeito do domínio a que pertence. Somente a relação entre o Direito Público e o Privado, numa escala hierárquica de valores, aponta Radbruch, é que se acha sujeita a variações históricas vinculadas a diferentes concepções do mundo.[6] No exame desta dicotomia, que tem uma função heurística indiscutível na epistemologia jurídica, importa mencionar que existem duas acepções básicas a partir das quais se estruturam as relações de oposição entre os termos: na primeira, público é o que afeta todos ou a maioria, sendo portanto o *comum*, que se

contrapõe ao privado, visto como o que afeta a um ou a poucos; na segunda, público é o que é *acessível a todos*, em contraposição ao privado, encarado como aquilo que é reservado e pessoal.

A primeira acepção está formulada com clareza pelo Direito Romano. O *Digesto* inicia explicando que existem duas posições no estudo da Justiça e do Direito: a do público e a do privado, esclarecendo que é Direito Público o que diz respeito ao estado da república, e Direito Privado o que diz respeito à utilidade dos particulares e realçando que existem coisas de utilidade pública e outras de utilidade privada (*Digesto*, 1, 1, 1). Na perspectiva que deriva das origens romanas, a diferenciação entre o público e o privado tem como objetivo afirmar a supremacia do público enquanto aquilo que é de utilidade comum, que por isso mesmo se sobrepõe à utilidade singular. Daí a razão pela qual "jus publicum privatorum pactis mutari non potest" (*Digesto*, 2, 14, 32).

Na segunda acepção, público é aquilo que é aberto ao conhecimento de todos, por contraposição ao privado, que é restrito a poucas pessoas e que, no limite, se configura como secreto.[7] Nesta segunda acepção, o público tem muito a ver com a democracia, entendida, como observa Bobbio, desde a experiência grega, como sendo o governo do poder público, exercido em público. Com efeito, numa democracia a visibilidade e a publicidade do poder são ingredientes básicos, posto que permitem um importante mecanismo de controle, *ex parte populi*, da conduta dos governantes. É por essa razão que, no mundo moderno, a representação política democrática, que substitui a *ágora* da *polis*, só pode ter lugar na esfera do público e um Parlamento só é representativo, como aponta Carl Schmitt, se existe a crença de que a sua atividade específica reside na publicidade. Neste sentido, numa democracia a publicidade é a regra básica do poder e o segredo a exceção, o que significa que é extremamente limitado o espaço dos *arcana imperii*, ou seja, dos segredos de Estado. O fundamento democrático para o cerceamento dos *arcana imperii* reside no fato de que eles servem para o exercício de um *jus dominationis*, que, como explicam os teóricos da razão de estado, confere ao soberano o direito de se colocar acima do *jus commune* dos cidadãos, definindo a partir de critérios que lhe são próprios e não revelados o que é *bonum publicum*.[8]

(D) PÚBLICO/PRIVADO — A CONCEITUAÇÃO ARENDTIANA DO PÚBLICO — O PROBLEMA DA MENTIRA E DO SEGREDO E O DIREITO À INFORMAÇÃO — ALCANCE E LIMITES

9. Hannah Arendt, em *The Human Condition*, ao discutir a esfera do público, inicia reconhecendo que o termo público designa dois fenômenos relacionados: (I) o de tudo aquilo que vem a público e pode ser visto e ouvido por todos; e (II) o mundo comum a todos, que para ela não se reduz à terra, à natureza ou a Deus, mas é em verdade um artefato humano, constituído por coisas criadas que se inserem entre a natureza e os homens, unindo-os e separando-os num habitat humano.

A afirmação política de um mundo comum confiável requer que ele não seja erigido por uma geração e planejado apenas para a vida. Deve ter uma certa permanência e durabilidade, transcendendo, consequentemente, a existência individual dos homens. Este algo de imortal do mundo humano, que nada tem a ver com a eternidade, para Hannah Arendt significa a possibilidade de duração, no tempo, de trabalhos feitos e palavras que resultam da *vita activa*. Esta possibilidade de duração é, como foi visto, uma faceta da relevância que ela atribui à temporalidade na análise do conceito de autoridade.

Segundo a concepção de Hannah Arendt, o habitat humano, em que entramos quando nascemos e que deixamos ao morrer, é composto de objetos que são coletivos e, por isso, públicos, porque existem independentemente dos indivíduos, mas são por eles vistos e percebidos conjuntamente, quer sejam eles materiais — como cidades ou monumentos —, quer sejam imateriais — como leis ou instituições sociais. Um mundo comum com essas características só pode sobreviver ao fluxo do ir e vir das gerações na medida em que apareça em público. Com efeito, é só através da publicidade da esfera pública que a política — entendida arendtianamente enquanto o campo de comunicação e de interação que assegura o poder do agir conjunto — pode ter continuidade no tempo. Em outras palavras, um mundo comum, que necessariamente deve ir além do horizonte temporal das premências de cada vida individual para poder ser compartilhado, exige uma definição das regras do jogo político que permitam perpetuar e caracterizar o espaço público.[9]

10. Conforme se verifica, Hannah Arendt, em *The Human Condition*, procura estabelecer as razões ontológicas que levam a uma identificação entre o público como o comum e o público como o visível no âmbito da *vita activa*. Este esforço de identificação tem as suas raízes hermenêuticas na análise arendtiana da dominação totalitária. De fato, esta tem uma dinâmica que se baseia no secreto e no segredo. Daí a importância, já reiterada neste capítulo, para o totalitarismo, tanto da estrutura burocrática na forma de cebola, que assegura a opacidade do poder, quanto da polícia secreta, que busca realizar o ideal supremo do poder na perspectiva *ex parte principis*: o de tudo ver sem ser visto. O tudo ver sem ser visto é o que torna muito concreta a observação arendtiana de que num Estado totalitário "o verdadeiro poder começa onde o segredo começa". É isto que viabiliza

a máxima de uma dominação totalitária: tudo que não é proibido é obrigatório, que culmina no campo de concentração enquanto instituição total. É por essa razão que, em síntese, do ponto de vista da acepção de público na sua dimensão de visibilidade ou invisibilidade, a gestão totalitária leva às suas últimas consequências o *Panopticon* de Bentham, tal como analisado por Foucault. Trata-se de uma imensa máquina de dominação que dissocia o ver do ser visto. Dessa maneira, o governante é tanto mais capaz de comandar quanto mais escondido estiver, vendo tudo, e os governados estão tanto mais subjugados quanto mais souberem que são vistos, mas não sabem onde estão os governantes que os veem.[10]

Daí a desolação alienante do totalitarismo, que tem como uma de suas características não a politização da sociedade, mas a destruição da esfera pública e a eliminação da esfera privada.[11] Porque os limites do público e do privado não existem e são oscilantes por força da lógica do totalitarismo no poder, é que se trata de um regime que constitutivamente não abre espaço para a tutela do direito à intimidade na perspectiva *ex parte populi*.

A inexistência de limites entre o público e o privado, que caracteriza o totalitarismo, tem também consequências que configuram uma ruptura para a esfera pública, por força do impacto *ex parte populi* do segredo *ex parte principis*. O segredo na perspectiva *ex parte principis*, como observa Bobbio, é uma das notas típicas de regimes autocráticos. Adquire, no entanto, uma especificidade inédita nos regimes totalitários, dadas as diferenças entre a mentira dos antigos e a mentira dos modernos, que passo a examinar.

11. As autocracias exacerbam a propensão dos governantes a se preocuparem com a manutenção de seu poder, levando-os a se defender dos inimigos, reais ou imaginários, através da *menti-*

ra, seja simulando, isto é, fazendo aparecer aquilo que não é, seja dissimulando, isto é, não fazendo aparecer aquilo que é. De fato, os *arcana imperii* comportam dois fenômenos diversos, porém relacionados: o do poder oculto, que se esconde nos segredos de estado, e o do poder que oculta valendo-se da mentira.[12]

A mentira, observa Hannah Arendt, tem sido encarada como justificável nos negócios políticos e possível porque as verdades factuais nunca são verdades evidentes. Por isso, são vulneráveis e necessitam de testemunho e de testemunhas confiáveis para serem estabelecidas. Entretanto, porque as verdades factuais sempre comportam dúvidas, a mentira é uma tentação que não conflita necessariamente com a razão, porque as coisas poderiam ser como o mentiroso as conta. Em circunstâncias normais, no entanto, o mentiroso é derrotado pela realidade, pela imensidão da factualidade, que não pode ser encoberta pelo tecido da mentira.

A eficácia da mentira, mesmo numa autocracia, depende de uma noção clara de verdade, que o mentiroso deseja esconder. Neste sentido, a verdade, ainda quando não revelada publicamente, possui primazia em relação à falsidade, conforme observa Hannah Arendt. É por essa razão que a mentira *ex parte principis,* clássica, esconde a verdade astuciosamente nas arcas do Estado (como a própria etimologia de *arcana* revela), mas não a destrói. Neste sentido, a mentira do Príncipe é uma simulação limitada, que ele justifica porque a considera útil para a sociedade, com fundamento numa tradição do pensamento político que remonta a Platão, segundo o qual a mentira do governante é lícita quando útil.[13]

Não é esta, no entanto, a característica básica da mentira política contemporânea, que busca substituir-se aos fatos. A experiência do totalitarismo, observa Hannah Arendt, e a confiança dos governantes no poder da mentira vêm levando ao esforço não de esconder uma parte, mas de destruir toda a verdade factual, manipulando os acontecimentos do passado para atender aos seus desígnios e às suas ideologias. Daí um aspecto da ruptura, pois quando isto ocorre a mentira se torna contraproducente, já que a verdade factual é o principal fator estabilizador nos sempre cambiantes assuntos humanos. A verdade destruída não pode ser substituída. Ela gera a impotência, pois se "o passado e o presente são tratados como partes do futuro — isto é, levados de volta ao seu antigo estado de potencialidade" —, a esfera da política e do público se vê privada "não só de sua principal força estabilizadora, como do ponto de partida para transformar, para iniciar algo novo".[14]

O totalitarismo levou a ubiquidade da mentira a limites impensáveis pela tradição, o que acabou trazendo consequências para a experiência política contemporânea pós-totalitária. Com efeito, a manipulação *ex parte principis* da verdade factual, para obter o consenso *ex parte populi,* se viu multiplicada pelo uso da propaganda e pela força dos novos meios de comunicação, mesmo nos regimes democráticos.

Foi por essa razão substantiva que Hannah Arendt também discutiu a mentira deliberada dos altos escalões do governo norte-americano que no afã de preservar a imagem imperial dos EUA desfactualizaram as realidades da guerra do Vietnã, perdendo, neste processo, o sentido do real e o senso do comum necessário para o juízo. Daí a relevância — para se evitarem crises na *Respublica* — do jornalismo de investigação, baseado no direito a uma informação exata e honesta, que levou à publicação, pelo *New York Times,* dos "Pentagon Papers", que suscitaram a reflexão de Hannah Arendt, posterior a *The Origins of Totalitarianism,* sobre o efeito deletério da mentira no domínio público.[15]

12. Hannah Arendt tem, evidentemente, consciência clara de que uma informação exata e honesta, base da verdade factual, é problemática. Por essa razão, discutiu as relações entre verdade e política num dos importantes ensaios incluídos em *Between Past and Future*.

Ela observa que a verdade da política não se apoia nem na necessidade, nem na evidência, pois toda sequência de fatos poderia ter sido diferente, uma vez que o campo do possível é sempre maior que o campo do real. O que confere à verdade factual a natureza de uma verdade efetiva é que os fatos ocorreram de uma determinada maneira e não de outra. Foram os alemães que invadiram a Bélgica em agosto de 1914; Trotski foi um dos grandes protagonistas da Revolução Russa, apesar de isso não constar dos compêndios históricos stalinistas; o nazismo foi um movimento majoritário na Alemanha dos anos do III Reich, ainda que isto contrariasse os desejos da Adenauer no seu esforço de reconstrução democrática da República Federal da Alemanha. O oposto da verdade factual não é o erro, mas a mentira, e esta, quando não apenas esconde mas destrói a verdade, transforma-se em autoilusão. Daí a importância de instâncias como a Imprensa Livre, o Judiciário Independente, a Universidade Autônoma, enquanto instituições criadas pela sociedade para ter entre os seus objetivos primordiais a busca desinteressada da verdade. Esta é algo distinto, pelo empenho de imparcialidade de que deve revestir-se, da opinião representativa e qualificada que, na interação política, se forma na esfera pública, e que resulta, ontologicamente, da condição humana da pluralidade e da diversidade.

Observa, neste sentido, Antonio Candido, examinando a relação entre o "saber que se chama desinteressado" e a ação política, a propósito do futuro da Universidade em nosso país: "Chegaremos a uma universidade onde a atividade política não sirva de pretexto para escapar à dura e difícil tarefa do saber, que exige concentração, em etapas nas quais o estudioso pode pôr o mundo entre parêntesis. Uma universidade onde, reciprocamente, a busca fundamental do saber não seja pretexto para ignorar os graves problemas do tempo, nem o dever de participar para a sua solução".[16]

Não é fácil pôr o mundo entre parêntesis na busca desinteressada da verdade, mesmo em instituições que têm como objetivo primordial a sua pesquisa, dadas as determinações sociais do pensamento, sobretudo no campo da política. É certo, por outro lado, que opiniões a respeito da solução para os problemas do tempo são informadas por fatos, e que opiniões inspiradas por diferentes interesses e paixões podem diferir amplamente sem deixarem de ser válidas e legítimas no que diz respeito à verdade factual. O que Hannah Arendt aponta é que a liberdade de opinião e de pensamento (base da Universidade Autônoma e da Imprensa Livre) e a independência do juiz para decidir no âmbito da lei (fundamento do judiciário no Estado de Direito) se convertem numa farsa, afetando a opinião representativa e qualificada que, na interação política, se forma na esfera pública — a não ser que a informação factual seja garantida e que os próprios fatos não sejam ideologicamente questionados.

O totalitarismo, precisamente porque exprime de forma extremada o conflito latente entre opinião e a contingência da verdade factual, anula a liberdade de opinião ao dissolver os fatos na *hybris* da mentira. Daí a preocupação arendtiana com a objetividade, com o direito à informação exata e honesta que é fundamental para a preservação da verdade factual. Esta corrobora a atividade e o pensamento político, assim como a verdade racional informa a especulação filosófica e a verdade empírica a ciência.

13. Em seu curso de 1966, na Universidade de Chicago, intitulado *Basic Moral Propositions*, Hannah Arendt sublinha que os regimes de Hitler e Stalin desrespeitaram a proibição do falso testemunho — um dos preceitos básicos do Velho Testamento.[17] Este preceito, que traduz preocupação com a verdade factual e reprovação da mentira, é um ingrediente substantivo da moral bíblica. Está dito no *Êxodo* (23, 1): "Não espalharás notícias falsas, nem darás a mão ao ímpio para seres testemunha de injustiça", e reafirmado nos *Provérbios* (19, 9): "A falsa testemunha não ficará impune, quem diz mentiras perecerá".

Kazov — a palavra hebraica para denotar a mentira na vida jurídica e política —, como algo distinto de *shequer*, ilusão, engano e, portanto, o inverídico em geral é vigorosamente condenado enquanto sinal de corrupção da sociedade que leva à ruína, uma vez que, para o homem bíblico, no passado não existem possibilidades, apenas fatos. É a partir dos fatos que a liberdade, entendida como escolha entre o bem e o mal, a felicidade e a infelicidade, a vida e a morte (*Deuteronômio* 30, 15; 30, 19), se coloca como uma opção que se faz no presente, voltada para o futuro.

Embora Hannah Arendt tivesse apenas apontado e não explorado, na sua análise da ruptura no curso acima citado, a tradição judaica, penso que vale a pena registrar que esta é pertinente num exame da relação entre a verdade factual e a mentira. De fato, a tradição judaica insiste na preeminência da verdade e na fugacidade da mentira, pois a experiência do tempo no Velho Testamento é a do encontro da liberdade humana com a Vontade de Deus e com os seus preceitos de justiça, compreensão mútua e paz.[18]

Esta afirmação da preeminência da verdade é politicamente relevante para a leitura do *Êxodo* — que Hannah Arendt considera, juntamente com a *Eneida*, uma das duas lendas da civilização ocidental da maior importância para a análise da liberdade.[19] Com efeito, o *Êxodo* foi o texto bíblico configurador da noção judaica de tempo, como marcha para o futuro — para a transformação da liberação da opressão em liberdade. Esta noção contrasta com a temporalidade da *Eneida*, pois Roma é a restauração engrandecida de Troia, enquanto que a Terra Prometida é o oposto da escravidão no Egito. Neste sentido, o *Êxodo* pode ser visto, observa Walzer, como a alegoria paradigmática da redenção na tradição ocidental, baseada na Aliança de Deus com um povo livre. Este pacto, fundado no consentimento individual dos homens, ver-se-ia corrompido pela mentira — e é interessante recordar que, em hebraico, *edoth*, testemunha, literalmente significa pacto. O pacto, enquanto promessa de redenção, não tem realização definitiva, pois os altos e os baixos são traços permanentes da condição humana, a serem testemunhados, para assegurar a autenticidade e a continuidade, no tempo, da Aliança.[20]

14. A condenação, pela tradição judaica, da mentira na vida jurídica e política é uma das condições de objetividade — o valor tutelado pelo direito à informação exata e honesta. Hannah Arendt entende que a objetividade é um dos traços da civilização ocidental que remonta a Homero. Foi ele que "decidiu cantar os feitos dos troianos não menos que os dos aqueus, e louvar a glória de Heitor, o inimigo e o derrotado, não menos que a glória de Aquiles, o herói de seu povo".[21]

A objetividade homérica, que fez com que o julgamento dos homens não dependesse da vitória ou da derrota, ainda que esta seja definitiva para a vida dos indivíduos, inspirou Heródoto, o Pai da História, que se propôs a registrar imparcialmente os feitos dos gregos assim como os dos bárbaros enquanto eventos humanos e não míticos, que merecem ser lembrados.[22] É por essa razão que Hannah Arendt escolheu como uma das epígrafes do terceiro volume de *The Life of the Mind*, que trataria do Juízo e que não chegou a escrever: "Victrix causa diis placuit, sed victa Catoni".

Com efeito, uma derrota pode ter validade exemplar, constituindo um momento de esperança a ser preservado como inspiração para o futuro do espaço público. É o caso da experiência dos Conselhos Operários na Comuna de Paris de 1871, dos *soviets* russos de 1905 e 1917, dos *Räte* alemães de 1918-1919, do levante húngaro de 1956 que Hannah Arendt gostava de recordar ao tratar da tradição revolucionária.[23]

Por outro lado, uma vitória pode ser vergonhosa para o futuro do espaço público, como lembra Montaigne ao recordar que Alexandre, o Grande, recusou a sugestão de valer-se da escuridão para atacar Dario, afirmando: "Point, fit-il, ce n'est pas à moi d'employer des victoires desrobées". Montaigne a seguir cita Quinto Curcio: "Mala me fortuna poenitat, quam victoria pudeat",[24] uma frase que seria seguramente do gosto de Hannah Arendt e que complementa o significado da frase de Catão que serviria de epígrafe ao seu livro sobre o juízo.

15. Conforme se verifica, para Hannah Arendt o direito à informação exata e honesta é um ingrediente do juízo, indispensável para a preservação da esfera pública enquanto algo comum e visível, que para ela resulta, com muito vigor, da experiência e das consequências do totalitarismo. A esta conclusão, a que ela chega através de uma hermenêutica dos significados da ruptura, cabe acrescentar uma fundamentação adicional, que ela, fiel às suas origens filosóficas, vai buscar em Kant.

No já referido curso de 1970 sobre a Filosofia Política de Kant, publicado postumamente sob os cuidados de Ronald Beiner, sublinha que a publicidade é um dos conceitos básicos do pensamento político de Kant. Este conceito indica a convicção kantiana de que o mal é, por definição, secreto. Para Kant, observa Hannah Arendt, o moral é o apto a ser visto, e é por essa razão que, para ele, a moralidade se traduz na coincidência entre o público e o privado, caracterizando-se o mal pelo encolhimento do espaço público.[25] Daí as seguintes asserções no apêndice sobre o *Projeto de Paz Perpétua,* referentes ao acordo entre a Política e a Moral, segundo a noção transcendental de Direito Público: "Todas as ações relativas ao direito de outros, cuja máxima é incompatível com a publicidade, são injustas"; "Todas as máximas que têm necessidade de publicidade para não faltar ao seu fim estão de acordo com a moral e a política reunidas".[26]

O princípio transcendental da publicidade de Kant é uma categoria típica da Ilustração e integra uma das facetas da polêmica iluminista contra o Estado absolutista. A própria metáfora das luzes, como observa Bobbio, realça o contraste entre as virtudes do poder visível e o obscurantismo do poder invisível, o que em Kant está vinculado ao uso público da própria razão — o *sapere aude* —, que exige a publicidade como condição da liberdade de opinião e de expressão, e destarte, como já foi apontado, o direito à informação.[27] Em outras palavras, segundo a leitura de Hannah Arendt, Kant entende que o pensar, ainda que seja uma atividade solitária, depende dos outros, requerendo a comunicabilidade e, consequentemente, a publicidade como condição de sua possibilidade.[28]

No seu curso de 1970, assim como em *Between Past and Future,* e no artigo "Thinking and Moral Considerations", Hannah Arendt aponta que a consistência é a regra do pensar desde Sócrates, por força do princípio de não contradição, tendo Kant estendido o princípio de consistência à Ética, através do imperativo categórico, na esteira da necessidade de concordância do eu com a sua própria consciência, na qual se baseia a ética ocidental. Entretanto, para ela, não é na *Crítica da Razão Prática* — que afirma a universalidade do acordo do eu consigo mesmo —, mas sim na *Crítica do Juízo* — que coloca o problema da intersubjetividade — que reside o interesse e a fecundidade da filosofia política kantiana.

Com efeito, e como observa Ronald Beiner, para sustentar a sua concepção política ela se vale do juízo estético kantiano — que se baseia na comunicabilidade pública do gosto, fundamentada no *sensus communis*, ensejador da mentalidade alargada do pensar pondo-se no lugar do Outro.[29]

De fato, para Hannah Arendt a política, enquanto campo de comunicação e de interação que assegura, no âmbito de uma comunidade, através da criatividade da ação, o poder do agir conjunto, resulta da condição humana de pluralidade e de diversidade. Por essa razão, o pensamento político é representativo da multiplicidade. "Formo uma opinião", diz ela, "considerando um dado tema de diferentes pontos de vista, fazendo presentes em minha mente as posições dos que estão ausentes; isto é, eu os represento." Tenho a capacidade de representá-los, continua ela, por força da "mentalidade alargada", que habilita os homens a julgarem as diferentes situações, formando a sua opinião e agindo, conforme descobriu Kant na primeira parte da *Crítica do Juízo*.[30]

A representatividade do pensamento político encontra a sua expressão na democracia. Esta tem algo de representação e é por isso que Hannah Arendt considera o teatro, a partir da experiência grega, a arte política por excelência, pois nele se representam os homens que agem, sendo por isso mesmo uma transposição para a arte da esfera pública.[31] A equiparação entre o governo do povo e o governo do público no teatro é parte da crítica de Platão à democracia grega, por ele considerada uma *teatrocracia*, que não leva ao governo dos melhores.[32] Esta postura é, para Hannah Arendt, precisamente um dos equívocos da tradição do pensamento político que nele tem a sua origem. Ela resulta de uma incapacidade de perceber a autonomia e a dignidade da política, ao não levar em conta a intersubjetividade, e se baseia num dualismo ontológico que hierarquiza, separando de um lado o mundo do ser e, de outro, o mundo da aparência.

Na tradição que remonta a Platão, ao mundo do ser só tem acesso, na sua autossuficiência epistemológica, o filósofo. Por isso, deve governar desconsiderando o mundo das aparências, cujas particularidades e contingências são apenas manifestação do universal. Nesta visão, o juízo do bom governante pode desconsiderar a representatividade da opinião dos governados, pois trata-se, para empregar a terminologia kantiana, de um juízo determinante: aplica-se uma regra universal de entendimento a um caso particular, pois o particular está contido no geral. Não é isso o que Hannah Arendt pretende, na sua crítica à tradição, ao afirmar a condição humana de pluralidade e diversidade. Por isso, recorre à *Crítica do Juízo* e à possibilidade do juízo reflexivo e raciocinante, como faculdade de pensar o particular. A esta problemática voltarei no próximo capítulo. Aqui importa apenas realçar que Hannah Arendt contesta esta tradição e a postura que dela deriva, ao afirmar a importância, para a política, do juízo reflexivo, que capta o particular.[33] Esta afirmação está ligada à relevância ontológica que ela atribui ao mundo das aparências, o que a leva, por outro lado, a insistir na visibilidade, como passo a examinar.

16. Em *The Human Condition,* Hannah Arendt aponta que tudo o que é precisa aparecer, e nada pode aparecer sem uma forma própria. Todas as coisas transcendem a sua instrumentali-

dade, e esta transcendência corresponde ao seu aparecimento público, ao fato de serem vistas num mundo comum, compartilhado por existências humanas.[34] Em *The Life of the Mind*, no volume sobre o pensar, retoma esta problemática afirmando a coincidência ontológica entre ser e aparência. Diz que, sendo a pluralidade a lei da terra, tudo o que é, na medida em que aparece, não existe no singular. É pelas formas externas, por meio das quais aparecemos — variadas e altamente diferenciadas —, que se assinala a consistência da imagem apresentada pelo indivíduo ao mundo e no mundo, que neste processo, pela palavra e pela ação, se singulariza e se diferencia em relação aos Outros.

Hannah Arendt aponta igualmente que as aparências sempre se revestem da forma de um *parecer*, que tem entre as suas potencialidades, de um lado, o ocultar premeditado ou não premeditado daquele que se apresenta no mundo, e de outro a ilusão ou o erro dos espectadores deste parecer. No contexto da reflexão arendtiana, o relevante é o processo de discernir se o parecer é autêntico ou inautêntico, ou seja, se é causado por crenças dogmáticas ou suposições arbitrárias, se é ou não simples miragem, que desaparece quando submetida a um exame mais atento.

Este exame mais atento requer a intersubjetividade, pois tudo o que é, na medida em que aparece, não existe isoladamente, no singular. A grande descoberta de Husserl, registra Hannah Arendt, é precisamente a intencionalidade dos atos da consciência: todo ato do sujeito que conhece tem o seu objeto intencional de conhecimento e todo objeto que aparece tem o seu sujeito intencional. Este caráter relacional do conhecimento é generalizável, pois a realidade daquilo que se percebe é garantida pelo contexto do mundo, que inclui necessariamente os Outros. É por essa razão que, segundo Hannah Arendt, o que, desde santo Tomás, se chama de senso comum é, na verdade, um sexto sentido, que unifica os demais publicizando-os e, dessa forma, integrando-os num mundo compartilhado.[35] Por isso, o pensamento crítico sobre aquilo que é requer comunicabilidade.

Em síntese, para Hannah Arendt a publicidade é a condição de possibilidade do exame atento que permite discernir através do juízo reflexivo — que para Kant é o que une a teoria à prática — a aparência autêntica da inautêntica.[36] Isto é de suma relevância para caracterizar a esfera pública, como ela afirma nos seguintes termos no prefácio a *Men in Dark Times:*

> Se a função da esfera pública é iluminar os assuntos humanos, proporcionando um espaço de aparições, onde os homens podem mostrar, através da palavra e da ação, pelo melhor e pelo pior, quem são e o que podem fazer, então as sombras chegam quando a luz do público se vê obscurecida por "fossos de credibilidade" e por "governos invisíveis", pela palavra que não revela o que é, mas a varre para sob o tapete com exortações morais ou de outro tipo, que sob o pretexto de sustentar velhas verdades degradam toda a verdade a uma trivialidade sem sentido.[37]

Há em Hannah Arendt, a sustentar a relevância do público como o visível, o pressuposto de um isomorfismo entre a palavra e a política. É a *lexis* dos agentes que explica e dá sentido à sua *praxis.* Todas as coisas incomunicadas e incomunicáveis, que não foram ditas a ninguém e a ninguém impactaram, como ela diz em *Rahel Varnhagen — The Life of a Jewish Woman,* não encontram um lugar permanente na realidade. Agir é dar a ver, comunicando, e é por isso, como observa Enégren, que para Hannah Arendt a linguagem tem a virtude de constituir o mundo como um lugar comum e permanente, ao qual temos acesso através da palavra, pois a *koinonia* é tecida pelo discurso de todos.[38]

No campo da política, que para Hannah Arendt é o do agir conjunto, a linguagem precisa ser pública, pois para ela a linguagem é memória do passado e fonte que possibilita o presente e o futuro. Por isso cabe à esfera do público determinar o que é comum e comunicável através da publicidade e da visibilidade.[39] Quando a esfera do público perde transparência e se vê permeada pelo segredo, quando a palavra não revela, mas esconde, frustra-se a possibilidade da ação. É isto que converte *engagés* em *enragés,* como ela aponta ao discutir a hipocrisia como uma das causas da violência, conforme foi amplamente discutido no capítulo anterior.[40]

Em síntese, assim como Hannah Arendt mostra a destrutividade para uma comunidade política da violência generalizada, que tem na hipocrisia uma de suas causas, assim também ela indica a destrutividade da mentira generalizada para uma comunidade política, tal como ela a concebe, mesmo quando a mentira não provoca a violência. Neste sentido, afirma que tanto a mentira quanto a violência comprometem a dignidade do ser humano e a sua aptidão para a cidadania, porque ambas são coercitivas e, consequentemente, impeditivas da liberdade. É esta a lição de Dante que, no canto IX do Inferno, coloca no mesmo plano aqueles que: "o con forza o con frodi altrui contristi" (verso 24).

17. Esta aproximação da violência e da mentira, enquanto dimensões da coerção, tem para Hannah Arendt consequências que são destrutivas da comunidade política porque ambas são impeditivas da liberdade do agir conjunto. A violência porque exclui a interação cooperativa com os Outros. A mentira porque a confiança na veracidade funciona como fundamento e fundação das relações entre os seres humanos — como lembra Sissela Bok em *Lying — Moral Choice in Public and Private Life,* em análise compatível com a visão arendtiana. Daí, aliás, a importância do

princípio da boa-fé para o Direito, sempre atento, na teoria e na prática, à intersubjetividade da experiência jurídica.

A boa-fé, como ensina o *Digesto* (17, 2, 3, 1), é incompatível com o dolo e a fraude e, na clássica lição de Cícero, no *De Officiis* (1, 7, 23), constitui o fundamento da justiça, exprimindo-se pela fidelidade e pela sinceridade nas palavras e nas convenções. Não é este, evidentemente, o momento de se examinar o complexo conceito de boa-fé, empregado ora como um critério de interpretação, ora como uma crença equivocada sobre a existência de uma situação jurídica, ora como uma atitude de lealdade, honestidade e sinceridade que deve presidir à negociação, elaboração e execução de todos os atos jurídicos. Quero apenas chamar a atenção, no contexto deste capítulo, que assim como o crédito, até etimologicamente, é um ato de confiança, indispensável ao funcionamento de uma economia desenvolvida, assim também a boa-fé é um ingrediente fundamental da relação jurídica.

Com efeito, e particularmente para o internacionalista, que convive com um Direito que se baseia na distribuição individual do poder entre os Estados, não há como escapar da importância atribuída ao princípio da boa-fé enquanto uma atitude que é a condição de possibilidade da elaboração e execução das normas de Direito Internacional. Daí, aliás, a relevância a ela atribuída no art. 2º, § 2, da Carta das Nações Unidas; no art. 26 da Convenção de Viena sobre Tratados e na Resolução 2625 de 1970 da Assembleia Geral da ONU que codificou os princípios de Direito Internacional referentes às relações de amizade e cooperação entre os Estados em conformidade com a Carta das Nações Unidas.

É interessante também registrar, para voltar à análise de Sissela Bok, que na História da Filosofia a rejeição da mentira, em todas as circunstâncias, é característica de santo Agostinho e de Kant — os quais não abrem as brechas que, por exemplo, tanto em santo Tomás quanto em Grócio, permitem escusar, de acordo com as circunstâncias, certos tipos de mentira. Hannah Arendt, na sua análise do efeito deletério da mentira, sem dúvida se viu marcada por Kant e santo Agostinho — dois pensadores cujas reflexões permeiam o seu pensamento.

Nas relações intersubjetivas, seja na esfera pública, seja na privada, a verdade — porque independe de razões — tem primazia sobre a mentira, que sempre pede uma desculpa, uma razão, frequentemente de natureza utilitária. Porque a mentira destrói a confiança entre as pessoas, tanto no âmbito do público quanto no do particular, a sua eventual justificação, como nota Sissela Bok, não pode ficar no plano do escondido e do subjetivo. Deve ser capaz de ser revelada, tornada pública e avaliada por um público independente, necessariamente mais amplo que o diálogo do eu consigo mesmo ou com uma audiência imaginária.[41]

Daí a importância não apenas teórica, mas prática do princípio da publicidade, como lembra Bobbio, discutindo, a partir de outras perspectivas, mas de maneira convergente, o tema da democracia e do poder invisível. Com efeito, na esfera do público, entendida como o comum, os enganados pela mentira reagem aos enganadores minando a comunidade política. É por isso que a prevalência *ex parte principis* dos *arcana imperii* provoca, dialeticamente, *os arcana seditionis ex parte populi.* Estes também são destrutivos do espaço público da democracia, pois podem levar à ditadura anônima dos grupos terroristas clandestinos, que também se valem da mentira e da dissimulação, cientes da clássica lição de Maquiavel: se poucos podem travar uma guerra aberta contra o Poder Autocrático, a todos é dado conspirar em sigilo contra o Príncipe. Poder invisível e contrapoder invisível são, em verdade, duas faces da mesma moeda.[42]

18. A democracia no mundo contemporâneo, apesar de

toda a importância atribuída pelo legado kantiano à publicidade, não conseguiu, como registra Bobbio, a *debellatio* do poder invisível, exercido *ex parte principis*. Para isto têm contribuído dois fenômenos: o *criptogoverno* e o *subgoverno*.

Criptogoverno, para Bobbio, se caracteriza por aquele conjunto de ações realizadas por forças políticas que atuam à margem da lei, na sombra, e que operam por meio de serviços secretos. O efeito maléfico do criptogoverno de agências como a CIA, nos EUA, e entre nós o SNI e os Centros de Informações das Forças Armadas no período do regime militar é o de minar a confiança recíproca, sem a qual não se constrói um mundo comum, como já observava Kant ao tratar da espionagem no *Projeto da Paz Perpétua*. É esta uma das conclusões a que chega Hannah Arendt na sua análise do totalitarismo, quando examina o papel da polícia secreta, e mesmo da polícia em regimes democráticos, a partir do momento em que passa a cuidar dos refugiados e dos apátridas, pois estes, estando à margem da lei, dão à polícia a possibilidade de atuar como um poder independente das normas do Estado de Direito, conforme já foi apontado em várias partes deste trabalho.[43]

Já o *subgoverno*, para Bobbio, é o resultado do Estado intervencionista pós-keynesiano, no qual a administração da economia escapa a um controle democrático, pois permanece oculta no âmbito dos grandes centros de decisão econômica, que detêm um conhecimento técnico não acessível a todos.

Com efeito, surgiu no mundo contemporâneo um novo tipo de *arcana imperii*: os da gestão tecnocrática. Estes não são necessariamente os do poder, que oculta os fatos, dissimulando-os deliberadamente ao manipular, por exemplo, índices econômicos, como os da inflação, do crescimento e do emprego. Esta é apenas uma mentira clássica em roupagem moderna que, numa democracia, pode e deve ser apurada e desmascarada, *ex vi* do direito à informação, com o objetivo de resgatar a confiabilidade do mundo comum. De fato, mentiras deste tipo, quando publicamente denunciadas, geram escândalo e o seu desocultamento as torna ineficazes.

Os novos *arcana imperii* da gestão tecnocrática não têm estas características, pois dizem respeito a um conhecimento que não é acessível a todos e, consequentemente, ainda que divulgado publicamente, não seria compreendido na sua inteireza. Este tipo de *arcana imperii* não exprime forçosamente o clássico desprezo dos governantes pelo vulgo, mas é um problema objetivo de *não ciência*, constituindo, como diz Bobbio, um dos paradoxos da democracia no mundo contemporâneo. Resultam, *inter alia,* da passagem de uma economia familiar para a de mercado, e desta para uma economia industrial regulada e planificada, de alta densidade tecnológica, no âmbito da qual se multiplicaram os problemas — como o do combate à inflação, o do investimento, o da luta pelo pleno emprego e o da busca de uma mais justa distribuição de renda — que requerem, além de escolhas políticas, competência técnica para instrumentá-las.

Nestas hipóteses, tornar pública a relação entre meios e fins, que é do interesse de todos mas que não está ao alcance de todos, não oferece, na prática, as condições para um exame atento do parecer. Por isso, o parecer inautêntico, fruto de crenças dogmáticas ou suposições arbitrárias, não tem a visibilidade para gerar o escândalo do desocultamento, que é o que acontece, por exemplo, com a manipulação de índices econômicos, o peculato, a malversação de fundos públicos — ou seja, com atos mantidos em segredo porque, se fossem tornados públicos, não poderiam ser executados.[44] Em relação a estes últimos, os preceitos kantianos sobre o acordo entre a Moral e a Política através do *standard* da publicidade, esposados por Hannah Arendt em novos termos, oferecem um caminho para assegurar a identidade entre o público enquanto comum e o público enquanto visível. Não é, no entanto, o caso dos *arcana imperii* da tecnocracia *stricto sensu.* Para este problema Hannah Arendt não oferece uma solução, mas sim uma análise.

19. Na experiência grega, observa ela, a distinção entre o público e o privado correspondia à distinção entre a *polis* e a casa (o *oikos).* Na esfera do privado, que era a da casa, cuidava-se das necessidades inerentes à manutenção da vida. Na esfera do público, que era a da *polis*, cuidava-se do mundo comum. No mundo moderno e contemporâneo, isto mudou radicalmente: o Estado-nação passou a ser encarado como uma família de famílias e a economia, ao deixar de ser caseira e familiar para se converter em nacional, passou a exigir uma espécie de gestão coletiva da casa. Como observa Myrdal, que Hannah Arendt cita, a ideia de uma economia social (*Volkswirtschaft*) e não caseira está na origem da economia como atividade especializada, que foi muito além do que era na sua origem, e que a etimologia revela, pois economia vem de *oikonomia* — de *oikos* (casa) e *nomos* (norma), portanto, norma da casa, ou seja, do privado.

Na *polis*, o que era economia era da casa e dizia respeito à vida privada do indivíduo. Não era público. No mundo moderno, a distinção entre o social, ligado às necessidades da vida, e o político foi-se tornando difusa com o crescimento da *oikia*, ou seja, na medida em que as atividades econômicas deixaram a esfera privada da família para se tornarem uma preocupação coletiva. Daí a analogia entre a família e a sociedade, entendida como grande família a ser administrada pelo Estado.

A publicização da administração caseira — da *oikonomia* — diluiu a distinção entre o público (na acepção da identificação entre o comum e o visível) e o privado (na acepção daquilo que diz respeito apenas ao indivíduo e às premências de suas necessidades vitais, e que portanto é sigiloso). Daí, com a emergência, no campo do espaço público, do social, um dos aspectos da publicização do Direito Privado e da privatização do Direito Público, tão característico da vida contemporânea. Com efeito, a distinção entre o Direito Público e o Privado deixa de ser clara se a utilidade dos indivíduos está claramente vinculada ao interesse da República em atender à sobrevivência comum.

Esta diluição da distinção entre o público e o privado está ligada à ideia de que a economia tem a vocação para ser científica. Esta ideia parte do pressuposto de que, acima da razão ou das paixões dos indivíduos, a sociedade, no seu todo, como uma família tem um interesse básico no atendimento das necessidades vitais de sua sobrevivência. Por isso, as pessoas têm comportamentos utilitários ditados por interesses que são identificáveis. Esta é a posição de Marx, que apenas se diferencia dos seus antecessores e de seus sucessores de outra filiação intelectual na medida em que, na análise da sociedade capitalista, realça o conflito, e não a harmonia, na distribuição do excedente.[45]

A sociedade, entendida como a organização pública do processo vital de sobrevivência da espécie, na análise de Hannah Arendt, está ligada à divisão do trabalho no mundo moderno, que para ela não se confunde com a especialização profissional, típica do *work*. Com efeito, a divisão do trabalho, na sociedade capitalista, fez com que o *labor* deixasse de ser, como era na Grécia, uma atividade exercida na privacidade da casa e passasse a ocorrer em público. Isto teve consequências para a distinção entre o público e o privado, pois para esta distinção o fato de uma atividade ser desempenhada em público ou privadamente não é um dado irrelevante, como registra Hannah Arendt em

The Human Condition, antecipando a sua posterior identificação ontológica entre ser e aparência.

É por essa razão que ela realça que o que caracteriza o trabalho, no mundo moderno, em contraste com outras etapas históricas, é o ingresso do trabalhador na esfera pública. A assim chamada emancipação do trabalho teve como objetivo e resultado elevar hierarquicamente a atividade do *animal laborans* no campo da *vita activa*, fazendo com que um novo segmento da sociedade fosse admitido na esfera política, aparecendo em público. Não é por acaso que o Direito do Trabalho, que substituiu o Direito Civil neste campo, tenha como nota distintiva ser um direito coletivo e público, e não um direito individual e privado. A história do movimento operário e a ação dos sindicatos, do século XIX aos nossos dias, têm sido bem-sucedidas na exata medida que tornam pública e visível a relevância, para a sociedade, da atividade do *labor*. Representa o ingresso dos trabalhadores na esfera do público, assim como a visibilidade dos *sans-culottes*, na Revolução Francesa, significou o aparecimento do povo na esfera pública.

Na sua análise do movimento operário, Hannah Arendt registra que ele foi perdendo o seu *pathos* inicial, que era uma luta contra a sociedade como um todo, e que se traduziu pelo aparecimento, na esfera pública, de pessoas que agiam em conjunto e não se comportavam como membros da sociedade. Atualmente, na maioria das economias desenvolvidas do mundo ocidental no entender de Hannah Arendt, isto não mais ocorre, pois os operários não vivem à margem da sociedade, mas a integram, seguindo a lógica dos interesses. Esta é uma das consequências, para a *vita activa*, da vitória do *animal laborans*, que ela, com o seu gosto pelo ineditismo das situações-limite, deplora na medida em que enseja a regularidade dos comportamentos previsíveis e diminui a criatividade da ação. É por essa razão que alguns de seus críticos entendem que ela sofre da nostalgia helênica e de romantismo revolucionário.[46]

Sem dúvida, a emergência do social torna a distinção arendtiana entre o público e o privado insuficiente, pois não cobre toda a realidade, que passou a colocar uma nova oposição: a sociedade *v.* o indivíduo. Nesta nova dicotomia, que contrapõe o social ao individual, a diferença entre o público e o privado começa crescentemente a transitar, como observou Tércio Sampaio Ferraz Jr., por aquilo que separa o social privado do social público. Na busca de critérios de diferenciação entre o social privado e o social público, a reflexão arendtiana não oferece elementos muito pertinentes. Com efeito, e como aponta Hanna Fenichel Pitkin em ensaio sobre Hannah Arendt, é a justiça a categoria que pode operar a passagem do social privado para o social público, e a justiça é um tema sobre o qual — exceção feita à análise do caso Eichmann — Hannah Arendt pouco escreveu.[47]

É evidente que ela considera importante a justiça, mas no seu afã de salvaguardar o espaço público e a liberdade, privilegiou o *standard* da publicidade. Este *standard,* apesar das limitações apontadas, parece-me fundamental para lidar com o interesse público que deve presidir o direito à informação. Por outro lado, a própria análise por ela empreendida do social oferece um caminho extremamente interessante para o estudo do direito à intimidade, como passo a seguir a examinar.

(E) PÚBLICO/PRIVADO — A CONCEITUAÇÃO ARENDTIANA DO PRIVADO E O DIREITO À INTIMIDADE

20. A distinção entre o privado e o público, encarada a partir da perspectiva do privado, aponta Hannah Arendt coerente-

mente, equivale à diferença entre aquilo que deve e pode ser mostrado — o visível — e aquilo que pode e deve ser ocultado. Nem tudo aquilo que deve ser ocultado constitui uma privação ou representa algo moralmente condenável e vergonhoso, ou seja, tem para a comunidade política o efeito deletério da mentira. A dor, o amor, as paixões do coração, as delícias dos sentidos, a reflexão sobre a morte, em síntese, as grandes forças da vida íntima têm uma existência válida apenas na penumbra, tanto que só surgem em público quando desindividualizadas e desprivatizadas. É por essa razão que hoje não concordaríamos com a afirmação de que a vida privada, que abre o espaço para estas experiências, é idiota, por ser pessoal e própria do indivíduo e não comum a todos, para relembrar a etimologia de idiota, que vem de *idion* (aquilo que é privativo).

Existem, observa Hannah Arendt, traços do privado que foram historicamente encarados pelo gregos e pelos romanos como positivos e que, neste sentido, são independentes e antecedem à descoberta e à tutela da intimidade. É o caso do privado como refúgio necessário ao processo de participação na *respublica* — algo, portanto, que não deve estar ao alcance da luz da publicidade. As palavras que designam o interior da casa — em grego *megaron,* em latim *atrium* —, lembra Hannah Arendt citando Mommsen, têm precisamente a conotação de sombra e treva, a mostrar que o privado da casa, nos seus primórdios clássicos, se opõe de maneira complementar à visibilidade do público.[48]

A propriedade, especialmente a da casa, onde se celebravam, em Roma, os cultos domésticos do Coração, dos Lares e dos Manes, era sagrada e "significava nada mais nada menos que o indivíduo possuía seu lugar em determinada parte do mundo e, portanto, pertencia ao corpo político, isto é, chefiava uma das famílias que, no conjunto, constituía a esfera pública".[49] Neste sentido, a propriedade não se confundia com a riqueza, que particularmente possuída ou publicamente distribuída nunca foi tida como sagrada, cabendo lembrar que a riqueza do estrangeiro ou do escravo não substituía a propriedade como requisito da cidadania. É nesta importância atribuída ao *oikos*, ao bem da família necessário para a participação no espaço público, que se encontram as raízes da tutela da inviolabilidade do domicílio — uma esfera que abrigava o sagrado e o mistério do nascimento e da morte.

Outra faceta do privado, que não deve ser encarado historicamente como privação, é o da propriedade de bens e objetos de uso pessoal, que são indispensáveis para o *labor* e, consequentemente, para a vida, e sem os quais de nada nos vale o comum. Neste contexto, na sua análise do privado, Hannah Arendt se preocupa com a apropriação de bens que são necessários para garantir a vida, um valor a ser tutelado e cujos imperativos não foram feitos para serem vistos em público, como pode ser observado num dos vestígios remanescentes desta acepção de privacidade em nossa civilização e que diz respeito às nossas "necessidades", no sentido originário de serem necessárias porque temos um corpo. Os bens necessários para a vida não se confundem com a riqueza, como ela aponta na sua análise crítica da modernidade em *The Human Condition*.

Com efeito, a riqueza convertida em capital levou à permanência do processo de acumulação e não a uma estrutura estável, pois a riqueza, mesmo nas economias de mercado, está sujeita à inflação e à desvalorização, que são os modos capitalistas de expropriação. Daí a pergunta colocada por Hannah Arendt, e para a qual ela não encontra uma resposta: como restaurar, para os indivíduos, nas condições modernas de produção, a segurança dos bens necessários para a vida?

Na sua análise ela critica o otimismo dos economistas liberais, pois entende que a apropriação privada de riquezas não garante adequadamente a liberdade, na sociedade moderna. Quem a garante, ou não, é o Estado, pois o social surge precisamente quando o cuidado com a propriedade privada se transforma em preocupação pública. Daí o termo *Commonwealth,* onde o comum (*common*) converteu-se na luta pela riqueza (*wealth*). É, portanto, a emergência do social que diluiu a clássica distinção entre o público e o privado, pois a esfera do público se tornou uma função do privado e o privado se tornou o único comum que sobrou, daí advindo a privatização do público e a publicização do privado.[50]

21. É neste contexto que surgiu a descoberta e a posterior tutela, no âmbito do privado, do valor da intimidade como maneira de fugir do mundo para o interior da subjetividade, algo que não é um dado, mas um construído, que tem a sua origem no cristianismo. De fato, o cristianismo afirmou, como observa Hannah Arendt, a importância da *bondade* em contraposição à *utilidade* ou à *excelência* dos gregos e romanos. A bondade é uma atividade que contém uma tendência de evitar ser vista e ouvida, pois a devoção às boas obras, quando se torna pública, perde o seu caráter específico de bondade — o de não ter sido feito por outro motivo além do amor à bondade. "Quando a bondade se mostra abertamente já não é bondade, embora possa ser útil como caridade organizada ou como ato de solidariedade".[51]

Na bondade verifica-se a ausência do fenômeno visível da aparência, como indica também a lenda talmúdica dos 36 homens justos, em atenção aos quais Deus salva o mundo, e que também não são conhecidos de ninguém, muito menos de si mesmos. A bondade deve esconder-se porque, se aparecer, ela se destrói. A bondade é isolamento, sendo por isso mesmo não pública. As boas obras não podem ser companhia de ninguém, pois devem ser esquecidas no momento em que são praticadas.

Daí a dimensão inumana e sobre-humana da bondade, que é tão insuportável que requer a companhia de Deus — a única testemunha admissível das boas obras. É por isso que a bondade está no âmbito da intimidade e é impossível nos confins da esfera pública, que é o que explica a dimensão extraterrena do cristianismo, formulada com precisão por Tertuliano: "Nada nos é mais alheio que o que tem importância pública".[52] Daí a crítica de Maquiavel, elaborada a partir da importância por ele atribuída à política, ao cristianismo.[53] Efetivamente, durante a Idade Média, o cristianismo encarou o Estado como um mal necessário e deslocou a discussão sobre formas boas ou más de governo para a análise das relações entre o Temporal (o Estado) e o Espiritual (a Igreja), que foi a dicotomia em torno da qual se estruturou a reflexão medieval.[54]

Com o advento da modernidade, a intimidade se colocou de maneira distinta, como resposta à emergência do social, ou seja, como reação ao conformismo nivelador da sociedade, que exige que seus membros se comportem como se fossem membros de uma grande família, com uma só opinião e um único interesse. Este conformismo nivelador afeta, de acordo com Hannah Arendt, a própria possibilidade da *vita contemplativa*, pois o parar para pensar o significado das coisas, através do diálogo do eu consigo mesmo, exige um provisório desligamento e afastamento do mundo exterior — um afastamento que é inerente a todas as atividades mentais, como ela discute em *Thinking, o* primeiro volume de *The Life of the Mind. É* por essa razão que, em *Between Past and Future,* ao discutir a crise da cultura no mundo contemporâneo, aponta o efeito deletério do predomínio da diversão. Com efeito, a diversão se consome nas horas livres do tempo que sobra entre o trabalho e o descanso, e se esgota no próprio metabolismo dos produtores e consumidores da indústria cultural. Não tem, consequentemente, relação direta com a cultura ligada ao ócio, isto é, como uma atitude de liberação do mundo que, através da *cultura animi* de que falava Cícero, enseja o afastamento provisório do mundo das aparências e permite o pensar.[55]

22. O primeiro teórico moderno da intimidade enquanto rebelião do indivíduo, que não se sente à vontade na sociedade e não consegue viver fora dela, aponta Hannah Arendt, foi Rousseau. Foi ele que explorou em profundidade o subjetivismo da vida emocional e a intimidade do coração, que ao contrário da moradia privada não tem um lugar objetivo e tangível no mundo — e por essa razão não pode ser tutelado pela clássica inviolabilidade de domicílio. Sem dúvida, aponta Hannah Arendt, foi autêntica esta descoberta de Rousseau, e o florescimento da música e da poesia e a propagação do romance como gênero literário atestam, com o declínio das artes mais públicas, uma nova dimensão da intimidade.[56]

Rousseau articulou com muita clareza o declínio das artes públicas, como se pode ver em certos textos que Hannah Arendt não cita expressamente, mas que corroboram a sua leitura. Com efeito, no último capítulo do *Essai sur l'origine des langues,* Rousseau examina a relação entre a linguagem e os governos, apontando que nos tempos antigos, quando "la persuasion tenait lieu de force publique, l'eloquence etait nécessaire" e "on se faisait entendre aisement au peuple sur le plan publique". Na sociedade moderna, continua ele, onde nada mais se muda senão com o canhão e a moeda, nada se tem a dizer ao povo senão *dai dinheiro*; o que é dito por meio de cartazes nas esquinas ou soldados nas ruas. Por isso "que toute langue avec laquelle on ne peut se faire entendre au peuple assemblé est une langue servile".[57] É por essa razão que, comentando a tragédia grega, na *Lettre a M. D'Alembert sur les spectacles,* enquanto arte pública, refere-se aos grandes e magníficos espetáculos, encevados sob o Céu, em face de toda uma nação, aptos a inspirar aos gregos uma ardente emulação e de encher seus corações de sentimentos de honra e de glória.[58]

Na Paris dos tempos de Rousseau, o teatro não era mais uma arte pública, pois com os seus 600 000 habitantes, "ce rendez--vous de l'opulence et de l'oisivité" tinha um público que girava em torno de mil a doze mil espectadores, afirma ele mais adiante, na mesma *Lettre à d'Alembert*.[59]

Este público que não participa da *Respublica* — tão bem analisada por Auerbach em seu ensaio sobre "La cour et la ville" — composto de nobres sem funções políticas e burgueses sem função econômica,[60] que se entretêm mutuamente com intrigas e bisbilhotices, como aponta Hannah Arendt na sua referência a Luís XIV e às cortes europeias do absolutismo,[61] é o que explica a afirmação de Rousseau, em *La Nouvelle Heloise*: o teatro "est bien plus un lieu où se débitent des jolies conversations, que la representation de la vie civile"; nele se copiam "les conversations d'une centaine de maisons de Paris", razão pela qual, fora isso, nada se aprende sobre os costumes dos franceses. Existem, continua Rousseau, nesta grande cidade quinhentas ou seiscentas mil almas que não são retratadas no palco.[62] Em síntese, o teatro, nestas circunstâncias, deixa de ser, como diria Hannah Arendt, uma arte política porque não mais representa a palavra e a ação, que caracteriza o político. Não há mais drama, que vem do verbo *dron*, porque não se imitam *drontes* (pessoas que agem).[63]

É por essa razão que, no clima de uma sociedade onde as pessoas não agem e não ousam ser elas mesmas, Rousseau defende o romance como o gênero literário, pois: "Les Romans sont peut-être la dernière instruction qu'il reste a donner à un peuple assez corrompu pour que toute autre lui soit inutile", afirmando que gostaria que a elaboração deste tipo de livro só fosse permitida a pessoas honestas e sensíveis cujo coração se espelhasse em seus textos.[64] Para os indivíduos, isolados e solitários, que não estão à vontade no conformismo nivelador da sociedade, o romance é gênero literário apropriado, uma vez que, como aponta no prefácio a *La Nouvelle Heloise:* "Il faut que les écrits faits pour les solitaires parlent la langue des solitaires... Ils doivent combattre et détruire les maximes des grandes societés; ils doivent les montrer fausses et méprisables, c'est à dire telles qu'elles sont".[65] Descobrir e inventar uma nova linguagem, destinada a estes solitários, é precisamente um dos grandes feitos de Rousseau, que o levou a ser o grande articulador da intimidade.

De fato, Rousseau colocou em novos termos a autobiografia, como comunicação situada no plano de autenticidade da solidão. A sua proposta de autobiografia não se justifica a partir de sua participação nos acontecimentos do mundo, e as *verdades* de suas confissões não são, como as de santo Agostinho, mediadas pela relação com Deus ou com a Igreja, ou como as de Montaigne, que examina, duvidando, mas se protegendo, tanto as verdades do mundo quanto as de sua verdadeira intimidade. Rousseau almeja alcançar a verdade sobre ele mesmo, ou seja, a transparência do mundo interior, que postula como um valor para o indivíduo, independente da condição social ou da participação na esfera pública. Afirma ele em *Ébauches des Confessions:* "e que não se objete que por ser um homem do povo não tenha nada a dizer que mereça a atenção dos leitores. Isso pode ser verdade em relação aos fatos de minha vida, mas eu escrevo não tanto sobre os fatos em si mesmos mas sobre o estado de minha alma à medida que esses fatos ocorrem. As almas só são mais ou menos ilustres na medida em que têm sentimentos maiores ou menores, ideias mais ou menos vivas e numerosas. Os fatos somente representam aqui causas ocasionais. Em qualquer obscuridade em que eu possa ter vivido, se pensei mais e melhor que os Reis, a história de minha alma é mais interessante que a deles".[66]

Para alcançar os seus propósitos, precisava inventar um novo tipo de linguagem ("Il faudrait pour ce que j'ai a dire inventer un langage aussi nouveau que mon projet"),[67] graças à qual a palavra não reproduziria uma realidade preexistente, mas produziria uma verdade interior autêntica no seu livre desenvolvimento. Este pacto perigoso do eu com a linguagem, por meio do qual o ser humano se faz Verbo, é, como mostra Starobinski em admirável análise, a descoberta de Rousseau, que o levou ao projeto de fazer da literatura, enquanto narrativa, o *locus* da experiência original, reveladora da autenticidade do imediato.[68] Foi assim que ele inventou uma nova atitude, um novo posicionamento que, ao se generalizar, tornou-se o da literatura moderna, o que, efetivamente, faz dele, como disse Hannah Arendt, o articulador moderno do valor da intimidade.

23. A intimidade como valor moderno, articulado por Rousseau em reação às consequências da emergência do social nas sociedades contemporâneas, se vê mais ameaçada pelo conformismo nivelado da sociedade, que impede a sondagem do mundo interior, do que pelos governos. Estes, mesmo quando autoritários, não ab-rogam o direito de estar só, preocupando-se antes em atalhar os direitos públicos, particularmente o direito de associação.[69] Foi o totalitarismo no poder, com a não razoabilidade do "tudo é possível", que tornou não apenas difícil, mas impossível o direito à intimidade, através da *desolação,* e foi essa situação-limite que tornou ontologicamente transparente a sua importância. Com efeito, a possibilidade da intimidade, onde os amigos podem abrir os seus corações, sem serem perturbados pelo mundo e suas exigências — e que Rousseau mostrou ser a atitude básica do in-

divíduo moderno, que em sua alienação do mundo só pode se revelar na intimidade dos encontros pessoais[70] — foi o que sustentou os expulsos da trindade Estado-Povo-Território, cuja existência "só pode ser aceita pelo aceno imprevisível da amizade e da simpatia ou pela grande e incalculável força do amor".[71]

Hannah Arendt, que passou pela dura experiência da privação da cidadania, soube avaliar a importância da intimidade, por isso mesmo entendeu a importância de sua tutela para a dignidade humana, que também exige, além da luz da esfera pública, a proteção das sombras que permitem a transparência dos sentimentos da vida íntima.[72] Foi por essa razão que, no seu polêmico artigo "Reflections on Little Rock", propôs um princípio para a vida íntima, distinto dos princípios que regem a esfera pública e a esfera do social.

24. Conforme já foi visto, para ela o princípio da esfera pública é a igualdade. A igualdade não é um dado; é um construído. É um princípio que iguala as pessoas que, pela sua natureza e origens, são diferentes. O princípio da esfera privada é a diferença e a diferenciação, que assinala a especificidade única de cada indivíduo. O social, cuja emergência ela analisou em *The Human Condition,* é uma esfera híbrida, que escapa à clássica distinção entre público e privado, e na qual, desde a Idade Moderna, as pessoas passam a maior parte de seu tempo. Nesta esfera, que se caracteriza pela variedade, ingressamos devido à necessidade de ganhar a vida, seguir uma vocação, associarmo-nos a pessoas com as quais temos negócios ou interesses em comum. Nela também prevalece o princípio da diferenciação, apesar dos riscos do conformismo social que busca elidir a heterogeneidade. É justamente para assegurar ao indivíduo a sua identidade diante dos riscos de nivelamento do social que no mundo contemporâneo se tornou necessário abrir um espaço para a esfera da intimidade.

O princípio desta esfera não é nem o da igualdade, nem o da diferenciação, mas o da *exclusividade*. "Aqui escolhemos aqueles com os quais desejamos passar nossas vidas, amigos pessoais e aqueles que amamos; e nossa escolha é guiada não por semelhanças ou qualidades compartilhadas por um grupo de pessoas — ela não é guiada, de fato, por nenhum padrão objetivo ou normas, mas, inexplicável e infalivelmente, afetada pelo impacto de uma pessoa em sua singularidade, sua diferença em relação a todas as pessoas que conhecemos".[73] O princípio de exclusividade briga com o conformismo social. Um casamento misto, exemplifica Hannah Arendt em seu artigo, que cuida do problema da discriminação racial nos EUA, é um desafio à sociedade, mas é uma escolha válida que significa que os cônjuges preferiram optar pela felicidade pessoal, com base no princípio da exclusividade, relegando para segundo plano o ajustamento ao social. Têm, consequentemente, direito à sua intimidade, cabendo garantir a tutela do "right to be let alone".[74]

É portanto o princípio de *exclusividade* o *standard* que Hannah Arendt sugere como limite ao direito de informação através da ponderação de que a vida íntima não é de interesse público. Ela entende, por isso mesmo, que é válido manter longe do público, portanto na sombra e na penumbra, aquilo que diz respeito à intimidade das pessoas, ao seu modo de ser na vida particular, que se vê lesado e agredido quando violado e divulgado. O *standard* por ela proposto, como o próprio termo exclusividade indica, é coerente com a sua visão, porque compatível com os preceitos kantianos contidos no apêndice do *Projeto de Paz Perpétua*. De fato, a intimidade não exige publicidade porque não envolve direitos de terceiros.

O princípio da exclusividade, além de legitimar com fundamento em Kant o direito à intimidade, permite também precisar por que se trata de um direito autônomo da personalidade, independente de outros direitos como o direito ao nome, à honra e à reputação. Com efeito, estes direitos da personalidade são importantes no relacionamento com terceiros, seja na esfera social, seja na esfera pública, porque tutelam valores como a respeitabilidade, sem os quais mina-se a confiança externa, na qual se fundamentam as relações entre as pessoas nestas esferas. Não é o caso do direito à intimidade, que se insere numa esfera mais recôndita — a de confiança exclusiva —, que não sendo de interesse de terceiros pode e deve ser mantida longe da publicidade. Porque "la vie privée doit être murée", ela se vê efetivamente lesada quando invadida e divulgada por meios indevidos — inclusive artefatos tecnológicos — ou quando alguém a ela tendo tido acesso por confiança, trai esta confiança divulgando publicamente aquilo que não diz respeito a terceiros.[75]

25. É interessante observar que Hannah Arendt nunca traiu esta confiança ou divulgou informações sobre a vida privada, ao escrever e falar sobre pessoas. Ela, que gostava de contar "estórias", sempre respeitou o direito à intimidade. Nos seus relatos falava das pessoas no mundo e não dos mundos das pessoas, como observou Elizabeth Young-Bruehl.[76] É que para Hannah Arendt, além de a intimidade se colocar como um direito — o direito de excluir do conhecimento de terceiros aquilo que diz respeito ao modo de ser da vida privada —, existem riscos de transpor para a esfera pública aquilo que advém do princípio da exclusividade. A introspecção, observa ela na sua biografia de Rahel Varnhagen — importante personalidade do romantismo alemão —, dissolve situações existentes em estados de espírito e tende a conferir uma aura de objetividade ao subjetivo, que confunde as fronteiras entre o público e o privado. A discussão do íntimo, transposta para o domínio público, normalmente se

transforma na trivialidade do mexerico, banalizando o público.[77] É por essa razão que, para ela, a tutela da intimidade também se coloca como a defesa da esfera pública. Visa não apenas evitar a banalização do público mas também impedir que o juízo político, que requer a intersubjetividade e o senso do comum, se veja comprometido pelo princípio da exclusividade.

A mania da introspecção, aponta Hannah Arendt em *Rahel Varnhagen — The Life of a Jewish Woman,* que teve em Rousseau o seu grande expoente, é também uma maneira de se proteger do mundo através da sentimentalização da memória, que oblitera os contornos do evento lembrado. O mergulho no eu interior, "onde tudo é eternamente presente e conversível em potencialidade", pode assegurar a autonomia da alma, mas o preço pode ser a verdade — a verdade factual, cuja importância Hannah Arendt considera fundamental para a política. A verdade que não passa pela realidade do mundo, pela intersubjetividade compartilhada, perde significado público. Neste sentido, "introspecção e seus híbridos engendram falsidade".[78] É por isso que existem perigos para o público no pacto verbal de Rousseau, por meio do qual o homem se faz Verbo, pois o "écarter tous les faits, car ils ne touchent pas la question", substituindo-os pela alma humana,[79] como propõe Rousseau no *Segundo Discurso,* pode comprometer o juízo político.

Em *On Revolution,* no capítulo sobre a questão social, Hannah Arendt deixa este aspecto muito claro ao tratar das emoções da alma e do coração — a compaixão e a piedade — compreensivelmente provocadas, nos revolucionários franceses, pelo ingresso na cena política e de maneira transparente da pobreza e da miséria que desumaniza os seres humanos ao reduzi-los aos exclusivos ditames da necessidade.[80]

O coração, observa ela, como sabiam os moralistas franceses de Montaigne a Pascal, antes mesmo das grandes sondagens nos porões da alma humana, empreendidas no século XIX por Kierkegaard, Dostoievski e Nietzsche, devido à nova atitude inaugurada por Rousseau, se nutre dos conflitos que ocorrem nas trevas e dos quais emerge a complexidade contraditória do ser humano. A *âme dechiré* de Rousseau, levada por Robespierre para a esfera da política, é inadequada para o juízo político, porque os conflitos da alma e a busca de motivos e de autenticidade são infindáveis; trazidos à luz do dia comprometem a identidade entre ser e aparência.[81] O absoluto, inclusive a busca do bem absoluto e da virtude absoluta, destrói a esfera pública pelo terror.[82] Daí a sabedoria do princípio consagrado pelos sistemas jurídicos civilizados, de que o ônus da prova cabe ao acusador. De fato, este princípio se baseia na percepção de que apenas a culpa pode ser provada. A inocência, na medida em que é algo mais que o *not guilty*, não o pode — pois regra geral ninguém é totalmente inocente —, e se baseia na boa-fé, na confiança da palavra dada, que sempre pode ser uma inautenticidade ou uma mentira.[83]

Rousseau desconfiava da razão porque ela controla a paixão e é egoísta, impedindo a natureza boa do homem de se identificar com o infeliz que sofre; por isso, como dizia Saint-Just, em frase que Hannah Arendt cita na sua análise, é preciso vincular todas as definições à consciência, pois o espírito é um sofista que conduz todas as paixões ao cadafalso.[84] Nesta perspectiva, a compaixão se coloca como a autenticidade que une, abolindo a distância, os governantes revolucionários aos miseráveis e infelizes, que são o poderio do mundo.[85] A paixão da compaixão, porque é sentimento exacerbado e os sentimentos não têm limites, leva, paradoxalmente, ao abolir as distâncias, a uma insensibilidade em relação à realidade em geral e à realidade das pessoas em particular, que oblitera o juízo.[86]

Rousseau, argumenta Hannah Arendt, descobriu a compaixão menos pela percepção do sofrimento dos outros e mais por força de sua rebelião contra a alta sociedade na sua indiferença gritante pelo sofrimento dos miseráveis que a circundavam. Esta rebelião o levou a articular a importância da intimidade, mas transposta, na modalidade de compaixão, para a política a alma estilhaçada pelo sofrimento, não serve como princípio para guiar e inspirar a ação. É a solidariedade, porque participa da razão e, portanto, da generalidade, que é capaz de apreender conceitualmente o múltiplo, inclusive humanidade, e não apenas multidão na forma abstrata de classes, nações ou povos. A solidariedade, observa Hannah Arendt, pode ser suscitada pelo sofrimento, mas não é guiada por ele. É ela que permite compreender o forte e o rico não menos que o fraco e o pobre. Comparada com a piedade, ela pode parecer fria e abstrata, porque está ligada a "ideias" e não ao "amor" pelo homem; comparada com a compaixão, ela pode parecer inautêntica. Entretanto, é a solidariedade que enseja a condição de possibilidade do juízo reflexivo, pois a piedade requer o infortúnio, e a compaixão perde a percepção da singularidade no turbilhão da alma dividida entre o oceano do sofrimento externo e o mar de emoções internas.[87]

26. Em síntese, como para Hannah Arendt o público é o comum, que deve ser visível, e o privado é o que diz respeito ao indivíduo na sua singularidade, e que deve, por isso mesmo, ficar protegido da luz da publicidade, a tutela da intimidade é legítima com base no princípio da exclusividade. Esta defesa da intimidade, cuja importância a situação-limite da ruptura totalitária evidenciou pela desolação, Hannah Arendt examina de acordo com a sua metodologia, que resulta, conforme foi visto, de uma combinação de fenomenologia, ontologia e hermenêutica. Para ela, a defesa da intimidade também se coloca como necessidade para a defesa da esfera pública, que se vê afetada quando o íntimo, cuja

transparência deve ficar adstrita ao reservado, invade o público, pois esta invasão banaliza o público e compromete o juízo. É, portanto, igualmente na perspectiva do público que Hannah Arendt examina a intimidade, cuja publicização, assim como a privatização do público pelo social, na sua visão, não é adequada para a proposta de reconstrução do político, necessária para se evitar um novo "estado totalitário de natureza".

As colocações de Hannah Arendt e o próprio princípio de exclusividade do íntimo, enquanto *standard* para limitar o direito de informação, ainda que extremamente interessante na sua formulação, estão sujeitos, como sempre, nas tutela dos direitos humanos que não são apenas complementares mas conflitivos, à dificuldade de aplicação. Requerem sempre um juízo, que é o que, para Kant, na leitura de Hannah Arendt, une a teoria à prática.[88] É por essa razão que, para ela, a tutela da intimidade também se coloca em outro plano, como defesa das condições de possibilidade de *The Life of the Mind*. Com efeito, no mundo das aparências da esfera pública e da esfera social, nunca estamos sozinhos e sempre estamos ocupados demais para pensar. É por isso que a vida da mente, para instaurar o seu diálogo, exige um provisório desligamento e afastamento do mundo exterior, que é inerente a todas as atividades mentais. Requer, consequentemente, o direito de estar só, que permite parar para pensar o significado das coisas. O parar para pensar, por ser questionador e problematizador, tem relevância para a *vita activa*, pois exerce um efeito liberador sobre a faculdade do juízo — a mais política das atividades mentais do homem, de acordo com Hannah Arendt.

De fato, na medida em que para ela o importante é o juízo reflexivo sobre o particular que não pode ser subsumido no geral, o diálogo do eu consigo mesmo, na atividade do pensar, libera a mente para a discussão sobre as normas gerais positivas, sobre os universais abstratos que podem ser ensinados, apreendidos e aplicados até se transformarem em hábitos, perdendo, neste processo, o contato com a realidade — como ela se deu conta na análise do caso Eichmann.[89] Daí a importância, para poder concluir esta reflexão sobre os direitos humanos privilegiados por Hannah Arendt, com o objetivo de evitar um novo "estado totalitário de natureza" e assegurar um mundo comum caracterizado pela diversidade e pela pluralidade, de examinar o que pode ser entendido por juízo, com base nas indicações por ela oferecidas. Com efeito, será através desta investigação que se conseguirá, ou não, unir a teoria à prática.

PARTE III
A RUPTURA E O JUÍZO

9. O juízo reflexivo como fundamento da reconstrução dos direitos humanos

(A) O JUÍZO E A SUA PROBLEMÁTICA: CONSIDERAÇÕES PRELIMINARES

1. O termo juízo tem múltiplas acepções. Entre outras, pode ser encarado como *qualidade da mente,* com o sentido de sagacidade, discernimento, bom-senso; pode ser visto como um *ato da mente,* por meio do qual logicamente afirmamos ou negamos uma proposição; pode ser analisado como *faculdade* de *The Life of the Mind,* distinta de outras, como o pensar e o querer, que seria a maneira pela qual Hannah Arendt, seguindo a inspiração kantiana, pretendia tratá-lo.

Etimologicamente, juízo deriva do latim *judicium,* de *judicare:* ação de julgar.[1] Esta origem etimológica conota o termo juridicamente, e santo Tomás registra isso quando aponta que "chama-se propriamente juízo o ato do juiz como tal. Ora, juiz significa, por assim dizer, aquele que diz o Direito. Mas o Direito é o objeto da justiça, como estabelecemos. Por onde o juízo segundo o uso primeiro do vocábulo significa a definição ou a determinação do justo ou do Direito". Observa também santo Tomás que foi a partir desta acepção jurídica que o termo juízo foi se estendendo a outros campos: "O uso primeiro do nome de juízo, que significa a determinação reta do justo, foi ampliado para significar a determinação reta em outras matérias, tanto especulativas quanto práticas".[2]

O juízo jurídico, de acordo com Aristóteles na *Arte Retórica*, avalia o passado, pois o juiz delibera sobre fatos pretéritos apresentados de distintas perspectivas pela acusação e pela defesa. Neste sentido, trata-se de fazer um juízo com base na lei a respeito da justiça ou injustiça do que aconteceu, por meio do juiz que sentencia num caso concreto. Por extensão do conceito apontado por santo Tomás, pode-se igualmente falar do juízo do historiador sobre o passado, o do crítico a respeito de uma obra de arte, e assim por diante. Mas o juízo pode ser avaliação e pronunciamento a respeito do futuro. É o que ocorre no juízo político quando, como lembra Aristóteles também na *Arte Retórica*, um membro da assembleia delibera sobre o futuro para aconselhar ou desaconselhar a utilidade ou dano de um rumo de ação. Finanças públicas e receitas fiscais; guerra e paz; defesa e segurança do país; importação e exportação e legislação são as matérias por excelência sobre as quais versa, de acordo com Aristóteles, o juízo político.[3]

Na tradição aristotélica, a deliberação que leva ao juízo é o resultado de um raciocínio dialético que requer a prudência. Esta, como aponta santo Tomás, que retomou a tradição aristotélica, é uma virtude especial da sabedoria prática, que versa sobre ações humanas que não são necessárias mas contingentes.[4] É por isso que o raciocínio dialético, que se fundamenta em opiniões que aparecem como aceitáveis e verossímeis a um público, é diferente do raciocínio analítico da ciência e da matemática, pois este parte de premissas necessárias ou indiscutivelmente verdadeiras. Estas premissas levam, graças a inferências válidas, a conclusões igualmente necessárias ou verdadeiras — e não apenas prováveis, como no raciocínio dialético —, operando-se logicamente a transferência da necessidade ou verdade das premissas para a conclusão. O modelo de raciocínio analítico, para Aristóteles, é o silogismo, e o do raciocínio dialético ou retórico é o entimema.[5]

O raciocínio analítico é atemporal. Já o raciocínio dialético está carregado de temporalidade e da espacialidade dos públicos a que se destina, e o juízo que nele se baseia pode ser encarado de maneira bifronte: como atividade *retrospectiva* do observador e como atividade *prospectiva* do ator.[6] Hannah Arendt se preocupou com estas duas dimensões temporais do juízo, posto que se ocupou, na sua obra, tanto com a ação quanto com a narração e a avaliação do passado, inclusive na sua dimensão jurídica, quando discutiu o processo Eichmann. Ademais, no entender dela o juízo é a faculdade que o observador e o ator têm em comum.[7]

2. O juízo, enquanto expressão de liberdade e de responsabilidade, na qual se inspira o melhor significado da tradição liberal, à qual me filio, só tem relevância se for dotado de relativa autonomia, ou seja, se os seus procedimentos de deliberação não estiverem amarrados, de um lado à subsunção determinista do particular ao universal (camisa de força que impõe um caminho de mão única às regras metodológicas), e de outro ao subjetivismo arbitrário do indivíduo.[8] A aspiração arendtiana vai neste sentido — e é por isso que me parece tão interessante. Antes de examiná-la convém, no entanto, na linha do que foi feito no correr deste trabalho, investigar como o juízo se coloca no paradigma do Direito Natural e no da Filosofia do Direito, para a

seguir mostrar como a ruptura, que Hannah Arendt articulou como um ouriço, colocou a importância do estudo do juízo como reflexão sobre o particular, para o qual não existe, pela corrosão da tradição, o dado de um universal.

(B) O JUÍZO DETERMINANTE NO PARADIGMA DO DIREITO NATURAL: A "DEMONSTRATIO" DO JUSNATURALISMO MODERNO E A REJEIÇÃO DA TRADIÇÃO ARISTOTÉLICA DA PRUDÊNCIA

3. Uma das notas configuradoras do pensamento moderno é a preocupação com os limites e o alcance do conhecimento. É por essa razão que a Filosofia Moderna, em grande medida, desenvolveu-se como crítica sobre o conhecimento e, portanto, como metodologia. Esta ênfase permeou o paradigma do Direito Natural. Bobbio, na sua análise do modelo jusnaturalista, aponta para isso quando observa que a revitalização da ideia clássica de Direito Natural, por distintos autores, no período que vai do século XVII ao século XVIII, tem como nota unificadora não um conteúdo em comum, mas sim um método compartilhado. Este método é o método racional. Dele resulta o empenho de enquadrar o Direito, a Moral e a Política no âmbito de uma ciência demonstrativa.[9] Neste sentido, no contexto do paradigma do Direito Natural, o jusnaturalismo moderno representou um esforço, na linha epistemológica que se inicia com Descartes, de aplicar ao Direito e à Política a certeza almejada pela cognição.[10] Leibniz, por exemplo, ao falar das ciências necessárias e demonstrativas que não dependem dos fatos, mas exclusivamente da razão, elenca entre elas a lógica, a metafísica, a aritmética, a geometria, as ciências do movimento e a ciência do Direito.[11]

O novo método dissociou, de maneira inédita, a Retórica da Política e do Direito. De fato, para o jusnaturalismo moderno o Direito e a Política passaram a ser encarados como campos nos quais o discurso deixaria de ser persuasivo e convincente e passaria a ser necessário, ou seja, capaz de obter um *certum*, passível de axiomatização.[12] Por essa razão, o Direito deixou de ser encarado *como jurisprudência* (o que era para os romanos), ou como uma *interpretação* de textos (o que era para os glosadores medievais), e passou a ser entendido como *demonstratio,* a ser fundamentada num raciocínio analítico.[13]

4. A substituição da *interpretatio* pela *demonstratio* como método do Direito — contra a qual se insurgiu Vico na sua polêmica contra o novo método, na qual empreendeu a defesa da retórica e da prudência enquanto categorias indispensáveis para a experiência jurídica e política[14] — foi decisivamente reforçada pelo conceito de *sistema.* Este foi o ideal do saber científico nos séculos XVII e XVIII e baseava-se na ordenação exaustiva de todas as diferenças.[15] No campo do Direito, o conceito de sistema se traduziu na convicção de que se pode alcançar, através da razão, uma classificação universal, imutável e completa, capaz de prever todos os casos possíveis e apta a resolver todos os litígios pela combinação dos diversos princípios jurídicos. Leibniz, Pufendorf, Thomasius, Wolff exemplificam esta concepção, que tornou operacional, no paradigma do Direito Natural, a ciência do Direito como ciência demonstrativa. O ideal de uma ciência do Direito demonstrativa redefiniu a missão do jurista, fazendo com que esta deixasse de ser a prudência dialética da *interpretatio* e se convertesse no esforço de descobrir as regras universais de conduta através do estudo racional da natureza do homem.[16]

Com efeito, para uma ciência do Direito demonstrativa, do tipo da que caracterizou o jusnaturalismo moderno, o mundo não é contingente. É por isso que ela prescindiu da prudência, cuja razão de ser, de acordo com o clássico ensinamento de Aristóteles, é a percepção ontológica de que, em assuntos humanos, como a Política e o Direito, deliberamos. Esta deliberação não é uma demonstração, pois não existe solução única e, consequentemente, à deliberação não é aplicável a homogeneidade operatória da análise matemática. A deliberação, de acordo com Aristóteles, leva a um saber aproximativo que não é infalível. Daí a importância e a responsabilidade da escolha, que requer a prudência (*phronesis*), de um bom juízo (*gnome*), enquanto saber prático e não teórico, que de maneira antes razoável do que racional capta a singularidade.[17]

É precisamente em oposição à tradição aristotélica — que entende que nas questões morais só se pode alcançar um conhecimento provável, baseado na prudência — que se afirma o jusnaturalismo moderno — que almeja a certeza de uma ciência demonstrativa, tendo sido Pufendorf o primeiro a realçar a importância de se limpar o terreno do Direito da autoridade de Aristóteles.[18] Com esta limpeza desapareceram, no paradigma do Direito Natural, a autonomia e a responsabilidade do juízo enquanto saber prático. Este passou a ser apenas uma relação cognitiva entre o universal e o particular, que assume a forma de silogismo. É nesta acepção que se coloca o juízo no jusnaturalismo moderno, para o qual não há diferenças entre o juízo teórico e o prático. Para usar a terminologia kantiana, ambos são determinantes: subsumem o particular a uma lei *a priori* prescrita ao entendimento. Com efeito, no processo de afirmação do Direito como ciência demonstrativa, desaparece o caráter problemático da subsunção do particular ao universal, que exige a prudência, pois o juízo, sendo determinante, opera a subsunção sem ter a necessidade de passar pela reflexividade da deliberação.[19]

5. Kant representa a culminância do esforço de aplicar ao Direito os procedimentos racionais da pura dedução. Com efeito, e como observa Villey, o jusnaturalismo moderno se caracteriza por um racionalismo ainda apoiado na experiência, embora esta fosse limitada à observação sobre a natureza humana, abstraída do contexto social. Kant foi além ao remontar a dedução ao imperativo da consciência moral do sujeito pensante, que seria perfeitamente racional.[20] É por isso que a unidade de uma ciência demonstrativa do Direito surge de maneira paradigmática na sua obra, como se vê no trecho da *Metafísica dos Costumes,* onde discute os três poderes, estabelecendo uma analogia com o silogismo jurídico. Depois de dizer que o Estado é unificação de uma multiplicidade de homens de acordo com leis jurídicas, que são *a priori,* Kant aponta que ele contém três poderes, pois a vontade geral une-se em três pessoas. O poder soberano reside na pessoa do legislador; o poder executivo localiza-se na pessoa que governa conforme a lei; o poder judiciário reside na pessoa do juiz, que atribui a cada um o que é seu, conforme a lei. Isto, continua ele, corresponde às três proposições de um raciocínio conforme a razão prática: a maior contém a lei de uma vontade; a menor, a ordem de se conduzir de acordo com a lei, isto é, o princípio de subsunção da premissa menor à maior, e a conclusão é a sentença, vale dizer, o Direito no caso concreto.[21]

(C) O JUÍZO NO PARADIGMA DA FILOSOFIA DO DIREITO: DO RIGOR DO SILOGISMO JURÍDICO À BUSCA DO SIGNIFICADO DA HERMENÊUTICA

6. No paradigma da Filosofia do Direito houve influência de Kant sobre o normativismo, como tal entendido o esforço dos

jusfilósofos de definir o Direito pela forma, dada a impossibilidade de qualificá-lo pelo conteúdo. De fato, os jusfilósofos formalistas absorveram, em maior ou menor grau, a concepção kantiana do Direito enquanto ciência isolada da natureza e separada da Política e da Economia, como se pode ver na aspiração kelseniana de construir uma Teoria Pura do Direito. Foi também grande o impacto de Kant na Teoria Geral do Direito por via da pandectística, que marcou a jurisprudência dos conceitos. Esta, do ponto de vista do juízo, encarado como determinante, teve por função buscar definir, *a priori*, com precisão e rigor, os conceitos jurídicos empregados pela lei, procurando eliminar, dessa maneira, as obscuridades da premissa maior do silogismo jurídico.[22]

Outras correntes de pensamento que integram o repertório da Ilustração, como a tese da separação de poderes — articulada por Montesquieu — e a da lei como expressão da vontade geral da nação — que remonta a Rousseau — confluíram, depois da Revolução Francesa e do sucesso da codificação, para reforçar o racionalismo jurídico. É o caso, no século XIX, da Escola da Exegese, que também assimilou o Direito a um sistema dedutivo, com base nos modelos axiomáticos da geometria e da matemática.

É certo que o positivismo jurídico da Escola da Exegese se opõe ao jusnaturalismo moderno porque, na esteira do ensinamento de Montesquieu, reconheceu que o Direito varia no tempo e no espaço.[23] Esta variedade não significa, no entanto, que para o normativismo do século XIX o Direito não fosse visto como racional. Com efeito, por apropriação e transformação, na lição hegeliana que assinala o fim do jusnaturalismo, "o espírito dos povos", ao se refletir no "espírito das leis", confere um conteúdo concreto à vontade racional do Estado.[24] Esta se exprime através da lei entendida como norma geral e abstrata a ser aplicada uniformemente através dos procedimentos racionais de uma exegese dedutiva. Não é, evidentemente, por acaso que, na sua conhecida tipologia, Max Weber denomina de racional-legal o poder legitimado pelas leis que, no mundo moderno, buscam garantir a segurança das expectativas ao evitar o inesperado do poder carismático e o passadismo do poder tradicional.

É precisamente em nome da segurança, da certeza e da racionalidade do legislador que, com base na doutrina da separação de poderes, a Escola da Exegese afirmou o silogismo jurídico enquanto expressão de um juízo determinante, cabendo ao juiz ser, nas palavras de Montesquieu, "[...] la bouche qui prononce les paroles de la loi; des êtres inanimés qui n'en peuvent modérer ni la force ni la rigueur".[25] Para isso, o juiz deverá formular um silogismo, cuja premissa maior seria fornecida pela regra de Direito apropriada, a menor pela verificação de que as condições de fato, previstas na norma, ocorreram, decorrendo a sentença, logicamente, das conclusões do silogismo.

Beccaria, no *Dei delitti e delle pene,* ao tratar da interpretação das leis, antecipa a proposta da Escola da Exegese com grande clareza: "in ogni delitto si deve fare dal giudice un sillogismo perfetto: la maggiore dev'essere la legge generale; la minore l'azione conforme, o no, alla legge; la conseguenza, la libertà o la pena. Quando il giudice sia costretto o voglia fare anche due silogismi se apre la porta all'incertezza".[26]

7. A concepção mecânica do raciocínio jurídico da Escola da Exegese — que representou em novos termos a continuidade da aspiração jusnaturalista moderna do Direito como *demonstratio,* a permitir juízos determinantes e que se viu reforçada pela crença na ciência que caracterizou o século XIX — prevaleceu até o momento em que se tornou patente o descompasso entre o Direito formalmente válido e a realidade social.

Com efeito, este descompasso levou, no paradigma da Filosofia do Direito, pela redução da efetividade do sistema jurídico em relação aos seus destinatários, a um deslocamento do foco de análise da norma para o momento de sua aplicação. E este deslocamento fez com que a identificação dos problemas da atividade jurídica pelos jusfilósofos deixasse de ficar adstrita a configurações sistemáticas de ordem normativa e passasse a levar em conta a determinação do seu sentido. Esta determinação do sentido por distintos jusfilósofos, como Jhering, Heck, Gény, Holmes, Pound (referidos no capítulo 2 na análise da constituição dos diversos campos do paradigma da Filosofia do Direito), conduziu a uma visão do Direito preocupada com os seus fins.

A preocupação com os fins — seja os contemplados pela intenção do legislador, na perspectiva subjetivista, seja os contidos potencialmente na norma que se desprende enquanto intencionalidade objetivada da vontade do legislador, na perspectiva objetivista — teve impacto decisivo na hermenêutica e na aplicação do Direito. De fato, a busca do sentido, ao abrir o campo da exegese para o argumento teleológico, tornou claro que a interpretação e a aplicação do Direito não são declaratórias e reprodutivas de um Direito Positivo preexistente, mas sim constitutivas de um Direito atualizado.[27] A análise de como o Direito aplicado é constitutivo e produtivo realçou que a lógica do Direito se subordina, com muita dificuldade, ao silogismo de um juízo determinante, pois a subsunção dos fatos à lei é problemática. Com efeito, existem um espaço e um tempo, que não são os do juízo determinante, entre a descrição dos fatos e a identificação daqueles que são relevantes para o Direito, pois trata-se de, num dado momento e situação, subsumir fatos a normas que são mais ou menos precisas, mais ou menos coerentes, mais ou menos lacunosas, e a qualificação dos fatos pode depender da determinação de um conceito que resulta de prévia apreciação e definição.

O Direito Internacional Privado, cujo problema é o de determinar a lei aplicável quando ocorre um conflito de leis no espaço, mostra isto de maneira paradigmática através da teoria das qualificações e dos elementos de conexão. É por essa razão que a identificação da premissa menor do silogismo jurídico é uma apreciação dos fatos por parte do juiz, requerendo, ela mesma, juízo mais afim da deliberação prudencial de um saber aproximativo do que do rigor demonstrativo. Por outro lado, a premissa maior não é um dado, mas um construído que resulta de elaboração do juiz, fruto da interpretação da lei. Esta elaboração será tanto mais complexa epistemologicamente quanto mais abrangente for um ordenamento jurídico e os múltiplos significados nele contidos.[28]

8. Pode-se, portanto, dizer que os jusfilósofos, com o desenvolvimento do campo da hermenêutica, adicionaram a preocupação com o significado à aspiração do rigor cognitivo. Esta aspiração, que caracteriza a tradição do normativismo desde o jusnaturalismo moderno, e que responde à preocupação epistemológica da Filosofia em nossos tempos, evidentemente não desapareceu. Ela continuou presente no paradigma da Filosofia do Direito do século XX. De fato, o rigor cognitivo caracteriza a grande elaboração kelseniana, que, para lidar com sistemas jurídicos dinâmicos, encontrou um grande apoio metodológico no positivismo lógico e no conceito de cientificidade baseada na coerência de um enunciado com os demais enunciados que com ele formam um sistema.[29] Entretanto, o campo da hermenêutica abriu um espaço no paradigma da Filosofia do Direito, como diria Hannah Arendt, não só para a operação de conhecer com rigor as normas jurídicas, como também para a operação de pensar o seu significado. E, no pensar o significado do Direito, o modelo hermenêutico mostrou claramente que o juízo jurídico

não é determinante, pois a lógica da experiência jurídica é a do razoável, como mostrou Recasens Siches, vale-se da tópica para pensar e resolver problemas concretos, como apontou Viehweg, e baseia-se num raciocínio que busca persuadir e convencer diante da impossibilidade de demonstrar, constituindo-se, por isso mesmo, como uma retórica, na análise de Ch. Perelman.[30]

No paradigma da Filosofia do Direito, a busca do significado, por meio de uma hermenêutica construtiva, que na aplicação das normas leve em conta os fins do Direito, pressupõe que estes correspondam a algum critério de justiça que legitime a ação do juiz, pois o hiato entre a verdade e o significado é preenchido pelo reconhecimento da importância do valor na experiência jurídica. Com efeito, é com base neste pressuposto deontológico — que funciona como *vindicatio actionis* diante da impossibilidade da *validatio cognitionis* de um juízo determinante — que o juiz procura encontrar soluções satisfatórias, em cada caso concreto, através de um *não* à letra da lei e de um *sim* ao seu espírito, para assim impedir a aplicação rígida e irrefletida das normas jurídicas. Em outras palavras, na interação entre Fato e Valor flexibiliza-se diante de um problema concreto a norma, buscando-se no entanto manter a coerência do sistema do Direito (o ordenamento) através de um esforço permanente de conciliar a razão com a justiça.[31]

(D) A RUPTURA E AS INADEQUAÇÕES DO JUÍZO DE RAZOABILIDADE

9. Em que medida é viável uma hermenêutica deste tipo quando os fins do Direito e o seu espírito patentemente não obedecem a nenhum dos múltiplos critérios possíveis de justiça —

que tanto no paradigma do Direito Natural quanto no da Filosofia do Direito baseiam-se no valor da pessoa humana enquanto "valor-fonte" da ordem da vida em sociedade? É isto precisamente o que ocorre com o totalitarismo no poder, que considera que os seres humanos são e devem ser vistos como supérfluos e descartáveis, daí advindo, na análise de Hannah Arendt, a ruptura com a tradição. Dessa ruptura se dá conta explicitamente Perelman, ao discutir como o nazismo colocou, para a Filosofia do Direito, o problema de um Estado criminoso que positiva leis cujos fins são patentemente injustos. Aponta ele, neste sentido, que a nova retórica, da qual é um dos expoentes, é uma resposta do pensamento jurídico do segundo pós-guerra a este problema, através da revalorização da concepção de Aristóteles, pois esta enseja a busca de princípios gerais, servindo os *topoi* — que são o comum do Direito e da Política — como fórmula de procura desses princípios gerais que transcendem o Direito Positivo.[32]

Perelman, apoiado em Struck, cataloga inúmeros *topoi*, que são muito razoáveis. Entretanto — e este é o fulcro da problemática arendtiana —, diante do totalitarismo no poder, que aplicações podem ter *topoi* como: *in dubio pro reo; in dubio pro libertate; quisquis praesumitur bonus; favor legitimitatis;* ninguém pode ser juiz em causa própria; a chicana é proibida; a confiança merece proteção; o arbitrário é proibido; o que é insuportável não pode ser jurídico?[33]

Com efeito, o ordenamento jurídico não é apenas, como propõe Perelman, *objeto* de análise de sua razoabilidade por um terceiro desinteressado — o juiz — que, num caso concreto, através de sentença, chega a um juízo prático. Um ordenamento jurídico é também e simultaneamente um *projeto* de organização da sociedade. Por isso, toda norma tem dois estratos, como aponta J. Baptista Machado no importante prefácio à edição portuguesa da *Introdução ao Pensamento Jurídico,* de Engisch (que também se ocupou, em função da ruptura, com a possibilidade de uma lógica material do Direito, tentando ir além da tópica por meio de um sistema de valorações materiais). O primeiro estrato é o da comunicação lógica, que pode ser objeto de uma análise razoável, mas o segundo não se restringe ao conteúdo lógico da razoabilidade da norma, pois diz respeito a uma visão de mundo que todo ordenamento jurídico, enquanto proposta de orientação da sociedade, contém. É a existência destes dois estratos que dá unidade de sentido ao ordenamento jurídico, conferindo-lhe uma direção, que é levada em conta na exegese do Direito no momento em que o juiz escolhe um dos múltiplos significados logicamente contidos na norma. Esta direção que permeia a aplicação do Direito é um pensamento prático de inerência — no qual o juízo tem precedência em relação ao conceito.[34]

É interessante observar, a propósito da visão de mundo e de sentido de direção, que Beiner, em seu *Political Judgment,* examinando a prudência em Aristóteles, aponta que no Livro VI, capítulos 10, 11 e 12 da *Ética a Nicômaco, gnome* (juízo), em função de raízes comuns, é correlacionado a *syggnome* (compreensão) e *eugnomon* (que tem bons sentimentos, generoso, bom). Por isso, para Aristóteles o juízo se traduz numa boa *praxis,* numa ação deliberada que requer compreensão e sentimentos generosos, através de uma disposição favorável em relação ao Outro. É por essa razão que cabe perguntar se a retomada, por Perelman, da concepção aristotélica, tão apropriada para lidar com a razoabilidade — posto que requer a percepção dos fins substantivos a serem alcançados, combinando na deliberação hábito e temperamento (*hexis*) moral e fins (*telos*)[35] —, é apta para lidar com a não razoabilidade de uma situação-limite, como a que caracteriza o *telos* do totalitarismo no poder, tão distante da compreensão e dos bons sentimentos que, de acordo com a visão de Aristóteles, permeiam a prudência?

10. Penso que não, pois o *telos* do totalitarismo é a busca exacerbada do "inimigo-objetivo" — como foi apontado no capítulo 3 — e a concepção aristotélica tem como um dos seus pressupostos a *filia* — a amizade. Com efeito, esta, para Aristóteles, não é apenas a relação privilegiada entre duas pessoas, baseada na confiança e na igualdade da estima recíproca, mas também a medida da associação política. A comunicação entre os homens requer amizade e justiça, e é por essa razão que a amizade cívica é necessária na *polis*, pois é ela que mantém a união dentro do Estado, assemelhando-se à concórdia.[36]

A amizade e a justiça, diz Aristóteles na *Ética a Nicômaco*, referem-se às mesmas coisas e se dão entre as mesmas pessoas. Por isso, em toda comunidade política encontram-se de maneira coextensiva alguma forma de justiça e de amizade, instituidoras do comum.[37] Quando nada existe de comum entre o governante e o governado, não há amizade nem justiça, sendo esta situação uma das características da tirania, de acordo com Aristóteles.[38]

Esta breve referência tem como objetivo realçar, contrastando, a importância, para a concepção aristotélica, da *filia* na preservação do espaço público,[39] com a sua inexistência no totalitarismo. Ora, Hannah Arendt se dá conta, explicitamente, da importância da *filia* na sua proposta de reconstrução, a ela se referindo em *The Human Condition* ao tratar da ação, como já foi mencionado no capítulo sobre a desobediência civil, na discussão do perdão.[40] No ensaio sobre Lessing, que integra *Men in Dark Times*, ela também discute, no contexto da reconstrução, a importância da *filia* aristotélica, vendo-a como algo fundamental para o bem-estar de uma comunidade, posto que ensejadora do diálogo político. Neste sentido, compara o conceito de amizade de Lessing, que é clássico-aristotélico, com o moderno, articulado por Rousseau, apontando a inadequação, no plano da ação política, do conceito moderno. De fato, este se baseia na intimidade que gera calor humano, mas quando transposto para a esfera pública leva à compaixão e não à solidariedade, com graves consequências para a preservação da distinção entre o público e o privado. Estas consequências foram por ela analisadas em *On Revolution,* como apontado no capítulo anterior no exame do direito à intimidade.[41]

Em síntese, esta recapitulação mostra que Hannah Arendt, na sua aspiração de raposa, busca abrir espaço, na proposta de reconstrução, para a *filia* aristotélica enquanto ingrediente básico para a preservação do espaço público num mundo que ela quer ver assinalado pela diversidade e pela criatividade do novo, com base na liberdade. É por isso, aliás, que no ensaio sobre a crise da cultura que integra *Between Past and Future,* ao retomar a tradição clássica da cultura, ela se refere, tratando do juízo, à *phronesis* aristotélica, vinculando-a ao senso comum que requer, no entanto, como realça, um mundo comum.[42]

11. Mundo comum, porém, não existe no totalitarismo graças ao isolamento e à desolação que caracterizam o seu processo de afirmação, destrutivo da esfera pública, daí advindo a ruptura com a tradição que Hannah Arendt apresentou como ouriço. No meu entender, uma das notas configuradoras da ruptura é precisamente a substituição da *filia* aristotélica pela exacerbação da relação amigo-inimigo como a categoria fundamental da política. Por essa razão a concepção aristotélica não é apta para lidar com a não razoabilidade da visão de mundo da experiência totalitária. Esta provocou, com a crise da compreensão do significado, uma concomitante crise do juízo, como aponta Hannah Arendt no seu ensaio de 1953: "Understanding and Politics". Nele, afirma que a

experiência totalitária implodiu as categorias tradicionais do pensamento político e os *standards* do juízo moral, sublinhando que a crise de compreensão do significado é idêntica à crise do juízo, pois compreender e julgar requerem a subsunção de um particular ao universal, e esta subsunção, no caso do fenômeno totalitário, escapa ao senso comum, pois desafia as normas daquilo que tradicionalmente permitia um juízo baseado no bom-senso.[43] De fato, não há bom-senso nem senso de um mundo comum sem um mínimo de *filia* cívica, e esta não pode surgir quando a relação amigo-inimigo, no plano político, se vê exacerbada.

A relação amigo-inimigo como categoria fundamental da política foi articulada no plano teórico por Carl Schmitt na análise da crise da legalidade, conforme apontado no capítulo sobre a desobediência civil. Schmitt entende que o equívoco básico do liberalismo é o de tentar reduzir o conflito político ou à ideia de concorrente no campo econômico, ou à de adversário no plano das ideias, sem se dar conta de que a dicotomia básica da política é a relação amigo-inimigo entendida como antagonismo supremo. Este antagonismo não é marcado por *privata odia,* mas sim animado por *publice bellum.* Daí, para Schmitt, a distinção que o latim e o grego ensejavam entre *inimico* na esfera privada, *e hostis* na esfera pública, entre *ecktrós* e *polemíos.*[44]

Schmitt inspirou-se em Hobbes e na preocupação hobbesiana da guerra de todos contra todos, mas as suas ideias serviram a Hitler, que deu um sentido preciso ao que Schmitt denominou de hostilidade absoluta.[45] De fato, conceitos como o de uma "seleção racial que não pode parar", no nazismo, ou o de "inimigo objetivo", na vertente stalinista do totalitarismo, levaram ao primado do movimento impeditivo da normalidade que advém da estabilidade das relações, na qual se apoia o senso do que é comum e usual. Daí o antiutilitarismo que caracteriza a gestão totalitária, pois a identificação dos "inimigos objetivos" com os quais os governantes travam uma guerra pública não depende da conduta dos governados, mas sim de uma decisão da chefia totalitária, à qual não apenas tudo é permitido, mas para a qual tudo é possível de acordo com as leis do movimento. Estas características da gestão totalitária, examinadas no capítulo 3, mostram como se introduziu, dentro do Estado, a noção de inimigo na acepção de *hostis* — noção que tinha sido expelida para o campo das relações internacionais, na análise da guerra e da paz, na formulação hobbesiana.[46] É por isso que não há nem *filia* nem justiça no totalitarismo, e é por essa razão que Hannah Arendt, preocupada em resgatar, diante da ruptura, as condições de possibilidade da dignidade do juízo, recorre a Kant como caminho heurístico para pensar o particular, quando é impossível, na linha aristotélica, alcançar um juízo prático baseado na razoabilidade da prudência.[47]

(E) HANNAH ARENDT E A AFIRMAÇÃO DA LIBERDADE HUMANA: O PENSAR, O QUERER E O JULGAR NO PLURALISMO DO "COGITO" ARENDTIANO

12. A reflexão arendtiana a respeito do juízo integra a sua crítica à tradição do pensamento político e é uma consequência da sua afirmação da liberdade. No ensaio sobre o que é liberdade, parte de *Between Past and Future*, ela observa que nas questões práticas, e muito especialmente nas políticas, partimos do pressuposto de que existe a liberdade humana. É com base neste pressuposto que leis são estabelecidas, decisões são tomadas e juízos são feitos. Este pressuposto se choca com aquele que caracteriza os campos de investigação científica e teórica, nos quais

o pressuposto é "nada vem do nada" e "tudo tem a sua causa". É por essa razão que, no exame teórico sobre uma ação humana específica, ela parece normalmente resultar ou da causalidade da motivação íntima dos seus protagonistas, ou de princípios gerais de causa e efeito que regulam o mundo dentro do qual se inserem estes protagonistas.[48] E é por isso que os pensadores profissionais — filósofos ou cientistas, ou seja, os homens teóricos, voltados para o rigor da cognição — não se sentem à vontade com a liberdade e com o que ela contém de aleatório, não se dispondo, como aponta Hannah Arendt em *The Life of the Mind*, a pagar o preço da aceitação da contingência pelo questionável dom da espontaneidade.[49]

Na tradição da teoria política, o desconforto do pensamento com o aleatório inerente ao exercício da liberdade traduziu-se historicamente na busca de um bem comum de ciência certa. De fato, esta, na medida em que existisse, afastaria tanto a precariedade das opiniões múltiplas e contraditórias, quanto o contingente derivado do exercício da prudência. Daí também o esforço de identificar aqueles que, pelo seu saber, pudessem garantir um bem comum de ciência certa e aos quais, por isso mesmo, o poder deveria ser atribuído. Se a este esforço de associar poder e saber certo, na tradição do pensamento político, se adicionar que na ontologia do pensamento político a ordem tem sido frequentemente, sobretudo na perspectiva *ex parte principis*, o equivalente ao ser, e a desordem o equivalente ao não ser, não é difícil estabelecer a existência de afinidades entre os filósofos-reis de Platão, os déspotas esclarecidos da Ilustração, os sábios de Comte, os tecnocratas da sociedade industrial e as vanguardas revolucionárias iluminadas. São todos a expressão de uma aspiração recorrente na História do Pensamento Político, que procura substituir a responsabilidade dos atores políticos e da cidadania perante escolhas múltiplas e problemáticas pela certeza do caminho de mão única de verdades evidentes que permitiriam juízos determinantes.[50]

Toda a obra de Hannah Arendt, como aponta Richard J. Bernstein ao tratar do juízo na reflexão arendtiana, é uma batalha contra estas tendências e, portanto, um questionamento às diversas modalidades de *necessitarian arguments* — hegelianos, marxistas, weberianos ou tecnocráticos —, pois estes se chocam com sua visão centrífuga de um mundo que comporta a diversidade, a pluralidade e a inovação.[51] É em nome da singularidade humana conjugada com o seu potencial de imprevisibilidade que Hannah Arendt, como assinala Enégren, recusa, no campo da política, o paradigma determinista e o juízo determinante no seu discurso contra o método. É por isso, como já foi dito, que B. Parekh insiste, a meu ver com toda a propriedade, em que a reflexão arendtiana é uma contestação ao dualismo ontológico da tradição do pensamento político, pois este, ao separar o mundo do ser do mundo das aparências, privilegia o primeiro e desconsidera a particularidade e a contingência que caracterizariam o segundo, neles vendo apenas a manifestação de um universal. Daí, nesta tradição, que Hannah Arendt impugna como um ouriço por conta da sua visão de raposa, a usual recusa da opinião e o esforço de afirmar uma verdade que eliminaria a especificidade problemática do juízo.[52]

13. Na impugnação arendtiana é importante fazer referência a *The Life of the Mind,* a grande obra póstuma na qual procura dar conta dos grandes problemas filosóficos que foram o ponto de partida de seu percurso intelectual. Nesta obra, analisando o pensar, resgata a primazia ontológica do mundo das aparências, que para ela é o do ser. Neste sentido, justifica teoricamente toda a sua obra anterior, que se caracteriza pela afirma-

ção da importância do concreto e pela recusa epistemológica dos conceitos divorciados das experiências políticas.[53]

Ao refletir sobre o *nunc stans* (o presente duradouro) do pensar no mundo das aparências, aponta que ele obedece às exigências da razão, cujo alvo é compreender o significado das coisas e que, neste sentido, se diferencia da cognição, que deseja apreender o que é dado aos sentidos. Esta distinção arendtiana entre a busca da verdade, vista como questão empírica da ciência, e a procura do significado, visto como questão hermenêutica, de natureza filosófica, está próxima da distinção entre Fato e Valor e foi examinada no capítulo 3.[54] Aqui, o que importa observar é que tanto o pensar quanto o conhecer no pluralismo do *cogito* arendtiano lidam com o geral. Este geral prepara a mente para lidar com particulares — com o concreto —, pois é difícil tratar de coisas que ainda não são — para as quais se volta a vontade — e das coisas que já foram — em relação às quais se dirige o juízo retrospectivo — sem esta prévia atividade preparatória. Entretanto, do ponto de vista da Política e do Direito, de acordo com Hannah Arendt, nem o pensar nem o conhecer proveem o querer e o julgar com regras gerais, aptas por si sós para lidar com a subsunção dos particulares. Daí a autonomia da vontade e do juízo como faculdades mentais, que têm como intencionalidade alcançar objetos particulares do mundo.[55]

14. O objetivo da *vontade*, como faculdade autônoma da mente, são os *projetos*. Estes nos levam para o futuro e é por isso que a *vontade* é eminentemente uma faculdade voltada para ele. Porque o futuro, por maior que seja a sua probabilidade, nunca é certo, a contingência é um dado dos atos volitivos que gera a esperança e o medo. É por conta desta expectativa que o *tonus* da vontade é a inquietação, a tensão, só superável pela ação. Esta é uma das razões do conflito entre o "eu pensante" — cujo

tonus é a serenidade da *aquiescentia in se ipso* — e o "eu volitivo". Este, porque experimenta com a liberdade, aparenta uma falta de normas — uma anomia — e esta contrasta com a finitude do pensar de que falava Descartes, sujeito a regras como o axioma da não contradição e à necessidade da verdade evidente. Daí a frequente negação da vontade enquanto expressão da liberdade pela tradição do pensamento filosófico, que busca enquadrá-la na camisa de força das leis da causalidade e da história.[56] É por essa razão que Hannah Arendt, na sua afirmação, enquanto raposa, da liberdade como algo inerente à condição humana, realçou a autonomia da vontade, no seu grande acerto de contas com a filosofia.

No percurso da reflexão arendtiana sobre a vontade, no que diz respeito à liberdade e à responsabilidade inerente a juízos não determinantes, é preciso destacar a importância por ela atribuída a três pensadores: santo Agostinho, Duns Scotus e Kant.

15. Observa Hannah Arendt que, para santo Agostinho, a vontade é a faculdade integradora das outras aptidões mentais do homem, na sua relação com o mundo das aparências, e é por meio dela que os seres humanos se abrem para o futuro. Na análise agostiniana da temporalidade, além do começo absoluto que assinala a criação do céu e da terra — o *principium* —, existe para cada homem um começo relativo — o nascimento, o *initium* — que significa que os homens nascem como noviços num mundo que os precede no tempo. Neste mundo, existe a liberdade da espontaneidade, que se volta para o futuro através da vontade humana.[57]

O *initium* de santo Agostinho — pensador sobre o qual Hannah Arendt se debruçou desde a sua tese de doutoramento — é uma das raízes da categoria da natalidade, que ela erige como uma das categorias centrais da política em *The Human Con-*

dition, nela vendo a explicação sobre a possibilidade de criar coisas novas. Precisamente porque são novas elas não são necessárias, mas contingentes. E é justamente a contingência da política, que frustra a previsão determinante, o que Hannah Arendt, na sua obra, destaca pela ênfase que atribui à liberdade. Esta se encontra ao alcance de cada homem individual, permitindo-lhe agir de forma nova e dar início a novos processos, cujo significado sobrevive aos atos através da memória, transmitida aos outros na forma de uma estória, por meio da palavra.[58]

Duns Scotus, como santo Agostinho, entende que é a vontade que atualiza o singular, constituindo-se, portanto, como a faculdade que permite o *principium individuationis.* Para Hannah Arendt, ele é uma figura rara na tradição filosófica, pois postula a contingência como modo positivo do ser. É por isso que ele insiste na importância do singular, que não subsume no geral. Tudo o que é poderia não ter sido, exceto Deus, que é necessário na perspectiva de um mundo não necessário que Ele desenhou livremente. Por contingente, Scotus não quer dizer que uma coisa não é necessária, ou que nunca existiu, mas sim algo cujo oposto poderia ter ocorrido simultaneamente ao que de fato aconteceu. Tudo o que se pode dizer do atual, que acontece, é que ele não era impossível. É a partir desta colocação que Scotus recupera tanto a necessidade quanto a liberdade, através de sua teoria das causas parciais. Um evento, no entanto, uma vez realizado, torna-se existente, assume a sua realidade e perde a sua natureza contingente, convertendo-se numa verdade factual.[59]

Em Duns Scotus, Hannah Arendt identificou um pensador dedicado incondicionalmente à singularidade da liberdade humana. Daí as suas afinidades com ele, pois trata-se de uma reflexão apta para fundamentar o que ela considera as verdades singulares da política, já que a contingência destas serve de ponte para a defesa que empreende, de outra maneira, em *Between Past and Future*, da verdade factual como a verdade da política. De fato, estas verdades não têm como modo de asserção a *demonstratio*, uma vez que resultam apenas do fato de os eventos e as ações terem ocorrido de uma determinada maneira e não de outra, no horizonte da amplitude possível.[60] Porque estas verdades são frágeis, pois contingentes, mas nem por isso menos necessárias, posto que verdades, é que Hannah Arendt aponta, como foi discutido na análise do direito à informação, o caráter deletério da mentira moderna para a política. De fato, a mentira, ao buscar reabrir o passado, destrói a verdade e, neste processo, gera a impotência, pois quando o passado e o presente são tratados como partes do futuro, isto é, levados de volta ao seu antigo estado de contingência, a política se vê privada do seu ponto de partida estabilizador para iniciar algo novo.[61]

O initium de santo Agostinho e a contingência como modo positivo do ser articulado por Duns Scotus, em *The Life of the Mind*, do ponto de vista da vontade e da liberdade, veem-se complementados pelas referências de Hannah Arendt a Kant. De fato, na análise da vontade ela destaca a discussão kantiana, na *Crítica da Razão Pura*, sobre a admissibilidade de um poder capaz de, por si só, começar uma série de coisas ou estados sucessivos. Este poder de começar não é absoluto. Não é um *principium* mas sim um *initium*, a que todos têm acesso por força da natalidade e pela vontade entendida, não como o livre-arbítrio da escolha entre querer e não querer o que é dado, mas sim como expressão da liberdade de começar algo novo. Esta tem na vontade, voltada para o futuro, o seu órgão mental, algo que não é mais desconcertante para a razão do que o fato de que os homens nascem e são, por isso mesmo, recém-chegados num mundo que os precede no tempo.[62] A esta questão kantiana sobre o poder de começar algo novo, Hannah Arendt responde com um categórico sim. Num certo sentido, como observa Enégren, toda obra arendtiana se nutre da intuição de que isto é possível, daí advindo uma certa metafísica do inaugural que permeia a sua reflexão — o que se percebe com muita clareza na análise de autoridade enquanto evento fundador, como foi apontado no capítulo sobre a desobediência civil.[63]

16. É esta intuição de que a liberdade não é apenas a conversão da potência em ato, mas sim o poder de começar algo novo, voltado para o futuro, o que explica as limitações que Hannah Arendt detecta na *proairesis* aristotélica, em *The Life of the Mind.* A escolha, observa ela, no sentido de preferência entre alternativas, medeia entre a razão e o desejo. O elemento de razão na escolha é a deliberação, e esta requer a *phronesis* — que Hannah Arendt qualifica como sagacidade. A *phronesis* é atributo indispensável da razão prática, imprescindível para a compreensão do que é bom ou mau para os homens no que diz respeito àquelas coisas que estão no âmbito do poder humano alcançar ou não alcançar. Entende Hannah Arendt que a *proairesis* aristotélica abre, com efeito, um espaço para a liberdade na medida em que a ação humana não se vê determinada pela força, ou da verdade evidente que compele a razão, ou das paixões e dos apetites impostos pela natureza. Este espaço, no entanto, é limitado, pois a faculdade de escolha aristotélica — o *liberum arbitrium* que a filosofia medieval retomou — trata do potencial, não do possível. Por isso não é nem espontâneo, nem autônomo, uma vez que decide sobre o que é dado, pelo menos potencialmente, e que neste sentido obedece às regras da causalidade que permitem a realização do ato.[64]

Nas limitações da amplitude da escolha aristotélica, apontadas por Hannah Arendt, está subjacente, a meu ver, a discrepância entre um pensador grego e uma pensadora voltada para o problema da modernidade. Com efeito, Aristóteles pensou a deliberação num mundo por ele concebido, na sua física, como fechado, posto que se baseava na crença da existência de "naturezas" bem determinadas e de um cosmo regido por princípios em virtude dos quais o conjunto dos seres reais forma um todo naturalmente bem ordenado. Por isso, para ele o movimento é o ato do ser em potência, enquanto está em potência, que cessa quando um corpo encontra, por força da causa final, o seu lugar natural, e ocupa no cosmo a posição que corresponde à sua essência.[65] Não é esta a visão de Hannah Arendt que, como foi visto no capítulo 3, parte da percepção da destruição da identidade entre ser e pensamento e da ruptura do pressuposto de que existe, entre o homem e o mundo, uma harmonia preestabelecida. Por isso, para ela, enquanto pensadora contemporânea marcada pelo existencialismo, a pergunta sobre o que é a natureza humana não tem resposta, não dando, consequentemente, para dizer *o que* somos, mas apenas *quem* somos.[66] Este *quem* não é uma potência aristotélica, mas um *possível* existencial aberto para o inesperado da contingência que caracteriza a liberdade humana.

É esta vinculação aos temas e problemas da modernidade, marcada pelo existencialismo, que afasta Hannah Arendt de pensadores como Leo Strauss ou Michel Villey, que se voltaram inteiramente para os "antigos" com o objetivo de restaurar a ideia do Direito diante da ruptura. Com efeito, procuram esses autores resgatar uma noção de natureza concebida como padrão objetivo e substancial da ordem cósmica, que permitiria colocar tudo no devido lugar, pois existiria um lugar natural para tudo, que é dado pela *physis*. Daí a ideia de justiça não como a construção pública da igualdade, como propõe Hannah Arendt — conforme foi examinado na análise da cidadania como o direito a ter direitos —, mas sim como proporcionalidade e partilha. Estes seriam os meios para buscar nos assuntos humanos, com base na prudência, a correspondência entre a ordem cósmica e os homens. Ora, é precisamente a inexistência de uma harmonia entre o homem e o mundo o que caracteriza a ruptura na reflexão arendtiana, e é por isso que ela se afasta de maneira inequívoca da nostalgia clássica da *physis*. Esta nostalgia anima a restauração da tradição proposta por Strauss e Villey na vigorosa crítica que empreenderam da modernidade, mas não se confunde com a visão de Hannah Arendt, cujo percurso não é o do regresso, mas o da reconstrução da tradição, apoiada na expectativa e na esperança do novo, como o caminho para lidar com a ruptura e afirmar a liberdade.[67]

17. Na reconstrução arendtiana, a vontade como faculdade autônoma da mente, apta para lidar com projetos voltados para o futuro, que admitem a contingência e a particularidade, desempenha, como foi visto, papel importante, porquê desafia a crença na necessidade — a aquiescência na ordem do mundo como uma complacência. Trata-se, portanto, de uma faculdade que, em termos existenciais, realça como o homem está abandonado a si mesmo.[68] Esta dimensão existencial da vontade é, no entanto, inconcludente do ponto de vista da liberdade, uma vez que o querer aponta para o comando e não para o consenso do agir conjunto, como Hannah Arendt se deu conta, no percurso de sua reflexão. Por isso, "The will is not my thing", como dizia ela a Glenn-Gray quando estava redigindo *Willing*.[69]

No primeiro volume de *The Life o f the Mind* — comparando *Thinking* a *Willing* — ela observa que a linguagem do pensar é a da reflexão e a do argumento, e contrasta com a voz do querer, que se vale dos imperativos do comando.[70] No segundo volume, nas conclusões, depois de reafirmar que a vontade pode ser encarada ou como o livre-arbítrio da escolha de meios para realizar fins que são dados pela *physis* ou como a possibilidade de iniciar uma nova série no tempo, Hannah Arendt discute Nietzsche e Heidegger. Ela registra que ambos, na crítica à vontade, compartilham a percepção comum de que o pensar e o querer são não apenas faculdades distintas, mas opostas. Esta antinomia entre o pensar e o querer que permeia *The Life of the Mind* não oferece, no entanto, segundo Hannah Arendt, um caminho para fundamentar a liberdade. Diz ela, com efeito, que o "eu quero" da vontade é incompatível com a liberdade política do "eu posso", que caracteriza a sua reflexão sobre o poder como um agir conjunto (examinado anteriormente no capítulo sobre a desobediência civil). Daí a impossibilidade que encontra, no fecho de *Willing,* de basear a liberdade na vontade, pois esta, sendo privada e individualizante, não se coaduna com a liberdade política que, como foi visto na análise da cidadania, não é para ela a do homem enquanto tal, mas a do cidadão. Por isso só se manifesta em comunidades políticas que regularam por leis, costumes e hábitos a interação da pluralidade.[71]

Willing, portanto, se encerra com um impasse que Hannah Arendt esperava resolver — segundo ela diz explicitamente no parágrafo final — quando viesse a tratar do juízo, acreditando, como aponta Glenn-Gray, que à maneira kantiana conseguiria, na sua terceira crítica, solucionar algumas das antinomias das críticas anteriores.[72]

18. Este impasse a que chegou Hannah Arendt em *The Life of the Mind* a propósito da relação entre vontade e liberdade era, diga-se de passagem, perfeitamente previsível à luz de sua reflexão anterior, que tem como nota uma profunda discordância com Rousseau, que só vê a possibilidade da liberdade ou na solidão da intimidade ou na sociedade perfeita e acabada do *Con-*

trato Social.[73] Com efeito, tanto no ensaio sobre "O que é liberdade?", que integra *Between Past and Future,* quanto em *On Revolution,* ela critica Rousseau por ter ele identificado, de maneira paradigmática, a liberdade com a vontade no campo da política. De fato, a vontade é unitária e indivisível e, por isso, incapaz do compromisso e do acordo, indispensáveis para o agir conjunto. Em contraste com a opinião, a vontade não comporta mediação e reconciliação e, consequentemente, não se presta ao debate e à discussão. Daí o paradoxo de Rousseau, que quer a participação política sem debate público, e como sabe que as vontades não podem ser mediadas, soluciona o conflito das vontades individuais, no *Contrato Social,* pela vontade geral. Esta ele transforma num *universal* pela ficção de que a nação possui um só interesse e uma só vontade. É por isso que uma teoria volitiva de política pode levar, de acordo com Hannah Arendt, ao absolutismo da soberania nacional.[74]

Este absolutismo é uma ameaça à liberdade e aos direitos humanos e os historiadores do século XX, observava ela em ensaio de 1941 — antecipador da reflexão sobre a cidadania como o direito a ter direitos —, talvez venham a esclarecer os absurdos a que pode conduzir a soberania absoluta do Estado nacional. De fato, no momento em que o Estado começa a decidir soberanamente quem é e quem não é cidadão, excluindo de uma comunidade política não atores políticos individualizados mas centenas de milhares de pessoas, verifica-se, numa perspectiva *ex parte populi* dos direitos humanos, quais foram as consequências da soberania absoluta ao gerar os párias políticos legais, que são os refugiados e os apátridas, quando abandonados ao arbítrio de outros Estados num mundo de nações soberanas.[75] Se a soberania e a liberdade fossem a mesma coisa, aponta Hannah Arendt em *The Human Condition,* em trecho que já foi citado e que coloca a inadequação do absolutismo da soberania em nível de maior abstração teórica, nenhum homem poderia ser livre, pois a ideia de soberania, ou seja, a da inflexível autossuficiência e autodomínio, contradiz a própria condição humana de pluralidade. Ninguém pode ser efetivamente soberano para ser livre porque a Terra não é habitada por um homem, mas por homens.[76]

19. É por conta desta reflexão a respeito da *vita activa* que, em *The Life of the Mind*, no volume sobre *Willing*, Hannah Arendt se indaga em que medida os homens de ação estão mais capacitados para tratar do novo inerente ao exercício da liberdade do que os homens de pensamento, ponderando que a filosofia da vontade foi concebida e articulada por filósofos dedicados ao *bios theorikos* e não à ação, e consequentemente mais inclinados à interpretação do mundo do que à sua mudança.[77] É por essa razão que, na crítica à tradição da Filosofia Política que caracteriza o seu percurso intelectual, ela contesta a investigação conceitual divorciada da experiência, revelando especial apreço por escritores como Maquiavel, Montesquieu, Tocqueville, os *founding fathers* da Revolução Americana que, em contraste com os filósofos, escreveram sobre a política "de dentro" e não "de fora". Esta distinção entre filósofos políticos e escritores políticos, como observa Bhikhu Parekh, é sugestiva, porém vaga,[78] mas explica por que Hannah Arendt encontrou um melhor fundamento para compreender a liberdade, inerente à ação, no inter-relacionamento entre *virtù* e *fortuna*, articulado por Maquiavel.

Com efeito, ela observa em *Between Past and Future* que a liberdade inerente à ação encontra a sua melhor ilustração no conceito de *virtù* — na excelência de acordo com a qual, segundo Maquiavel, o homem responde às oportunidades que o mundo lhe oferece na forma de fortuna. A ação, na medida em que é livre, não é guiada pelo intelecto nem dirigida pela vontade, embora delas necessite para alcançar um objetivo. Ela contém um elemento de virtuosidade que a aproxima das *performing arts*, nas quais a perfeição está no próprio desempenho e não em um produto final. Daí as metáforas utilizadas pelos gregos, como tocar flauta, dançar, pilotar e navegar para distinguir as atividades políticas que levam à ação de outras que conduzem à fabricação de uma obra. A ação, como se depreende de sua origem etimológica — de *agere*, pôr em movimento, fazer avançar, e *gerere*, trazer, criar, cujo particípio passado *gestum* originou a palavra gesta —, significa um movimentar-se, na interação conjunta com os outros, para criar coisas novas, que são gestas. É o "infinitamente improvável" da ação que interrompe os automatismos, acabando por constituir-se como a tessitura do real.

Nesta análise, Hannah Arendt observa que os desígnios da ação variam e dependem das circunstâncias materiais do mundo, requerendo, no entanto, a identificação de uma meta. A identificação desta meta não é uma questão de liberdade, mas de um juízo certo ou equivocado, antecedendo a vontade que comanda a sua execução. Este juízo que precede a ação a que a vontade dá início é o juízo prospectivo.[79]

20. Nos ensaios que integram *Between Past and Future*, Hannah Arendt se vale do juízo para fundamentar o seu conceito de política como a interação da pluralidade, considerando-a como a faculdade política por excelência. É neste sentido que, no capítulo sobre a crise da cultura, recorre à *Crítica do Juízo*, realçando a importância do que Kant chama de *mentalidade alargada*, ou seja, a capacidade de pensar no lugar e na posição dos Outros. A área de jurisdição da mentalidade alargada é a do diálogo com aqueles com os quais devo chegar a um acordo para poder dar início a uma ação, obtendo o apoio e a concordância

de muitos para levar adiante uma iniciativa. Este diálogo, precisamente porque exige a presença de outros, é impossível numa situação de isolamento, requerendo um espaço: o espaço público da palavra e da ação, no qual haja coincidência entre o comum e o visível. É neste mundo público que a mentalidade alargada enseja o juízo prospectivo, que requer a percepção do que há de particular e específico numa dada situação.[80]

Esta visão do papel do juízo se ajusta perfeitamente à reflexão arendtiana sobre a política, pois complementa o que ela diz sobre o poder como agir conjunto (examinado no capítulo sobre a desobediência civil); sobre o público como o comum e o visível (discutido no capítulo sobre o direito à informação e à intimidade); e sobre as consequências deletérias do isolamento e da desolação que caracterizam a experiência totalitária, provocando a crise do juízo.

Infelizmente, Hannah Arendt faleceu antes de explorar o juízo de maneira sistemática, como pretendia, ainda que este tema a tenha preocupado constantemente, como posso inclusive testemunhar, pois foi uma das propostas de curso para os seus alunos de pós-graduação em Cornell, no semestre acadêmico do outono de 1965, conforme tive oportunidade de relatar em outra ocasião.[81] No contexto de sua obra vale a pena, no entanto, apontar que em *Crisis of the Republic* ela salientou explicitamente os riscos de se considerar o juízo prospectivo como juízo determinante. Com efeito, em *Lying in Politics* criticou os *problem solvers* norte-americanos que, na condução da guerra do Vietnã, orgulhando-se de sua racionalidade, procuraram encontrar leis para prever fatos históricos e políticos, buscando dessa maneira eliminar a contingência que caracteriza a relativa liberdade do homem. Precisamente porque a realidade não se apresenta com uma limpidez que permita a elaboração de premissas para conclusões lógicas determinantes, os "cenários" elaborados pelos *the best and the brightest* toldaram o pensamento, obstruindo o juízo para a multiplicidade de possibilidades oferecidas pela realidade.[82]

Não há dúvida de que é de se lamentar esta lacuna sobre o juízo prospectivo, nos trabalhos publicados ou plenamente elaborados por Hannah Arendt em vida, inclusive porque o juízo prospectivo é uma das pontes entre a Política e o Direito, especificamente no que diz respeito à teoria da legislação. De fato, como já observara Aristóteles, a proposta de uma lei sempre envolve um juízo prospectivo, que se traduz na escolha entre múltiplos caminhos possíveis, que num Estado de Direito obedece aos procedimentos previstos no processo de elaboração normativa, disciplinado pelas normas secundárias de um ordenamento jurídico. É por conta desta relação entre juízo prospectivo e lei que se pode dizer, com Miguel Reale, que a teoria da legislação é a política do Direito, pois corresponde a um dos momentos culminantes da ação política.[83] Com efeito, quando a escolha baseada num juízo prospectivo e sustentada pelo poder do agir conjunto se transforma em regras de Direito, estamos diante da liberdade possível de um *initium* que caracteriza a política do Direito, a ela se seguindo a tarefa do jurista, que constrói os institutos e edifica os sistemas a partir dos preceitos objetivados nas normas, que por sua vez delimitam o campo de liberdade possível da escolha do juiz.

21. Restam-nos, no entanto, no *corpus* da obra de Hannah Arendt, as *Kant's Lectures* de 1970, que publicadas postumamente já foram reiteradas vezes citadas no correr deste trabalho. Ronald Beiner, que as editorou, entende que elas permitem uma reconstrução adequada do último e mais completo pensamento arendtiano sobre o juízo, mas aponta que sobre este existem duas vertentes na sua reflexão. A primeira, que acaba de ser

mencionada, ligada à política e contida na obra publicada em vida; a segunda vinculada a *The Life of the Mind*, e mais presente nas *Kant's Lectures*, na qual a preocupação é com a relação entre liberdade e vontade.[84] Não estou inteiramente de acordo com esta leitura que separa o juízo da *vita activa* daquele da *vita contemplativa* na reflexão de Hannah Arendt, pois vejo uma linha de continuidade no seu percurso. Entendo, no entanto, com Beiner, que as *Kant's Lectures* — que contêm as derradeiras porém ainda aproximativas reflexões de Hannah Arendt sobre a matéria — não oferecem, de fato, muitas pistas sobre o juízo prospectivo, ingrediente indispensável da política. Oferecem, no entanto, indicações muito sugestivas sobre o juízo retrospectivo que se ajustam perfeitamente às preocupações arendtianas com a ruptura, e que permitem fundamentar a reconstrução da temática dos direitos humanos proposta neste trabalho, como a seguir procurarei indicar.

(F) O JUÍZO REFLEXIVO COMO AFIRMAÇÃO DA LIBERDADE HUMANA E FUNDAMENTO PARA UMA RECONSTRUÇÃO TÓPICA DOS DIREITOS HUMANOS

22. A problemática do juízo, tal como colocada pela impugnação arendtiana ao dualismo ontológico, baseia-se, para sumariar o que já foi dito, na percepção de que existe uma lacuna entre os "universais" e os "particulares". Esta lacuna não pode ser preenchida por fórmulas inequívocas de subsunção, como pressupõem teorias e métodos que reivindicam a possibilidade de converter, através de um juízo determinante, os "universais" da razão teórica no "particular" da razão prática de um conhecimento concreto. Daí advém a problemática, e com ela o peso e a

responsabilidade do juízo, que não estão presentes e nem são reconhecidos no "idealismo" platônico ou no "realismo" do princípio universal de utilidade que, no utilitarismo, reduz o juízo a um cálculo — para fazer referência a duas correntes que Hannah Arendt critica no seu percurso intelectual. É por isso que, como já foi mencionado, toda a reflexão arendtiana que culminaria na análise do juízo é uma contestação à amplitude hegemônica do raciocínio de necessidade que enseja juízos determinantes — seja os formulados pelo pensamento clássico, seja os formulados pelo pensamento moderno ou pelos modos tecnocráticos de raciocinar.[85]

Esta lacuna também não pode ser preenchida pela tradição provinda de Aristóteles, que reconhece a problematicidade da interação entre a razão teórica e a prática. Isto tanto por conta dos aspectos que já foram apontados, como por força da especificidade da ruptura evidenciada pelo totalitarismo. Com efeito, a prudência, enquanto instrumento da razão prática desta tradição, tem como horizonte a razoabilidade, e esta, *inter alia*, desempenha a função de apreciar a adequação concreta de um comportamento às circunstâncias. Ora, o conteúdo de razoabilidade que estabelece esta adequação varia no tempo e no espaço, e está vinculado às aspirações do meio, traduzindo percepções que são majoritariamente compartilhadas por uma comunidade. Quando esta se vê inserida num contexto de ruptura, como o do totalitarismo no poder, que obedece à lei do movimento, a razoabilidade da prudência não ilumina o absurdo de uma situação-limite, não se constituindo como faculdade apta para ensejar um juízo reflexivo. De fato, ela pode e tende a limitar-se à apreciação da adequação de meios e fins e não parar para pensar e questionar os fins, mesmo quando estes fins positivados pela norma jurídica escapem a qualquer critério de justiça — que é a conclusão a que se pode chegar da análise arendtiana do caso Eichmann, discutido no capítulo sobre o genocídio.[86] É este o pano de fundo que levou Hannah Arendt a procurar em Kant um caminho para lidar com o juízo.

23. Na sua reflexão tomou, sem dúvida, consideráveis liberdades com os textos kantianos, como a seguir indicarei na análise das *Kant's Lectures.* Pode-se inclusive dizer, com Beiner, que ela estava mais voltada para uma apropriação filosófica do que para o rigor e a fidelidade, posto que, ao discutir a filosofia política de Kant, examina muito menos o que este efetivamente escreveu sobre filosofia política e jurídica e muito mais o que ele poderia ter escrito se tivesse elaborado sistematicamente as percepções políticas latentes, por ela detectadas, na *Crítica do Juízo.* É por isso, aliás, que o que diz a respeito de Kant discrepa do que foi anteriormente exposto neste capítulo, a propósito do juízo no jusnaturalismo moderno e seus desdobramentos no paradigma da Filosofia do Direito. Num certo sentido, o que Hannah Arendt buscou, seguindo as trilhas de Heidegger, foi um diálogo com Kant e não uma exegese de seu pensamento.[87] Ouso mesmo afirmar que a reflexão arendtiana sobre a filosofia política de Kant tem algo de uma devoração antropofágica, à maneira de Oswald de Andrade, elaborada evidentemente por alguém que provém da tradição filosófica alemã — uma tradição no âmbito da qual, como observou Horácio Lafer, Kant foi lido em excesso e que, por isso, contém inúmeras interpretações (devorações) pessoais de kantismo que se afastam do rigor textual.[88] Em síntese, Hannah Arendt não seguiu Kant ao pé da letra, mas o tomou como ponto de partida para pensar sobre os problemas que a preocuparam, assim como eu, seguindo a sua linha, apropriei-me das pistas dispersas na sua reflexão como quadro de referência para propor e instaurar, através deste trabalho, um diálo-

go sobre os problemas da reconstrução dos direitos humanos que me parecem fundamentais.

24. Na primeira de suas *lectures* de 1970, proferidas na New School for Social Research, Hannah Arendt registra que o conceito de Direito é importante para a filosofia prática de Kant, na qual o homem é encarado como um ser legislativo, ainda que no entender dela, para o estudo da Filosofia do Direito, seja mais válido voltar-se para Pufendorf, Grócio ou Montesquieu, do que para Kant — autores, observo eu, que lidaram com a Política e o Direito mais "dentro" do que "de fora" e que, neste sentido, são mais "escritores" vinculados à experiência do que filósofos dela dissociados.[89]

Na segunda de suas *lectures,* Hannah Arendt afirma que o juízo a respeito de um particular não tem lugar na filosofia moral kantiana. Este juízo — que é o que a interessa — não é o da razão prática. Esta só me diz o que fazer e o que não fazer, e assim estabelece a lei que é idêntica à vontade e que, por isso, emite comandos e fala através de imperativos.[90]

Na sexta e décima *lectures,* Hannah Arendt observa que, para Kant, prático significa moral. Destarte, o problema que se coloca é o de a vontade acompanhar a máxima da razão, ou seja, o princípio da consistência que, estendido à ética, constitui a base do imperativo categórico. Por isso, a filosofia política explícita de Kant é a do progresso e a de uma federação de nações que objetiva conferir à ideia regulativa da humanidade uma realidade política.[91]

É fácil entender por que, para os propósitos de Hannah Arendt, não cabia explorar a filosofia jurídica e política explícita de Kant. Com efeito, para este, tanto no domínio teórico quanto no prático, o juízo é determinante. A faculdade de julgar, para a razão prática, consiste em discernir se uma ação possível para um indivíduo, no mundo sensível, está ou não em conformidade com a lei moral (o imperativo categórico), cuja universalidade Kant postula a partir da analogia com a universalidade das leis naturais. Se, portanto, o domínio da razão teórica (a natureza) é distinto do da razão prática (a liberdade), ambas têm em comum uma legalidade universal.[92] Não é isso o que preocupava Hannah Arendt, que em *Thinking* manifesta com clareza as suas reservas em relação à *Crítica da Razão Prática*,[93] e que no *post-scriptum* deste primeiro volume do *The Life of the Mind*, que é posterior a *Kant's Lectures*, explicita a especificidade de seus pontos de vista em relação ao juízo.

Diz ela que o motivo pelo qual pretendia examinar o juízo como faculdade independente da mente prendia-se à sua convicção de que não se chega a um juízo sobre o particular por meio das operações lógicas de dedução ou indução. Não se trata, portanto, da razão prática que se manifesta pela voz da consciência (a de Deus ou a expressa pela Razão), pois esta não julga, mas nos diz o que fazer ou não fazer, ou do que arrepender-se. O que ela queria buscar era o "sentido silencioso" — o gosto — que sempre foi tido, inclusive por Kant, como algo que pertence ao domínio da estética; ou seja, o juízo reflexivo e não determinante — um dom que pode ser exercido mas não ensinado. Este dom de lidar com a especificidade é algo de que necessita o "eu pensante" para se situar nos particularismos do mundo. É claro que as ideias reguladoras da razão auxiliam o juízo, mas se este é distinto das outras faculdades da mente, é necessário caracterizar o seu *modus operandi*, e é precisamente o *modus operandi* do juízo o que Hannah Arendt pretendia tratar no volume 3, que ela não escreveu, de *The Life of the Mind*.

Neste *post-scriptum*, prossegue dizendo que o tema do juízo, no pensamento moderno, pode ser tratado a partir de Hegel e de Marx, com base no critério do sucesso ou do insucesso. Neste caso, o juízo último sobre a relação entre a teoria e a prática é a História, que se pressupõe direcionada para o progresso da espécie humana — o que permitiria dizer, com Hegel, que *Die Weltsgeschichte ist das Weltgericht*. Alternativamente, pode o juízo ser examinado a partir de uma reafirmação kantiana da autonomia das mentes humanas e de suas condições de possibilidade de independentizar-se das coisas tal como elas são ou chegaram a ser. É esta, evidentemente, a posição de Hannah Arendt, que tinha como lema "*Denken ohne Geländer*" (pensar sem corrimão) — um lema para ela fundamental tendo em vista a ruptura colocada pelo totalitarismo — e que havia escolhido como epígrafe para o volume não escrito sobre o juízo o "*Victrix causa diis placuit sed vista Catoni*" — como foi exposto na análise do fundamento do direito à informação.[94]

25. Para aquilo que provavelmente seria o percurso arendtiano sobre o juízo, tal como se vislumbra nas *lectures* de 1970 e se pode razoavelmente inferir do *post-scriptum* de *Thinking*, a *Crítica do Juízo* era um caminho heurístico dos mais fecundos. Em primeiro lugar porque é nela, como sublinha Hannah Arendt, que Kant trata dos juízos reflexivos que derivam a norma do particular e não subsumem o particular à camisa de força do universal.[95] Ademais, como Kant vê no juízo reflexivo aquele que medeia entre *Verstand* e *Vernunft*, Hannah Arendt entende que para ele o que junta a teoria e a prática é o juízo, reconciliador da compreensão e da razão, assim como a arte reconcilia natureza e liberdade.[96]

Em segundo lugar porque, se a isto se acrescentar que Kant buscou o princípio transcendental do juízo reflexivo (vale dizer, a autonomia do sujeito que julga e que, por isso, não depende dos outros, não sendo consequentemente heterônimo), e que a autonomia formal do juízo assegura o valor moral de todos os sujeitos que julgam (o que significa que o princípio do gosto independente é uma importante reafirmação da igualdade humana), não é difícil entender por que Hannah Arendt politizou a *Crítica do Juízo*.[97] Ela encontrou, na análise kantiana do gosto e nos aspectos por ele salientados — como o da comunicação e o do acordo intersubjetivo a respeito de juízos compartilhados — tanto uma convergência com a sua visão da política como a interação da pluralidade, quanto elementos para a reconstrução de um horizonte moral, numa época em que aquilo que é moral não é evidente, pela corrosão da tradição. De fato, existe no juízo sobre o sublime, tal como elaborado por Kant, a projeção da ideia de respeito e de dignidade de que Hannah Arendt carecia para lidar com a ruptura e colocar-se, autonomamente, na posição de observadora universal — sentindo em comum e julgando retrospectivamente, por sua própria cabeça, as especificidades das consequências do totalitarismo.[98]

É pertinente neste contexto observar que Hannah Arendt atribui ao juízo retrospectivo, baseado na ideia do respeito e da dignidade, tal como deve ocorrer no júri, uma inequívoca dimensão política. Num debate sobre a sua obra, realizado em 1972, e incluído no volume de ensaios a ela consagrado, editado por Melvyn Hill, ela vê na instituição do júri um exemplo importante da ativa participação dos cidadãos na *Respublica*, indicando que serviu como jurada várias vezes, com prazer e entusiasmo, compartilhando um processo decisório não determinante mas reflexivo. Em "Public Rights and Public Interests", ela retoma o tema do júri para observar que os jurados se veem igualizados pela tarefa e pelo lugar, tendo que deliberar sobre algo que não é do interesse privado e particular de nenhum deles. Eles estão interessados em algo no qual não têm nenhum interesse: o caso que compartilham, que é externo a eles, mas que se torna algo comum por razões que não são subjetivas. Esta imparcialidade — que permite ao júri sentir em comum e ao jurado julgar por sua própria cabeça — Hannah Arendt vê como virtude política, indispensável para que o juízo não seja comprometido pela intromissão, na esfera pública, dos sentimentos da vida íntima, conforme foi visto no capítulo anterior.[99]

26. Quais seriam as características da extrapolação para a política do *modus operandi* do juízo estético kantiano que Hannah Arendt pretendia elaborar, desde o ensaio sobre a crise da cultura, quando observou que a Cultura e a Política caminham juntas porque o que está em jogo não é nem conhecimento nem verdade, mas juízo e decisão a respeito do mundo e não sobre o homem, a sua vida e o seu ser?[100] Ronald Beiner, que explorou o assunto, aponta dezoito notas sobre o *modus operandi* do juízo. Entre elas, destaco livremente as seguintes: (I) *tempo* para parar e pensar antes de julgar, e *espaço*, ou seja, *distância* para não comprometer pela emoção da repulsa ou da atração a perspectiva do observador retrospectivo; (II) *capacidade de reivindicar* (não de comandar) o *assentimento,* por meio de uma comunicabilidade geral, através da extensão (não restrita a uma comunidade) dos predicados dos juízos a toda a esfera dos sujeitos que julgam; (III) *independência do juízo retrospectivo em relação a fins,* e portanto a sua autonomia no que tange ao sucesso ou ao insucesso como critério; e (IV) *reconhecimento da problematicidade do juízo reflexivo sobre um particular.*[101]

O juízo reflexivo, para Kant, como já foi dito, é a faculdade de pensar um particular — que é dado —, cabendo à razão, que é sempre ativa, buscar um geral que a ele corresponda. É da inexistência de um geral dado que deriva a impossibilidade da subsunção determinante.[102] Na última das *Kant's Lectures,* Hannah Arendt, ao examinar a problematicidade epistemológica do juízo reflexivo, aponta que pensar é generalizar, e que Kant oferece dois *modus operandi* para encaminhar a busca de um *tertium quid* que funcionaria como *tertium comparationis* geral entre dois particulares. O primeiro é a humanidade como ideia regulativa da razão, que aparece nos escritos políticos de Kant e também na *Crítica do Juízo*. O segundo é o da validade exemplar, que ela considera, na *Crítica do Juízo*, o mais heurístico para os seus propósitos. Exemplo vem de *eximire*, isto é, escolher em particular, mas cujas características são as de revelar uma generalidade que, de outra forma, não poderia ser definida.[103]

Num seminário sobre a *Crítica do Juízo*, que é da mesma época, também incluído nas *Kant's Lectures*, Hannah Arendt elabora esta noção de validade exemplar. Ela discute o papel da imaginação, que oferece os esquemas de cognição que, na *Crítica da Razão Pura*, tornam um particular comunicável, estabelecendo analogia com o exemplo e concluindo, na sua leitura, que os exemplos são para o juízo reflexivo o que os esquemas são para a cognição. Assim como os esquemas permitem a cognição, assim também os exemplos guiam e conduzem a generalização dos juízos reflexivos, pois se supõe que são particulares no qual se contém uma regra geral. É por isso que Jesus ou são Francisco modelam a bondade, Aquiles a coragem, Napoleão o bonapartismo, constituindo-se como particularidades exemplares que adquirem uma validade que vai além dos seus respectivos percursos históricos.[104]

Foi dessa maneira que, seguindo a proposta arendtiana no correr deste trabalho, os exemplos guiaram a generalização e: (I) o particularismo da situação dos refugiados e dos apátridas permitiu a afirmação geral da cidadania como o direito a ter direitos; (II) a aterradora banalidade do mal exemplificada na recusa de Eichmann da diversidade humana levou à qualificação do genocídio como crime contra a humanidade; (III) a resistência dinamarquesa à política antissemita nazista conduziu à verificação do alcance da desobediência civil enquanto um agir conjunto, gerador de poder e imperativo da opressão; e (IV) a especificidade da mentira da propaganda totalitária ensejou a fundamentação do direito à informação e a desolação trazida pelo totalitarismo no poder a defesa do direito à intimidade.

Parece-me claro, portanto, à luz do que foi exposto, a adequação da noção de validade exemplar para fundamentar o juízo e servir de base epistemológica para uma Teoria Política, como a que almejava Hannah Arendt, voltada para a especificidade. Uma especificidade bem entendida ao gosto arendtiano, graças à qual a diversidade dos fenômenos do mundo não se veria dissolvida em generalidades "apriorísticas" — como as leis da história ou do movimento — que convertem a particularidade dos fenômenos do mundo em epifenômenos de algum universal.[105]

O juízo, na sua vertente retrospectiva, é essencial, como já foi dito, para a administração da justiça e para o escrever da História. Para que esteja a serviço da inteligibilidade de um momento, na sua especificidade, ele não pode perder-se no fluxo da História, que é o que ocorre quando se parte do pressuposto de que a História é processo. De fato, nesta hipótese o *telos* do processo histórico adia o juízo, obscurecendo a avaliação do significado de um evento particular — algo insuportável diante da ruptura trazida pela experiência totalitária. Daí a preocupação arendtiana com a autonomia do juízo reflexivo retrospectivo. Este, no seu percurso, acaba tendo uma função ontológica precisamente por causa da ruptura: a de ancorar o homem no mundo que, sem o juízo, não teria significado ou realidade existencial. É por isso que ela via na faculdade do juízo e no seu exercício uma saída para o impasse da afirmação da liberdade humana. De fato, o exercício do juízo impede o estilhaçamento do ser pelas forças opostas do futuro e do passado, constituindo-se como ingrediente esclarecedor do princípio da esperança, uma vez que indica, pelas histórias julgadas e contadas, a permanente possibilidade de um novo começo — de um *initium*. O juízo, em outras palavras, não justifica o mundo, mas confirma o nosso lugar no mundo ao asseverar a nossa conexão com a realidade através da responsabilidade inerente à mediação entre o particular e o geral.[106]

27. Existem evidentemente dificuldades e dilemas na proposta arendtiana do juízo. Talvez a mais relevante, sobretudo para a vertente prospectiva do juízo, seja a de, ao asseverar a dignidade e buscar a autonomia, desconsiderar a dimensão instrumental, ou seja, a avaliação dos meios necessários para se alcançar a dignidade dos fins. Há sem dúvida, no percurso de Hannah Arendt, um empenho em não reduzir a Teoria Política ao prosaico do funcionamento, que exige a técnica e a perícia.[107] É por esse motivo que ela, em verdade, só quis ocupar-se e preocupar-se com a situação-limite trazida pela ruptura para, a partir desta ruptura, buscar a reconstrução. Entretanto, como adverte Hegel na *Filosofia do Direito,* tanto a máxima de ignorar as consequências da ação quanto a de julgar a ação pelas suas consequências, convertendo as consequências no critério do direito e do bem, são inadequadas.[108] Beiner observa, neste sentido, ao examinar o juízo reflexivo no ápice de sua complexidade, que este juízo não seria propriamente um juízo reflexivo sem simultaneamente ser tanto uma avaliação sobre meios para alcançar objetivos quanto uma avaliação dos fundamentos da legitimidade e justiça dos fins a serem alcançados. De fato, sem uma avaliação sobre meios o

juízo, sobretudo na vertente prospectiva, corre o risco de ser, além de inoperante, ingênuo, mas é claro que sem uma avaliação dos fins o juízo perde a sua reflexividade.[109]

Jaspers, que foi o mestre querido de Hannah Arendt e que por ela foi influenciado na sua reflexão política,[110] com ela coincide quando aponta que não é mais possível, hoje, uma política do prosaico — uma *politics as usual* — por força de duas situações-limite que caracterizam a ruptura no mundo contemporâneo: (I) a bomba atômica e o risco da destruição da humanidade e (II) o totalitarismo e o risco de destruição da humanidade no homem. A estas duas situações-limite pode-se acrescentar a pobreza e a miséria que, pela sua ubiquidade dramática, são igualmente destrutivas da humanidade no homem.

Raymond Aron, na sua análise da postura de Jaspers em relação à política, registra que ela só pode ser apreendida pela interação entre *Verstand e Vernunft.* O *Verstand* edifica o sistema de conhecimentos que, por meio da técnica, transforma as sociedades e cria o meio no qual o homem contemporâneo vive. A *Vernunft* critica e abrange o saber do *Verstand,* pensando o global e buscando o seu significado.

Aron vê na análise jasperiana do *Verstand,* na sua dimensão política, a presença de Maquiavel e de Weber e, portanto, o realismo, mas sublinha que em Jaspers o realismo vai mais além da ética de responsabilidade, posto que este se dá conta de que, na hora do juízo prospectivo da ação, o homem pode se ver numa situação em que ele não pode se limitar a calcular, mas deve escolher. O realismo político, no entanto, mesmo quando envolve escolha e não se limita ao cálculo, não se abre para o inesperado e não tem antenas para o novo. Por isso não antecipou, como lembra Aron, nem Hitler nem a Revolução Húngara de 1956. É por esse motivo que Hannah Arendt, que na sua aspiração de raposa buscava a diversidade e a esperança do novo, desinteressou-se do *Verstand* na sua Teoria Política e não levou em conta, na sua análise do juízo, a dimensão instrumental. Jaspers, que aceitava o realismo, mas reconhecia as suas limitações, insistiu na importância de sua interação com a *Vernunft*.

Para Jaspers a *Vernunft* tem a ver com as ideias reguladoras da razão, na acepção kantiana mais ortodoxa, ainda que, na sua reflexão, a *Vernunft* não fosse uma utopia e sim a postura de alguém que não se desespera, mas também não se ilude. É por isso que ele reconcilia — e é esta a fórmula de Aron — Weber e Kant, *Verstand* e *Vernunft* numa filosofia da *Existenz*.[111]

Hannah Arendt, que também se vale da distinção entre *Vernunft* e *Verstand*, como foi visto no capítulo 3, não tem o mesmo interesse de Jaspers pelo *Verstand* e não possui a mesma fé filosófica de seu mestre no alcance do apelo à razão reguladora da humanidade. Ela está mais consciente da finitude dos recursos de que dispõe o juízo para ser reflexivo face à não razoabilidade das exigências que dele são requeridas, numa época de ruptura e em situações-limite, posto que o juízo reflexivo, para ela, opera no hiato entre o que nos é apresentado e é comensurável e aquilo que somos chamados a julgar. Por isso é que ela sublinha, numa outra vertente kantiana, a responsabilidade inerente à subsunção de um particular a um universal sempre fugidio. Daí a sua grandeza e também as suas limitações.[112]

Essas limitações são significativas, mas dizem respeito mais de perto ao *juízo prospectivo* e menos ao *juízo retrospectivo*, uma vez que a ponderação do instrumental é mais importante para a ação política, que se volta para o futuro, do que para o observador que busca avaliar a história e o significado do ocorrido. Por isso entendo que a validade exemplar é um *modus operandi* adequado para o juízo retrospectivo.

28. Daí a minha conclusão: se para Kant, na visão de Hannah Arendt, é o juízo que une a teoria à prática, foi uma avaliação sobre os pontos de ruptura identificados de maneira paradigmática, por meio de um juízo retrospectivo, que guiou e conduziu o meu juízo prospectivo sobre o caminho da reconstrução dos direitos humanos. Este caminho, através da proposta contida neste trabalho, é tópico — e não sistemático dada a inexistência de um universal —, baseando-se na exemplaridade dos pontos de ruptura nos quais se lastreia e fundamenta.

O argumento fundado no exemplo, como é sabido, corresponde, no plano da teoria da argumentação, à indução lógica no plano do discurso científico. Ele se baseia no *princípio de semelhança,* em sua referência à realidade, e adquire autoridade quando revestido de uma dimensão paradigmática, transmitida pela intenção do argumentador.[113] Creio que existe uma validade exemplar, generalizável, e comunicável na proposta argumentada neste trabalho que é: (I) de ver na cidadania o direito a ter direitos, uma vez que a igualdade não é um dado, mas um construído da convivência coletiva, que requer, por isso mesmo, acesso ao espaço público; (II) de qualificar o genocídio como crime contra a humanidade, a ser reprimido por recusar a pluralidade e a diversidade; (III) de sublinhar a importância do direito de associação na geração do poder, inclusive como meio de resistência à opressão, que — na situação-limite da desobediência civil enquanto um agir conjunto voltado para a preservação do interesse público — pode resgatar a obrigação político-jurídico da destrutividade da violência, seja a exercida *ex parte principis,* seja a exercida *ex parte populi;* (IV) de insistir na clássica importância da distinção entre público e privado para tutelar o direito à intimidade e, com isto, evitar a desolação, e de realçar a relevância da coincidência do público com o comum e o visível, para limitar o efeito deletério da mentira através da tutela do direito à informação.

Creio que, finalizando, cabe uma derradeira observação sobre o alcance filosófico e a intenção política do argumento exemplar, tal como proposto por Hannah Arendt e utilizado neste trabalho, com o objetivo de indicar, fundamentando, os caminhos para a reconstrução dos direitos humanos.

Hannah Arendt, em mais de uma ocasião, chamou a atenção para a existência de uma tensão entre a filosofia e a política. Esta tensão, que numa conferência de 1954 ela qualificou de abismo, teve o seu marco histórico no processo e na condenação de Sócrates, pois não foi ele capaz de persuadir os seus juízes da sua inocência e méritos. Daí, a partir de Platão, o problema do relacionamento entre a filosofia e a política, do qual deriva a hostilidade de toda uma tradição filosófica diante das incertezas do concreto, inerentes à *vita activa*. É isto que explica por que esta tradição colocou a palavra de alcance filosófico fora e acima da esfera pública.[114]

Hannah Arendt, que não se considerava uma filósofa, mas uma teórica da política, contestou esta tradição, como foi visto no correr deste trabalho. Contestou-a, no entanto, procurando transpor o abismo entre o alcance filosófico e a intenção política, ao conferir aos exemplos, objeto na sua especificidade dos juízos reflexivos, uma universalidade, e acreditando que, apesar da ruptura, através de exemplos: "onde do conceito há maior lacuna/palavras surgirão na hora oportuna".[115]

Esta universalidade de conceitos a que chegou na esteira da inspiração kantiana não se coloca, no entanto, no plano da *vita contemplativa*. De fato, ao fazer da palavra a forma de ação por excelência, e ao assumir na sua obra, coerentemente, os riscos da vida pública, na intenção da comunicação, Hannah Arendt se situa no plano da *vita activa.*[116] De maneira análoga, o diálogo com o seu pensamento, voltado para a reconstrução tópica dos direitos humanos diante da ruptura, colocou-se na intenção da comunicação e voltado para a esfera pública, tendo sido redigido na convicção, como diria Guimarães Rosa, no *Grande Sertão: Veredas*: "O que eu vi, sempre, é que toda ação principia mesmo é por uma palavra pensada".

Notas

OBSERVAÇÃO

No corpo dos diversos capítulos, os trechos das obras de Hannah Arendt foram citados em português. Vali-me, assim, das traduções existentes de seus livros para o vernáculo, ajustando ocasionalmente a tradução quando isto me pareceu indispensável. Nas notas, no entanto, indico além das páginas correspondentes às edições brasileiras, as das edições norte-americanas.

Trechos das obras de Hannah Arendt — livros e artigos publicados (vide bibliografia no final) —, quando inexistentes em português e citados no corpo do trabalho, foram por mim traduzidos. Só não traduzi, no corpo do texto, trechos citados de manuscritos não publicados de Hannah Arendt, como cartas e notas de cursos proferidos. Estes foram consultados na Biblioteca do Congresso dos EUA, em Washington, que abriga, na sua Divisão de Manuscritos, os papéis de Hannah Arendt.

Nas notas, o nome de Hannah Arendt, depois da primeira citação completa de um trabalho, foi abreviado para HA.

Também as obras de Hannah Arendt mais frequentemente citadas, depois de uma primeira referência completa em nota, foram abreviadas nas notas subsequentes, de acordo com a seguinte convenção:

I

1. HA, *OT*	*The Origins of Totalitarianisin*
2. HA, *OdT*, v. 1	*Origens do totalitarismo*, vol. I: Antissemitismo, instrumento de poder

3. HA, *OdT*, v. 2	*Origens do totalitarismo*, vol. II: Imperialismo, expansão do poder
4. HA, *OdT*, v. 3	*Origens do totalitarismo*, vol. III: Totalitarismo, o paroxismo do poder
II	
1. HA, *HC*	*The Human Condition*
2. HA, *CH*	*A condição humana*
III	
HA, *RV*	*Rahel Varnhagen, The Life of a Jewish Woman*
IV	
1. HA, *BPF*	*Between Past and Future*
2. HA, *EPF*	*Entre o passado e o futuro*
V	
1. HA, *EJ*	*Eichmann in Jerusalem, A Report on the Banality of Evil*
2. HA, *EeJ*	*Eichmann em Jerusalém, um relato sobre a banalidade do mal*
VI	
HA, *OR*	*On Revolution*
VII	
1. HA, *MDT*	*Men in Dark Times*
2. HA, *VP*	*Vies Politiques*
3. HA, *HTS*	*Homens em tempos sombrios*
VIII	
1. HA, *CR*	*Crisis of the Republic*
2. HA, *CdR*	*Crises da república*
IX	
HA, *JP*	*The Jew as Pariah*
X	
1. HA, *LM*, v. 1	*The Life of the Mind*, vol. I: Thinking
2. HA, *LM*, v. 2	*The Life of the Mind*, vol. II: Willing
XI	
HA, *KPP*	*Lectures on Kant's Political Philosophy*

INTRODUÇÃO (pp. 19-45)

1. Epodo-II, 37; LIRICOS GRIEGOS; siglos VII-V. Texto e trad. por Francisco R. Adrados. Barcelona, Ed. Alma Mater, 1956, v. 1.

2. Isaiah BERLIN, *Russian Thinkers.* Ed. by Henry Hardy and Aileen Kelly, introd. by Aileen Kelly. Reimp. New York, Penguin Books, 1984, p. 22-4.

3. HOBBES, *Leviathan.* Ed. by C. B. Macpherson. Harmondsworth, Penguin Books, 1979. Cap. 8, p. 135.

4. Norberto BOBBIO, *Dalla struttura alla funzione: nuovi studi di teoria del diritto.* Milano, Ed. di Comunità, 1977, p. 123-63; idem, *Estado, governo, sociedade: para uma teoria geral da política.* Trad. Marco Aurélio Nogueira. Rio de Janeiro, Paz e Terra, 1987, p. 9-11; Alfonso Ruiz MIGUEL, El metodo de la teoria juridica de Bobbio. *In:* Uberto SCARPELLI, a cura di, *La teoria generale del diritto: problemi e tendenze attuali — studi dedicati a Norberto Bobbio.* Milano, Ed. di Comunità, 1983, p. 387-411; Antonio CANDIDO, A passagem do dois ao três — contribuição para o estudo da mediação na análise literária. *Revista de História,* São Paulo, *100*: 787-800, 1974.

5. Cf. Luc FERRY & Alain RENAUT, *Philosophie politique, 3.* Paris, PUF, 1985. V. 3. Des droits de l'homme a l'idée républicaine, cap. 2, p. 70-112; Norberto BOBBIO, *Estado, governo e sociedade,* op. cit. introd. nota 4, pt. 3, p. 64-5 e *passim.*

6. Esta arqueologia do saber é inspirada pelo conceito do paradigma de Kuhn e de epistema de Foucault. Cf. Thomas S. KUHN, *A estrutura das revoluções científicas.* Trad. de Beatriz Vianna Bocina e Nelson Bocina. São Paulo, Perspectiva, 1975; Michel FOUCAULT, *Les mots e les choses: une archeologie des sciences humaines.* Paris, Gallimard, 1966. Sobre os limites e o alcance de uma proposta deste tipo, Cf. J. G. MERQUIOR, *Foucault,* London, Fontana Press, 1985. Não creio que incido nas limitações que Merquior, com propriedade, imputa a Foucault na medida em que explico o porquê da mudança dos paradigmas.

7. Cf. A. P. D'ENTRÈVES, *Natural Law.* 2nd ed. London, Hutchinson, 1979; Guido FASSÒ, Che cosa intendiamo con diritto naturale? *In:* ——. *Scritti di filosofia del diritto.* A cura di Enrico Patarro, Carla Faralli e Gianpaolo Zucchini. Milano, Giuffrè, 1982, v. 2, p. 503-28.

8. Elías DÍAZ, *Sociologia y filosofia del derecho.* 2ª ed. Madrid, Taurus, 1982, p. 256-302; Miguel REALE, *Filosofia do direito,* 10ª ed., São Paulo, Saraiva, 1983, cap. 20.

9. ORTEGA Y GASSET, *Ideas y creencias.* Madrid, Revista de Occidente, Alianza Editorial, 1986, p. 23-38; Gilberto de Mello KUJAWSKI, *Filosofia: a razão a serviço da vida.* São Paulo, Nacional, 1985, p. 48-50.

10. Miguel REALE, *Direito natural/direito positivo.* São Paulo, Saraiva, 1984, p. 9-10.

11. Norberto BOBBIO, *Giusnaturalismo e positivismo giuridico.* 2ª ed., Milano, Ed. di Comunità, 1972, p. 43-6; Cf. também Luis RECASENS SICHES,

Nueva filosofia de la interpretación del derecho. 2ª ed., México, Porrua, 1973; idem, *Experiencia juridica, naturaleza de la cosa y lógica razonable.* México, Fondo de Cultura Económica, 1971; Karl ENGISCH, *Introdução ao pensamento jurídico.* Trad. e pref. de J. Baptista Machado. 3ª ed., Lisboa, Fund. Calouste Gulbenkian, 1977; Ch. PERELMAN, *Logique juridique: nouvelle rhetorique.* Paris, Dalloz, 1976; Theodor VIEHWEG, *Topica e giurisprudenza.* A cura di Giuliano Crifò. Milano, Giuffrè, 1962.

12. Norberto BOBBIO, *Giusnaturalismo e positivismo giuridico,* op. cit. introd. nota 11, p. 37-73; Miguel REALE, *Filosofia do direito,* op. cit. introd. nota 8, pt. 2, tít. 5-10.

13. Para uma análise da apropriação filosófica levada a cabo por Hannah Arendt em relação a Kant cf. Ronald BEINER, Interpretative essay. *In:* Hannah ARENDT, *Lectures on Kant's Political Philosophy.* Ed. by Ronald Beiner. Chicago, Univ. of Chicago Press, 1982, p. 89-156 (Doravante será citada *In:* HA, *KPP);* para uma análise do significado da devoração crítica de Oswald de Andrade, Cf. Antonio CANDIDO, *Vários escritos.* 2ª ed., São Paulo, Duas Cidades, 1977, "4", p. 57-87; Haroldo de CAMPOS, introd., Uma poética da radicalidade. *In:* Oswald de ANDRADE, *Obras completas.* 3ª ed., Rio de Janeiro, Civilização Brasileira, 1972, v. 7, Poesias reunidas, XI-LXI; Benedito NUNES, introd., Antropofagia ao alcance de todos. *In:* Oswald de ANDRADE, *Obras completas.* 3ª ed., Rio de Janeiro, Civilização Brasileira, 1972, v. 6, Do pau-brasil à antropofagia e às utopias, XIII-LIII.

14. Cf. Robert LEGROS, Hannah Arendt — une compréhension phénoménologique des droits de l'homme. *Études phénoménologiques,* Bruxelles, 2: 27-53, 1985.

15. Cf. Norberto BOBBIO, Rapporti internazionali e marxismo. *In: Filosofia e politica: studi dedicati a Cesare Luporini.* Firenze, La Nueva Italia, 1981, p. 301-18.

16. Luc FERRY & Alain RENAUT, *Philosophie politique, 3,* op. cit. introd. nota 5, v. 3, p. 105-81; Norberto BOBBIO, *Estado, governo e sociedade,* op. cit. introd. nota 4, pt. 2 e 3.

1. O PARADIGMA DO DIREITO NATURAL (pp. 49-64)

1. ARISTÓTELES, *Retórica,* I, 13, 1373 b. Ed. de texto, com aparato crítico, trad., prólogo e notas por Antonio Tovar, 3ª ed. corr., Madrid, Centro de Estudios Constitucionales, 1985, p. 69; SOPHOCLES, *Antigone,* 449 e seguintes. *In: Oedipus the King, Oedipus at Colonna, Antigone.* Trad. de F. Storm. London, The Loeb Classical Library, 1976, p. 348-9; EMPÉDOCLES, Fragmento 135. *In:* OS PRÉ-SOCRÁTICOS — *fragmentos, doxografia e comentários.* Sel. de textos do Prof. José Cavalcante de Souza, trad. de José Cavalcante *et alii.* 2ª ed. São Paulo, Abril Cultural, 1978, p. 238.

2. ORTEGA Y GASSET, *Ideas y creencias,* op. cit. introd. nota 9, p. 29.

3. Cf. sobre a noção de paradigma Thomas S. KUHN, *A estrutura das revoluções científicas,* op. cit. introd. nota 6; Michel FOUCAULT, *Les mots et les choses,* op. cit. introd. nota 6; sobre as notas do paradigma do Direito natural, cf. Guido FASSÒ, Che cosa intendiamo con diritto naturale?. *In:* ——. *Scritti di filosofia del diritto,* v. 2, op. cit. introd. nota 7, p. 503-28; CICERO, *De re publica,* livro III-XXII. *In:* ——. *De re publica, de legibus.* English trans. by Cinton Walder Keyes. London, The Loeb Classical Library, 1952. p. 210; Norberto BOBBIO, *Il positivismo giuridico: lezioni di filosofia del diritto.* Raccolta di Nello Morro. 2ª ed. Torino, Giappichelli, 1979. p. 5-15; A. P. D'ENTRÈVES, *Natural Law,* op. cit. introd. nota 9, p. 114-6 e *passim;* Alf ROSS, Il concetto di validità e il conflitto tra positivismo giuridico e giusnaturalismo. *In:* ——.*Critica del diritto e analisi del linguaggio.* A cura di Alberto Febbrajo e Riccardo Guastini, trad. de Augusto Pessina e Alberto Febbrajo. Bologna, Il Mulino, 1982. p. 137-58. Na bibliografia brasileira, entre as análises mais recentes sobre o tema do Direito Natural, merecem destaque: Nelson SALDANHA, Jusnaturalismo e juspositivismo — por um reexame do problema. *Revista Brasileira de Filosofia,* São Paulo, *33* (131)-294-304, jul./set. 1983; Miguel REALE, *Direito natural/direito positivo,* op. cit. introd. nota 10, p. 1-16.

4. Ch. PERELMAN, *Le raisonable et le dêraisonnable en droit.* Paris, L.G.D.J., 1984. p. 20; KELSEN, *A justiça e o direito natural.* Trad. e pref. de J. Baptista Machado. 2ª ed. Coimbra, Arménio Amado, 1979. p. 94; Roberto MANGABEIRA UNGER, *Law in Modern Society.* New York, Free Press, 1976. p. 76-86; Elías DÍAZ, *Sociologia y filosofia del derecho,* op. cit. introd. nota 8, p. 266-7; Paul FORIERS & Ch. PERELMAN, Natural law and natural rights. *In:* DICTIONARY *of the History of Ideas.* Ed. Philip P. Wiener. New York, Scribners, 1973. V. 3, p. 13-27; Vittorio FROSINI, Diritto positivo. *In:* ENCICLOPEDIA *del diritto.* Milano, Giuffrè, 1964. V. 12, p. 653-9; Alf ROSS, *Sobre el derecho y la justicia.* Trad. de Genaro Carriò. Buenos Aires, Ed. Univ. de Buenos Aires, 1963. cap. 10 e 11.

5. Sobre a expansão do universo cultural europeu cf. Sérgio Buarque de HOLANDA, *Raízes do Brasil.* 5ª ed. Rio de Janeiro, José Olympio, 1969; idem, *Visão do paraíso: os motivos edênicos no descobrimento e colonização do Brasil.* 2ª ed. São Paulo, Ed. Nacional, 1969; Laura de MELLO E SOUZA, *O diabo e a terra de Santa Cruz.* São Paulo, Companhia das Letras, 1986; Janice Theodoro da SILVA, *Descobrimento e colonização.* São Paulo, Ática, 1987. Sobre a europeização da cultura brasileira no séc. XVIII, cf. Antonio CANDIDO, *Formação da literatura brasileira.* 6ª ed. Belo Horizonte, Itatiaia, 1981, 2 v. Sobre a Ilustração e a independência do Brasil, cf. Maria Odila da Silva DIAS, Aspectos da ilustração no Brasil. *Revista do Instituto Histórico e Geográfico Brasileiro,* Rio de Janeiro, 278: 105-70, jan./mar. 1968; e também sobre a independência como a interiorização da metrópole, idem, A interiorização da metrópole. *In:* Carlos Guilherme MOTA, org., *1822 — dimensões.* São Paulo, Perspectiva, 1972. p.

160-84. Sobre o jusnaturalismo na tradição jurídica portuguesa em geral e sobre o jusnaturalismo no séc. XVIII em Portugal, em particular, cf. Antonio Braz TEIXEIRA, *O pensamento filosófico-jurídico português*. Lisboa, Biblioteca Breve, 1983; sobre a criação dos cursos jurídicos no Brasil, inclusive a criação da cadeira de Direito Natural, cf. VISCONDE DA CACHOEIRA, *Estatutos dos cursos jurídicos*. Introd. de Alberto Venancio Filho. Rio de Janeiro, Inst. dos Adv. Brasileiros, 1977. p. 21-3; Alberto VENANCIO FILHO, *Das arcadas ao bacharelismo: 150 anos de ensino jurídico no Brasil*. São Paulo, Perspectiva, 1977. p. 13--74; Aurélio Wander BASTOS, O Estado e a formação dos currículos jurídicos do Brasil. *In:* Aurélio Wander BASTOS, ed. *Os cursos jurídicos e as elites brasileiras: ensaios sobre a criação dos cursos jurídicos*. Brasília, Câmara dos Deputados, 1978. p. 15-64; Tercio Sampaio FERRAZ JR., A criação dos cursos jurídicos e a concepção da ciência do direito. *In:* Aurélio Wander BASTOS, ed. *Os cursos jurídicos e as elites brasileiras*, op. cit. cap. 1 nota 5, p. 167-78; Miguel REALE, *Horizontes do direito e da história*, São Paulo, Saraiva, 1956. p. 195-224; Vicente Marotta RANGEL, Primeiros escritos sobre direito internacional do Brasil. *Problemas brasileiros*, São Paulo, *9* (170): 3-9, out. 1977.

6. Cf. Elías DÍAZ, *Sociologia y filosofia del derecho*, op. cit. introd. nota 8, p. 277-86; Norberto BOBBIO, Il modello giusnaturalistico. *In:* Norberto BOBBIO & M. BOVERO, *Società e stato nella filosofia politica moderna*. Milano, Il Saggiatori, 1979. p. 17-109; Luc FERRY & Alain RENAUT, *Philosophie politique, 3*, op. cit. introd. nota 5, v. 3, cap. 2.

7. Cf. Julian FRANKLIN, *Jean Bodin and the Sixteenth Century Revolution in the Methodology of Law and Science*. New York, Columbia Univ. Press, 1968; Hugo GROCIO, *Del derecho de la guerra y de la paz*. Trad. de Jaime Torrubianco Ripoli. Madrid, Reus, 1925. V. 1, Prolegómenos, II, p. 12-3; H. BULL, The Grotian Conception of International Society. *In:* Herbert BUTTERFIELD & Martin WIGHT, ed., *Diplomatic Investigations*. London, Allen and Unwin, 1966. p. 51-73; Guido FASSÒ, *Storia della filosofia del diritto*. Bologna, Il Mulino, 1968. V. 2, p. 93-108; idem, Giusnaturalismo. *In:* ——. *Scritti di filosofia del diritto*. A cura di Enrico Patarro, Carla Faralli e Gianpaolo Zucchini. Milano, Giuffrè, 1982. V. 3, p. 1366-377; Norberto BOBBIO, Il modello Giusnaturalistico. *In:* Norberto BOBBIO & M. BOVERO, *Società e stato nella filosofia politica moderna*, op. cit. cap. 1 nota 6, p. 17-109; idem, Le contrat social, aujourd'hui. *In:* LE PUBLIC *et le privé: actes du Congrès — Vénise, 12-15/12/78*. Roma, Ist. di Studi Filosofici, 1979. p. 61-8; Miguel REALE, *Horizontes do direito e da história*, op. cit. cap. 1, nota 5, p. 82-128; Friedrich MEINECKE, *Macchiavelism: the Doctrine of Raison d'Etat and Its Place in Modern History*. Transl. from the German by Douglas Scott, introd. by D. W. Stark. London, Routledge and Kegan Paul, 1962; Leo GROSS, The Peace of Westphalia — 1648-1848. *In:* THE AMERICAN *Society of International Law: International Law in the Twentieth Century*. Ed. Leo Gross. New York, Appleton-Century and Crofts, 1969. p. 25--46; Afonso Arinos de Melo FRANCO, *Direito constitucional: teoria da consti-*

tuição — as Constituições do Brasil. Rio de Janeiro, Forense, 1976; Edward S. CORWIN, *The Higher Law Background of American Constitutional Law.* New York, Cornell Univ. Press, 1955; Paulo COMANDUCCI, *L'illuminismo giuridico: antologia di scritti giuridici.* Bologna, Il Mulino, 1978; Celso LAFER, *Gil Vicente e Camões: dois estudos sobre a cultura portuguesa do século XVI;* São Paulo, Ática, 1978. p. 112-7; idem, O *convênio do café de 1976: da reciprocidade no direito internacional econômico.* São Paulo, Perspectiva, 1979. p. 11-28; idem, *Paradoxos e possibilidades: estudos sobre a ordem mundial e sobre a política exterior do Brasil num sistema internacional em transformação.* Rio de Janeiro, Nova Fronteira, 1982. cap. 4; idem, *O Brasil e a crise mundial: paz, poder e política externa. São* Paulo, Perspectiva, 1984. caps. 1 e 2; idem, Liberalismo, contratualismo e pacto social. *Revista Brasileira de Filosofia, São* Paulo, *34* (137): 11-23, jan./mar. 1985.

8. Guido FASSÒ, *Storia della filosofia del diritto.* Bologna, Il Mulino, 1970. V. 3, p. 29; Tércio Sampaio FERRAZ JR., *Conceito de sistema no direito.* São Paulo, Ed. Revista dos Tribunais, 1976. p. 7-23; idem, *Função social da dogmática jurídica. São* Paulo, Ed. Revista dos Tribunais, 1980. p. 37-75; Michel FOUCAULT, *Les mots et les choses,* op. cit. introd. nota 6, p. 356 e seguintes; Franz WIEACKER, *História do direito privado moderno.* Trad. de A. M. Botelho Hespanha. Lisboa, Fund. Calouste Gulbenkian, 1980. p. 309; Norberto BOBBIO, Il modello giusnaturalistico. *In:* Norberto BOBBIO & M. BOVERO, *Società e stato nella filosofia politica moderna, op.* cit. cap. 1 nota 6, p. 23-6.

9. HOBBES, *A Dialogue Between a Philosopher and a Student of the Common Laws of England.* Ed. and introd. by Joseph Cropsey. Chicago, Univ. of Chicago Press, 1971. p. 55 e 71; Celso LAFER, *Hobbes, o direito e o estado moderno.* São Paulo, Associação dos Advogados de São Paulo, 1980; Gianfranco POGGI, *The Development of the Modern State.* London, Hutchinson, 1978; Tércio Sampaio FERRAZ JR., *A ciência do direito.* São Paulo, Atlas, 1977. p. 18-49.

10. THIBAUT & SAVIGNY, *La codificacion: una controversia programatica basada en sus obras: Sobre la necessidad de un derecho civil general para Alemania y De la vocacion de nuestra epoca para la legislacion y la ciência del derecho.* Trad. del alemán de Jose Dias Garcia, introd. de Jacques Stern. Madrid, Aguilar, 1970; Norberto BOBBIO, *Il positivismo giuridico,* op. cit. cap. 1 nota 3, p. 43-65; Guido FASSÒ, *Storia della filosofia del diritto, op.* cit. cap. 1 nota *8,* v. 3, cap. 3, p. 53-73; Gustav RADBRUCH, *Filosofia do direito.* Trad. e pref. de L. Cabral de Moncada. 4ª ed. rev. Coimbra, Arménio Amado, 1961. v. 1, p. 73-6.

11. Cf. Giorgio Del VECCHIO, *Lições de filosofia do direito.* Trad. de Antônio José Brandão. 5ª ed. segundo a 10ª e última ed. italiana, rev. e pref. por L. Cabral de Moncada e atual. por Anselmo de Castro. Coimbra, Arménio Amado. 1979. p. 309-10; Norberto BOBBIO, *Locke e il diritto naturale.* Torino, Giappichelli, 1963. p. 9-10; Gustav RADBRUCH, *Filosofia do direito,* op. cit. cap. 1 nota 10, p. 69-73.

12. Cf. Tullio ASCARELLI, *Corso di diritto commerciale.* 3ª ed. Milano, Giuffrè, 1962. p. 3 e seguintes, p. 89; Francesco GALGANO, La categoria storica del diritto commerciale. *In:* Giovanni TARELLO, org., *Materiali per una storia della cultura giuridica.* Bologna, Il Mulino, 1976. v. 6, p. 13-89; Charles de VISSCHER, *Théories et realités en droit international public.* 4ème ed. Paris, Pedone, 1970; Martin WIGHT, *System of States.* Ed. by Hedley Buli. Leicester, Leicester Univ. Press, 1977. p. 110-52; Alfred VERDROSS, *Derecho internacional público.* Trad. da 4ª ed. alemã por Antonio Truyol y Serra. Madrid, Aguilar, 1974. pt. 1, p. 3-86; Celso LAFER, *O convênio do café de* 1976, op. cit. cap. 1 nota 7, cap. 1.

13. Elías DIAZ, *Sociologia y filosofia del derecho,* op. cit. introd. nota 8, p. 260-62; Luiz LEGAZ Y LACAMBRA, *Filosofia del derecho.* 4ª ed. Barcelona, Bosch, 1975. p. 11 e 22; Guido FASSÒ, *Storia della filosofia del diritto,* op. cit. cap. 1 nota 8, v. 3, p. 11; Manuel ATIANZA, La filosofia del derecho de Felipe Gonzalez Vicén. *In: El lenguaje del derecho: homenaje a Genaro Carrió.* Buenos Aires, Abelardo-Perrot, 1983. p. 43-70.

14. Miguel REALE, *Filosofia do direito,* op. cit. introd. nota 8, p. 285-7.

15. HEGEL, *Philosophy of Right.* Transl. with notes by T. M. Knox. Oxford, Clarendon Press, 1962. pref. p. 10; additions p. 224-5; A. P. D'ENTRÈVES, *Natural Law,* op. cit. introd. nota 7, p. 72-5; Norberto BOBBIO, *Studi hegeliani.* Torino, Einaudi, 1981. p. 19.

16. Norberto BOBBIO, *Il positivismo giuridico,* op. cit. cap. 1 nota 3, p. 137 e 139; Guido FASSÒ, *Storia della filosofia del diritto,* op. cit. cap. 1 nota 7, v. 2, p. 367-9; Max WEBER, *On Law in Economy and Society.* Ed. with an introd. and anotations by Max Rheinstein, transl. by Edward Shils and Max Rheinstein. Cambridge, Harvard Univ. Press, 1954; P. KOSCHAKER, *Europa y el derecho romano.* Trad. de Jose Santa Cruz Teijeiro. Madrid, Ed. Revista de Derecho Privado, 1955; John GILISSEN, Le problème des lacunes dans l'evolution du droit médieval et moderne. *In:* Ch. PERELMAN, ed., *Le problème des lacunes en droit.* Bruxelles, Bruylant, 1968. p. 197-246; Giovanni TARELLO, Codificacion. *In:* Norberto BOBBIO *et alii, Dicionario da politica.* Redator Gianfranco Pasquino, redatores da ed. espanhola José Aricó e Jorge Tula. México, Siglo XXI, 1982. p. 274-85; Tércio Sampaio FERRAZ JR., *Conceito de sistema no direito,* op. cit. cap. 1 nota 8; idem, *Função social da dogmática jurídica,* op. cit. cap. 1 nota 8.

17. Cf. Mohamed el SHAKANKIRI, *La philosophie juridique de Jeremy Bentham.* Paris, L.G.D.J., 1970. p. 16 e *passim*; Jéremie BENTHAM, De l'organisation judiciaire et de la codificacion. *In:* ——. *Oeuvres.* Bruxelles, Societè Belge de Librairie, 1840. v. 3, p. 91-123.

18. W. FRIEDMAN, Bentham and Modern Legal Thought. *In:* George W. KEETON & Georg SCHWARZENBERGER, ed., *Jeremy Bentham and the Law: a Symposium.* Westport, Greenwood Publ., 1970. p. 233-44; A. J. AYER, The Principle of Utility. *In:* George W. KEETON & Georg SCHWARZENBERGER, ed., *Jeremy Bentham and the Law: a symposium.* Westport, Greenwood Publ., 1970. p. 245-59; W. FRIEDMAN, *Legal Theory.* 5th ed. London, Stevens and Sons, 1967. p. 312-20.

19. Cf. Karl LARENZ, *Metodologia da ciência do direito.* Trad. de José de Souza e Brito e José Antonio Veloso, da 2ª ed. alemã. Lisboa, Fund. Calouste Gulbenkian, 1978. Caps. 1 e 2; Norberto BOBBIO, *Il positivismo giuridico,* op. cit. cap. 1 nota 3, p. 43-100; Guido FASSÒ, *Storia della filosofia del diritto,* op. cit. cap. 1 nota 8, v. 3, p. 53-73; Cf. Bernardo WINDSCHEID, *Diritto delle pandette.* Trad. e notas de Carlo Fadda e Paolo Bensa, complementadas por Piero Bonfante, com a colab. de Fulvio Maroi. Torino, UTET, 1902, v. 1, pt. 1; 1904, v. 2, pt. 2; 1904, v. 3, pt. 1; 1924, v. 3, pt. 2.

20. Cf. *inter alia,* Lord Lloyd of HAMPSTEAD, *Introduction to Jurisprudence.* 4th ed. London, Stevens and Sons, 1979. p. 6 e *passim*; W. FRIEDMAN, *Legal Theory,* op. cit. cap. 1 nota 18, p. 224 e *passim.*

21. Cf. Norberto BOBBIO, Norma. *In:* ENCICLOPEDIA *Einaudi.* Torino, Einaudi, 1980. v. 9 Mente-Operazioni, p. 876-83; Tércio Sampaio FERRAZ JR., *A ciência do direito,* op. cit. cap. 1 nota 9, p. 9-17.

22. Cf. Sergio COTTA, *Primi orientamenti di filosofia del diritto.* Torino, Giappichelli, 1966. p. 15-41.

23. Sílvio ROMERO, *Provocação e debates.* Porto, Chardon, 1910. p. 358--60; Cf. Antonio CANDIDO, *O método crítico de Sílvio Romero.* 2ª ed. São Paulo, Fac. de Filosofia, Ciências e Letras da USP. Boletim nº 266. Teoria Literária e Literatura Comparada, nº 1, 1963; João Alexandre BARBOSA, *A tradição do impasse.* São Paulo, Ática, 1974. p. 77-111; João Cruz COSTA, *Contribuição à história das ideias no Brasil.* Rio de Janeiro, José Olympio, 1956. p. 112 e *passim;* Hélio JAGUARIBE, *A filosofia no Brasil.* Rio de Janeiro, ISEB, 1957; Nelson SALDANHA, *A Escola de Recife.* 2ª ed. São Paulo, Convívio, 1985; Evaristo de MORAES FILHO, *Medo à utopia: o pensamento social de Tobias Barreto e Sílvio Romero.* Rio de Janeiro, Nova Fronteira, 1985.

24. A. L. MACHADO NETO, *História das ideias jurídicas no Brasil.* São Paulo, Grijalbo, 1969. p. 73; cf. também p. 45-126.

25. Rui BARBOSA, Reforma do ensino secundário e superior — 1882. Pref. rev. de Thiers Martins Moreira. *In:* ———.*Obras completas.* Rio de Janeiro, Ministério da Educação e Cultura, 1942. v. 9, t. 1, p. 106; Alberto VENANCIO FILHO, *Das arcadas ao bacharelismo,* op. cit. cap. 1 nota 5, p. 155 e 158; Miguel REALE, *Horizontes do direito e da história,* op. cit. cap. 1 nota 5, p. 255-9; idem, *Figuras da inteligência brasileira.* Rio de Janeiro, Tempo Brasileiro, 1984. p. 13-32; San Thiago DANTAS, *Figuras do direito.* Rio de Janeiro, José Olympio, 1962. p. 23-39; Cf. igualmente Roque Spencer Maciel de BARROS, *A ilustração brasileira e a ideia de universidade.* São Paulo, Fac. de Filosofia, Ciências e Letras da USP. Boletim nº 231. História e Filosofia da Educação, nº 2, 1959; e Evaristo de MORAES FILHO, introd. *In:* Rui BARBOSA, *Discursos parlamentares.* Brasília, Câmara dos Deputados, 1985. p. 73-6.

26. Alberto VENANCIO FILHO, *Das arcadas ao bacharelismo,* op. cit. cap. 1 nota 5, p. 179-80.

27. Pedro LESSA, *Estudos de philosophia do direito.* 2ª ed. Rio de Janeiro,

Francisco Alves, 1916. p. 8, 10, 12, 24, 66, 68, 74-5, 82-3, 96; Cf. A. L. MACHADO NETO, *História das ideias jurídicas no Brasil,* op. cit. cap. 1 nota 24, p. 63-7; Miguel REALE, *Filosofia em São Paulo.* São Paulo, Conselho Estadual de Cultura, Comissão de Literatura, 1962. p. 91-139; Spencer VAMPRÉ, *Memórias para a história da Academia de São Paulo.* 2ª ed. Brasília, INL-Conselho Federal de Cultura, 1977. v. 2, p. 327, 338, 354, 357; Edgardo de Castro REBELLO, *Mauá e outros estudos.* Rio de Janeiro, São José, 1975. p. 264-78.

28. Cf. Norberto BOBBIO, *Teoria della scienza giuridica.* Torino, Giappichelli, 1950. caps. 1 e 2.

29. Cf. Miguel REALE, *Filosofia em São Paulo,* op. cit. cap. 1 nota 27, p. 43-88; Edgardo de Castro REBELLO, *Mauá e outros estudos,* op. cit. cap. 1 nota 27, p. 270-1.

30. Theophilo CAVALCANTI FILHO, introd., Papel desempenhado por fundamentos do direito na filosofia jurídica nacional. *In:* Miguel REALE, *Fundamentos do direito.* 2ª ed. São Paulo, Ed. Revista dos Tribunais, 1972. XLVII-L; João ARRUDA, *Filosofia do direito.* 3ª ed. São Paulo, Fac. de Direito da USP, 1942.

31. San Thiago DANTAS, *Figuras do direito,* op. cit. cap. 1 nota 25, p. 81-93.

32. Cf. Tércio Sampaio FERRAZ JR., *Função social da dogmática jurídica,* op. cit. cap. 1 nota 8, caps. 1 e 2; Cf. também sobre a origem da dogmática jurídica, Tullio ASCARELLI, introd., Hobbes e Leibniz e la dogmatica giuridica. *In:* HOBBES, *A Dialogue Between a Philosopher and a Student of the Common Laws of England* & LEIBNIZ, *Speeimen quaestionum philosophicarum ex iure collectarum. De casibus perplexis. Doctrina conditionum. De legum interpretatione.* Milano, Giuffrè, 1960. p. 3-69; e Celso LAFER, *Hobbes, o direito e o estado moderno,* op. cit. cap. 1 nota 9, p. 29-51; sobre a dogmática jurídica na doutrina brasileira, no século XIX, cf. Irineu STRENGER, *Da dogmática jurídica: contribuição do Conselheiro Ribas à dogmática do direito civil brasileiro.* São Paulo, Imprensa Oficial, 1964; Evaristo de MORAES FILHO, Teixeira de Freitas, a busca da perfeição e a dogmática jurídica. *Revista Forense,* Rio de Janeiro, *291*: 1-22, 1985.

33. Alberto VENÂNCIO FILHO, *A intervenção do estado no domínio econômico.* Rio de Janeiro, Fund. Getúlio Vargas, 1968.

34. Tércio Sampaio FERRAZ JR., *Função social da dogmática jurídica,* op. cit. cap. 1 nota 8.

2. O PARADIGMA DA FILOSOFIA DO DIREITO (pp. 65-110)

1. Norberto BOBBIO, *Giusnaturalismo e positivismo giuridico,* op. cit. introd. nota 11, p. 105-7.

2. Elías DÍAZ, *Sociologia y filosofia del derecho,* op. cit. introd. nota 8, p. 285-6.

3. Norberto BOBBIO, *Giusnaturalismo e positivismo giuridico,* op. cit. introd. nota 11, p. 40-6.

4. Miguel REALE, *Filosofia do direito*, op. cit. introd. nota 8, p. 288-9.

5. Bhikhu PAREKH, *Contemporary Political Thinkers*. Oxford, Martin Robertson, 1982. IX.

6. Cf. Miguel REALE, *Filosofia do direito*, op. cit. introd. nota 8, p. 43 e *passim;* idem, *Experiência e cultura*. São Paulo, Grijalbo, 1977. cap. 2.

7. Norberto BOBBIO, Il modelo giusnaturalistico. *In:* Norberto BOBBIO & M. BOVERO, *Società e stato nella filosofia política moderna*, op. cit. cap. 1 nota 6, p. 19-20.

8. Norberto BOBBIO, *Teoria della scienza giuridica*, op. cit. cap. 1 nota 28, p. 4-5, 9.

9. Karl LARENZ, *Metodologia da ciência do direito*, op. cit. cap. 1 nota 19, x, p. 207.

10. Norberto BOBBIO, *Studi per una teoria generale del diritto*. Torino, Giappichelli, 1970. p. 145-6.

11. Tobias BARRETO, *Estudos de direito e política*. Rio de Janeiro, Inst. Nacional do Livro, 1962. p. 11.

12. Cf. Norberto BOBBIO, *Studi per una teoria generale del diritto*, op. cit. cap. 2, nota 10, p. 148; idem, *Giusnaturalismo e positivismo giuridico*, op. cit. introd. nota 11, p. 48; idem, Ciência del derecho y analisis del lenguaje. *In:* ——. *Contribución a la teoria del derecho*. Ed. de Alfonso Ruiz Miguel. Valencia, Fernando Torres, 1980. p. 173-200; Karl RENNER, *Gli istituti del diritto privato e la loro funzione soeiale: un contributo alla critica del diritto civile*. Trad. de Cornélia Mittendorfer.

Bologna, Il Mulino, 1981; PASUKANIS, *A teoria geral do direito e o marxismo*. Coimbra, Centelha, 1977; Miguel REALE, *Filosofia do direito*, op. cit. introd. nota 8; Gustav RADBRUCH, *Filosofia do direito*, op. cit. cap. 1 nota 10; Lourival VILANOVA, *As estruturas lógicas e o sistema do direito positivo*. São Paulo, Ed. Revista dos Tribunais, 1977; Tércio Sampaio FERRAZ JR., *Direito, retórica e comunicação*. São Paulo, Saraiva, 1973; idem, *Teoria da norma jurídica*. Rio de Janeiro, Forense, 1978; Luís Alberto WARAT, *O direito e sua linguagem*. 2ª versão. Porto Alegre, Fabris, 1984.

13. Norberto BOBBIO, *Giusnaturalismo e positivismo giuridico*, op. cit. introd. nota 11, p. 38; idem, Teoria sociologica e teoria generale del diritto. *In:* Renato TREVES, a cura di, *La sociologia del diritto: un dibattito*. Milano, Giuffrè, 1974. p. 9-15.

14. KANT, *Métaphysique des moeurs*. Trad. de A. Philonenko. Paris, Vrin, 1971. pt. 1 Doctrine du droit, p. 103-4; Felipe Gonzalez VICÉN, introd. *In:* KANT, *Introducción a la teoria del derecho*. Trad. de F. Gonzalez Vicén, Madrid, Centro de Estudios Constitucionales, 1978. p. 7-33; Norberto BOBBIO, *Diritto e stato nel pensiero di Emmanuele Kant*. 2ª ed. rev. e aum. Torino, Giappichelli, 1969. p. 110 e seguintes; Giuseppe LUMIA, *La dottrina Kantiana del diritto e dello stato*. Milano, Giuffrè, 1960. p. 40 e seguintes.

15. Michel VILLEY, pref., La doctrine du droit dans l'histoire de la science

juridique. *In:* KANT, *Metaphysique des moeurs.* Trad. de A. Philonenko. Paris, Vrin, 1971. p. 7-26.

16. Norberto BOBBIO, *Giusnaturalismo e positivismo giuridico,* op. cit. introd. nota 11, p. 60; idem, Un dimenticato teorico del diritto — Ernest Roguin. *In:* SCRITTI *in onore di Salvatore Pugliatti.* Milano, Giuffrè, 1978. v. 4 Scritti storici-filosofici, p. 56-8.

17. SANTI ROMANO, *L'ordinamento giuridico.* 2ª ed. Firenze, Sansoni, 1946; Norberto BOBBIO, *Giusnaturalismo e positivismo giuridico,* op. cit. introd. nota 11, p. 60-1; idem, Um dimenticato teorico del diritto — Ernest Roguin. *In:* SCRITTI *in onore di Salvatore Pugliatti,* op. cit. cap. 2, nota 16, p. 56-8; idem, *Dalla struttura alla funzione,* op. cit. introd. nota 4, p. 165-86.

18. Norberto BOBBIO, *Il positivismo giuridico,* op. cit. cap. 1 nota 3, p. 231-3; Vittorio FROSINI, *Il diritto nella società tecnologica.* Milano, Giuffrè, 1981. p. 5-9; Pietro PIOVANI, Effetività, principio di. *In:* ENCICLOPEDIA *del diritto.* Milano, Giuffrè, 1965. v. 14, p. 429.

19. KELSEN, *General Theory of Law and State.* Trad. de Anders Wedberg. New York, Russell and Russell, 1964. p. 112-4; idem, *The Pure Theory of Law.* Trad. de Max Knight. *2nd* ed. Berkeley, Univ. of California Press, 1967. p. 195-201.

20. Norberto BOBBIO, Kelsen et les sources du droit. *Revue Internationale de Philosophie,* 138: 474-96, particularmente p. 475-6 e 483.

21. Norberto BOBBIO, *Dalla struttura alla funzione,* op. cit. introd. nota 4, p. 206-10.

22. Hans KELSEN, *The Pure Theory of Law,* op. cit. cap. 2, nota 19, p. 198.

23. H. L. A. HART, *The Concept of Law.* New York, Oxford Univ. Press, 1961, p. 77-120; Norberto BOBBIO, *Studi per una teoria generale del diritto,* op. cit. cap. 2, nota 10, p. 175-97.

24. Uberto SCARPELLI, *Cos'è il positivismo giuridico.* Milano, Ed. di Comunità, 1965. p. 62 e 75.

25. Norberto BOBBIO, *Giusnaturalismo e positivismo giuridico, op.* cit. introd. nota 11, p. 47; idem, *Teoria dell'ordinamento giuridico.* Torino, Giappichelli, 1960. p. 3-24.

26. Norberto BOBBIO, Ciencia del derecho y analisis del lenguaje. *In:* ——. *Contribución a la teoria del derecho,* op. cit. cap. 2, nota 12, p. 1823; Enrico PATTARO, Per una mappa del sapere giuridico. *In:* Uberto SCARPELLI, a cura di, *La teoria generale del diritto: problemi e tendenze attuali — studi dedicati a Norberto Bobbio.* Milano, Ed. di Comunità, 1983. p. 224-70; Luis Alberto WARAT, *O direito e sua linguagem,* op. cit. cap. 2, nota 12, p. 37-45.

27. Enrico PATTARO, Per una mappa del sapere giuridico. *In:* Uberto SCARPELLI, a cura di, *La teoria generale del diritto,* op. cit. cap. 2, nota 26, p. 261.

28. Giorgio Del VECCHIO, *Lições de filosofia do direito,* op. cit. cap. 1, nota 11, p. 304-7; Norberto BOBBIO, *Giusnaturalismo e positivismo giuridico,* op. cit. introd. nota 11, p. 38 e 53.

29. Cf. Renato TREVES, Tre concezioni e una proposta de considerazione conclusiva. *In:* Renato TREVES, a cura di, *La sociologia del diritto: un dibattito.* Milano, Giuffrè, 1974. p. 1-9 e 286-302; Norberto BOBBIO, Teoria sociologica e teoria generale del diritto. *In:* Renato TREVES, a cura di, *La sociologia del diritto,* op. cit. cap. 2, nota 13, p. 9-15; Elías DÍAZ, *Sociologia y filosofia del derecho,* op. cit. introd. nota 8, p. 62-5; Gregorio PECES-BARBA, *Introducción a la filosofia del derecho.* Ed. Debates, 1983, p. 161 e seguintes; Celso LAFER, O *Brasil e a crise mundial,* op. cit. cap. 1, nota 7, p. 17-20; Roberto LYRA FILHO, *Para um direito sem dogmas.* Porto Alegre, Fabris, 1980.

30. Norberto BOBBIO, *Teoria della norma giuridica.* Torino, Giappichelli, 1958. p. 60-70; Miguel REALE, *Teoria tridimensional do direito.* 4ª ed. rev. e aum. São Paulo, Saraiva, 1986. p. 1-22.

31. Oliver Wendell HOLMES, The Path of the Law. *In:* INTRODUCTION *to Law.* Selected Essays Reprinted From the Harvard Law Review. Cambridge, Mass., Harvard Law Review Assoc., 1965. p. 54; Gregorio PECES-BARBA, *Introducción a la filosofia del derecho,* op. cit. cap. 2, nota 29, p. 168.

32. Michel VILLEY, *Philosophie du droit, 1.* 3eme ed. Paris, Dalloz, 1982. V. 1, Définitions et fins du droit, p. 190-1.

33. Rudolf von JHERING, *Lo scopo nel diritto.* A cura di Mario Losano. Torino, Einaudi, 1972. p. 307-28.

34. Phillipp HECK, El *problema de la creación del derecho.* Trad. de Manuel Entenza, prologo de José Puig Brutau. Barcelona, Ariel, 1961; Angelo FALZEA; *Introduzione alle scienze giuridiche.* Milano, Giuffrè, 1975. pt. 1, p. 130-203; Wolfgang FRIEDMAN, *Legal Theory,* op. cit. cap. 1, nota 18, p. 321-44; Guido FASSÒ, *Storia della filosofia del diritto,* op. cit. cap. 1, nota 8, v. 3, p. 231-59; Celso LAFER, *O convênio do café de 1976,* op. cit. cap. 1, nota 7, XI-XIX.

35. F. GENY, *Metodo de interpretación y fuentes en derecho privado.* 2ª ed. Madrid, Reus, 1925. p. 672-3; Roscoe POUND, *An introduction to the Philosophy of Law.* 7th ed. New Haven, Yale Univ. Press, 1965. p. 47.

36. Norberto BOBBIO, *Il positivismo giuridico,* op. cit. cap. 1, nota 3, p. 249-81.

37. THE SOCIAL *and Economic Views of Mr. Justice Brandeis.* Collected with introd. notes by Alfred Lief, forward by Charles A. Beard. New York, Vanguard Press, 1930. p. 5.

38. Luis RECASENS SICHES, *Nueva filosofia de la interpretación del derecho.* 2ª ed., op. cit. introd. nota 11, p. 18-22.

39. Karl ENGISCH, *Introdução ao pensamento jurídico.* 3ª ed., op. cit. introd. nota 11.

40. Oliveira VIANNA, *Problemas do direito corporativo.* Introd. de Alberto Venancio Filho. 2ª ed. Brasília, Câmara dos Deputados, 1983. p. 19.

41. Jean CARBONNIER, *Flexible droit.* 2eme ed. Paris, L.G.D.J., 1971. p. 5-58.

42. Pietro PIOVANI, Effetività, principio di. *In:* ENCICLOPEDIA *del diritto,*

op. cit. cap. 2, nota 18, p. 420-31; KELSEN, *Principles of International Law*. Ed. by Robert W. Tucker. 2nd ed. New York, Hold, Reinhart and Winston, 1967. p. 312-9, 420-33; Charles de VISSCHER, *Les effectivités du droit international public*. Paris, Pedone, 1967; Antonio PEÑARANDA, *La función de la efectividad en el derecho internacional*. Madrid, Inst. Francisco de Vitoria, 1973; Jean J. A. SALMON, Les contradicitons entre fait et droit en droit international. *In:* ESTUDIOS *de derecho internacional: homenaje al Profesor Miaja de la Muela*. Madrid, Tecnos, 1979. v. 1, p. 337-50.

43. Manoel Gonçalves FERREIRA FILHO, *Direito constitucional comparado, 1*. São Paulo, Bushatsky, 1974. v. 1. O poder constituinte; KELSEN, *The Pure Theory of Law*, op. cit. cap. 2, nota 19, p. 208-14; Lourival VILANOVA, Teoria jurídica da revolução — anotação à margem de Kelsen. *In:* AS TENDÊNCIAS *atuais do direito público: estudos em homenagem ao Prof. Afonso Arinos*. Rio de Janeiro, 1976. p. 453-88; Carl SCHMITT, *Teoria de la constitución*. Madrid, Ed. Revista de Derecho Privado, s.d., p. 86 e *passim;* Carl J. FRIEDRICH, *La démocratie constitutionelle*. Paris, PUF, 1958. p. 64-142.

44. Jean CARBONNIER, *Droit civil, 3*. 10eme ed. Paris, PUF, 1980. v. 3 Les biens, p. 169-92.

45. Norberto BOBBIO, *Dalla struttura alla funzione*, op. cit. introd. nota 4, p. 13-42; Fábio Konder COMPARATO, Segurança e democracia. *In:* DIREITO, *cidadania e participação*. Bolivar Lamounier, Francisco C. Weffort, Maria Victoria Benevides, orgs. São Paulo, T. A. Queiroz, 1981. p. 197-224; Celso LAFER, Comentários. *In:* DIREITO, *cidadania e participação*. Bolivar Lamounier, Francisco C. Weffort, Maria Victoria Benevides, orgs. São Paulo, T. A. Queiroz, 1981. p. 225-9; Enrico PATTARO, Per una mappa del sapere giuridico. *In:* Uberto SCARPELLI, a cura di, *La teoria generale del diritto*, op. cit. cap. 2, nota 26, p. 270 e seguintes.

46. Cf. Tércio Sampaio FERRAZ JR., *Teoria da norma jurídica*, op. cit., cap. 2, nota 12, cap. 1, Norberto BOBBIO, Norma. *In:* ENCICLOPEDIA *Einaudi*, op. cit. cap. 1 nota 21, v. 9, p. 881 e *passim;* idem, *Studi per una teoria generale del diritto*, op. cit. cap. 2, nota 10, p. 168-71; J. Baptista MACHADO, pref. *In:* KELSEN, *A justiça e o direito natural*, op. cit. cap. 1, nota 4, XXIII-XXIV e *passim;* Rolf SERICK, *Aparencia y realidad en las sociedades mercantiles: el abuso de derecho por medio de la persona jurídica*. Barcelona, Ariel, 1958; Oliver Wendell HOLMES, *The Path of Law*, op. cit. cap. 2, nota 31, p. 51.

47. Norberto BOBBIO, *Giusnaturalismo e positivismo giuridico*, op. cit. introd. nota 11, p. 48; Theodor VIEHWEG, *Topica e giurisprudenza*, op. cit. introd. nota 11; Paulo BONAVIDES, *Política e constituição: os caminhos da democracia*. Rio de Janeiro, Forense, 1985. caps. 5, 6 e 7; Ch. PERELMAN, *Logique juridique*, op. cit. introd. nota 11; Tércio Sampaio FERRAZ JR., *Direito, retórica e comunicação*, op. cit. cap. 2, nota 12; idem, *Teoria da norma jurídica*, op. cit. cap. 1, nota 8.

48. P. CHANTRAINE, *Dictionnaire étymologique de la langue grecque*. Pa-

ris, Éd. Klincksieck, 1983, cf. verbete 2, *eírõ;* Ch. PERELMAN & L. OLBRECHTS--TYTECA, *Traité de l'argumentation: la nouvelle rhétorique.* 2eme ed. Bruxelles, Ed. de l'Inst. de Sociologie. Univ. Libre de Bruxelles, 1970. p. 5; Ch. PERELMAN, *Le champ de la argumentation.* Bruxelles, Presses Universitaires de Bruxelles, 1970. p. 13-23.

49. Jéremie BENTHAM, Deontologie ou science de la morale. *In:* ——. *Oeuvres,* Bruxelles, Societé Belge de Librairie, 1840. v. 3, p. 359.

50. THOMÁS DE AQUINO, *Suma teológica.* Trad. de Alexandre Corrêa, org. de Rosílio Costa e Luiz A. Boni, introd. de Martin Grabsmann. 2ª ed. Porto Alegre, Sulina, 1980. V. 4, Questão XCV, art. II, p. 1769; cf. Alexandre CORRÊA, *Ensaios políticos e filosóficos.* São Paulo, Convívio, 1984. p. 141-250; A. P. D'ENTRÈVES, *Natural Law,* op. cit. introd. nota 7, p. 37-50.

51. Norberto BOBBIO, *Teoria della norma giuridica,* op. cit. cap. 2, nota 30, p. 48-54.

52. PASCAL, *Pensées;* nº 284. Ed. de Brunschwig, introd. e notas de Ch. M. des Granges. Paris, Garnier, 1964. p. 151.

53. Enrico OPOCHER, *Analisi dell'idea della giustizia.* Milano, Giuffrè, 1977, p. 4; Sebastião CRUZ, *Ius, derectum (directum).* Reimpressão. Coimbra, Ed. Coimbra, 1974. p. 46-7.

54. Norberto BOBBIO, *Giusnaturalismo e positivismo giuridico,* op. cit. introd. nota 11, p. 47.

55. Giorgio Del VECCHIO, *La justice, la verité.* Paris, Dalloz, 1955; KELSEN, *A justiça e o direito natural,* op. cit. cap. 1, nota 4, p. 16-7 e *passim;* Mario LOSANO, *Forma e realtà in Kelsen.* Milano, Ed. di Comunità, 1981. p. 189.

56. Ch. PERELMAN, *La giustizia.* Pref. de Norberto Bobbio, trad. de Liliana Ribet. Torino, Giappichelli, 1959. Cf. pref. de Bobbio, p. 7; Ch. PERELMAN, *Droit, morale e philosophie.* 2eme ed. rev. e aum. Paris, L.G.D.J., 1976. p. 47-51, 56-66.

57. Miguel REALE, *Pluralismo e liberdade.* São Paulo, Saraiva, 1963. p. 207-35; Celso LAFER, Direito e poder na reflexão de Miguel Reale. *In:* MIGUEL *Reale na UnB: conferência e debates de um seminário realizado de 9 a 12 de junho de 1981.* Brasília, Ed. da UnB, 1981. p. 57-71; idem, *O Brasil e a crise mundial,* op. cit. cap. 1, nota 7, p. 17-39.

58. Enrico OPOCHER, *Analisi dell'idea della giustizia,* op. cit. cap. 2, nota 53, p. 19; Antonio Geraldo da CUNHA, Juízo. *In:* DICIONÁRIO *etimológico Nova Fronteira da língua portuguesa.* Rio de Janeiro, Nova Fronteira, 1982; Sebastião CRUZ, *Ius, derectum (directum),* op. cit. cap. 2, nota 53, p. 27-30, 34-5, 39-49.

59. Jean BODIN, *Les six livres de la republique.* Reimpressão da ed. de Paris de 1583. Darmstadt, Scientia Verlag Aalen, 1977, livro 1, cap. 10, p. 224; HOBBES, *A Dialogue Between a Philosopher and a Student of the Common Laws of England,* op. cit. cap. 1, nota 9, p. 59.

60. Sheldon WOLIN, *Politics and Vision,* Boston, Little-Brown, 1960. p. 257-60.

61. Enrico OPOCHER, *Analisi dell'idea della giustizia,* op. cit. cap. 2, nota 53, p. 10 e 16-7. Cf. também Albert BRIMO, *Les grands courants de la philosophie du droit et de l'état.* 2eme ed. rev. e aum. Paris, Pedone, 1968. p. 11.

62. ARISTOTELES, *La politique* — III, 12, 1282 b 20. Trad., introd. e notas de J. Tricot. 2eme ed. Paris, Vrin, 1970. p. 221-3; idem, *Éthique a Nicomaque;* V, 6, 1131 a 25. Trad., introd. e notas de J. Tricot. 3eme ed. Paris, Vrin, 1972. p. 228.

63. A. P. D'ENTRÈVES, Filosofia de la politica. *In:* Norberto BOBBIO *et alii, Dicionário da política.* Redator Gianfranco Pasquino, redatores da ed. espanhola José Aricó e Jorge Tula. México, Siglo XXI, 1982. v. 1, p. 713; idem, *Obbidienza e resistenza in una società democratica.* Milano, Ed. di Comunitá, 1970. p. 15-28; Celso LAFER, *O sistema político brasileiro.* São Paulo, Ed. Perspectiva, 1975. p. 19-58.

64. Miguel REALE, *Filosofia do direito,* op. cit. introd. nota 8, p. 308.

65. Ch. PERELMAN, *La giustizia,* op. cit. cap. 2, nota 56, p. 23-9.

66. Enrico OPOCHER, *Analisi dell'idea della giustizia,* op. cit. cap. 2, nota 53, p. 32.

67. Max WEBER, *On Law in Economy and Society,* op. cit. cap. 1, nota 16, p. 349-56.

68. Norberto BOBBIO, *Studi per una teoria generale del diritto,* op. cit. cap. 2, nota 10, p. 86.

69. Max WEBER, *The Theory of Social and Economic Organization.* Transl. by A. M. Henderson e Talcott Parsons, ed. and introd. by Talcott Parsons. 2nd ed. Glencoe, The Free Press, 1947. p. 328-9.

70. PLATÃO, *Lois;* IV, 715d. *In:* ——. *Oeuvres complètes.* Trad. de Léo Robin. Paris, Gallimard, 1960. v. 2, p. 762.

71. ARISTOTELES, *La politique;* III, 15, 1286a 5-20, ed. cit. cap. 2, nota 62, p. 240-2.

72. Cf. Norberto BOBBIO, *Il futuro delia democrazia.* Torino, Einaudi, 1984. p. 148-70; idem, *Studi per una teoria generale del diritto,* op. cit. cap. 2, nota 10, p. 79-93; J. J. CHEVALIER, La legitimité selon G. Ferrero. *Annales de Philosophie Politique.* Paris, PUF, 1967. V. 7, *L'idée de legitimité,* p. 211-21; A. P. D'ENTRÈVES, *Obbidienza e resistenza in uma società democratica,* op. cit. cap. 2, nota 63, p. 56-66; idem, *La notion de l'état.* Paris, Sirey, 1969. p. 177-87; Goffredo TELLES JR., Resistência violenta aos governos injustos. *Revista da Faculdade de Direito da USP,* São Paulo, 50: 213-6, 1955; idem, Carta aos brasileiros. *Revista da Faculdade de Direito da USP,* São Paulo, *72* (2): 411-23, 1977; Celso LAFER, *O sistema político brasileiro,* op. cit. cap. 2, nota 63, p. 19--55; idem, *Ensaios sobre a liberdade.* São Paulo, Ed. Perspectiva, 1980. p. 49-76.

73. Niklas LUHMANN, *Legitimação pelo procedimento.* Trad. de Maria da Conceição Corte-Real. Brasília, Ed. UnB, 1980, particularmente a pt. 1; Alberto FEBBRAJO, Sociologia del diritto e funzionalismo strutturale nell'opera di Niklas Luhmann. *Sociologia del Diritto,* Milano, 2: 303-32, 1974.

74. Cf. Norberto BOBBIO, Formalismo jurídico y formalismo ético. *In:*

——. *Contribución a la teoria del derecho,* op. cit. cap. 2 nota 12, p. 105-17; idem, *Da Hobbes a Marx.* 2ª ed. Napoli, Morano, 1971. p. 11-74; HOBBES, Elementi filosofici sul cittadino; de cive. *In:* ——. *Opere politiche.* A cura di Norberto Bobbio. Torino, UTET, 1971. cap. 3, § 3-4, p. 111-3.

75. Cf. Norberto BOBBIO, *Il positivismo giuridico,* op. cit. cap. 1 nota 3, p. 265-77.

76. François FURET, *Penser la révolution française.* Nouvelle ed. rev. et aum. Paris, Gallimard, 1983. p. 108.

77. Jean-Jacques ROUSSEAU, Fragments politiques. *In:* ——. *Oeuvres complètes.* Paris, Gallimard, 1964. v. 3, p. 492.

78. Miguel REALE, *Teoria do direito e do estado.* 4ª ed. São Paulo, Saraiva, 1984. p. 201; Manoel Gonçalves FERREIRA FILHO, *Direito constitucional comparado,* op. cit. cap. 2 nota 43, v. 1, p. 25-37.

79. Jean CARBONNIER, *Flexible droit,* op. cit. cap. 2 nota 41, p. 13.

80. José Guilherme MERQUIOR, *O argumento liberal.* Rio de Janeiro, Nova Fronteira, 1983. p. 164-5.

81. Norberto BOBBIO, *Giusnaturalismo e positivismo giuridico,* op. cit. introd. nota 11, p. 192.

82. Karl LOWENSTEIN, *Teoria de la constitución.* Trad. de Alfredo Gallego Anebitarte. Barcelona; Ariel, 1964. p. 149.

83. Cf. Norberto BOBBIO, *Studi hegeliani,* op. cit. 1 nota 15, p. 85-114; HEGEL, *Scritti politici.* A cura di Claudio Cesa. Torino, Einaudi, 1972. p. 179 (trata-se de escrito sobre a Dieta de Würtenberg); idem, *Philosophy of Right,* op. cit. cap. 1 nota 15, § 75, p. 58-9, § 258, p. 155-60.

84. Cf. Karl MARX, *Selected Writings in Sociology and Social Philosophy.* Ed. by T. B. Bottomore and Maximilien Rubel. Harmondsworth, Penguin Books, 1963. p. 221-35; Renato TREVES, *Introduzione alla sociologia del diritto.* Torino, Einaudi, 1977. p. 101-7; Norberto BOBBIO & Renato TREVES, Teoria del diritto e sociologia del diritto in Marx. *Sociologia del Diritto,* Milano, 2: 279-94, 1978; Georg Lukacs, *Histoire et conscience de classe.* Trad. de K. Axelos e J. Bois. Paris, Ed. de Minuit, 1960. p. 297, 300, 302, 308.

85. Cf. Norberto BOBBIO, *Estado, governo, sociedade,* op. cit. introd. nota 4, p. 126-33; Elías DÍAZ, *De la maldad estatal y la soberanía popular.* Madrid, Debate, 1984.

86. Santi ROMANO, *Lo stato moderno e la sua crisi: saggi di diritto constituzionale.* Milano. Giuffrè, 1969. p. 18-9; Goffredo TELLES JR., *A criação do direito.* São Paulo, Ed. Revista dos Tribunais, 1953. v. 2, cap. 5.

87. Norberto BOBBIO, *Dalla struttura alla funzione,* op. cit. introd. nota 4, p. 175-86; idem, *La ideologia e il potere in crise.* Firenze, Le Monnier, 1981. p. 3-21: idem, *Estado, governo, sociedade,* op. cit. introd. nota 4, p. 130; L. P. CARPENTER, *G. D. H. Cole: an Intellectual Biography.* Cambridge, Univ. Press, 1973.

88. Miguel REALE, *Teoria do direito e do estado,* op. cit. cap. 2 nota 78, p.

260-359; Giorgio Del VECCHIO, *Saggi intorno allo stato.* Roma, Ist. di Filosofia del Diritto, 1935. p. 11-45.

89. José Guilherme MERQUIOR, *O argumento liberal,* op. cit. cap. 2 nota 80, p. 168-71.

90. Norberto BOBBIO, Le contrat social, aujourd'hui. *In: Le public et le privé,* op. cit. cap. 1 nota 7, p. 61-8; Celso LAFER, Liberalismo, contratualismo e pacto social, op. cit. cap 1 nota 7.

91. Norberto BOBBIO, *Il futuro della democrazia,* op. cit. cap. 2 nota 82, p. 125-47; Celso LAFER, Liberalismo, contratualismo e pacto social, op. cit. cap. 1 nota 7; idem, *Paradoxos e possibilidades,* op. cit. cap. 1 nota 7, cap. 6, p. 95-148.

92. Norberto BOBBIO, *Il futuro della democrazia,* op. cit. cap. 2 nota 72, p. 147; John RAWLS, *A Theory of Justice.* Oxford, Oxford Univ. Press, 1980. p. 60; Cf. igualmente Vamireh CHACON, introd., Uma filosofia liberal do direito. *In:* John RAWLS. *Uma teoria da justiça.* Brasília, Ed. da UnB, 1980, p. 1-20; Ch. PERELMAN, *Droit, morale et philosophie,* op. cit. cap. 2 nota 56, p. 37-42.

93. Cf. André LALANDE, Raisonnable. *In:* ——. *Vocabulaire technique et critique de la philosophie.* 13eme ed. Paris, PUF, 1980. p. 887; idem, Rationnel. *In:* ——. *Vocabulaire technique et critique de la philosophie,* op. cit. cap. 2 nota 93, p. 890; Paul FOULQUIÉ, Raisonnable. *In:* DICTIONNAIRE *de la langue philosophique.* 4eme ed. Paris PUF, 1982. p. 606-7; idem, Rationnel. *In:* DICTIONNAIRE *de la langue philosophique.* 4eme ed., op. cit. cap. 2 nota 93, p. 608-9; Ch. PERELMAN, *Le raisonnable et le déraisonnable en droit,* op. cit. cap. 1 nota 4, p. 19; Jean J. A. SALMON, Le concept de raisonnable en droit international public. *In:* MÉLANGES *offerts à Paul Reuter: le droit international — unité et diversité.* Paris, Pedone, 1981. p. 447-51.

94. Cf. Sebastião CRUZ, *Ius, derectum (directum),* op. cit. cap. 2 nota 53, p. 47-8; Georges PIERI, Ius et Iurisprudentia. *Archives de Philosophie de Droit,* Paris, 1985. T. 30 La jurisprudence, p. 53-60.

95. Giambattista VICO, Il metodo degli studi del tempo nostro. *In:* ——. *Opere.* A cura di Fausto Nicolini. Milano, Riccardi, 1953. p. 193.

96. Cf. Norberto BOBBIO, *Giusnaturalismo e positivismo giuridico,* 2ª ed. op. cit. introd. nota 11, p. 197-211; idem, *Il positivismo giuridico,* op. cit. cap. 1 nota 3, p. 265-89.

97. Ch. PERELMAN, *Le raisonnable et le déraisonnable en droit,* op. cit. cap. 1 nota 4, p. 15.

98. Ch. PERELMAN, *Droit, morale et philosophie.* 2eme ed., op. cit. cap. 2 nota 56, p. 56-66. Sobre as características e pressupostos de uma comunidade democrática cf. KELSEN, State and World Outlook, *In:* ——. *Essays in Legal and Moral Philosophy.* Selected and introd. by Ota Weinberger, transl. by Peter Heath. Dordrecht, Reidel Publ., 1973. p. 95-113. Sobre o problema histórico da democracia e sua viabilidade cf. Norberto BOBBIO, *Il futuro della democrazia,* op. cit. cap. 2 nota 72, e Hélio JAGUARIBE, O experimento democrático na

história ocidental. *In:* ——— *et alii, Brasil, sociedade democrática.* Rio de Janeiro, José Olympio, 1985. p. 19-124, e sobre o problema histórico da democracia no Brasil cf. Francisco IGLESIAS, Momentos democráticos na trajetória brasileira. *In:* Hélio JAGUARIBE *et alii, Brasil, sociedade democrática.* Rio de Janeiro, José Olympio, 1985. p. 125-221.

99. Hannah ARENDT, *The Origins of Totalitarianism.* New edition with added prefaces. New York, Harvester Book, 1973. (Doravante será citada *OT.*)

100. Norberto BOBBIO, *Il positivismo giuridico,* op. cit. cap. 1 nota 3, p. 267-8.

101. HA, *OT,* p. 469.

102. Cf. Nikita S. KHRUSHCHEV, *The Crimes of the Stalin Era: Special Report to the 20th Congress of the Communist Party of the Soviet Union.* Ed. anotada por Boris I. Nicolaevsky. New York, New Leader, 1961; THE GREAT *Purge Trial.* Ed. and with notes by Robert C. Tucker and Stephen F. Cohen, introd. by Robert C. Tucker. New York, Grosset and Dunlap, 1963; Alexander DALLIN & George W. BRESLAUER, *Political Terror in Communist Systems.* Stanford, Stanford Univ. Press, 1970; M. MERLEAU-PONTY, *Humanisme et terreur.* Paris, Gallimard, 1947; Arthur KOESTLER *et alii, The God that Failed.* Ed. with introd. by Richard Grossman. New York, Harper and Row, 1963.

103. Norberto BOBBIO, *Quale socialismo?* Torino, Einaudi, 1976. p. 12 e *passim;* idem, *La teoria delle forme di governo nella storia del pensiero politico.* Torino, Giappichelli, 1976. p. 201-11; Carl SCHMITT, *La dictadura.* Trad. de José Dias García. Madrid, Ed. Revista de Ocidente, 1968; Celso LAFER, *Ensaios sobre a liberdade,* op. cit. cap. 2 nota 72, p. 11-76.

104. Cf. G. A. O'DONNELL, *Modernización y autoritarismo.* Buenos Aires, Paidós, 1972; Juan LINZ *et alii, O estado autoritário e os movimentos populares.* Rio de Janeiro, Paz e Terra, 1980; Wanderley Guilherme dos SANTOS, Autoritarismo e após: convergências e divergências entre Brasil e Chile. *Dados,* Rio de Janeiro *25* (2): 151-65, 1982; Manuel Antonio GARRETON, Em torno da discussão sobre os novos regimes autoritários na América Latina. *Dados,* Rio de Janeiro, *25* (2): 165-98, 1982; Celso LAFER & Wanderley Guilherme dos SANTOS, Political and Economic Change in Latin America — Prescriptions of the Right — a South American Perspective. *In:* POLITICAL *and Economic Change in Atlantic Area Nations — Papers from the 1978 Atlantic Conference.* Chicago, The Chicago Council on Foreign Relations, 1979. p. 21-40; Celso LAFER, *O sistema político brasileiro,* op. cit. cap. 2 nota 63; idem, The Brazilian Political System — Trends and Perspectives. *Government and Opposition, 19* (2): 178-87, primavera de 1984; NUNCA *mais: informe da Comisão Nacional sobre o desaparecimento de pessoas na Argentina, presidida por Ernesto Sábato.* Trad. Roberto Mara. Porto Alegre, L&PM, 1984; BRASIL *nunca mais: um relato para a história.* Pref. de D. Paulo Evaristo Arns. Petrópolis, Vozes, 1985.

105. Gustav RADBRUCH, *Filosofia do direito,* op. cit. cap. 1 nota 10, v. 2, Apêndice 2, p. 213-4.

106. Gustav RADBRUCH, *Filosofia do direito*, op. cit. cap. 1 nota 10, v. 2, Apêndice 1, p. 204-5.

107. L. Cabral de MONCADA, pref. à 3ª ed. *In:* Gustav RADBRUCH, *Filosofia do direito*. Trad. e pref. de L. Cabral de Moncada. 4ª ed. rev. Coimbra, Arménio Amado, 1961. v. 1, p. 9-10.

108. Elías DÍAZ, *Sociologia y filosofia del derecho*, op. cit. introd. nota 8, p. 300-1; idem, introd. *In:* KELSEN & Norberto BOBBIO *et alii, Crítica del derecho natural*. Trad. de Elías Díaz. Madrid, Taurus, 1966. p. 11-2.

109. Norberto BOBBIO, *Giusnaturalismo e positivismo giurldico*, op. cit. introd. nota 11, p. 192-5.

3. A RUPTURA E O PARADIGMA DA FILOSOFIA DO DIREITO (pp. 111-58)

1. Celso LAFER, *Hannah Arendt: pensamento, persuasão e poder*. Rio de Janeiro, Paz e Terra, 1979. cap. 1, p. 21-38; cap. 3, p. 57-80.

2. Hannah ARENDT, *Entre o passado e o futuro*. Trad. de Mauro W. Barbosa de Almeida. São Paulo, Perspectiva, 1972. p. 40, 53-4. (Doravante será citada *EPF); idem, Between Past and Future: Eight Exercises in Political Thought*. New York, Viking Press, 1968. p. 14, 26. (Doravante será citada *BPF)*. Cf. também George KATEB, *Hannah Arendt: Politics, Conscience, Evil*. Totowa, Rowhman & Allanheld, 1984. p. 56, 149-50; Octavio PAZ, Los signos em rotación, epílogo à 2ª ed. de *El arco y la lira*. México, Fondo de Cultura Económica, 1967; idem, *Los hijos del limo*. Barcelona, Seix Barral, 1974; o uso das citações como fragmentos do pensamento a serem recombinados é um dos aspectos da importante análise de Hannah Arendt sobre Walter Benjamin cf. Hannah ARENDT, *Men in Dark Times*. New York, Harcourt, Brace and World, 1968 — Walter Benjamin — 1892-1940 III: The Pearl Diver, p. 193-206 (doravante será citada *MDT); idem, Homens em tempos sombrios*. Trad. de Denise Bottmann, posfácio de Celso Lafer. São Paulo, Companhia das Letras, 1987. p. 165-76. (Doravante será citada *HTS)*. Hannah Arendt foi amiga de Walter Benjamin — que era primo de seu primeiro marido, Günther Anders — e participou do grupo de estudos que se reunia no apartamento de Benjamin em Paris, nos anos 30. Benjamin confiou a Hannah Arendt e a Heinrich Blücher — seu segundo marido — os seus manuscritos, que foram por ela entregues, depois da morte de Benjamin e de acordo com as instruções dele recebidas, a Adorno em Nova York. Ela editou, em 1968, um volume em inglês dos textos de Benjamin, *Illuminations*. New York, Schocken Books, 1969, com o importante ensaio introdutório acima referido, ora incluído em *Men in Dark Times*. Em 1975, ano de sua morte, Hannah Arendt estava trabalhando na edição de um segundo volume de textos de Benjamin: *Reflections*. Foi por meio de Benjamin que Hannah Arendt

se relacionou com Gershom Scholem, que em *Walter Benjamin: histoire d'une amitié.* Trad. de Paul Kessler. Paris, Calmann-Lévy, 1981, observa que já nos anos 30, o que era raro, ela via em Benjamin uma autoridade intelectual importante (cf. p. 213). Sobre a relação de Benjamin com Hannah Arendt cf. Elizabeth YOUNG-BRUEHL, *Hannah Arendt: for Love of the World.* New Haven, Yale Univ. Press, 1982, bela e importante biografia que comentei amplamente em Hannah Arendt; vida e obra, posfácio a *HTS,* p. 233-49.

3. Hannah ARENDT, em carta a G. Scholem, de 24 de julho de 1963. *In:* ——. *The Jew as Pariah.* Ed. and introd. by Ron H. Feldman. New York, Grove Press, 1979. p. 246. (Doravante será citada *JP*). A tradução é minha.

4. Hannah ARENDT, What is *Existenz* Philosophy?. *Partisan Review, 8* (1): 34-56, inverno de 1946, cf. especificamente p. 34, 38, 40 e 41. O texto de Parmênides, referido por Hannah Arendt, é o fragmento 3: "pois o mesmo é o pensar e, portanto, ser" — cf. OS PRÉ-SOCRÁTICOS, op. cit. cap. 1 nota l, p. 142.

5. Michel VILLEY, que é extremamente crítico do legado de Kant à Filosofia do direito — cf. La doctrine du droit dans l'histoire de la science juridique, op. cit. cap. 2 nota 14 —, inclusive porque é um pensador extremamente consciente e insatisfeito com o processo de ruptura, aponta no prefácio que escreveu a Nicos Poulantzas, *Nature des choses et droit.* Paris, L.G.D.J., 1965, VIII, que Kant marca a dissolução da doutrina clássica do Direito Natural, pois esta baseava-se na união, que a palavra natureza exprimia, entre *ens* e *bonum,* que desaparece quando a natureza vê-se concebida como inerte, sem causa final e sem valor, vendo-se substituída pelo Espírito.

6. HA, What is *Existenz* Philosophy?, op. cit. cap. 3 nota 4, p. 34-41, 42, 43 e 44; idem, *BPF,* pref. e cap. 1; idem, *EPF,* pref. e cap. 1; idem, French Existencialism. *The Nation*, 23 fev. 1946. p. 226-8.

7. Ferdinand de SAUSSURE, *Curso de linguística geral.* Org. Charles Bally e Albert Sechehaye, colab. Albert Riedlinger, trad. de Antonio Chelini, José Paulo Paes e Isidoro Blikstein, pref. à ed. brasileira de Isaac Nicolau Salun. São Paulo, Cultrix, 1981. p. 79-93; Luis Alberto WARAT, *O direito e sua linguagem,* op. cit. cap. 2 nota 12, p. 19-35; Octavio PAZ, *El signo y el gabarato.* 2ª ed. México, Joaquín Mortiz, 1975. p. 11-30, 57-69.

8. Hannah ARENDT manifestou, pública e reiteradamente, a sua admiração e o seu débito em relação a Jaspers. A ele e sua mulher Gertrud ela dedicou *On Revolution.* Editorou também a edição em inglês do livro de Jaspers *Die grossen Philosophen.* Da reverência e do afeto de Hannah Arendt por Jaspers são testemunhos as páginas iniciais, datadas de 1947, do seu livro *Die verbogene Tradition: acht Essays.* Frankfurt, Suhrkamp Verlag, 1976. p. 7-11; Karl Jaspers — Citizen of the World, de 1957, e Karl Jaspers — a Laudatio, de 1958, ambos inseridos in HA, *MDT*, p. 71-94; idem, *HTS*, p. 67-85. Jaspers também manifestou, na sua autobiografia, a amizade que ele e sua mulher tinham por Hannah Arendt, a importância dos diálogos intelectuais que mantiveram depois da II Guerra e a relevância da reflexão de sua antiga aluna para o seu próprio pensa-

mento. Cf. Karl JASPERS, *Autobiographie philosophique*. Trad. de Pierre Boudot. Paris, Aubier, 1963, p. 144-6. A correspondência entre Hannah Arendt e Jaspers foi recentemente publicada: *Hannah Arendt-Karl Jaspers Briefwechsel: 1926-1969*. Herausgegeben Lotte Köhler und Hans Saner. München, Piper, 1985. A relação de Hannah Arendt com Heidegger é mais complexa e menos límpida, inclusive por força das posições políticas de Heidegger nos anos 30. Sobre a importância indiscutível de Heidegger e o seu impacto como professor nos anos 30, Hannah Arendt escreveu um belo artigo celebrando os oitenta anos do filósofo. Este artigo foi publicado originalmente em alemão em *Merkur*, nº 258, out. 1969, apareceu em inglês no *New York Review of Books, 17* (6): 50-4, 21 out. 1971, e está inserido na edição francesa de *Men in Dark Times;* intitulada: *Vies politiques*. Paris, Gallimard, 1974. p. 307-20. (Doravante será citada *VP*), e também na edição brasileira, *HTS*, p. 221-31. Sobre o papel, na vida e na obra de Hannah Arendt, de Jaspers e Heidegger, cf. Elizabeth YOUNG-BRUEHL, *Hannah Arendt*, op. cit. cap. 3 nota 2. Luc FERRY, *Philosophie Politique, 2*. Paris, PUF, 1984. V. 2 Le système des philosophies de l'histoire. p. 13-5, qualifica Hannah Arendt como aluna e discípula de Heidegger. Jacques TAMINIAUX, Arendt, discípule de Heidegger?. *Études Phénomenologiques*, Bruxelles, *2*: 111--36, 1985, contesta esta qualificação. Observa ele, no meu entender com toda propriedade, que os conceitos arendtianos, presentes no artigo da *Partisan Review* discutido no corpo do capítulo e retomados por ela em *The Origins of Totalitarianism* e em *The Human Condition* — como *mundo, pluralidade, natalidade* — não são categorias heideggerianas. Isto não quer dizer que Hannah Arendt não foi influenciada pelo modo de Heidegger tratar a experiência do pensar, como discutirei adiante no corpo do capítulo.

9. Elizabeth YOUNG-BRUEHL, *Hannah Arendt*, op. cit. cap. 3 nota 2, p. 74-6, 490-500.

10. A entrevista foi publicada no livro de Günter GAUSS, *Zur Person, Porträts in Frage und Antwort*. Munich, Feder Verlag, 1964, reproduzida em Adalbert REIF, ed., *Gespräch mit Hannah Arendt*. Munich, Piper, 1976. p. 9-34, e traduzida para o francês por Sylvie Courtine-Denamy com o título: Seule demeure la langue maternelle, integra o volume de *Esprit*, Paris, 42, jun. 1980, dedicado a Hannah Arendt. Cito a partir do texto em francês. A passagem referida está na pág. 21.

11. Hannah ARENDT, *La tradition cachée: le juif comme paria*. Textes trad. de l'alemand et de l'anglais par Sylvie Courtine-Denamy. Breteuil-sur--Iton, Christan Bourgeois Ed., 1987. Resp. p. 11-37, 38-49.

12. Hannah ARENDT, Understanding and Politics. *Partisan Review, 20* (5): 377, set./out. 1953. A tradução é minha.

13. HA, Understanding and Politics, op. cit., 3 nota 12, p. 300. A tradução é minha.

14. HA, Understanding and Politics, op. cit. cap. 3 nota 12, p. 386-7; idem, *OT*, p. 477; idem, *As origens do totalitarismo*. Trad. de Roberto Raposo,

pref. de Marcos Margulies. Rio de Janeiro, Documentário, 1979. V. 3, Totalitarismo, o paroxismo do poder, p. 346-7. (Doravante será citada *OdT*, V. 3).

15. Hannah ARENDT, Thinking and Moral Considerations; a Lecture. *Social Research*, New York, *38* (3): 419-20, outono de 1971; cf. George STEINER, *Martin Heidegger*. New York, Viking Press, 1978. p. 59 e 154. Sobre a visão dos juristas a respeito da crise e da morte do direito cf. G. BALLADORE-PALLIERI *et alii*, *La crisi del diritto*. Padova, Cedam, 1953; Jean CARBONNIER, *Flexible droit*, op. cit. cap. 2 nota 41, cap. 9; Bruno OPPETIT, L'hypothése du déclin du droit. *Droits. Revue Française de Theorie Juridique*. Paris, 1986. V. 4 Crises dans le droit, p. 9-20.

16. HA, Thinking and Moral Considerations, op. cit. cap. 3 nota 15, p. 421-2.

17. Elizabeth YOUNG-BRUEHL, *Hannah Arendt*, *op.* cit. cap. 3 nota 2, p. 36.

18. HA, Seule demeure la langue maternelle, op. cit. cap. 3 nota 10, p. 25-6.

19. EUA. LIBRARY OF CONGRESS. Manuscript Division, *The Papers of Hannah Arendt: General Correspondence, 1941-1976 and Undated*. A carta está no container nº 9, que contém *inter alia* a correspondência com Gray, J. Glenn, 1962-75 (2 folders). J. Glenn Gray, professor de Filosofia, tradutor de Heidegger para o inglês, autor de *The Warriors: Reflections on Men in Battle*. 2nd ed. New York, Harper and Row, para a qual Hannah Arendt escreveu uma introdução em 1966, foi uma das pessoas mais próximas dela intelectualmente durante a preparação de *The Life of the Mind*. Cf. Elizabeth YOUNG-BRUEHL, *Hannah Arendt*, op. cit. cap. 3 nota 2, p. 440-5. Hannah Arendt o tinha em alta conta. O livro *The Warriors* integrava a lista de leituras e foi discutido no curso de pós-graduação que fiz com Hannah Arendt, no semestre acadêmico do outono de 1965, na Universidade de Cornell, intitulado: "Experiências políticas do século XX". Descrevi um pouco este curso em *Hannah Arendt*, op. cit. cap. 3 nota 1, p. 11-6. J. Glenn Gray escreveu um importante ensaio sobre *The Life of the Mind* no volume da *Social Research* dedicado à memória de Hannah Arendt. Cf. J. Glenn GRAY, The Winds of Thought. *Social Research*, New York, *44*: 44-62, primavera de 1977.

20. Hannah ARENDT, Thinking. *In*: ——. *The Life of the Mind*. New York, Harcourt, Brace Jovanovich, 1978. V. 1. (Doravante será citada *LM*, v. 1). As explicações de Mary McCarthy sobre a preparação do texto para a publicação constituem o "Editor's Postface" que integra tanto o vol. I, p. 217-30, quanto o vol. II, idem, Willing. *In*: ——. *The Life of the Mind*. New York, Harcourt, Brace Jovanovich, 1978. v. 2, p. 241-53. (Doravante será citada *LM*, v. 2). Hannah ARENDT, *Lectures on Kant's Political Philosophy*. Ed. and with an Interpretative Essay by Ronald Beiner. Chicago, Univ. of Chicago Press, 1982. (Doravante será citada *KPP*). A inspiração kantiana na proposta de *The Life of the Mind* foi apontada, *inter alia*, por Hans JONAS, Acting, Knowing, Thinking — Gleanings from Hannah Arendt's Philosophical Work. *Social Research*.

New York, *44* (1): 25-43, primavera de 1977; J. Glenn GRAY, The Winds of Thought, op. cit. cap. 3 nota 19, p. 44-62; Kent F. MOORS, Modernity and Human Initiative — the Structure of Hannah Arendt's Life of the Mind. *The Political Science Review*, Pennsylvania, *20*: 187-230, outono 1980; Ronald BEINER, Interpretative Essay. *In:* HA, *KPP*, op. cit. introd. nota 13, p. 89-156; Gerard LÉBRUN, *Passeios ao léu*. São Paulo, Brasiliense, 1983. p. 60-6. Tratei de *The Life of the Mind* em *Hannah Arendt*, op. cit. cap. 3 nota 1, p. 81-127.

21. HA, *LM*, v. 1, p. 13-6, 53-65. Hannah Arendt em nota (*LM*, v. 1, p. 236-7), refere-se a Eric Weil apontando que este, nos seus ensaios, interpreta a distinção kantiana entre intelecto e razão de forma convergente com a sua. Ela ressalva, no entanto, que a exegese de Weil, por ela considerada das mais importantes na literatura kantiana contemporânea, está mais próxima de Kant, não tendo ele tomado as liberdades que ela tomou, por conta das reservas por ela explicitamente manifestadas nesta nota, no *corpus* da obra de Kant, em relação à *Crítica da razão pura*. Cf. Eric WEIL, *Problèmes Kantiens*. 2ème ed. Paris, Vrin, 1982. Os trechos referidos por Hannah Arendt estão nas p. 23, 33, 34, 112 nº 2. Entre nós, o papel de uma razão de vocação comunicativa, mais abrangente do que o intelecto, tem sido superiormente articulado e proposto por Sérgio Paulo ROUANET, Cf. *A razão cativa*. São Paulo, Brasiliense, 1985; idem, *As razões do iluminismo*. São Paulo, Companhia das Letras, 1987.

22. J. Glenn GRAY, The Winds of Thought, op. cit. cap. 3 nota 19, p. 54. Esta leitura de J. Glenn Gray parece-me correta, inclusive em termos arendtianos, tendo em vista o que Hannah Arendt aponta a respeito da interligação entre conhecimento e compreensão nos trechos acima citados de seu artigo de 1953: Understanding and Politics.

23. HA, *LM*, v. 1, p. 57; Bhikhu PAREKH, *Hannah Arendt and the Search for a New Political Philosophy*. Atlantic Highlands, Humanities Press, 1981, p. 59-66.

24. HA, *LM*, v. 1, p. 50, 58-62; idem, *OT*, p. 475-6; idem, *OdT*, v. 3, p. 244-5; Bhikhu PAREKH, *Hannah Arendt and the Search for a New Political Philosophy*, op. cit. cap. 3 nota 23, p. 104-6. A referência a santo Tomás encontra-se na *Suma Teológica* — Primeira parte, Questão I, artigo III. Cf. Tomás de AQUINO, *Suma Teológica*, op. cit. cap. 2 nota 5, v. 1, p. 5.

25. HA, *LM*, v. 1, p. 3-5.

26. HA, *LM*, v. 1, p. 177-8; idem, Thinking and Moral Considerations, op. cit. cap. 3 nota 15, p. 435-6; Theodor VIEHWEG, *Sobre el futuro de la filosofia del derecho como investigación fundamental*. Trad. Ricardo Azpurua Ayala. Caracas, Faculdad de Derecho. Universidad Central de Venezuela, 1969.

27. HA, *LM*, v. 1, p. 78-88, 183-7.

28. HA, *LM*, v. 1, p. 192; idem, What is *Existenz* Philosophy?, op. cit. cap. 3 nota 4, p. 51-6; Karl JASPERS, *Autobiographie philosophique*, op. cit. cap. 3 nota 8, p. 191-7; idem, *Reason and Existenz*. Transl. and introd. by William Earle. London, Routledge Kegan Paul, 1956. p. 51-126; Jeanne HERSCH, *Karl*

Jaspers. Lausanne, L'Age d'Homme, 1978. p. 24-6, 39-53, 74-5, 89-97; Charles F. WALLRAFF, *Karl Jaspers: an Introduction to his Philosophy.* Princeton, Princeton Univ. Press, 1970. p. 141-66, 190-214; Raymond ARON, Karl Jaspers et la politique. *Commentaire,* Paris, *8* (28/29) 530-8, fev. 1985. Nº especial Raymond Aron, 1905-1983; histoire et politique.

29. HA, *VP*, p. 309, 310, 312; idem, *HTS*, p. 222-3, 225; Jacques TAMINIAUX, Arendt, discipule de Heidegger?, op. cit. cap. 3 nota 8, p. 131 e seguintes.

30. HA, *LM*, v. 1, p. 76-7.

31. HA, Thinking and Moral Considerations, op. cit. cap. 3 nota 15, p. 446; idem, *LM*, v. 1, p. 94-6, 192-3, 215; idem, *KPP*, p. 76-7; KANT, *Critique de la faculté de juger.* Trad. de A. Philonenko. Paris, Vrin, 1982. Introd. IV, p. 27--9; George KATEB, *Hannah Arendt,* op. cit. cap. 3 nota 2, p. 38.

32. HA, *LM*, v. 1, p. 191-216; idem, *LM*, v. 2, p. 11-51. A referência de Hannah Arendt a Spinoza é à *Ética,* 3ª parte, proposição 25, 4ª parte, proposição 52. Cito a partir de Descartes, Spinoza, *Ethics.* Transl. by W. H. White, revised by A. H. Stirling. Chicago, Encyclopaedia Britannica, 1952. p. 403-44, 439-40. A temporalidade caracteriza igualmente as categorias *labor, work* e *action* em *A condição humana,* como observa Paul Ricoeur no prefácio à 2ª edição francesa do livro. Cf. Hannah ARENDT, *Condition de l'homme moderne.* 2eme ed. Pref. de Paul Ricoeur. Paris, Calmann Levy, 1983. XIII e *passim.* Elizabeth YOUNG-BRUEHL, *Hannah Arendt, op.* cit. cap. 3 nota 2, p. 75-6, 302-8, 442-5, 459-60, 465-6, examina as relações de afinidade e oposição de Hannah Arendt em relação ao pensamento de Heidegger. Cf. Martin HEIDEGGER, *Basic Writings.* Ed. by David Farell Krell. London, Routledge and Kegan Paul, 1978, particularmente a introdução de *Sein und Zeit,* cap. 2-5, p. 58-73; George STEINER, *Martin Heidegger,* op. cit. cap. 3 nota 15, p. 73-126. Entre nós o tema da temporalidade em Heidegger, que marcou Hannah Arendt, foi realçado num ensaio pioneiro de Horácio Lafer sobre o autor de *Ser e tempo.* Cf. Horácio LAFER, *Tendências filosóficas contemporâneas.* 2ª ed. São Paulo, Nacional, 1950. p. 209-32.

33. HA, *LM*, v. 1, p. 19; Celso LAFER, *Hannah Arendt,* op. cit. cap. 3 nota 1, p. 84-5; George KATEB, numa cuidadosa leitura da obra de Hannah Arendt, anterior à publicação de *The Life of the Mind,* evidencia a coincidência entre ser e aparência no espaço público da palavra e da ação como uma das notas importantes da teoria política de Hannah Arendt. Cf. George KATEB, Freedom and Worldliness in the Thought of Hannah Arendt. *Political Theory, 2*: 142-6, mai. 1977.

34. Bhikhu PAREKH, *Hannah Arendt und the Search for a New Political Philosophy,* op. cit. cap. 3 nota 23, p. 4-8.

35. HA, *BPF,* cap. 4, p. 143-71; idem, *EPF,* cap. 4, p. 188-220; idem, *The Human Condition.* Chicago, Univ. of Chicago Press, 1958. cap. 5, p. 175-247 (doravante será citada *HC);* idem, *A condição humana.* Trad. de Roberto Raposo. Rio de Janeiro, Forense-Universitária, 1981. cap. 5, p. 188-259 (doravan-

te será citada *CH)*; Celso LAFER, *Hannah Arendt,* op. cit. cap. 3 nota 1, p. 72-6, 116-20.

36. Ronald BEINER, Interpretative Essay. *In:* HA, *KPP*, p. 128-31; HA, *LM*, v. 2, p. 113-46. A referência ao texto de Duns Scotus está na p. 138; KANT, *Critique de la faculté de juger*, op. cit. cap. 3 nota 31, Introd. IV, p. 27-9, § 38 e comentário, p. 124-5; Roger VERNEAUX, *Le vocabulaire de Kant.* V. 2, Paris, Aubier, 1973, p. 249-75; Celso LAFER, *Hannah Arendt,* op. cit. cap. 3 nota 1, p. 108-27.

37. HA, *LM*, v. 1, p. 212-13.

38. HA, *EPF*, p. 28; idem, *BPF*, p. 3.

39. Bhikhu PAREKH, Does Traditional Philosophy Rest on a Mistake? *Political Studies, 20* (2): 300, jun. 1979.

40. Bhikhu PAREKH, *Hannah Arendt and the Search for a New Political Philosophy,* op. cit. cap. 3 nota 23, p. 183-4. Hannah Arendt realça a relevância de Husserl, *inter alia,* em What is *Existenz* Philosophy?, op. cit. cap. 3 nota 4, p. 35-7. HA, *LM*, v. 1, p. 46.

41. HA, *EPF*, p. 139-40; idem, *BPF*, p. 101-2.

42. HA, *HC*, p. 41-3; idem, *CH*, p. 51-3.

43. Bhikhu PAREKH, *Hannah Arendt and the Search for a New Political Philosophy,* op. cit. cap. 3 nota 23, p. 109-10.

44. Cf. Hannah ARENDT, Personal Responsibility under Dictatorship. *The Listener, 6*: 187 e 205, ago. 1964.

45. Alain FINKIELKRAUT, Le jour et la nuit — relecture de Hannah Arendt. *In:* ISRAEL, *le judaïsme et l'Europe.* Textes presentés par Jean Halpérin et Georges Levite. Paris, Gallimard, 1984. p. 159-60; George KATEB, *Hannah Arendt,* op. cit. cap. 3 nota 2, p. 76. Cf. igualmente Paul RICOEUR, pref. *In:* Hannah ARENDT, *Condition de l'homme moderne.* 2eme ed. Paris, Calmann-Lévy, 1983. VI-VII; HA, *OT*, p. 303, 439-41; idem, *OdT*, v. 3, p. 8-9, 199-200.

46. Cf. Bhikhu PAREKH, *Hannah Arendt and the Search for a New Political Philosophy*, op. cit. cap. 3 nota 23, p. 137, que indica que o totalitarismo teve, na obra dela, o mesmo papel que para os contratualistas clássicos representou a descrição do estado de natureza.

47. Cf. Paul RICOEUR, pref. *In:* HA, *Condition de l'homme moderne,* op. cit. cap. 3 nota 45, VI-VII.

48. HA, *OdT*, v. 3, p. 137-9; idem, *OT*, p. 388-92.

49. HA, *OdT*, v. 3, p. 140-2; idem, *OT*, p. 393-5; Carl SCHMITT, *Legalidad y legitimidad.* Trad. de José Díaz Garcia. Madrid, Aguilar, 1971. p. 161-3.

50. HA, *OdT*, v. 3, p. 253; idem, *OT*, p. 403.

51. HA, *EPF*, p. 136-7; idem, *BPF*, p. 99-100.

52. HA, *OdT*, v. 3, p. 149-50; idem, *OT*, p. 401.

53. HA, *OdT*, v. 3, p. 147; idem, *OT*, p. 399.

54. HA, *OdT*, v. 3, p. 152; idem, *OT*, p. 402-3.

55. HA, *OdT*, v. 3, p. 152-5; idem, *OT*, p. 403-5.

56. HA, *OdT*, v. 3, p. 157-8; idem, *OT*, p. 406-8. Cf. também HA, *JP*, p. 225-36 (Trata-se de um artigo de 1945 intitulado: Organized Guilt and Universal Responsibility).

57. HA, *OdT*, v. 3, p. 163 e 148; idem, *OT*, p. 412 e 400. O autor citado por Hannah Arendt é Werner Best, *Die deutsche Polizei*, personagem cuja atuação ela examinou no relato sobre o Caso Eichmann, mencionando que ele em Nuremberg não teve a coragem de sustentar a ideologia nazista que expôs no seu livro e da qual foi também um executor, como conselheiro jurídico de Heydrich, como eficiente partícipe do trabalho do governo militar em Paris e como plenipotenciário do Reich na Dinamarca. Cf. Hannah ARENDT, *Eichmann in Jerusalem: a Report on the Banality of Evil*. Revised and enlarged ed. New York, Viking Press, 1965 p. 173-5 (Doravante será citada *EJ*); idem, *Eichmann em Jerusalém: um relato sobre a banalidade do mal*. Trad. de Sonia Orieta Heinrich. São Paulo, Diagrama & Texto, 1983. p. 184-7. (Doravante será citada *EeJ*). Num depoimento de Werner Best de 1980 também se baseia Gerald FLEMMING, no seu importante livro *Hitler and the Final Solution*, Berkeley, Univ. of California Press, 1982, para substanciar a tese de que desejos do Führer eram ordens, e ordens eram leis. Cf. p. 45-6. O livro de Flemming é prefaciado por Saul Friedländer. No prefácio, ao discutir a historiografia do nazismo, Friedländer diferencia os *intencionalistas* dos *funcionalistas*. Os intencionalistas acreditam existir uma relação direta entre a ideologia e os desejos de Hitler e as políticas nazistas. Os funcionalistas não veem esta relação direta como relevante, realçando a inexistência de um programa preestabelecido pela liderança e chamando a atenção para a interação e as pressões de múltiplas instâncias administrativas como a causa determinante das políticas nazistas. O livro de Flemming, observa Friedländer, representa um esforço bem-sucedido de documentar, particularmente no que diz respeito às políticas antijudaicas e à solução final, a tese intencionalista (cf. p. IX-X-XIV-XVIII). Hannah Arendt é, evidentemente, intencionalista, e o livro de Flemming, a meu ver, comprova de maneira exaustiva, com base em documentos de difícil acesso, o acerto da colocação arendtiana.

58. O tipo ideal, como se sabe, é um conceito-chave da metodologia de Max Weber e diz respeito à identificação dos elementos da realidade de que configuram a especificidade de um fenômeno. Cf. o famoso ensaio sobre a objetividade do conhecimento *In:* Max WEBER. *Essais sur la théorie de la science*. Trad. e introd. de Julien Freund. Paris, Plon, 1965. p. 119-213. Cf. igualmente Raymond ARON, *German Sociology*. Trad. de Mary e Thomas Bottomore. London, Heinemann, 1957. p. 67-106. Idem, *Les étapes de la pensée sociologique*. Paris, Gallimard, 1967. p. 499-583; H. H. GERTH & C. Wright MILLS, introd. *In:* FROM Max Weber: *Essays on Sociology*, London, Routledge & Kegan Paul, 1961. p. 3-74. A grande monografia brasileira sobre Max Weber é de Gabriel COHN, *Crítica e resignação: fundamentos da sociologia de Max Weber*. São Paulo, T. A. Queiroz, 1979. Jaspers foi muito amigo e influenciado por Max Weber. Na

época em que Hannah Arendt estudava com Jaspers em Heidelberg, a casa de Marianne Weber, a viúva de Max Weber e sua primeira biógrafa, fazia parte do círculo de amizades próximas de Jaspers. Não há dúvida de que a influência de Weber em Hannah Arendt passou por Jaspers. Cf. Elizabeth YOUNG-BRUEHL, *Hannah Arendt*, op. cit. cap. 3 nota 2, p. 63-6, 405. A postura de Jaspers em relação a Weber pode ser vista em Karl JASPERS, *Max Weber: politico, scienziato, filosofo*. Trad. de Ervino Pocar. Napoli, Morano, 1969.

59. Cf. J. Baptista MACHADO, pref. *In:* Karl ENGISCH, *Introdução ao pensamento jurídico*. Trad. e pref. de J. Baptista Machado. 3ª ed. Lisboa, Fund. Calouste Gulbenkian, 1977. XXVI-XXVII.

60. HA, *OdT*, v. 3, p. 231; idem, *OT*, p. 465.

61. Cf. Karl ENGISCH, *Introdução ao pensamento jurídico*, op. cit. introd. nota 11, p. 148-50.

62. HA, *OdT*, v. 3, p. 228; idem, *OT*, p. 463.

63. Sobre o positivismo jurídico como um pensamento fundado sobre a decisão baseada na norma inserida no ordenamento cf. Carl SCHMITT, I tre tipi di pensiero giuridici, inserido na edição italiana de seu *Le categorie del "politico": saggi di teoria politica. A* cura di Gianfranco Miglio e Pierangelo Schiera. Bologna, Il Mulino, 1972. p. 247-75. É por essa razão que, para o poder judiciário, num Estado de Direito, no qual a decisão requer a norma, é difícil compreender a dinâmica do Direito num regime totalitário. Um exemplo desta dificuldade é o seguinte trecho da ementa do processo de extradição nº 274-4, do STF (tribunal pleno), no caso de Franz Paul Stangl: "(IV) Ordem Superior. (*a*) Não se demonstrou que o extermínio em massa da vida humana fosse autorizado por lei do Estado nazista. (*b*) Instruções secretas (caso Bohne) ou deliberações disfarçadas, como a 'solução final' da Conferência de Wanasee, não tinham a eficácia de lei. (*c*) Graduado funcionário da polícia judiciária não podia ignorar a criminalidade do morticínio, cujos vestígios as autoridades procuraram metodicamente ignorar. (d) A regra *respondeat superior* está vinculada à coação moral, não presumida para quem fez carreira bem-sucedida na administração de estabelecimento de extermínio. (e) De resto, o exame desta prova depende de juízo de ação penal". *In: Revista Trimestral de Jurisprudência*. Brasília, STF, 43: *169*, jan. 1968.

64. HA, *OdT*, v. 3, p. 227-8; idem, *OT*, p. 462.

65. Tratei deste tema em Celso LAFER, *O convênio do café de 1976*, op. cit. cap. 1 nota 7, particularmente p. XI-XIX. Cf. Albert O. HIRSCHMAN, *The Passions and the Interests: Political Arguments for Capitalism Before Its Triumph*. Princeton, Princeton Univ. Press, 1977; C. B. MACPHERSON, *The Political Theory of Possessive Individualism: Hobbes to Locke*. Oxford, Clarendon Press, 1962; HOBBES, *Leviathan*, op. cit. introd. nota 3, pt. 1, cap. 5, pt. 2, cap. 22; Friedrich MEINECKE, *Macchiavelism*, op. cit. cap. 1 nota 7; Adam SMITH, *An Inquiry Into the Nature and Causes of the Wealth of Nations*. Chicago, Encyclopaedia Britannica, 1952. Livro 4, cap. 2, p. 194; Karl MARX & Friedrich ENGELS,

Communist Manifesto: Socialist Landmark. Ed. e introd. de Harold J. Laski. London, Allen and Unwin, 1961. p. 119, 133-4; Georg LUKÁCS, *Histoire et conscience de classe*, op. cit. cap. 2 nota 84, p. 75.

66. HA, *OdT*, v. 3, p. 159-62; idem, *OT*, p. 409-11; Carl SCHMITT, *Legalidad y legitimidad*, op. cit. cap. 3 nota 49, p. 162-3.

67. Cf. George KATEB, *Hannah Arendt*, op. cit. cap. 3 nota 2, p. 75.

68. HA, *OdT*, v. 3, p. 162, 170-1; idem, *OT*, p. 411, 417-8.

69. HA, *OdT*, v. 3, p. 170 e 172; idem, *OT*, p. 417-9.

70. HA, *OdT*, v. 3, p. 177-80; idem, *OT*, p. 422-4.

71. HA, *OdT*, v. 3, p. 180; idem, *OT*, p. 425. A análise da Revolução Francesa proposta por François Furet indica que nela e no seu imaginário político encontra-se um antecedente relevante para a compreensão do bolchevismo-leninista, no seu desdobramento stalinista, que é pertinente, no meu modo de ver, para a análise arendtiana dos regimes totalitários. Com efeito, Furet mostra que a ação revolucionária entendia não ter limites ou obstáculos, mas somente adversários. O terror fez parte da ideologia revolucionária jacobina. Não existem circunstâncias revolucionárias; existe uma revolução que se nutre de circunstâncias. A Revolução buscava encontrar "traições", como o complô aristocrático e a guerra, vistos como condição para o seu desenvolvimento, pois a Revolução substitui, na sua dinâmica, a luta de interesses em busca do poder para efetivá-los, por uma competição de discursos voltados para a apropriação da legitimidade. Cf. François FURET, *Penser la Revolution Française*, op. cit. cap. 2 nota 76, p. 43, 48, 73, 78, 90, 168, 220, 258 e *passim*.

72. HA, *OdT*, v. 3, p. 101; idem, *OT*, p. 426.

73. HA, *OdT*, v. 3, p. 183; idem, *OT*, p. 427. O texto dos processos de Moscou encontra-se em THE GREAT *Purge Trail*, op. cit. cap. 2 nota 102, que foi discutido amplamente por Hannah Arendt no curso que com ela fiz no semestre acadêmico do outono de 1965, na Universidade de Cornell, já referido na nota 18 supra. Neste curso ela chamou a atenção para o equívoco básico de uma pessoa da categoria intelectual de Merleau-Ponty — que ela respeitava, como me disse pessoalmente e no curso, e como deixou público através de inúmeras referências em *LM*, v. 1 p. 23, 33, 46, 48, 54, 198 — ao justificar "racionalmente" os expurgos de Moscou em *Humanisme et terreur*, op. cit. cap. 2 nota 102.

74. HA, *OdT*, v. 3, p. 165; idem, *OT*, p. 429.

75. HA, *OdT*, v. 3, p. 187-9; idem, *OT*, p. 430-2.

76. HA, *OdT*, v. 3, p. 231; idem, *OT*, p. 465.

77. A mudança do papel do judiciário e da polícia num regime totalitário está bem realçado na análise de Richard H. Pells sobre Hannah Arendt. Cf. Richard H. PELLS, *The Liberal Mind in a Conservative Age*. New York, Harper and Row, 1985. p. 92-3.

78. HA, *OdT*, v. 3, p. 196, 197, 198, 220; idem, *OT*, p. 437, 438, 456.

79. Hannah ARENDT, The Concentration Camps. *Partisan Review*, *7*: 744, jul. 1948.

80. HA, *OdT*, v. 3, p. 234; idem, *OT*, p. 467.

81. HA, *OdT*, v. 3, p. 221; idem, *OT*, p. 457.

82. HA, *OdT*, v. 3, p. 199; idem, *OT*, p. 439-40.

83. HA, *OdT*, v. 3, p. 199; idem, *OT*, p. 440.

84. Hannah Arendt discute a sua metodologia em resposta às objeções formuladas por Eric Voegelin em artigo sobre *The Origins of Totalitarianism* publicado em *Review of Politics, 15*: 68-76, jan. 1953; Hannah ARENDT, A Reply. *Review of Politics, 15*: 76-85; jan. 1953. Hannah ARENDT, *As origens do totalitarismo.* Trad. de Roberto Raposo, introd. de Celso Lafer. 2ª ed. Rio de Janeiro, Documentário, 1979, v. 1 Antissemitismo, instrumento de poder (doravante será citada *OdT*, v. 1) ; idem, *As origens do totalitarismo.* Trad. de Roberto Raposo, introd. de Oliveiros S. Ferreira. Rio de Janeiro, Documentário, 1976, v. 2 Imperialismo, expansão do poder. (Doravante será citada *OdT*, v. 2); idem, *OT*, pt. 1 e pt. 2; Raymond ARON, *German Sociology*, op. cit. cap. 3 nota 58, Appendix, p. 132; Margaret CANOVAN, *The Political Thought of Hannah Arendt.* New York, Harcourt, Brace Jovanovich, 1974. p. 16-50; Bernard CRICK, On Rereading the Origins of Totalitarianism. *Social Research*, New York, *44* (1): 106-26, primavera de 1977; Paul RICOEUR, pref. *In:* HA, *Condition de l'homme moderne*, op. cit. cap. 3 nota 45, V, VI; Celso LAFER, *Hannah Arendt*, op. cit. cap. 3 nota 1, p. 23-6, 39-55; Anatol ROSENFELD, *Mistificações literárias: os protocolos dos sábios de Sião.* São Paulo, Ed. Perspectiva, 1976; Elizabeth YOUNG-BRUEHL, *Hannah Arendt*, op. cit. cap. 3 nota 2, p. 203.

85. HA, *OdT*, v. 3, p. 199, 200, 202; idem, *OT*, p. 440, 441, 442; idem, The Concentration Camps, op. cit. cap. 3 nota 79, p. 748.

86. *Extradição nº 272-4 / Habeas Corpus nº 44.074-DF* (Tribunal Pleno — Matéria Constitucional). Requerentes: República Federal da Áustria, República Popular da Polônia e República Federal da Alemanha, respectivamente. Extraditando: Franz Paul Stangl. Paciente: o extraditando. Relator: o Sr. Ministro Victor Nunes Leal. *Revista Trimestral de Jurisprudência*, Brasília, STF, *43*: 171, 172, 209, 210, 215, 216 e 217, jan. 1968.

87. HA, *OdT*, v. 3, p. 201, 204, 205; idem, *OT*, p. 441, 444, 445. É curioso observar que a presença dos semelhantes é um aspecto importante de certas formas de alforria dos escravos no Direito Romano. É o caso, no Direito Pretoriano, da "*manumissio inter amicus* — a declaração de liberdade feita pelo senhor na presença de amigos"; da "*manumissio per mensam* — pela qual o senhor manifesta a vontade de libertar o escravo admitindo que se sentasse com ele em um banquete". É também o caso da *manumissio in sacrosanctis ecclesiis*, introduzido na época de Constantino, que se verificava "quando o senhor declara na Igreja, perante os fiéis, a vontade de libertar o escravo". Cf. Alexandre CORRÊA & Gaetano SCIASCIA, *Manual de direito romano.* 2ª ed. rev. e aum. São Paulo, Saraiva, 1953. p. 47.

88. HA, *OdT*, v. 3, p. 205-8; idem, *OT*, p. 445-7.

89. EUA. LIBRARY OF CONGRESS. Manuscript Division, *The Papers of*

Hannah Arendt, Subject File, 1949-75 and Undated, Courses. O Container nº 41 contém, entre outros, as notas deste curso dado na Universidade de Chicago — *Basic Moral Propositions — Lectures, 1966.* As referências são à 1ª aula, à 2ª e à 3ª aulas — 024530, 024531, 024532. O texto citado é da 3ª aula (024532).

90. HA, *OdT*, v. 3, p. 208; idem, *OT*, p. 447; Cf. Jean CARBONNIER, *Droit civil, 1.* 14eme ed. Paris, PUF, 1982, v. 1 Introduction; Les personnes. p. 229-358; L. Cabral de MONCADA, *Lições de direito civil: parte geral.* 3ª ed. rev. e atual. Coimbra, Atlântida, 1959, v. 1, p. 293-374; Orlando GOMES, *Introdução ao direito civil.* 5ª ed. Rio de Janeiro, Forense, 1977. p. 161-89; Washington de Barros MONTEIRO, *Curso de direito civil: parte geral.* 2ª ed. São Paulo, Saraiva, 1960. p. 80-91.

91. HA, *OdT*, v. 3, p. 209-11; idem, *OT*, p. 448-9. Cf. Cesare BECCARIA, *Del delitii e delle pene.* Milano, Giuffrè, 1973. p. 15-6; Miguel REALE JR., *Novos rumos do sistema criminal.* Rio de Janeiro, Forense, 1983. p. 3-24.

92. HA, *OdT*, v. 3, p. 212-4; idem, *OT*, p. 450-1.

93. Jean CARBONNIER, *Droit civil, 1,* op. cit. cap. 3 nota 90, v. 1, p. 91 e 240.

94. Gerald FLEMMING, *Hitler and the Final Solution,* op. cit. cap. 3 nota 57, p. 176.

95. HA, *OdT*, v. 3, p. 215; idem, *OT*, p. 452. O anonimato da morte é também o que caracteriza o tema dos "desaparecidos" na Argentina. Daí a presença de um componente totalitário no regime militar daquele país, dos anos 70 e início dos 80.

96. HA, *OdT*, v. 3, p. 216; idem. *OT*, p. 453.

97. HA, *OdT*, v. 3, p. 217-9; idem, *OT*, p. 454-6.

98. Para uma visão geral do tema do totalitarismo hoje, cf. Luc FERRY & E. PISIER-KOUCHNER, Theorie du totalitarisme. *In:* Madaleine GROWITZ & Jean LECA, orgs., *Traité de science politique.* Paris, PUF, 1985. v. 2, p. 115-59.

99. George KATEB, *Hannah Arendt,* op. cit. cap. 3 nota 2, p. 55.

100. HA, *OdT*, v. 3, p. 186; idem, *OT*, p. 437.

101. HA, *OdT*, v. 3, p. 224; idem, *OT*, p. 459.

102. Cf. Christopher LASCH, introd. Politics and the Social Contract. *Salmagundi*, Saratoga Springs, New York, *60*: XIV-XV, primavera-verão 1983. Nº especial dedicado a Hannah Arendt. Cf. Norberto BOBBIO, *Il problema della guerra e le vie della pace.* Bologna, Il Mulino, 1979. p. 156.

4. OS DIREITOS HUMANOS E A RUPTURA (pp. 161-201)

1. HA, *EPF*, p. 133; idem, *BPF*, p. 96; idem, *OT*, p. 474-6; idem, *OdT*, v. 3, p. 242-5. Sobre a dicotomia democracia /ditadura nas suas diversas acepções e modalidades, cf. Norberto BOBBIO, *Estado, governo e sociedade,* op. cit. introd. nota 4, p. 135-65.

2. Cf. KANT, *Critique de la raison pratique.* Trad. de François Picavet,

introd. de Fernand Alquié. 7ème ed. Paris, PUF, 1976. pt. 1, Livro I, cap. 3, p. 92; Miguel REALE, *Direito natural/direito positivo*, op. cit. introd. nota 10, p. 17-20; idem, *Pluralismo e liberdade*, op. cit. cap. 2 nota 57, p. 63-80.

3. HA, *OT*, p. 302; idem, *OdT*, v. 2, p. 245.

4. HA, *EPF*, p. 83; idem, *BPF*, p. 52. Na citação do *Gênesis*, assim como nas demais citações bíblicas, estou me valendo da tradução da Bíblia de Jerusalém para o português: *Bíblia de Jerusalém*. São Paulo, Paulinas, 1981. Sobre a tradição judaica cf. Alain GOLDMANN, Les sources juïves des droits de l'homme. *In:* JUDAISME *et droits de l'homme*. Recueil de textes presentés par Emmanuel Hirch. Paris, Librairie des Libertés, 1984, p. 43-51; Prosper WEIL, Le judaïsme et le développement du droit international. *Recueil des Cours de l'Académie de Droit International de la Haye*, Haye, *151* (3), 1976, particularmente p. 272-8, 300-4; Steven S. SCHWARZCHILD, Noachide Laws. *In:* ENCYCLOPAEDIA *judaica*. Jerusalém, Keter Publishing House, 1972. v. 12, p. 1189-90; Saul BERMAN, Noachide Laws in Jewish Law. *In:* ENCYCLOPAEDIA *judaica*. Jerusalém, Keter Publishing House, 1972. v. 12, p. 1190-1.

5. Cf. Georges TÉNÉKIDÈS, Droit international et communautés fédérales dans la Grèce des cités — 5ème-3ème siècles avant JC. *Recueil des Cours de l'Académie de Droit International de la Haye*, Haye, *90* (2): 573-7, 1956; Virgilio ILARI, *Guerra e diritto nel mondo antico*. Milano, Giuffrè, 1980, p. 281-321; Antonio TRUYOL Y SERRA, *História de la filosofia del derecho y del estado*. 7ª ed. Madrid, Alianza, 1982. v. 1 De las origines a la baja edad média, p. 177-9.

6. Cf. Michel SCHOOYANS, Le catholicisme et les droits de l'homme. *In:* CHRISTIANISME *et droits de l'homme*. Recueil de textes presentés par Emmanuel Hirch. Paris, Librairie des Libertés, 1984. p. 13-41; Jean RIVERO, *Les Libertés publiques, 1*. Paris, PUF, 1973. v. 1 Les droits de l'homme, p. 34-6; Miguel REALE, *Pluralismo e liberdade*, op. cit. cap. 2 nota 57, p. 291-2.

7. HA, *HC*, p. 313-6 e 254, 292-4, 273-80; idem, *CH*, p. 326-9, 266, 306-7, 286-92; Bhikhu PAREKH, *Hannah Arendt and the Search for a New Political Philosophy*, op. cit. cap. 3 nota 23, p. 32-4; André ENÉRGREN, *La pensée politique de Hannah Arendt*. Paris, PUF, 1984. p. 78-9; Luc FERRY & Alain RENAUT, *Philosophie politique*, op. cit. introd. nota 5, v. 3, p. 71.

8. Michel VILLEY, La genèse du droit subjectif chez Guillaume de Occam. *Archives de Philosophie du Droit*, Paris, 1964. T. 9 Le droit subjectif en question, p. 97-127; idem, *La formation de la pensée juridique moderne*. Paris, Montchrestien, 1968. p. 254-62, 627 e *passim;* idem, *Le droit et Les droits de l'homme*. Paris, PUF, 1983. p. 118-21 e *passim;* Hugo GROCIO, *El derecho de la guerra y de la paz*, op. cit. cap. 1 nota 7, I, 1, 4, v. 1, p. 47; Stéphane RIALS, Ouverture; genéalogie des droits de l'homme. *Droits: Revue Française Théorie Juridique*, Paris, 1985. V. 2 Les droits de l'homme, p. 4; Luc FERRY & Alain RENAUT, *Philosophie politique*, Op. cit. introd. nota 5, v. 3, p. 74.

9. José Castán TOBENAS, *Los derechos del hombre*. 2ª ed. Madrid, Reus, 1976. p. 21-5.

10. Cf. Johan HUIZINGA, O *declínio da idade média.* Trad. de Augusto Abelaira. Lisboa, Ed. Ulisseia, s. d.; Alfred von MARTIN, *Sociologia de la cultura medieval.* Trad. de Antonio Truyol y Serra. Madrid, Inst. de Estudios Politicas, 1954; idem, *Sociology of the Renaissance.* Trad. de W. L. Luethkens. New York, Harper Torchbooks, 1963; Giole SOLARI, *La formazione storica e filosofica dello stato moderno.* A cura di Luigi Firpo. Napoli, Guida, 1974. p. 43 e seguintes.

11. H. COING, Signification de la notion de droit subjectif. *Archives de Philosophie du Droit.* Paris, 1964, t. 9 Le droit subjectif en question. p. 3; Antonio TRUYOL Y SERRA, estudio preliminar. *In:* LOS DERECHOS *humanos: declaraciones y convenios internacionales.* 2ª ed. Madrid, Tecnos, 1977.

12. HA, *HC*, p. 251-4; idem, *CH*, p. 263-6; Antonio TRUYOL Y SERRA, estudio preliminar. *In:* LOS DERECHOS *humanos*, op. cit. cap. 4, nota 11, p. 14; Hannah ARENDT, *On Revolution.* New York, Viking Press, 1965. p. 171-8. (Doravante será citada *OR*); George JELLINECK, *La declaration des droits de l'homme et du citoyen.* Trad. de Georges Fardis. Paris, Albert Fontenoing Ed., 1902, particularmente o cap. 7; Roscoe POUND, *The Development of Constitutional Guarantees of Liberty.* New Haven, Yale Univ. Press, 1957. p. 82-111.

13. KANT, Respuesta a la pregunta: que és la ilustración. *In:* ——. *Filosofia de la historia.* Sel. de textos e trad. de Emílio Estiu. 2ª ed. Buenos Aires, Nova, 1964. p. 58-67.

14. Cf. C. B. MACPHERSON, *The Political Theory of Possessive Individualism*, op. cit. cap. 3 nota 65; Norberto BOBBIO, Le contrat social, aujourd'hui, op. cit. cap. 1 nota 7; Miguel REALE, *Horizontes do direito e da história,* op. cit. cap. 1 nota 5, p. 145-72; Gustav RADBRUCH, *Filosofia do direito,* op. cit. cap. 1 nota 10, v. 2, p. 45 e *passim;* A. P. D'ENTRÈVES, *Natural Law.* 2nd ed. op. cit. introd. nota 7.

15. HOBBES, *Leviathan, op.* cit. introd. nota 3, cap. 14, p. 189-201 Michel VILLEY, *Le droit et les droits de l'homme,* op. cit. cap. 4 nota 8, p. 136; Norberto BOBBIO, *Da Hobbes a Marz,* 2ª ed., op. cit. cap. 2 nota 74, p. 37-41; Hannah ARENDT, *Crisis of the Republic,* New York, Harcourt, Brace Jovanovich, 1972, p. 86 (doravante será citada *CR*); idem, *Crises da república.* Trad. José Volkmann, São Paulo, Perspectiva, 1973, p. 77 (doravante será citada *CdR*).

16. HA, *CR*, p. 86-7; idem, *CdR*, p. 77. Cf. George KATEB, *Hannah Arendt,* op. cit. cap. 3 nota 2, p. 134-5.

17. John LOCKE, *Of Civil Government, Second Treatise.* Chicago, Gateway Ed., 1964. cap. 11, p. 114.

18. MONTESQUIEU, De l'esprit des lois. *In:* ——. *Oeuvres complètes.* Texte presenté et annoté par Roger Caillois. Paris, Gallimard, 1951. cap. 6, livro 11, cap. 14, livro 5; Norberto BOBBIO, *La teoria delle forme di governo nella storia del pensiero politico,* op. cit. cap. 2 nota 103, p. 7, 44-58, 76-84, 95, 147-8, 158-60, 176; Isack KRAMNICK, *Bolingbroke and his Circle,* Cambridge, Mass., Harvard Univ. Press, 1968, caps. 4 e 6; Georges VLACHOS, *La politique de Montesquieu,* Paris, Montchrestien, 1974. p. 145 e *passim.*

19. Cf. Martin WIGHT, *Systems of States*, op. cit. cap. 1 nota 12, p. 152-73; Manoel Gonçalves FERREIRA FILHO, *Direito constitucional comparado, 1*, op. cit. cap. 2 nota 43, v. 1, *passim;* idem, *Curso de direito constitucional.* 14ª ed. rev. São Paulo, Saraiva, 1985, cap. 1; Emmanuel SIEYES, *Qu'est que ce le tiers état?*. Ed. crítica com introd. e notas de Roberto Zapperi. Genève, Droz, 1970, especialmente cap. 5, p. 177-91.

20. HA, *BPF*, p. 109; idem, *EPF*, p. 149.

21. HA, *OT*, p. 290-1; idem, *OdT*, v. 2, p. 229-30.

22. Guy HAARCHER, Les droits de l'homme, notion à contenu variable. *In:* Ch. PERELMAN & Raymonde Vander ELST. *Les notions à contenu variable en droit,* Bruxelles, Bruylant, 1984, p. 329.

23. Cf. Norberto BOBBIO, *Il problema della guerra e le vie della pace,* op. cit. cap. 3 nota 102, p. 119-30; G. PONTARO & Norberto BOBBIO, Vi sono diritti fondamentali?. *In:* Norberto BOBBIO *et alii, Crisi della democrazia* e *neocontrattualismo.* Roma, Riuniti, 1984. p. 105-18.

24. Raymond ARON, *Études politiques.* Paris, Gallimard, 1972, p. 216-34; idem, *Essai sur les libertés.* 2eme ed. Paris, Calmann-Lévy, 1976. p. 125 e *passim*; Pierre MENDÈS-FRANCE & Gabriel ARDANT, *Science économique et lucidité politique.* Paris, Gallimard, 1973; Jean RIVERO, Sobre la evolución contemporánea de la teoria de los derechos del hombre. *Anales de la Catedra F. Suarez,* Granada, 15: 189-202, 1985.

25. Eusebio FERNANDEZ, *Teoria de la justicia y derechos humanos.* Madrid, Debate, 1984. p. 77-126.

26. Benedetto CROCE, Los derechos del hombre y la situación historica presente. *In:* E. H. CARR *et alii, Los derechos del hombre. Barcelona,* Laio, 1973. p. 143-4.

27. HA, *BPF*, p. 246-7 e *passim;* idem, *EPF*, p. 305-6 e *passim;* idem, *OR*, p. 23; Celso LAFER, *Hannah Arendt,* op. cit. cap. 3 nota 1, p. 68 e seguintes; Paolo Flores D'ARCAIS, introd., L'esistenzialismo libertario di Hannah Arendt. *In:* Hannah ARENDT, *Politica e menzogna.* Milano, Sugar Ed., 1985. p. 14-5; André ENÉGREN, *La pensée politique de Hannah Arendt,* op. cit. cap. 4 nota 7, p. 46, 121-2.

28. Norberto BOBBIO, *Estado, governo e sociedade,* op. cit. introd. nota 4; idem, La resistenza all'oppressione, oggi. *In:* STUDI *Sassaresi.* Milano, Giuffrè, 1973. V. 3 Autonomia e diritto di resistenza, p. 15-31; Alfonso Ruiz MIGUEL, El método de la teoria jurídica de Bobbio. *In:* Uberto SCARPELLI, a cura di, *La teoria generale del diritto,* op. cit. introd. nota 4, p. 387-411.

29. Michel FOUCAULT, *Microfísica do poder.* Org., introd. e rev. técnica de Roberto Machado. 5ª ed. Rio de Janeiro, Graal, 1985. p. 289-90.

30. Cf. Stanley HOFFMANN, *Duties Beyond Borders.* Syracuse Univ. Press, 1981. cap. 3; Raymond ARON, *Le spectateur engagé.* Paris, Gallimard, 1981. p. 289-91; Max WEBER, Politics as a Vocation. *In:* FROM *Max Weber: Essays in Sociology.* Ed. by H. H. Gerth and C. Wright Mills. London, Routledge &

Kegan, 1961. p. 120 e seguintes; Norberto BOBBIO, *La teoria delle forme di governo nella storia del pensiero politico*, op. cit. cap. 2 nota 103, p. 25.

31. Hannah ARENDT, The Rights of Man, What Are They?. *Modern Review*, New York, *3* (1): 24, verão de 1949. A tradução é minha. Cf. Michel VILLEY, *Le droit et les droits de l'homme*, op. cit. cap. 4 nota 8, p. 151; Norberto BOBBIO, *La teoria delle forme di governo nella storia del pensiero politico*, op. cit. cap. 2 nota 103, p. 24-5.

32. Jean RIVERO, Les droits de l'homme: droits individuels ou droits collectifs. *In:* ACTES *du Colloque de Strasbourg (1979 mar. 13-14), Rapport général introductif a les droits de l'homme: droits collectifs ou droits individuels.* Paris, L.G.D.J., 1980. p. 17-25; Norberto BOBBIO, *Il futuro della democrazia*, op. cit. cap. 2 nota 72, p. 101-24.

33. Jean RIVERO, *Les libertés publiques*, op. cit. cap. 4 nota 6, v. 1, p. 94--111; idem, Les droits de l'homme, op. cit. cap. 4 nota 32, p. 19-20; Miguel REALE, *Pluralismo e liberdade*, op. cit. cap. 2 nota 57, p. 294-5; C. B. MACPHERSON, *Democratic Theory.* Oxford, Clarendon Press, 1973. p. 59-76; Isaiah BERLIN, *Four Essays on Liberty*, London, Oxford Univ. Press, 1969. LIII; Celso LAFER, *Ensaios sobre a liberdade*, op. cit. cap. 2 nota 72, p. 30 e seguintes; Luc FERRY & Alain RENAUT, Droits-libertés et droits-créances. *Droits: Revue Française de Théorie Juridique.* Paris, 1985. V. 2 Les droits de l'homme, p. 75-84.

34. Cf. Luc FERRY & Alain RENAUT, *Philosophie politique*, op. cit. introd. nota 5, v. 3, p. 26-9; Alberto VENÂNCIO FILHO, Análise da Constituição de 1934. *In:* PENSAMENTO *constitucional brasileiro: Ciclo de conferências realizadas pela Univ. de Brasília no período de 24 a 26 de outubro de 1977.* Brasília, Câmara dos Deputados, 1978. p. 83-94; Afonso Arinos de Melo FRANCO, *Curso de direito constitucional.* Rio de Janeiro, Forense, 1960. V. 2 Formação constitucional do Brasil, cap. 6, p. 159-201; Nelson SALDANHA, *O pensamento político no Brasil*, Rio de Janeiro, Forense, 1979. p. 129-39.

35. Ch. PERELMAN, *Droit, morale et philosophie*, op. cit. cap. 2 nota 56, p. 67-73; Norberto BOBBIO, *Il problema della guerra e le vie della pace*, op. cit. cap. 3 nota 102, p. 119-30; Eusebio FERNANDEZ, *Teoria de la justicia y derechos humanos*, op. cit. cap. 4 nota 25, p. 104-26.

36. Cf. Antonio Augusto Cançado TRINDADE, A evolução doutrinária e jurisprudencial da proteção internacional dos direitos humanos nos planos global e regional — as primeiras quatro décadas. *Revista de Informação Legislativa.* Brasília, *23* (90): 233-88, abr./jun. 1986, particularmente p. 239, 245-55, 272, 284-5.

37. Jean RIVERO, *Les libertés publiques, 1*, op. cit. cap. 4 nota 6, v. 1, p. 104-6; idem, Les droits de l'homme, op. cit. cap. 4 nota 32, p. 21-3; Stanley HOFFMANN, *Duties Beyond Borders*, op. cit. cap. 4 nota 30, p. 99-104; Norberto BOBBIO, introd., *In:* Cârlo ROSSELI, *Socialismo liberale.* A cura di John Roselli. Torino, Einaudi, 1979. VII-XXXIX; Celso LAFER, *Ensaios sobre a liberdade*, op. cit. cap. 2 nota 72, cap. 1; Luc FERRY & Alain RENAUT, *Philosophie politique*, op.

cit. introd. nota 5, v. 3, p. 19-40, 130-55, 174-81; HA, *OR*, particularmente caps. 2 e 6; François FURET, *Penser la revolution française,* op. cit. cap. 2 nota 76.

38. Cf. Jean RIVERO, Sobre la evolución contemporánea de la teoria de los derechos del hombre, op. cit. cap. 4 nota 24; idem, Les droits de l'homme, op. cit. cap. 4 nota 32, p. 21-5; François RIGAUX, Rapport introductif au Colloque de San Marino, 27-29 juin 1980. *In:* DROITS *de l'homme et droits des peuples.* San Marino, Fondation International Lelio Basso pour le Droit et la Libertation des Peuples, 1983, p. 27-44; Pierre de SENARCLENS, Droits de l'homme, droits des peuples. *In:* DROITS *de l'homme et droits des peuples.* San Marino, Fondation International Lelio Basso pour le Droit et la Libertation des Peuples, 1983, p. 127-32; Renê Jean DUPUY, Communauté internationale et disparités de développement. *Recueil des Cours de l'Académie de Droit International de la Haye,* Haye, *165* (4): 13-231, 1979; Francisco Orrego VICUÑA, *Los fondos marinos y oceanicos.* Santiago, Ed. Andrés Bello, 1976; Hector Gross ESPIELL, *The Right to Self-Determination: Implementation of United Nations Resolutions.* United Nations E/CN4/SUB 2/405/Rev. 1, 1980 (trata-se de estudo preparado como "Special Rapporteur" da Subcomissão sobre a Prevenção à Discriminação e Proteção das Minorias), p. 3, 4, 6, 8, 9, 10, 11, 13, 14; Francesco CAPOTORTI, *Study on the Rights of Persons Belonging to Ethnic, Religious and Linguistic Minorities*, United Nations E/CN4/SUB 2/384/Rev. 1, 1979 (trata-se de estudo preparado como "Special Rapporteur" da Subcomissão sobre a Prevenção à Discriminação e Proteção das Minorias), p. 33-6; Erica Irene A. DAES, *The Individual's Duties to the Community and the Limitations on Human Rights and Freedoms Under Article 29 of the Universal Declaration of Human Rights.* United Nations, E/CN4/SUB 2/432/Rev. 2, 1983 (também se trata de estudo preparado como "Special Rapporteur" da Subcomissão da Prevenção à Discriminação e a Proteção das Minorias), *passim;* Alfred VERDROSS, Jus Dispositivium and Jus Cogens in International Law. *In:* THE AMERICAN *Society of International Law, International of Law in the Twentieth Century.* New York, Appleton-Century-Crofts, 1969. p. 217-25; UNITED NATIONS, *Reports of the International Law Commission — On the Second Part of Its Seventeenth Session — 3-28 January 1966 and on Its Eighteenth Session 4 May-19 July 1966,* United Nations Official Records: Twenty-First Session Supplement nº 9 (A/6301/Rev. 1), 1966. p. 76-7; Paul REUTER, *Introduction au droit des traités.* Paris, Colin, 1972. p. 138-43; G. E. do NASCIMENTO E SILVA, *Conferência de Viena sobre o direito dos tratados.* Brasília, Ministério das Relações Exteriores, 1971, p. 37-41, 79; Ernesto de la GUARDIA & Marcelo DELPECH, *El derecho de los tratados y la convención de Viena de 1969.* Buenos Aires, La Ley, 1970, p. 419-30; Jean J. A. SALMON, Les notions à contenu variable en droit international public. *In:* Ch. PERELMAN & Raymond Vander ELST, *Les notions à contenu variable en droit,* Bruxelles, Bruylant, 1984. p. 254.

39. Jean-Jacques ROUSSEAU, *Essai sur l'origine des langues.* Introd. et notes par Angèle Kramer-Mariatti. Paris, Aubier, 1974; Octavio PAZ, *Corriente Alterna.* México, Siglo XXI, 1967. p. 64-9; Karl DEUTSCH, *Nationalism and So-*

cial Communication. 2nd ed. Cambridge, Mass, MIT Press, 1966; idem, *Nationalism and Its Alternatives.* New York, Knopf, 1969; idem, *Tides Among Nations.* New York, Free Press, 1979; Claude KLEIN, Les droits de l'homme, droits collectif ou droits individuels. *In:* ACTES *du Colloque de Strasbourg (1979 mar. 13-14), Rapport général introductif a les droits de l'homme droits collectifs ou droits individuels.* Paris, L.G.D.J., 1980. p. 26-34; Jean CARBONNIER, *Droit civil,* op. cit. cap. 3 nota 90, v. 1, p. 91 e 240.

40. Na sua recente análise da atualidade e contínua relevância da reflexão de Hannah Arendt, Castoriadis realça como ela mostrou que a experiência do totalitarismo assinalou, de um lado, o colapso tanto da perspectiva liberal quanto da perspectiva marxista, e de outro, como o totalitarismo representou algo novo ao criar o sem-sentido, a perda do significado. Cf. Cornelius CASTORIADIS, The Destinies of Totalitarianism. *Salmagundi,* Saratoga Springs, New York, *60*: 107-22, primavera/verão 1983: Nº dedicado a Hannah Arendt e intitulado: Politics and the Social Contract.

41. Jean J. A. SALMON, Les notions à contenu variable en droit international public. *In:* Ch. PERELMAN & Raymond Vander ELST, *Les notions à contenu variable en droit,* op. cit. cap. 4 nota 38, p. 253-5.

42. HA, *OR*, p. 162. A tradução é minha.

43. Cf. HA, *OR*, p. 154-5; André ENÉGREN, *La pensée politique de Hannah Arendt*, op. cit. cap. 4 nota 7, p. 46, 106; Martin WIGHT, *Systems of States*, op. cit. cap. 1 nota 12, p. 153-73; Sergio COTTA, Elements d'une phénomenologie de la legitimité. *Annales de Philosophie Politique*, Paris, 1967. V. 7 L'idée de légitimité, p. 61-86; Cari J. FRIEDRICH, The nation — Growth or Artefact. *Annales de Philosophie Politique*, Paris, 1968. V. 8 L'idée de nation, p. 23-36; Jean-Jacques CHEVALIER, L'idée de nation et l'idée d'état. *Annales de Philosophie Politique,* Paris, 1968. V. 8 L'idée de nation, p. 49-62; Benjamin AKZIN, *States and Nations.* New York, Anchor Books, 1966; Frederick HERTZ, *Nationalism in History and Politics*, London, Routledge & Kegan Paul, 1944; Hans KOHN, *Nationalism: Its Meaning and History.* Revised ed. New York, Van Nostrand, 1965; Hélio JAGUARIBE, *O nacionalismo na atualidade brasileira.* Rio de Janeiro, ISEB, 1958, bem como as obras de Karl W. Deutsch citadas na nota 39 supra.

44. TUCIDIDES, Historia de la guerra del Peloponeso, Livro VII-77, *In:* HISTORIADORES *Griegos.* Trad. de Gonzales Maeso. Madrid, Aguilar, 1969. p. 1510. ARISTOTELES, III, 1274-b, 41-42, *La politique.* Ed. cit. cap. 2 nota 62, p. 166; Georges TÉNÉKIDÈS, Droit International et communautés fédérales dans la Gréce des cités, op. cit. cap. 4 nota 5, p. 488; José Francisco REZEK, Le droit international de la nationalité. *Recueil des Cours de l'Académie de Droit International de la Haye,* Haye, *198* (3): 341-2, 344-5, 1968; Cf. Charles ROUSSEAU, *Droit international public.* Paris, Sirey, 1974. V. 2 Les sujets de droit, p. 18-9; Manuel Diez de VELASCO, *Instituciones de derecho internacional público.* Madrid, Tecnos, 1973. v. 1, p. 308 e seguintes; Celso D. Albuquerque MELLO, *Direito Internacional Público.* 7ª ed. rev. Rio de Janeiro, Freitas Bastos, 1982. v. 1, p. 582-97; Hildebrando ACCIOLY,

Tratado de direito internacional público. 2ª ed. Rio de Janeiro, Graf. IBGE, 1956. v. 1, p. 364; L. OPPENHEIM, *International Law.* 8th ed. Ed. by L. Lauterpacht. London, Longmans, 1962. V. 1 Peace, p. 642-3; Yussef Said CAHALI, *Estatuto do estrangeiro.* São Paulo, Saraiva, 1983. p. 3-10; Oscar TENÓRIO, *Direito internacional privado.* 10ª ed. Rio de Janeiro, Freitas Bastos, 1970. v. 1, p. 189-205; Erica-Irene A. DAES, *The Individual's Duties to the Community and the Limitations on Human Rights and Freedoms Under Article 29 of the Universal Declaration of Human Rights,* op. cit. cap. 4 nota 39, p. 9; Baroness ELLES, *International Provisions Protecting the Human Rights of Non-Citizens,* United Nations, E/CN 4/SUB 2/392/Rev. 1, 1980 (estudo preparado como "Special rapporteur" da Subcomissão de Prevenção à Discriminação e Proteção das Minorias), III-IV.

45. Charles ROUSSEAU, *Droit intertuttional public,* op. cit. cap. 4 nota 44, t. 2, p. 19-28.

46. HA, *OT,* p. 271, 275; idem, *OdT,* v. 2, p. 205, 210; idem, The Rights of Man, What Are They?, op. cit. cap. 4 nota 31, p. 34-5.

47. Charles de VISSCHER, *Théories et realités en droit international public.* 4eme ed., op. cit. cap 1 nota 12, p. 191-2, 199-200; Ernest HAMBURGER, Droits de l'homme et relations internationales. *Recueil des Cours de l'Académie de Droit International de la Haye, 97* (2): 297-377, 1956; Vicente Marota RANGEL, *Direito internacional e leis de guerra,* Rio de Janeiro, Escola Superior de Guerra. Depto. de Estudos, T-152-78; idem, O signo da cruz vermelha, *Carisma, 3* (1): 23-31, 1982; Celso LAFER, A Organização Internacional do Trabalho. *In:* TENDÊNCIAS *do direito do trabalho contemporâneo: Coletânea de estudos em homenagem ao Prof. A. F. Cesarino Jr.* São Paulo, LTr, 1980. v. 3, p. 320-39.

48. Adolfo MIAJA DE LA MUELA, *Derecho internacional privado.* 6ª ed. Madrid, Atlas, 1974. V. 2, Parte Especial, p. 93.

49. HA, *OT,* p. 289-90; idem *OdT.* V. 2, p. 227-78.

50. D. J. G. de MAGALHÃES, *Tragédias.* Rio de Janeiro, Garnier, 1865. p. 112; Cf. também Kathe WINDMÜLLER, *O judeu no teatro romântico brasileiro.* São Paulo, FFLCH/USP — Centro de Estudos Judaicos, 1984. p. 89-95.

51. HA, *OT,* p. 267; idem, *OdT,* v. 2, p. 199 e 218; idem, The Rights of Man, What Are They?, op. cit. cap. 4 nota 31, p. 24-5; Raymond ARON, L'essence du totalitarisme selon Hannah Arendt. *Commentaire,* Paris, *8* (28/ 29), fev. 1985. Nº especial Raymond Aron, 1905-1983 — histoire et politique; André ENÉGREN, *La pensée politique de Hannah Arendt,* op. cit. cap. 4 nota 7, p. 165.

52. HA, *OT,* p. 267; idem, *OdT,* v. 2, p. 199; Charles de VISSCHER, *Théories et realités en droit international public,* 4eme ed., op. cit. cap. 4 nota 7, p. 199-200.

53. EUA. LIBRARY OF CONGRESS. Manuscript Division, *The papers of Hannah Arendt — General Correspondence.* Part E, 1964 — 1975 and Undated. Container nº 8. Cf. igualmente Herbert W. BRIGGS, *The Law of Nations.* 2nd ed. New York, Appleton-Century-Crofts, 1952. p. 465.

54. Daniel C. TURACK, *The Passport in International Law,* Lexington, Mass., Lexington Books, 1972. XV, p. 18.

55. HA, *OT*, p. 268-75; idem, *OdT*, v. 2, p. 200-10. Cf. sobre a proteção das minorias L. OPPENHEIM, *International Law*, op. cit. cap. 4 nota 44, v. 1, p. 711-6; A. H. ROBERTSON, *Human Rights in The World*, Manchester, Manchester Univ. Press, 1972. p. 20-2; Charles de VISSCHER, *Théories et realités en droit international public*. 4eme ed. op. cit. cap. 1 nota 12, p. 208-13 e, particularmente, Francesco CAPOTORTI, *Studies of the Rights of Persons Belonging to Ethnic, Religious and Linguistic Minorities*, op. cit. cap. 4 nota 38, p. 16-7, 33 e 52-3. Amplos esclarecimentos sobre a posição de Afrânio de Mello Franco em relação ao tema das minorias encontram-se em Afonso Arinos de Melo FRANCO, *Um estadista da república: Afrânio de Mello Franco e seu tempo*. Rio de Janeiro, Ed. Nova Aguilar, 1976. p. 3 Fase Internacional, p. 918-27.

56. Adolfo MIAJA DE LA MUELA, *Derecho internacional privado*. 6ª ed., op. cit. cap. 4 nota 48, v. 2, p. 94; Charles de VISSCHER, *Théories et realités en droit international public*. 4eme ed., op. cit. cap. 1 nota 12, p. 196-9; Herbert W. BRIGGS, *The Law of Nations*. 2nd ed., op. cit. cap. 4 nota 53, p. 465-6; HA, *OT*, p. 276-83; idem, *OdT*, v. 2, p. 211-21.

57. HA, *OT*, p. 278; idem, *OdT*, v. 2, p. 214.

58. HA, The Rights of Man, What Are They?, op. cit. cap. 4 nota 31, p. 27; Stephen J. POLLAK, The Expatriation Act of 1954. *Yale Law Journal*, New Haven, Conn., *64*: 1171-80, jul. 1955; Yussef Said CAHALI, *Estatuto do estrangeiro*, op. cit. cap. 4 nota 44, p. 56-62; PONTES DE MIRANDA, *Comentários à Constituição de* 1967; arts. 113-150, § 1º. São Paulo, Ed. Revista dos Tribunais, 1967, v. 4, p. 505-36; Oscar TENÓRIO, *Direito internacional privado*. 10ª ed., op. cit. cap. 4 nota 44, v. 1, p. 235-53.

59. Herbert W. BRIGGS, *The Law of Nations*. 2nd ed., op. cit. cap. 4 nota 53, p. 465. A tradução é minha.

60. HA, *OT*, p. 276-83; idem *OdT*, *v*. 2, p. 211-29; Yussef Said CAHALI, *Estatuto do estrangeiro*, op. cit. cap. 4 nota 44, p. 146-59, 208-90; Ronaldo Rebelo de Brito POLETTI, Das diferenças entre extradição, expulsão e deportação. *Revista dos Tribunais*, São Paulo, *498*: 266-9, abr. 1977; Baroness ELLES, *International Provisions Protecting lhe Human Rights of Non-Citizens*, op. cit. cap. 4 nota 44, p. 38-9.

61. José Francisco REZEK, Le droit international de la nationalité, op. cit. cap. 4 nota 44, p. 352.

5. OS DIREITOS HUMANOS COMO CONSTRUÇÃO DA IGUALDADE (pp. 202-30)

1. Yussef Said CAHALI, *Estatuto do estrangeiro*, op. cit. cap. 4 nota 44, p. 410 e seguintes; Baroness ELLES, *International Provisions Protecting the Rights of Non-Citizens*, op. cit. cap. 4 nota 44, p. 1-4, 15.

2. HA, *OT*, p. 286, cf. igualmente p. 292-6; idem, *OdT*, v. 2, p. 224, cf.

igualmente, p. 231-6 e o prefácio de Oliveiros S. Ferreira, v; idem, The Rights of Man, What Are They?, op. cit. cap. 4 nota 31, p. 26-9.

3. HA, *OT*, p. 295-6; idem, *OdT*, v. 2, p. 236; idem, The Rights of Man; What Are They?, op. cit. cap. 4 nota 31, p. 30.

4. Cf. Erica-Irene A. DAES, *The Individual's Duties to the Community and the Limitations on Human Rights and Freedoms under Article 29 of the Universal Declaration of Human Rights*, op. cit. cap. 4 nota 38, *passim*.

5. HA, *OT*, p. 284, 296; idem, *OdT*, v. 2, p. 221, 236-7.

6. HA, *JP*, p. 55-6; a tradução é minha. Elizabeth YOUNG-BRUEHL, *Hannah Arendt*, op. cit. cap. 3 nota 2, p. 115-63.

7. HA, *OT*, p. 288; idem, *OdT*, v. 2, p. 226-7; Erica-Irene A. DAES, *The Individual's Duties to the Community and the Limitations on Human Rights and Freedoms under Article 29 of the Universal Declaration of Human Rights*, op. cit. cap. 4 nota 38, p. 122-3.

8. HA, *OT*, p. 290; idem, HA, *OdT*, v. 2, p. 229.

9. HA, *OT*, p. 292-302; idem, *OdT*, v. 2, p. 231-45; idem, The Rights of Man, What Are They?, op. cit. cap. 4 nota 31, p. 30-4; idem, *OR*, p. 23; Hector GROS-ESPIELL, *The Right to Self-Determination of United Nations Resolutions*, op. cit. cap. 4 nota 38, p. 10, p. 65-6.

10. Robert LEGROS, Hannah Arendt, op. cit. introd. nota 14, p. 32-6.

11. Robert LEGROS, Hannah Arendt, op. cit. introd. nota 14, p. 37-53; HA, *OT*, p. 301-2; idem, *OdT*, v. 2, p. 244; idem, *HC*, p. 7, 22-8, 58-61, 175-6; idem, *CH*, p. 15, 31, 37, 68-70, 188-9; idem, *BPF*, p. 146; idem, *EPF*, p. 192; idem, Public Rights and Private Interests — in Response to Charles Frankel. *In:* MOONEY, Michael & STUBER, Florian, eds. *Small Comforts for Hard Times: Humanists on Public Policy.* New York, Columbia Univ. Press, 1977, p. 103--108. Bhikhu PAREKH, *Hannah Arendt and the Search for a New Political Philosophy*, op. cit. cap. 3 nota 23, p. 98-102; André ENÉGREN, *La pensée politique de Hannah Arendt*, op. cit. cap. 4 nota 7, p. 46; Paolo Flores D'ARCAIS, introd. L'esistenzialismo libertario di Hannah Arendt, *in* HA, *Política e menzogna*, op. cit. cap. 4 nota 27, p. 7, 12, 15-8, 42, 57-8; Celso LAFER, *Hannah Arendt*, op. cit. cap. 3 nota 1, p. 72-3; idem, *Ensaios sobre a liberdade*, op. cit. cap. 2 nota 72, p. 11-48.

12. HA, *OT*, p. 301; idem, *OdT*, v. 2, p. 243.

13. HA, The Rights of Man, What Are They?, op. cit. cap. 4 nota 31, p. 36-7.

14. Cf. Antonio Augusto Cançado TRINDADE, A evolução doutrinária e jurisprudencial da proteção internacional dos direitos humanos nos planos global e regional, op. cit. 4 nota 36, p. 262-5; e particularmente, idem, *The Application of the Rule of Exhaustion of Local Remedies in International Law*. Cambridge, Cambridge Univ. Press, 1983, em que o autor examina com grande cuidado e precisão, no cap. 1, p. 6-56, as diferenças entre o princípio de proteção diplomática e o da proteção internacional.

15. Cf. José Francisco REZEK, Le droit international de la nationalité, op. cit. cap. 4 nota 44, p. 375-7.

16. *Cf.* sobre o assunto a cuidadosa e rigorosa monografia de Francisco CAPOTORTI, *Study on the Rights of Persons Belonging to Ethnic, Religious and Linguistic Minorities*, op. cit. cap. 4 nota 38, *passim*, particularmente p. 31-103 e 110-4.

17. Antonio Augusto Cançado TRINDADE, *Princípios de direito internacional contemporâneo.* Brasília, Ed. da UnB, 1981, p. 238-41; Adolfo MIAJA DE LA MUELA, *Derecho internacional privado.* 6ª ed., op. cit. cap. 4 nota 48, v. 2, p. 97-104; Michel VIRALLY, *L'organisation mondiale.* Paris, Colin, 1972. p. 341-2; A. H. ROBERTSON, *Human Rights in the World*, op. cit. cap. 4 nota 55, p. 48; Paulo Borba CASELLA, Refugiados. *Revista de Informação Legislativa,* Brasília, *21* (84): 252-60, out./dez. 1984; UNITED NATIONS, *Addendum to the Report of the United Nations High Commission for Refugees.* General Assembly, Official Records: Thirty-eighth Session, Supplement nº 12-A (A/38/ 12/Add. 1), 1983, p. 6, 7, 13, 53-4; idem, *Note on International Protection* (Submitted by the High Commission). General Assembly — 38th Session A/AC 96/694-3, ago. 1987, *passim;* Doris MEISSNER, *Migration and Refugee Issues in Inter-American Relations: Discussion Paper presented in 1987 Plenary Session Oct. 18-20*, Inter-American Dialogue, *passim.* Para uma informação sobre a posição internacional do Brasil em relação ao tema dos apátridas e dos refugiados, cf. Antonio Augusto Cançado TRINDADE, *Repertório da prática brasileira de direito internacional público: período 1941-1960.* Brasília, Fund. Alexandre de Gusmão, 1984. p. 251-9.

18. UNITED NATIONS, *Note on International Protection*, op. cit. cap. 5 nota 17, p. 4.

19. Stephen J. WHITFIELD, *Into the Dark: Hannah Arendt and Totalitarianism*, Philadelphia, Temple Univ. Press, 1980. p. 110-2.

20. Stephen J. POLLAK, The Expatriation Act of 1954, op. cit. cap. 4 nota 58, p. 1177-99; Cf. Edward S. CORWIN, *The Constitution and What it Means Today.* 12th ed. New York, Atheneum, 1964, p. 74-5, sobre a "necessary and proper clause", e p. 233-4 sobre a Emenda 8ª.

21. *Perez v. Brownell*, 356 US 44 at 64, 65 (1958) (Warren, C. J. disenting). A tradução é minha.

22. *Trop v. Dulles*, 356 US 86 at 92, 93, 101, 102 (1958) (Warren, C. J.). A tradução é minha.

23. *Kennedy v. Mendoza-Martinez*, 372 US 144 at 161 (Goldberg, J.). A tradução é minha.

24. José Antonio Pimenta BUENO, *Direito público brasileiro e análise da Constituição do Império*, Rio de Janeiro, Ministério da Justiça e Negócios Interiores. Serviço de Documentação, 1958. p. 450-1; João BARBALHO, *Constituição Federal Brasileira: comentários.* 2ª ed. Rio de Janeiro, Briguiet, 1924. p. 394-8; PONTES DE MIRANDA, *Comentários à Constituição de 1967*, op. cit. cap. 4 nota 58, t. 4, p. 523-35; Yussef Said CAHALI, *Estatuto do estrangeiro*, op. cit. cap. 4 nota 44, p. 511-3.

25. Manoel Gonçalves FERREIRA FILHO, *Comentários à Constituição Brasileira.* 4ª ed. rev. São Paulo, Saraiva, 1983. p. 553; Oscar TENÓRIO, *Direito internacional.* 10ª ed., op. cit. cap. 4 nota 44, v. 1, p. 241-2.

26. Cf. J. VERHAAGEN, Notions floues en droit penal. *In:* Ch. PERELMAN & Raymond Vander ELST, *Les notions à contenu variable en droit.* Bruxelles, Bruylant, 1984. p. 7-19; R. LEGROS, Notions à contenu variable en droit pénal. *In:* Ch. PERELMAN & Raymond Vander ELST, op. cit. cap. 5 nota 26, p. 21-37; St. RIALS, Les standards, notions critiques du droit. *In:* Ch. PERELMAN & Raymond Vander ELST, op. cit. cap. 5 nota 26, p. 39-53; Ch. PERELMAN, Les notions à contenu variable en droit — essai de synthese. *In:* Ch. PERELMAN & Raymond Vander ELST, op. cit. cap. 5 nota 26, p. 363-74.

27. José Francisco REZEK, Le droit international de la nationalité, op. cit. cap. 4 nota 44, p. 354-5 e nota (38) p. 392.

28. HA, The Rights of Man, What Are They?, op. cit. cap. 4 nota 31, p. 36-7; Bhikhu PAREKH, *Hannah Arendt and the Search for a New Political Philosophy,* op. cit. cap. 3 nota 23, p. 92 e seguintes; André ENÉGREN, *La pensée politique de Hannah Arendt,* op. cit. cap. 4 nota 7, p. 50; Paolo FLORES D'ARCAIS, introd. L'esistenzialismo libertario di Hannah Arendt, *In:* HA, *Política e menzogna,* op. cit. cap. 4 nota 27, p. 54-5.

6. O GENOCÍDIO COMO CRIME CONTRA A HUMANIDADE (pp. 231-58)

1. Cf. Stefan GLASER, *Droit international pénal conventionnel,* Bruxelles, Bruylant, 1970. p. 15-6, 33, 103-5, 217-30; Claude LOMBOIS, *Droit pénal international.* Paris, Dalloz, 1971. p. 61, 127, 131.

2. Stefan GLASER, *Droit international pénal conventionnel,* op. cit. cap. 6 nota 1, p. 16-9, 49; Claude LOMBOIS, *Droit pénal international, op.* cit. cap. 6 nota 1, p. 2-3, 10-1, 14, 35, 146; Vicente Marotta RANGEL, *Direito internacional e leis de guerra,* op. cit. cap. 4 nota 47; Norberto BOBBIO, *Il problema della guerra e le vie della pace,* op. cit. cap. 3 nota 102, p. 97-168; Jean GRAVEN Les crimes contre l'humanité. *Recueil des Cours de l'Académie de Droit International de la Haye, 76* (1): 450-68, 474, 1950. Jacques-Bernard HERZOG, *Nürenberg un échec f ructuex?.* Paris, L.G.D.J., 1975. p. 104-5; P. M. DUPUY, Observations sur le crime international de l'état. *Revue Génerale de Droit International Public.* Paris, *84*: 451-67, 1980.

3. Herbert W. BRIGGS, *The International Law Commission,* Ithaca, Cornell Univ. Press, 1965. p. 195-6, 281-2, 285; Claude LOMBOIS, *Droit pénal international,* op. cit. cap. 6 nota 1, p. 140-6.

4. Cf. Eduardo VILARIÑO PINTOS, Consideraciones respecto a la configuración del crimen y delito international. *Revista Española de Derecho Interna-*

cional, Madrid, *34* (2/3): 357-77, 1982; Adolfo MIAJA DE LA MUELA, *Aportación de la sentencia del tribunal de la Haya en el caso Barcelona Traction (5 febrero de 1970) a la jurisprudencia internacional.* Valladolid, Univ. Valladolid, 1970. p. 63-85; Pierre Michel EISENMANN & Vicente COUSSIRAT-COUSTERE & Paul HUR, *Petit manuel de la jurisprudence de la Cour International de Justice.* 3eme ed. rev. ref. Paris, Pedone, 1980. p. 207-12; Dennis ALLAU, Cinq questions sur la responsabilité internationale. *Droits: Revue Française de Théorie Juridique,* Paris, *2*: 157-60, 1985; Erica-Irene A. DAES, *The Individual's Duties to the Community and the Limitations on Human Rights and Freedoms under Article 29 of the Universal Declaration of Human Rights,* op. cit. cap. 4 nota 38, p. 6; P. M. DUPUY, Observations sur le crime international de l'état, op. cit. cap. 6 nota 2. United Nations, *Yearbook of the International Law Commission,* 1977, report of the commission to the General Assembly on the work of its twenty-ninth Session, A/CN.4/Ser. A/1977/Add. 1 (Part 2). New York, 1978. v. 2, pt. 2, p. 5-11.

5. Stefan GLASER, *Droit international pénal conventionnel,* op. cit. cap. 6 nota 1, p. 106-13; Francesco CAPOTORTI, *Study on the Rights of Persons Belonging to Ethnic, Religious and Linguistic Minorities,* op. cit. cap. 4 nota 38, p. 29.

6. Cf. Stefan GLASER, *Droit international pénal conventionnel,* op. cit. cap. 6 nota 1, p. 106-13; Claude LOMBOIS, *Droit pénal international,* op. cit. cap. 6 nota 1, p. 21-2, 35-6, 64, 101-9, 143, 144-5. O Brasil é parte da Convenção para a Prevenção e a Repressão do Crime de Genocídio, que foi aprovado pelo Decreto Legislativo nº 2, de 11 de abril de 1951, ratificada por Carta de 4 setembro de 1951. O depósito do instrumento de ratificação foi feito a 15 de abril de 1952, e a Convenção foi promulgada pelo Decreto nº 30 822, de 6 de maio de 1952. Cf. Vicente Marotta RANGEL, *Direito e relações internacionais.* 2ª ed. rev. atual. São Paulo, Ed. Revista dos Tribunais, 1981. p. 333.

7. Cf. HA, *EJ,* note to the reader; HA, *EeJ,* p. 15-6. Examinei explicitamente a importância deste livro na resenha que fiz à sua edição brasileira, que foi publicada na *Folha de S. Paulo* de 14/8/1983, e republicada na *Revista Brasileira de Estudos Políticos,* Belo Horizonte, 58: 312-7, jan. 1984. Parte da análise que a seguir será feita apoia-se nas observações expendidas nesta resenha.

8. Elizabeth YOUNG-BRUEHL, *Hannah Arendt,* op. cit. cap. 3 nota 2, p. 328 e seguintes.

9. EUA. LIBRARY OF CONGRESS. Manuscript Division, *The Papers of Hannah Arendt: General Correspondence, 1941-1976 and Undated.* A carta está no container nº 9, que abriga a pasta da correspondência com Carl J. Friedrich.

10. George SCHWARZENBERG, *International Law and Order.* London, Stevens, 1971, p. 240-3.

11. HA, *EJ,* p. 260-2; idem, *EeJ,* p. 269-72, 274-6; David BIALE, Arendt in Jerusalem. *Response,* verão de 1980, nº especial intitulado: Hannah Arendt: a Retrospective Symposium, p. 33-4.

12. HA, *EJ,* p. 262-3; idem, *EeJ,* p. 272.

13. David BIALE, Arendt in Jerusalem, op. cit. cap. 6 nota 11, p. 35-36;

Bhikhu PAREKH, *Hannah Arendt and the Search for a New Political Philosophy*, op. cit. cap. 3 nota 23, p. 154-5; André ENÉGREN, *La pensée politique de Hannah Arendt*, op. cit. cap. 4 nota 7, p. 48-9. Os textos de Hannah Arendt sobre sionismo, que datam resp. de 1942, 1945, 1946, 1948 e 1950, integram a Parte II de seu livro organizado postumamente por Ron H. FELDMAN HA, *JP*, p. 125-222, op. cit. cap. 3 nota 3, p. 125-222.

14. François FURET, *L'atélier de l'histoire*. Paris, Flammarion, 1982. p. 278; Claude KLEIN, *Le caractère juif de l'État d'Israel*. Paris, Cujas, 1977; Dan V. SEGRE, *A Crisis of Identity: Israel and Zionism*. Oxford, Oxford Univ. Press, 1980. cap. 1.

15. George SCHWARZENBERG, *International Law and Order*, op. cit. cap. 6 nota 10, p. 246-9; Claude LOMBOIS, *Droit pénal international*, op. cit. cap. 6 nota 1, p. 137-40.

16. HA, *EJ*, p. 6, 267-8; idem, *EeJ*, p. 22, 276-7.

17. Hannah Arendt, na sua discussão sobre método com Voegelin, já referida na nota 84 do cap. 3, compreende as razões desta falta de foco, observando que o problema dos historiadores do antissemitismo era o de escrever sobre um tema que não queriam conservar, mas sim destruir. Por isso, acabaram tratando daquilo que desejavam conservar, ou seja, a continuidade judaica no correr dos tempos. Este, observa ela, foi também o problema que enfrentou ao escrever sobre o totalitarismo, que ela não queria conservar mas, ao contrário, sentia-se compelida a destruir. Hannah Arendt, A reply, op. cit. cap. 3 nota 84, p. 77. Ver também, HA, *EJ*, p. 267-9; idem, *EeJ*, p. 276-9; idem, *JP*, p. 96-105; idem, *OT*, XI-XVI; idem, *OdT*, v. 1, p. 12-9. Cf. igualmente, sobre o tema da relação entre a memória e história: Pierre VIDAL-NAQUET, *Les juifs, la mémoire et le présent*. Paris, Maspero, 1981.

18. A carta de Scholem e a resposta de Hannah Arendt encontram-se em *JP*, respectivamente p. 240-5 e 245-51. A análise de Hannah Arendt sobre Lessing encontra-se em *MDT*, p. 3-31; *HTS*, p. 13-36. Scholem e Hannah Arendt tinham uma comum devoção a Walter Benjamin, da qual Scholem dá conta no seu livro: *Walter Benjamin*, op. cit. cap. 3 nota 2 — originalmente publicado em 1975, portanto, depois da troca de cartas entre Hannah Arendt e ele. Hannah Arendt editou, de Walter Benjamin, precedendo-os de longo e importante estudo, conforme já foi dito, os ensaios que constam de *Illuminations*, op. cit. cap. 3 nota 2, e estava trabalhando, como também já foi mencionado, na organização de um segundo volume de ensaios de Benjamin, a serem publicados em inglês — *Reflections* — por ocasião de sua morte. Cf. Elizabeth YOUNG-BRUEHL, *Hannah Arendt*, op. cit. cap. 3 nota 2, p. 167. Scholem incluiu a troca de cartas com Hannah Arendt em *Fidélité et utopie: essais sur le judaisme contemporaine*. Paris, Calmann-Lévy, 1978, precedendo-as de uma breve nota — p. 213-5 — na qual, ao refletir sobre o assunto, observa que Eichmann é um excelente exemplo da destruição sistemática da imagem de Deus no homem, e que o significado do processo foi o de revelar ao mundo o alcance desta

desumanização da qual foram vítimas os judeus, massacrados pelos nazistas, e os alemães, que se converteram numa nação de assassinos por obra deste processo de desumanização. Scholem, na sua nota, afirma a sua insatisfação com a pena de morte imposta a Eichmann na medida em que a pena possa ser vista como um ponto final, ou seja, como a expiação do inexpiável. A grande questão histórica e moral — como isto foi possível? —, observa Scholem, continua em aberto e deve ser mantida em aberto. Como se verifica, a pergunta colocada por Scholem — por quem Hannah Arendt tinha grande respeito, tanto que comentou o grande livro de Scholem sobre as grandes correntes da mística judaica, cf. HA, *JP*, p. 96-105, tendo inclusive contribuído para a edição deste livro em inglês, graças ao seu trabalho, na época, na Schoken Books, Cf. Elizabeth YOUNG-BRUEHL, *Hannah Arendt*, op. cit. cap. 3 nota 2, p. 189 — é uma pergunta arendtiana. Menciono estes aspectos porque, de toda a polêmica em torno do livro de Hannah Arendt, a discussão com Scholem parece-me a mais relevante, e porque acredito que a resposta de Hannah Arendt, como se verá no correr de minha exposição, se insere no melhor legado da tradição judaica, que Scholem examinou com uma densidade e uma profundidade exemplares.

19. HA, *EJ*, p. 269; idem, *EeJ*, p. 278.

20. HA, *JP*, p. 67-95; idem, *MDT*, p. 33-56, 153-206; idem, *HTS*, p. 37-55, 133-76; idem, *Rahel Varnhagen: the Life of a Jewish Woman*. Revised ed. New York, Harcourt, Brace Jovanovich, 1974. Doravante será citada HA, *RV*. No seu estimulante ensaio sobre o pensamento político na tradição judaica, Dan Segre, ao mostrar a correlação entre os temas clássicos da Filosofia política ocidental e a reflexão talmúdica, dá destaque ao direito de oposição. Aponta ele que este direito é um direito consagrado por um mandamento bíblico muito antigo e preciso: "Não terás no coração ódio pelo teu irmão. Deves repreender o teu próximo e assim não terás a culpa do pecado" *(Levítico*, 19, 17), uma orientação repetida de várias maneiras de modo enfático, tanto na Bíblia quanto no Talmud, cf. Dan V. SEGRE, *A Crisis of Identity*, op. cit. cap. 6 nota 14, p. 68. Neste sentido, a tradição subterrânea de rebeldia de que fala Hannah Arendt, nos ensaios acima mencionados, representa uma continuidade, no plano secular, da tradição religiosa judaica. Sobre Hannah Arendt e as suas relações com o judaísmo e o sionismo, cf. Elizabeth YOUNG-BRUEHL, *Hannah Arendt*, op. cit. cap. 3 nota 2, *passim*. Sobre o significado e o alcance da reflexão de Hannah Arendt sobre o antissemitismo, os judeus e o sionismo, cf. Ron H. FELDMAN, introd., The Jew as Pariah — the Case of Hannah Arendt, 1906-1975. *In:* HA, *JP*, p. 15-52; Sharon MULLER, The Pariah Syndrome. *Response*, verão de 1980, nº especial intitulado: Hannah Arendt: a Retrospective Symposium, p. 52-7; Jeanneth M. BARON, Hannah Arendt: Personal Reflections. *Response*, verão de 1980, nº especial intitulado: Hannah Arendt: a Retrospective Symposium, p. 58-63; Sharon MULLER, The Origins of Eichmann in Jerusalem: Hannah Arendt's Interpretation of Jewish History. *Jewish Social Studies, 43* (3/4): 237-54, verão/outono 1981; Leon BOTSTEIN, Liberating the Pariah: Politics, the Jews and Hannah Arendt. *Salma-*

gundi, Saratoga Springs, New York, *60*: 73-106, primavera/verão 1983, nº especial dedicado a Hannah Arendt; idem, Hannah Arendt: The Jewish Question, *The New Republic,* 21/10/1978, p. 32-7; Claude LEFORT, Une interpretation politique de l'anti-semitisme; Hannah Arendt, I. *Commentaire,* Paris, inverno, 1982--1983. v. 20 Les juifs dans l'histoire politique occidentale, p. 654-60; idem, Une interpretation politique de l'anti-semitisme; Hannah Arendt, II. *Commentaire,* Paris, primavera 1983. v. 21 L'anti-semitisme et les ambigüités de la démocratie, p. 21-8. A minha própria percepção encontra-se em Celso LAFER, *Hannah Arendt,* op. cit. cap. 3 nota 1, p. 39-55.

21. HA, *EJ*, p. 269 e 272; idem, *EeJ*, p. 278 e 281.

22. HA, *EJ*, p. 280-94; idem, *EeJ*, p. 298-302.

23. HA, *EJ*, p. 135; idem, *EeJ*, p. 148.

24. HA, *EJ*, cap. 8 e p. 294; idem, *EeJ*, cap. 8 e p. 301; idem, Personal Responsibility Under Dictatorship, op. cit. cap. 3 nota 44, p. 185-7. Cf. igualmente a apresentação de Tércio Sampaio Ferraz Jr. à edição brasileira de *EeJ*, p. 10-2, e Ch. PERELMAN, *Logique juridique,* op. cit. introd. nota 11, p. 70, 146-7; Norberto BOBBIO, *Il positivismo giuridico,* op. cit. cap. 1 nota 3, p. 267-8.

25. HA, *KPP*, p. 70-7; Ch. PERELMAN & L. OLBRECHTS-TYTECA, *Traité de l'argumentation.* 2eme ed., op. cit. cap. 2 nota 48, p. 40-6.

26. HA, *EJ*, p. 252; idem, *EeJ*, p. 262.

27. HA, *EJ*, p. 209 e 276; idem, *EeJ*, p. 278 e 285; idem, *JP*, p. 225-36; David BIALE, Arendt in Jerusalem, op. cit. cap. 6 nota 11, p. 37; Henry FEINGOLD, The Bureaucrat as Mass Killer — Arendt on Eichmann. *Response,* verão de 1980, p. 45-51; George KATEB, *Hannah Arendt,* op. cit. cap. 3 nota 2, p. 73-7.

28. RA, *JP*, p. 250-1. A tradução é minha.

29. Cf. A. P. D'ENTRÈVES, Le vittime e il carnefice — intorno al caso Eichmann. *Il Mondo,* Roma, 18/4/1963. Trata-se de um comentário de Passérin d'Entrèves à primeira versão das reflexões de Hannah Arendt sobre o caso Eichmann publicadas em *The New Yorker.*

30. HA, *EJ*, p. 268-70, 276; idem, *EeJ*, p. 278-9, 287.

31. HA, *EJ*, p. 254-7; idem, *EeJ*, p. 264-7; George KATEB, *Hannah Arendt,* op. cit. cap. 3 nota 2, p. 55.

32. HA, *CH*, p. 191; idem, *HC*, p. 178. Cf. igualmente André ENÉGREN, *La pensée politique de Hannah Arendt,* op. cit. cap. 4 nota 7, p. 44-7; Bhikhu PAREKH, *Hannah Arendt and the Search for a New Political Philosophy,* op. cit. cap. 3 nota 23, p. 4-10; Hans JONAS, Acting, Knowing, Thinking, op. cit. cap. 3 nota 20, p. 30-2.

33. Isaiah BERLIN, *Russian Thinkers,* op. cit. introd. nota 2, p. 22-4.

34. HA, *KPP*, p. 75; KANT, *Projet de paix perpectuelle.* Trad. de J. Gibelin. 2eme ed. Paris, Vrin, 1970. p. 8-10, 29-33.

35. HA, *EJ*, p. 273 e 275; idem, *EeJ*, p. 282 e 284.

36. HA, *EJ*, p. 268-70, 275-6; idem, *EeJ*, p. 278-9 e 284; KANT, *Projet de paix perpectuelle,* op. cit. cap. 6 nota 34, p. 33.

37. HA, *EJ*, p. 279; idem, *EeJ*, p. 287.

38. Cf. *The Babylonian Talmud — Seder Nezikin — Sanhedrin I,* 38a. Ed. inglesa editada por I. Epstein, trad. deste tratado por Jacob Schachter e H. Freedman. London, The Soncino Press, 1935. p. 239-40.

39. Prosper WEIL, Le judaïsme et le devéloppement du droit international, op. cit. cap. 4 nota 4, p. 273-88.

40. Michael WALZER, *De l'exode à la liberté: essai sur la sortie d'Egypte.* Trad. do inglês por Micheline Pouteau. Paris, Calmann-Levy, 1986. p. 45, 130-43.

41. Bhikhu PAREKH, *Hannah Arendt and the Search for a New Political Philosophy,* op. cit. cap. 3 nota 23, p. 156.

42. Cf. Prosper WEIL, Le judaïsme et le développement du droit international, op. cit. cap. 4 nota 4, p. 272-7, 300-4; Eric KAHLER, *The Jews Among the Nations.* New York, Ungar Publ., 1967. p. 11; Gershom SCHOLEM, *The Messianic Idea in Judaism.* New York, Schoken Books, 1971, p. 1-36; André NEHER, *L'essence du prophetisme.* Paris, Calmann-Lévy, 1972. p. 248-53. Para uma informação geral, cf. Fritz PINKUSS, *Tipos de pensamento judaico.* São Paulo, FFLCH/USP, Centro de Estudos Judaicos, 1975; Jacó GUINSBURG, org., *Do estudo e da oração: súmula do pensamento judeu.* Org. e estudos introd. de Jacó Guinsburg. São Paulo, Perspectiva, 1968, *passim.*

43. HA, *EJ*, p. 171-2; idem, *EeJ*, p. 183-4.

7. A RESISTÊNCIA À OPRESSÃO E A DESOBEDIÊNCIA CIVIL (pp. 259-327)

1. Norberto BOBBIO, La resistenza all'oppressione, oggi. *In:* STUDI *Sassaresi,* op. cit. cap. 4 nota 28, v. 3, p. 15; Bhikhu PAREKH, no seu importante livro já várias vezes citado, sobre Hannah Arendt, realça que um dos aspectos fundamentais da tradição da Filosofia Política que remonta a Platão e que ela criticou no esforço de encontrar novos caminhos, necessários para lidar com a ruptura, é precisamente a coincidência entre o desejo de ordem dos governantes e os interesses dos filósofos de terem segurança para pensar. Daí, nesta tradição, que tem sua origem nos dilemas do relacionamento entre o filósofo e a *polis*, exemplificados na morte de Sócrates, a tendência a reduzir o cidadão ao súdito e a obrigação política à obediência. Cf. Bhikhu PAREKH, *Hannah Arendt and the Search for a New Political Philosophy*, op. cit. cap. 3 nota 23, p. 16 e seguintes.

2. Sobre a obrigação política na sua acepção prescritiva, que fundamenta a obrigação jurídica e que representa o ponto de encontro entre a Filosofia Política e a Filosofia do Direito enquanto deontologia, tal como exposto no item E do capítulo 2, cf. A. P. D'ENTRÈVES, *Obbidienza e resistenza in una società democratica,* op. cit. cap. 2 nota 63, caps. 1, 2, 3, 4 e 12; idem, Obbligo político e libertà di coscienza. *Rivista Internazionale di Filosofia del Diritto,*

Milano, *1*: 41-60, jan./mar. 1973; idem, Obbligo politico e società aperta. *Rivista Internazionale di Filosofia del Diritto*, Milano, *4*: 765-70, out./dez. 1973, e D. D. RAPHAEL, *Problems of Political Philosophy*. Rev. ed. London, MacMillan, 1985. p. 78-114. Para o positivismo jurídico, desde suas origens, com Hobbes: "Auctoritas non veritas facit legem". Daí o papel do poder a garantir a obrigatoriedade da norma através da coerção organizada, como se vê com clareza no utilitarismo de Bentham, que fundamenta o dever político no castigo em seu *Fragmento sobre el gobierno*. Trad. de Julian Larios Ramos. Madrid, Aguilar, 1973. cap. 5, § 6, nota 100, p. 128, e que realça o papel da sanção como fonte de prazer ou de dor na sua *An Introduction to the Principles of Morals and Legislation*. Ed. by J. H. Burns e H. L. A. Hart. London, The Atholone Press, 1970, cap. 3, p. 34 e seguintes. A este aspecto de obrigação jurídica como dever, na acepção descritiva de um ser, não escapa, no limite, o próprio Kelsen, quando afirma que a eficácia é a condição — ainda que não seja a razão — da validade das normas jurídicas. Cf. KELSEN, *General Theory of Law and Society*, op. cit. cap. 2 nota 19, p. 118-9; Norberto BOBBIO, Kelsen e il problema del potere. *Rivista Internazionale di Filosofia del Diritto*, Milano, *58*: 549-70, 1981. 4ª Serie; idem, Kelsen et les sources du droit, op. cit. cap. 2 nota 20, p. 474-86.

3. Tomás de AQUINO, Suma teológica. 2ª ed., op. cit. cap. 2 nota 50, 1ª pt. da 2ª pt. Questão XLVI: Do poder da lei humana — art. 4, p. 1778-9; v. 5, 2ª pt. da 2ª pt., Questão XLII: Da sedição — art. 2, p. 2371-3; v. 6, 2ª pt. da 2ª pt., Questão CIV: Da obediência — art. V, p. 2842-44. Cf. igualmente Alexandre CORRÊA, Ensaios políticos e *filosóficos*, op. cit. cap. 2 nota 50, p. 323-8; A. P. D'ENTRÈVES, introd. *In:* AQUINAS, *Selected political writings*. Transl. by J. G. Dawson. Oxford, Blackwell, 1978, particularmente XXVIII-XXXI; KELSEN, *Que es justicia?*. Trad. de Albert Calsamiglio, Barcelona, Ariel, 1982. p. 186-8 (trata-se do ensaio de Kelsen sobre "Por que obedecer ao direito?", no qual Kelsen discute, nas páginas citadas, a posição de são Paulo sobre a obediência a qualquer ordem positiva ditada por uma autoridade reconhecida).

4. Cf. John LOCKE, *Of Civil Government*, op. cit. cap. 4 nota 17, resp. cap. II-6, p. 5-6; cap. 3-19, p. 16; cap. 9-125, p. 103; cap. 9-131, p. 105-6; cap. 6-57, p. 44; cap. 13-149, p. 124; cap. 9-226, p. 189; cap. 16-176, p. 149; cap. 16-17-18-19, p. 148-205. Ver igualmente: Guido FASSÒ, *Storia della filosofia del diritto*, op. cit. cap. 1 nota 7, v. 2, p. 191-223; Norberto BOBBIO, *Locke e il diritto naturale*, op. cit. cap. 1 nota 11, particularmente p. 174-282; idem, Il modello giusnaturalistico, op. cit. cap. 1 nota 6, p. 77-8; idem, *Estado, governo e sociedade*, op. cit. introd. nota 4, p. 116-7; Robert A. GOLDWIN, John Locke. *In:* Leo STRAUSS & Joseph CROPSEY, ed. *History of Political Philosophy*, Chicago, Rand McNally, 1963, p. 433-68; Peter LASLETT, A teoria social e política dos dois tratados sobre o governo. *In:* Celia Galvão QUIRINO & Maria Teresa Sadek R. de SOUZA, org. *O pensamento político clássico: Maquiavel, Hobbes, Locke, Montesquieu, Rousseau*. Trad. Susan Anne Series. São Paulo, T. A. Queiroz, 1980. p. 207-35.

5. Cf. Goffredo TELLES JUNIOR, Resistência violenta aos governos injustos, op. cit. cap. 2 nota 72, p. 192-219.

6. Cf. Norberto BOBBIO, La resistenza all'opressione, oggi, op. cit. cap. 4 nota 28, v. 3, p. 16-22; idem, *Estado, governo e sociedade*, op. cit. introd. nota 4, p. 60-2, 126-31.

7. Cf. Karl MARX & Friedrich ENGELS, L'ideólogie allemande. *In:* Karl MARX, *Oeuvres.* Edition établie, presentée et annotée par Maximilien Rubel. Paris, Gallimard, 1982. v. 3 Philosophie, p. 1055 e seguintes; Karl MARX, Contribuição à crítica da economia política. *In:* Karl MARX & Friedrich ENGELS, *História.* Org. Florestan Fernandes, trad. de F. Fernandes *et alii.* São Paulo, Ática, 1983. p. 232-4; idem, Critique of the Gotha Program. *In:* Karl MARX & Friedrich ENGELS, *Basic Writings on Politics and Philosophy.* Ed. by Lewis S. Feur. New York, Anchor Books, 1959, p. 112-32; Georg LUKÁCS, *Histoire et conscience de classe,* op. cit. cap. 2 nota 84, p. 293-308; Norberto BOBBIO, *La teoria delle forme di governo nella storia del pensiero politico,* op. cit. cap. 2 nota 103, cap. 13; Norberto BOBBIO & Renato TREVES, Teoria del diritto e sociologia del diritto in Marx, op. cit. cap. 2 nota 84, p. 279-94; Norberto BOBBIO, Riforma e rivoluzione. *In:* IL MONDO *contemporaneo,* Firenze, La nuova Italia, 1979. v. 9 Politica e società 2, p. 744-59; idem, O *conceito de sociedade civil.* Trad. de Carlos Nelson Coutinho. Rio de Janeiro, Graal, 1982; Elías DÍAZ, *De la maldad estatal y la soberanía popular,* op. cit. cap. 2 nota 85, p. 149-218; Hélio JAGUARIBE, *Sociedade, mudança e política.* São Paulo, Ed. Perspectiva, 1975. cap. 6; Celso LAFER, *Ensaios sobre a liberdade,* op. cit. cap. 2 nota 72, cap. 2.

8. Norberto BOBBIO, *Quale socialismo?,* op. cit. cap. 2 nota 103; Karl MARX, O que é a comuna?. *In:* Karl MARX & Friedrich ENGELS, *História,* op. cit. cap. 7 nota 7, p. 293-307; V. I. LENIN, *O estado e a revolução.* Trad. de Regina Maria de Mello e Fausto Cupertino. Rio de Janeiro, Vitória, 1961.

9. Cf. Carl SCHMITT, *Legalidad y legitimidad,* op. cit. cap. 3 nota 49, p. 44 e seguintes; idem, *La notion du politique: théorie du partisan.* Paris, Calmann--Lévy, 1972; refiro-me a "La notion de politique", trad. por Marie-Louise Steinhauser, p. 68 e seguintes e a nota na p. 200; idem, *La dictadure,* op. cit. cap. 2 nota 103, cap. 4; François BONDY, Carl Schmitt, juriste ou legiste? *Commentaire.* Paris, inverno de 1985-1986, p. 1110-2; Norberto BOBBIO, *La teoria delle forme di governo nella storia del pensiero politico,* op. cit. cap. 2 nota 103, cap. 14; Raymond ARON, *Penser la guerre, Clausewitz,* Paris, Gallimard, 1976. V. 2 L'Age planetaire, p. 217. O texto de Alfred ROSENBERG se encontra no seu artigo: Das Recht wurzelt im Volk. *Zeitschrift der Akademie für Deutsches--Recht,* 25 fev. 1937, Heft 4, p. 610. A tradução é de Tercio Sampaio Ferraz Jr.

10. Nicola MATTEUCI, Resistencia. *In:* Norberto BOBBIO *et alii. Dicionário da política.* Redator Gianfranco Pasquino, redatores da ed. espanhola José Aricó e Jorge Tula. México, Siglo XXI, 1982. v. 2, p. 1443-6; Henri BUCK, La résistence — l'experience belge. *Annales de Philosophie Politique,* Paris, 1970. V. 9 La guerre et ses théories, p. 163-91.

11. Norberto BOBBIO, La resistenza all'opressione, oggi, op. cit. cap. 4 nota 28, p. 25-6; Celso LAFER, *O Brasil e a crise mundial,* op. cit. cap. 1 nota 7, p. 80-4 e *passim;* Richard FALK; Friedrich KRATOCHWILL & Saul MENDLOWITZ, ed. *International Law: a Contemporary Perspective.* Boulder, Westview Press, 1985, cap. 6, p. 368-9.

12. Norberto BOBBIO, *Il problema della guerra e le vie della pace,* op. cit. cap. 3 nota 102, p. 194-5; Carl SCHMITT, *La notion du politique,* op. cit. cap. 7 nota 9, p. 230-1 e *passim;* Raymond ARON, *Penser la guerre, Clausewitz,* op. cit. cap. 7 nota 9, caps. 2, 3 e 5.

13. George ABI-SAAB, Wars of National Liberation and the Laws of War. *In:* Richard FALK; Friederich KRATOCHWILL & Saul MENDLOWITZ, ed. *International Law,* op. cit. cap. 7 nota 11, p. 410-37; Celso A. MELLO, *Guerra interna e direito internacional.* Rio de Janeiro, Renovar, 1985. cap. 5; Antonio Augusto Cançado TRINDADE, *Princípios de direito internacional contemporâneo,* op. cit. cap. 5 nota 17, p. 71-2.

14. Luigi BONANTE, Terrorismo politico. *In:* Norberto BOBBIO *et alii, Dicionário da política.* Redator Gianfranco Pasquino, redatores da ed. espanhola José Aricó e Jorge Tula. México, Siglo XXI, 1982. v. 2, p. 1615-9; Grant WANDELAW, *Political Terrorism, Theory, Tactics and Counter-Measures.* Cambridge, Cambridge Univ. Press, 1982. pt. 1; James JOLL, *The Anarchists.* 2nd ed. Cambridge, Mass., Harvard Univ. Press, 1980. cap. 5; George SCHWARZENBERGER, *International Law and Order,* op. cit. cap. 6 nota 10, cap. 12. Para uma verificação do que foi o terror estatal no regime militar argentino, cf. NUNCA *mais — informe da Comissão Nacional sobre o desaparecimento de pessoas na Argentina, presidida por Ernesto Sábato,* op. cit. cap. 2 nota 104. Tratei dos problemas inerentes a uma ordem mundial que contesta o papel da gestão das grandes potências, *in* Celso LAFER, *Paradoxos e possibilidades,* op. cit. cap. 1 nota 7, cap. 6.

15. Richard FALK; Friederich KRATOCHWILL & Saul MENDLOWITZ, ed. *International Law,* op. cit. cap. 7 nota 11, cap. 6, p. 372-5; Celso D. de Albuquerque MELLO, *Direito penal e direito internacional.* Rio de Janeiro, Freitas Bastos, 1978. cap. 10.

16. Henry THOREAU, *Desobedecendo: a desobediência civil e outros ensaios.* Apres. de Fernando Gabeira, trad. e introd. de José Augusto Drummond. Rio de Janeiro, Rocco, 1984. p. 27, 31-3, 37-8.

17. Norberto BOBBIO, La resistenza all'opressione, oggi, op. cit. cap. 4 nota 28, p. 27-36; idem, *Il problema della guerra e le vie della pace,* op. cit. cap. 3 nota 102, p. 191-209; idem, Desobediência civil. *In:* Norberto BOBBIO *et alii. Dicionário da política.* Redator Gianfranco Pasquino, redatores da ed. espanhola José Aricó e Jorge Tula. México, Siglo XXI, 1982. v. 1, p. 534-9; Elías DÍAZ, *De la maldad estatal y la soberania popular,* op. cit. cap. 2 nota 85, p. 75-146; Raymond ARON, De l'objection de conscience. *Commentaire,* Paris, *8* (28/29): 291-7, fev. 1985. Nº especial Raymond Aron, 1905-1983; histoire et politique.

18. José Guilherme MERQUIOR, *O argumento liberal*, op. cit. cap. 2 nota 80, p. 164-71; Elías DÍAZ, *De la maldad estatal y la soberania popular*, op. cit. cap. 2 nota 85, p. 75-146; Wanderley Guilherme dos SANTOS, *Édipo e Sísifo, a trágica condição da política social.* Rio de Janeiro, JUPERJ, 1986. p. 8 e seguintes.

19. HEGEL, *Philosophy of Right*, op. cit. cap. 1 nota 15, p. 10, § 147, p. 106, § 153, p. 109, § 258, p. 155-6; José Guilherme MERQUIOR, *Western Marxism.* London, Paladin Books, 1986. p. 13, 40 e 56.

20. Cf. Norberto BOBBIO, *Il futuro della democrazia*, op. cit. cap. 2 nota 72, p. 125-47; José Guilherme MERQUIOR, *O argumento liberal*, op. cit. cap. 2 nota 80, p. 164-76; idem, *Western Marxism*, op. cit. cap. 7 nota 19, *passim;* Fernando GABEIRA, Apresentação. *In:* Henry THOREAU, *Desobedecendo: a desobediência e outros ensaios.* Rio de Janeiro, Rocco, 1984. p. 7-10; José Augusto DRUMMOND, Introdução. *In:* Henry THOREAU, *Desobedecendo*, op. cit. cap. 7 nota 20, p. 11-26.

21. Elizabeth YOUNG-BRUEHL, *Hannah Arendt*, op. cit. cap. 3 nota 2, p. 412-21; Hannah ARENDT, *On Violence.* New York, Harcourt, Brace and World, 1970; idem, *CR*, p. 105-98.

22. HA, *CR*, p. 105, 113-6, 134-7, 155, 170-2; idem, *CdR*, p. 93, 100-3, 116-8, 132-3, 145-6; George SOREL, *Refléxions sur la violence.* Pref. de Claude Polin. Paris, Marcel Rivière, 1972. Cf. igualmente Max WEBER, *The Theory of Social and Economic Organizations*, op. cit. cap. 2 nota 69, p. 152-3; Bertrand de JOUVENEL, *On Power: Its Nature and the History of Its Growth.* Transl. by J. F. Huntington. Boston, Beacon Press, 1962, particularmente caps. 6 e 7; Raymond ARON, *Études politiques*, op. cit. cap. 4 nota 24, p. 171-94; Jean Paul SARTRE, pref. Frantz Fanon, fils de la violence, prefácio que, como encarte avulso, integra Frantz FANON, *Les damnés de la terre.* Paris, Maspero, 1968. Uma crítica minuciosa do romantismo da violência em Sartre é a de Raymond ARON, *Histoire et dialectique de la violence.* Paris, Gallimard, 1973. Cf. igualmente idem, *Mémoires: 50 ans de réfléxion politique.* Paris, Julliard, 1983. p. 585-93.

23. HA, *CR*, p. 143, 146-8; idem, *CdR*, p. 123, 125-7; idem, *HC*, p. 141-6, 153, 177-8, 200-1, 228-39; idem, *CH*, p. 79, 154-60, 166, 190-1, 212-3, 240-1; idem, *BPF*, p. 111-2 e 165; idem, *EPF*, p. 114, 151-2 e 214; idem, Personal Responsibility Under Dictatorship, op. cit. cap. 3 nota 44, p. 205; cf. Jürgen HABERMAS, Hannah Arendt's Communications Concept of Power. *Social Research*, New York, *44* (1): 3-24, primavera 1977. Este importante texto de Habermas foi traduzido para o português e se encontra em Barbara FREITAG & Sergio ROUANET, orgs., *Habbermas: sociologia.* São Paulo, Ática, 1980. p. 110-8; Bhikhu PAREKH, *Hannah Arendt and the Search for a New Political Philosophy*, op. cit. cap. 3 nota 23, p. 159-62; idem, *Contemporary Political Thinkers*, op. cit. cap. 2 nota 5, p. 8-14; André ENÉGREN, *La pensée politique de Hannah Arendt*, op. cit. cap. 4 nota 7, p. 99-101; Celso LAFER, *Hannah Arendt*, op. cit. cap. 3 nota 1, p. 21-38, 57-80.

24. HA, *LM*, v. 2, p. 205; KANT, *Critique de la Raison pure.* Trad. francesa

de A. Tremesaygues e B. Pacaud, pref. de Ch. Serres. 9eme ed. Paris, PUF, 1980. p. 350 (trata-se do trecho no qual Kant, ao discutir as antinomias da razão pura, discute o terceiro conflito das ideias transcendentais); André ENÉGREN, *La pensée politique de Hannah Arendt*, op. cit. cap. 4 nota 7, p. 187-9. Bhikhu Parekh, na sua mais recente avaliação crítica da contribuição de Hannah Arendt ao pensamento político, observa que a visão de política que ela propõe é predominantemente espacial. Por essa razão, entende que para ela o cidadão existe num vácuo histórico, daí advindo uma percepção inadequada da experiência política (Cf. Bhikhu PAREKH, *Contemporary Political Thinkers*, op. cit. cap. 2 nota 5, p. 19). Não concordo com esta avaliação de Parekh na medida em que ele não realça a dimensão de temporalidade do conceito de autoridade, graças ao qual o cidadão arendtiano se insere na História, como procuro demonstrar no meu texto.

25. HA, *CR*, p. 144, 150-1; idem, *CdR*, p. 123-4, 128-9; idem, *BPF*, p. 93-5; 120-41; idem, *EPF*, p. 129-32, 162-87; idem, *OR*, p. 179-215; idem, *LM*, v. 2, p. 202-17; idem, *HC*, p. 199-202; idem, *CH*, p. 211-4; Karl DEUTSCH, Nature de la légitimité et usage des symboles nationaux de légitimité comme technique auxiliaire du contrôle des armements. *Annales de Philosophie Politique.* Paris, 1967. v. 7 L'idée de légitimité, p. 134; Paul RICOEUR, pref. *In:* HA, *Condition de l'homme moderne*, op. cit. cap. 3 nota 32, XII-XVIII; André ENÉGREN, *La pensée politique de Hannah Arendt*, op. cit. cap. 4 nota 7, p. 126-8; Bhikhu PAREKH, *Hannah Arendt and the Search for a New Political Philosophy*, op. cit. cap. 3 nota 23, p. 159-68; Peter FUSS, Hannah Arendt's Conception of Political Community. *In:* Melvyn A. HILL, ed. *Hannah Arendt: the Recovery of the Public World.* New York, St. Martin's Press, 1979. p. 157-76; Celso LAFER, *Hannah Arendt*, op. cit. cap. 3 nota 1, p. 76-8.

26. HA, *LM*, v. 2, p. 207; Celso LAFER, *Hannah Arendt*, op. cit. cap. 3 nota 1, p. 117-20.

27. HA, *CR*, p. 136-7, 141-5, 151-2, 184, 194-5; idem, *CdR*, p. 117-8, 121-4, 129-30, 156, 165-6; idem, *Macht und Gewalt.* München, Piper, 1970. p. 45-7; idem, *Du mensonge à la violence: essais de politique contemporaine.* Paris, Calmann-Lévy, 1972. p. 153-5; idem, *Politica e menzogna.* Milano, Sugar Ed., 1985. p. 196; idem, *HC*, p. 201-2; idem, *CH*, p. 214; A. P. D'ENTRÈVES, *La notion de l'état*, op. cit. cap. 2 nota 72, pt. 2, p. 85-111. Os trechos citados por Hannah Arendt se encontram nas p. 79 e 86. A carta de Passerin d'Entrèves a Hannah Arendt está em EUA. LIBRARY OF CONGRESS. *Manuscript Division, The papers of Hannah Arendt: General Correspondence.* Pasta E, 1964-1975 and Undated. Container nº 8. A resposta de Hannah Arendt, que é de 3 de maio de 1970, e que está na mesma pasta, antevê a possibilidade de um encontro pessoal com Passerin d'Entrèves na Europa, sugerido, aliás, por ele, na sua carta. Ela não discute, portanto, as observações de Passerin d'Entrèves e conclui: "*In the hope for an exchange* a vive voix, *I shall not try to answer your arguments*". Não tenho conhecimento de que esse encontro tenha se realizado. Cf. igual-

mente Vittorio FROSINI, *Costituzione e società civile.* Milano, Ed. di Comunità, 1977. p. 167-72, e Celso LAFER, *O sistema político brasileiro,* op. cit. cap. 2 nota 63, p. 34-44.

28. HA, *CR*, p. 113, 122, 145, 152, 160-70, 174-83; idem, *CdR*, p. 100, 107, 124-5, 136-45, 148-56. Sobre a vingança como um tema romântico e individualista, cf. Antonio CANDIDO, *Tese e antítese.* São Paulo, Nacional, 1964. cap. 1. Sobre as diferenças entre revolta, revolução e rebelião cf. Octavio PAZ, *Corriente alterna,* op. cit. cap. 4 nota 39, p. 147-52. Os trechos citados de Gil VICENTE são do Auto da Lusitânia. *In:* ——. *Obras-primas do teatro vicentino.* Ed. org., pref. e comentada por Segismundo Spina. São Paulo, Difusão Europeia do Livro, 1970. p. 317-8.

29. Miguel REALE, *Teoria tridimensional do direito*, op. cit. cap. 2 nota 30, p. 100 e 106.

30. Paul RICOEUR, pref. *In:* HA, *Condition de l'homme moderne*, op. cit. cap. 3 nota 32, XII-XVIII; HA, *HC*, p. 96-101, 136-8, 181-8; idem, *CH*, p. 107-13, 149-51, 194-200. Hans Jonas chama a atenção para a diferença e a superior abrangência da categoria do *Homo faber* de Hannah Arendt, em relação ao *Weltlichkeit* de Heidegger, para quem os objetos são implementos ou equipamentos ("Zeug"), que servem apenas de contexto de referência. Com efeito, o conceito heideggeriano não capta a durabilidade e o uso público comum dos artefatos humanos, que constituem a trama do pragmático, de acordo com a análise de Hannah Arendt. Cf. Hans JONAS, Acting, Knowing, Thinking, op. cit. cap. 3 nota 20, p. 32-3.

31. Bhikhu PAREKH, Hannah Arendt's critique of Marx. *In:* Melvyn A. HILL, ed. *Hannah Arendt: the Recovery of the Public World.* New York, St. Martin's Press, 1979. p. 98; Celso LAFER, introd. A política e a condição humana. *In:* HA, *CH*, I-XII.

32. HA, *OT*, p. 391-2; idem, *OdT*, v. 3, p. 138; idem, *CR*, p. 79-80; idem, *CdR*, p. 72.

33. HA, *OT*, p. 469; idem, *OdT*, v. 3, p. 236; idem, *BPF*, p. 227-64; idem, *EPF*, p. 282-325; Celso LAFER, *Hannah Arendt,* op. cit. cap. 3 nota 1, p. 70-1.

34. HA, *HC*, p. 190-2, 232-3, 236-7; idem, *CH*, p. 203-5, 244-6, 248-9; idem, *CR*, p. 79; idem, *CdR*, p. 72; André ENÉGREN, *La pensée politique de Hannah Arendt,* op. cit. cap. 4 nota 7, p. 116.

35. HA, *OT*, p. 468; idem, *OdT*, v. 3, p. 231-2.

36. André ENÉGREN, *La pensée politique de Hannah Arendt,* op. cit. cap. 4 nota 7, p. 47-8, 96-7, 115.

37. HA, *HC*, p. 198; idem, *CH*, p. 210.

38. Cf. Margaret CANOVAN, *The Political Thought of Hannah Arendt,* op. cit. cap. 3 nota 84, p. 68-9; André ENÉGREN, *La pensée politique de Hannah Arendt,* op. cit. cap. 4 nota 7, p. 96-7.

39. HA, *HC*, p. 194-5; idem, *CH*, p. 207.

40. HA, *HC*, p. 194-5; idem, *CH*, p. 208.

41. HA, *HC*, p. 194-5; idem, *CH*, p. 207-8; idem, *BPF*, p. 91-141; idem, *EPF*, p. 127-87.

42. HA, *HC*, p. 225-30; idem, *CH*, p. 237-47.

43. HA, *HC*, p. 188-91, 194; idem, *CH*, p. 201-3, 207. A referência a Montesquieu é ao *L'esprit des lois*, Livro I, cap. 1; Livro XXVI, cap. 1; Livro III, cap. 1. Cf. MONTESQUIEU, *Oeuvres complètes*, op. cit. cap. 4 nota 18, p. 232-4, 750-1, 250-1. O conceito de lei em Montesquieu está muito bem apresentado por Isaiah BERLIN em *Against the Current-Essays in the History of Ideas*. Ed. by Henry Hardy, introd. by Roger Hauscheer. Oxford, Oxford Univ. Press, 1981. p. 130-61; TUCIDIDES, Historia de la guerra del Peloponeso. Livro VII-72. *In:* HISTORIADORES *griegos*, op. cit. cap. 4 nota 44, p. 1510; HERÁCLITO, Fragmento 44. *In:* Os PRÉ-SOCRÁTICOS: *fragmentos, doxografia e comentários*. Sel. de textos do Prof. José Cavalcante de Souza, trad. de José Cavalcante *et alii*. 2ª ed. São Paulo, Abril Cultural, 1978. p. 83.

44. HA, *EI*, p. 262-3; idem, *EeJ*, p. 272.

45. Bhikhu PAREKH, *Hannah Arendt and the Search for a New Political Philosophy*, op. cit. cap. 3 nota 23, p. 165-7; idem, *Contemporary Political Thinkers*, op. cit. cap. 2 nota 5, p. 14-6.

46. HA, *HC*, p. 234-41; idem, *CH*, p. 246-53. Os textos dos Evangelhos segundo são Mateus e são Lucas, discutidos por Hannah Arendt, estão referidos nas notas 76 a 80, p. 239-40 de *HC*, e p. 251-2 da edição brasileira.

47. Vittorio FROSINI, *Il diritto nella società tecnologica*, op. cit. cap. 2 nota 18, p. 95-111.

48. HA, *HC*, p. 241; idem, *CH*, p. 253.

49. Bhikhu PAREKH, *Hannah Arendt and the Search for a New Political Philosophy*, op. cit. cap. 3 nota 23, p. 158-9; HA, Understanding and Politics, op. cit. cap. 3 nota 12, p. 300.

50. Cf. José Ignácio Botelho de MESQUITA, O princípio de liberdade na prestação jurisdicional. *In:* CONFERÊNCIA *Nacional da Ordem dos Advogados do Brasil* (8ª, 18-22 maio 1980: Manaus), *Anais* ... liberdade. S.n.t. Tese nº 15, p. 381-93.

51. HA, *HC*, p. 242; idem, *CH*, p. 254-5.

52. Michael WALZER, *De l'exode à la liberté*, op. cit. cap. 6 nota 40, cap. 3 e 4.

53. HA, *HC*, p. 243-6; idem, *CH*, p. 255-8.

54. Cf. Richard BILDER, *Managing the Risks of International Agreement*. Madison, Univ. of Wisconsin Press, 1981; Ian R. MAC NEIL, The Many Futures of Contract. *Southern California Law Review, 47*: 691-816, 1974; idem, A Primer of Contract Planning. *Southern California Law Review, 48*: 627-703, 1978; Luiz O. BAPTISTA & Pascal DURAND-BARTHEZ, *Les associations d'entreprises ('Joint-ventures') dans le commerce international*. Paris, Feduci; L.G.D.J., 1986. Tratei amplamente destes problemas em Celso LAFER, *O convênio do café de 1976*, op. cit. cap. 1 nota 7.

55. HA, *HC*, p. 244; idem, *CH*, p. 256.

56. HA, *CR*, p. 193-4; idem, *CdR*, p. 164-5. A referência a Passérin d'Entrèves é a *La notion de l'état*, op. cit. cap. 2 nota 72, p. 163. A carta de Passérin d'Entrèves a Hannah Arendt, já mencionada, está em EUA. LIBRARY OF CONGRESS. *Manuscript Division, The Papers of Hannah Arendt: General Correspondence*. Part E, 1964-1975 and Undated. Container nº 8. A importância, na visão arendtiana, do Direito como diretiva, está muito apropriadamente realçada por Bhikhu PAREKH em *Hannah Arendt and the Search for a New Political Philosophy*, op. cit. cap. 3 nota 23, p. 167; e em idem, *Contemporary Political Thinkers*, op. cit. cap. 2 nota 5, p. 14-5.

57. Norberto BOBBIO, Norma. *In:* ENCICLOPEDIA *Einaudi*, op. cit. cap. 1 nota 21, v. 9, p. 887-9; Pierre PESCATORE, *Derecho de la integración; nuevo fenómeno de las relaciones Internationales*. Buenos Aires, BID-INTAL, 1973, p. 51 e seguintes; LES RESOLUTIONS *dans la formation du droit international du développement: Colloque des 20 et 21 de novembre de 1970*. Genève, Inst. Univ. de Hautes Études Internationales, 1971.

58. O problema das normas constitutivas é extremamente complexo e não tenho a pretensão e nem cabe no âmbito deste trabalho aprofundá-lo. As indicações apontadas no texto se baseiam em Norberto BOBBIO, Norma. *In:* ENCICLOPEDIA *Einaudi*, op. cit. cap. 1 nota 21, v. 9, p. 896-9; idem, *Il futuro della democrazia*, op. cit. cap. 2 nota 72, p. 58-60; Alf ROSS, *Logica de las normas*. Trad. de José E. P. Hierro. Madrid, Tecnos, 1971, p. 53-61; Richard M. HARE, Il gioco della promessa. *In:* Riccardo GUASTINI, a cura di, *Problemi di teoria del diritto*. Bologna, Il Mulino, 1980. p. 169-72; John R. SEARLE, *Os actos de fala*. Coord. da trad. por Carlos Vogt. Coimbra, Almeidina, 1984, cap. 8; J. L. AUSTIN, *How to Do Things With Words*. Eds, J. O. Urmson e Marina Sbivã. Cambridge, Mass., Harvard Univ. Press, 1975; Gaetano CARCATERRA, *La forza costitutiva delle norme*. Roma, Bulzoni, 1979; Amedeo G. CONTE, Regola costitutiva, condizioni, antinomia. *In:* Uberto SCARPELLI, a cura di, *La teoria generale del diritto: problemi e tendenze attuali. Studi dedicati a Norberto Bobbio*. Milano, Ed. di Comunità, 1983. p. 21-39; Ricardo GUASTINI, Cognitivismo ludico e regole constituitive. *In:* Uberto SCARPELLI, a cura di, *La teoria generale del diritto: problemi e tendenze attuali. Studi dedicati a Norberto Bobbio*. Milano, Ed. di Comunità, 1983. p. 153-76.

59. HA, *OR*, p. 175. A tradução é minha.

60. André ENÉGREN, *La pensée politique de Hannah Arendt*, op. cit. cap. 4 nota 7, p. 122; Bhikhu PAREKH, *Hannah Arendt and the Search for a New Political Philosophy*, op. cit. cap. 3 nota 23, p. 162-4.

61. HA, *HC*, p. 305-25; idem, *CH*, p. 317-38.

62. Tércio Sampaio FERRAZ JR. Direitos do homem, positivação do direito e perversão ideológica. *Annales de la Cátedra Francisco Suarez: derechos humanos*. Granada, *12* (2): 303-23, 1972.

63. HA, *CR*, p. 69; idem, *CdR*, p. 64.

64. Elizabeth YOUNG-BRUEHL, *Hannah Arendt,* op. cit. cap. 3 nota 2, p. 428-30, 531. Elizabeth Young-Bruehl observa, na página 429, que Rostow, Wolff e Dworkin reagiram mal ao texto de Hannah Arendt. Rostow discordou frontalmente de qualquer justificativa do uso de meios ilegais para se alcançarem fins políticos; Wolff defendeu o anarquismo, entendendo que mesmo numa verdadeira democracia o cidadão não tem a obrigação de obedecer à lei; e Dworkin contestou o uso que Hannah Arendt fez do conceito de "espírito das leis" para justificar a desobediência civil.

65. HA, *CR*, p. 69, 78-80; idem, *CdR*, p. 71-3.

66. HA, *CR*, p. 52-5, 71-4; idem, *CdR*, p. 52-4, 66-9.

67. HA, *CR*, p. 84-8; idem, *CdR*, p. 75-9.

68. HA, *CR*, p. 83, 85, 88, 92; idem, *CdR*, p. 75, 76, 77, 79-82. As referências arendtianas a Tocqueville se encontram no clássico Alexis de TOCQUEVILLE, *De la democratie en Amérique.* Paris, Lib. de Médicis, 1951, v. 1, pt. 2, cap. 4 e cap. 10, v. 2, pt. 2, cap. 4. Importante para a discussão do *consensus* lockiano na experiência constitucional e política dos EUA é o livro de Louis HARTZ, *The Liberal Tradition in America,* New York, Harcourt, Brace and World, 1955. Sobre o papel do voto dissidente na prática da Suprema Corte, cf. William J. BRENNAN JR., In Defense of Dissents. *The Pennsylvania Gazette,* fev. 1986. p. 20-3; sobre o caso *Dred Scott v. Sanford*, cf. Carl Brent SWISHER, *Decisões históricas da Corte Suprema.* Rio de Janeiro, Forense, 1964, p. 55-61; Robert G. MCCLOSKEY, *The American Supreme Court.* Chicago, Univ. of Chicago Press, 1960. p. 91-7.

69. Cf. George KATEB, *Hannah Arendt*, op. cit. cap. 3 nota 2, p. 135-6.

70. HA, *CR*, p. 52-5, 80-1, 99-101; idem, *CdR*, p. 52-4, 73-4, 88-9. Cf. igualmente sobre *Plessy v. Fergusson* e *Brown v. Board of Education of Topeka,* Carl Brent SWISHER, *Decisões históricas da Corte Suprema,* op. cit. cap. 7 nota 68, p. 101-3, 173-8; Robert H. BIRKY, *The Court and Public P*olicy. Washington, Congressional Quarterly, 1983, p. 95-111; Leda Boechat RODRIGUES, *A Corte Suprema e o direito constitucional americano.* Rio de Janeiro, Forense, 1958, p. 299-304; William J. BRENNAN JR., *In:* Defense of Dissents, op. cit. cap. 7 nota 68.

71. HA, *CR*, p. 60-8; idem, *CdR*, p. 58-64.

72. HA, Thinking and Moral Considerations, op. cit. cap. 3 nota 15; "On Hannah Arendt", debate realizado em novembro de 1972 incluído em Melvyn A. HILL, ed., *Hannah Arendt, The Recovery of the Public World.* New York, St. Martin's Press, 1979, p. 310-1. Trata-se de uma resposta de Hannah Arendt e George Baird ligada à referência arendtiana a Maquiavel em *CH*, igualmente presente no texto sobre a desobediência civil (cf. *CR*, p. 59). *O* texto de Maquiavel é uma carta na qual afirma: "Amo la mia patria più della mia anima".

73. HA, *CR*, p. 55-7, 75, 96, 99; idem, *CdR*, p. 54-6, 69-70, 85, 87-8.

74. HA, *CR*, p. 74-75, 101-2; idem, *CdR*, p. 68, 89, 90.

75. HA, *CR*, p. 99-101; idem, *CdR*, p. 88-9; Teresa SERRA, introd. *In:* Hannah ARENDT, *La disobbedienza civile e altri saggi.* Milano, Giuffrè, 1985. p. 12.

76. John RAWLS, *A Theory of Justice*, op. cit. cap. 2 nota 92, resp. p. 364, 363, 334, 114, 344, 376, 372, 377, 60-1. Cf. igualmente Bhikhu PAREKH, *Contemporary Political Thinkers*, op. cit. cap. 2 nota 5, p. 108-9, 185, 176.

8. PÚBLICO E PRIVADO (pp. 328-77)

1. HA, Public Rights and Private Interests — in Response to Charles Frankel. *In:* Michel MOONEY & Florian STUBER, eds., *Small Comfort for Hard Times*, op. cit. cap. 5 nota 11, p. 103-8; idem, *OT*, p. 474-9; idem, *OdT*, v. 3 242-8; idem, *HC*, p. 24; idem, *CH*, p. 33; idem, *LM*, v. 1, p. 7-8, 185.

2. *Cf.* Adriano de CUPIS, *Os direitos da personalidade.* Trad. de Adriano Vera Jardim & Antonio Miguel Caeiro. Lisboa, Morais Ed., 1961. p. 128-45; Jean CARBONNIER, *Droit civil*, 1. 14eme ed., op. cit. cap. 3 nota 90, v. 1, p. 340-3, 353-6; Jean RIVERO, *Les libertés publiques, 2.* 3eme ed. Paris, PUF, 1983. v. 2 Les régimes de principales libertés, p. 73-87; Antonio CHAVES, *Lições de direito civil.* São Paulo, Bushatsky/EDUSP, 1972. v. 3, Parte geral, p. 117-29, particularmente p. 214-20; Orlando GOMES, *Introdução ao direito civil*, 5ª ed., op. cit. cap. 3 nota 90, p. 161-78; Paulo José da COSTA JR., *O direito de estar só: tutela penal da intimidade.* São Paulo, Ed. Revista dos Tribunais, 1970; idem, O direito de estar só. *Problemas Brasileiros,* São Paulo, *23* (258): 14-30, jul./set. 1986; Milton FERNANDES, *Proteção civil da intimidade.* São Paulo, Saraiva, 1977; René Ariel DOTTI, *Proteção da vida privada e liberdade de informação.* São Paulo, Ed. Revista dos Tribunais, 1980; Ada Pellegrini GRINOVER, *Liberdades públicas e processo penal: as interceptações telefônicas.* 2ª ed. São Paulo, Ed. Revista dos Tribunais, 1982. p. 67-90.

3. Manoel Gonçalves FERREIRA FILHO, *Comentários à Constituição Brasileira.* 4ª ed. rev., op. cit. cap. 5 nota 25, p. 632-3; Ada Pellegrini GRINOVER, *Liberdades públicas e processo penal*, op. cit. cap. 8 nota 2, p. 84-8; Milton FERNANDES, *Proteção civil da intimidade*, op. cit. cap. 8 nota 2, p. 268-71, 284-7; Paulo José da COSTA JR., *O direito de estar só,* op. cit., cap. 8 nota 2 p. 5-6, 95--114; René Ariel DOTTI, *Proteção da vida privada e liberdade de informação*, op. cit. cap. 8 nota 2, p. 274; Paul SIEGHART, *The International Law of Human Rights.* Oxford, Clarendon Press, 1983. p. 310-21. O Projeto do Código Civil aprovado pela Câmara dos Deputados foi publicado no *Diário do Congresso Nacional.* Brasília, 15/5/1984, Supl. nº 047.

4. Cf. René Ariel DOTTI, *Proteção da vida privada e liberdade de informação*, op. cit. cap. 8 nota 2, p. 47, 63 e cap. 3 e *passim;* Lord DENNING, *What Next in the Law.* London, Butterworths, 1982. p. 219-68, particularmente p. 219-20 e 248.

5. Paul SIEGHART, *The International Law of Human Rights*, op. cit. cap. 8 nota 3, p. 327-37; René Ariel DOTTI, *Proteção da vida privada e liberdade de informação*, op. cit. cap. 8 nota 2, cap. 3; Freitas NOBRE, *Comentários à Lei de*

Imprensa: Lei nº 5250, de 9/2/1967. 3ª ed. São Paulo, Saraiva, 1985. p. 1-20 e *passim;* Claude-Albert COLLIARD, *Libertés publiques.* 4eme ed. Paris, Dalloz, 1972. p. 315-24, 490-4; Georges BURDEAU, *Les libertés publiques.* 4eme ed. Paris, L.G.D.J., 1972. p. 286-93; KELSEN, State-form and World-out-look. *In:* ——. *Essays in Legal and Moral Philosophy*, op. cit. cap. 2 nota 98, p. 104; Luc FERRY & Alain RENAUT, *Philosophie politique, 3*, op. cit. introd. nota 5, v. 3 128; João ALMINO, *O segredo e a informação: ética e política no espaço público.* São Paulo, Brasiliense, 1982.

6. Gustav RADBRUCH, *Filosofia do direito.* 4ª ed. op. cit. cap. 1 nota 10, v. 2, p. 5-8.

7. Norberto BOBBIO, *Estado, governo, sociedade*, op. cit. introd. nota 4 13-5, 27-31; Hanna Fenichel PITKIN, Justice: on Relating Private and Public. *Poltical Theory, 9* (3): 328-30, ago. 1981; Richard SENNETT, *The Fall of Public Man: on the Social Psychology of Capitalism.* New York, Vintage Books, 1978. cap. 1.

8. Norberto BOBBIO, *Il futuro della democrazia*, op. cit. cap. 2 nota 72, p. 75-86; Carl SCHMITT, *Teoria de la constitución, op.* cit. cap. 2 nota 43, p. 241; Friedrich MEINECKE, *Macchiavellism*, op. cit. cap. 1 nota 7, p. 132.

9. HA, *HC*, p. 18-9, 50-5, 120; idem, *CH*, p. 26-8, 59-65, 133; André ENÉGREN, *La Pensée politique de Hannah Arendt, op.* cit. cap. 4 nota 7, p. 100; Paolo Flores D'ARCAIS, introd., L'esistenzialismo libertario di Hannah Arendt. *In:* HA, *Politica e menzogna*, op. cit. cap. 4 nota 27 p. 54; Bhikhu PAREKH, *Hannah Arendt and the Search for a New Political Philosophy*, op. cit. cap. 3 nota 23, p. 95-6; Hanna Fenichel PITKIN, Justice: on Relating Private and Public, op. cit. cap. 8 nota 7, p. 333.

10. HA, *OT*, p. 403, cap. 11 e 12 e *passim;* idem, *OdT*, v. 3, p. 153, cap. 2 e 3 e *passim;* Norberto BOBBIO, *Il futuro della democrazia*, op. cit. cap. 2 nota 72, p. 90-2; Michel FOUCAULT, *Surveiller et punir.* Paris, Gallimard, 1975. p. 172-229.

11. Paolo Flores D'ARCAIS, introd., L'esistenzialismo libertario di Hannah Arendt. *In:* HA, *Politica e menzogna*, op. cit. 4 nota 7, p. 26.

12. Norberto BOBBIO, *Il futuro della democrazia*, op. cit. cap. 2 nota 72, p. 84-92. Sobre a interpretação arendtiana da nobre mentira, ou seja, do uso político de Deus e da vida depois da morte, que fez Platão no último livro da *República*, cf. Bhikhu PAREKH, *Hannah Arendt and the Search for a New Political Philosophy*, op. cit. cap. 3 nota 23, p. 23-4.

13. HA, *CR*, p. 3-7; idem, *CdR*, p. 13-7; Norberto BOBBIO, *Il futuro della democrazia*, op. cit. cap. 2 nota 72, p. 89 e 95.

14. HA, *EPF*, p. 258 e 253; idem, *EPF*, p. 319 e 312; idem, *CR*, p. 7; idem, *CdR*, p. 16-17. Cf. André ENÉGREN, *La pensée politique de Hannah Arendt*, op. cit., cap. 4 nota 7, p. 169. A importância do problema do relacionamento entre a verdade e a política na reflexão de Hannah Arendt e ao mesmo tempo os dilemas epistemológicos que a proposta arendtiana suscita foram objeto de

interessante artigo de John S. NELSON, Politics and Truth — Arendt's Problematic. *American Journal of Political Science, 22* (2): 270-301, mai. 1978.

15. HA, *CR*, p. 7-47; idem, *CdR*, p. 17-48.

16. Antonio CANDIDO, O saber e o ato. *Língua e Literatura*, São Paulo, 5 (10/13): 120, 1981-1984. (Discurso pronunciado em 30 de agosto de 1984 quando recebeu o título de Professor Emérito da Faculdade de Filosofia, Letras e Ciências Humanas da Universidade de São Paulo.)

17. EUA. LIBRARY OF CONGRESS. *Manuscript Division, The Papers of Hannah Arendt,* Subject File, 1949-75 and Undated, Courses. Container nº 41 — *Basic Moral Propositions — Lectures, 1966.* O texto citado é o da terceira aula (024532).

18. Walter Israel REHFELD, *A experiência do tempo do homem bíblico e suas relações com a experiência religiosa.* São Paulo, W. I. Rehfeld, 1987. p. 152, 166, 107, 137. Tese (livre docência) FFLCH/USP.

19. HA, *LM*, v. 2, p. 203 e seguintes.

20. Michael WALZER, *De l'exode à la liberté*, op. cit. cap. 6 nota 40, p. 25, 26, 33, 105, 91-116.

21. HA, *BPF*, p. 263, 238-41, 243, 249, 252-64; idem, *EPF*, p. 324, 295, 301, 308, 311-25; Paolo Flores D'ARCAIS, introd., L'esistenzialismo libertario di Hannah Arendt. *In:* HA, *Politica e menzogna*, op. cit. cap. 4 nota 27, p. 58-60; Ronald BEINER, Interpretative Essay, *In:* HA, *KPP*, op. cit. introd. nota 13, p. 106-9; idem, *Political Judgment.* London, Methuen, 1983, p. 17-8.

22. A história como disciplina surgiu, entre os gregos, na Antiguidade, no momento em que se tornou independente da poesia — ou seja, dos mitos. Cf. M. I. FINLEY, *Use and Abuse of History,* New York, Viking Penguin, 1987, *passim.* Hannah Arendt tinha muita consciência dos problemas envolvidos no conceito de História. Num dos seus importantes ensaios, também recolhido em *Entre o passado e o futuro,* ela examina longamente o antigo e moderno conceito de História, realçando que o conceito grego de história é o de registrar aqueles feitos e acontecimentos humanos que, pela sua singularidade, conferem aos homens a imortalidade da lembrança. Neste ensaio ela examina o tema da imparcialidade de Homero, tal como ecoa em Heródoto, assim como a objetividade dos múltiplos pontos de vista que caracterizam a narrativa histórica de Tucídides. Ela não deixa de apontar que, para os gregos, o que eram grandes feitos era algo que se colocava como uma evidência. Não é isso o que acontece atualmente. Daí a dimensão problemática do juízo histórico enquanto um juízo reflexivo, como se verá no próximo capítulo. Cf. HA, *BPF*, cap. 2, The Concept of History — Ancient and Modern; idem, *EPF*, cap. 2, O conceito de história — antigo e moderno.

23. Ronald BEINER, Interpretative Essay. *In:* HA, *KPP*, op. cit. introd. nota 13, p. 126-7; HA, *OR*, p. 265-6.

24. MONTAIGNE, Livro I, cap. VI. *In:* ——. *Oeuvres complètes.* Textes établis par Albert Thibaudet & Maurice Rat, introd. et notes par Maurice Rat. Paris, Gallimard, 1962. p. 31.

25. HA, *KPP*, p. 18, 49-50, 60.

26. KANT, *Projet de paix perpetuelle*. 2eme ed., op. cit. cap. 6 nota 34, respectivamente p. 76 e 84-5.

27. Norberto BOBBIO, *Il futuro della democrazia*, op. cit. cap. 2 nota 72, p. 81-5; KANT, Respuesta a la pregunta — que es la Ilustración? *In:* ——. *Filosofia de la historia*, op. cit. cap. 4 nota 13, p. 58-67.

28. HA, *KPP*, p. 40-1.

29. HA, *KPP*, p. 61-3, 64, 70-4; idem, *LM*, v. 1, p. 95-6; idem, *BPF*, p. 219-24; idem, *EPF*, p. 273-9; idem, Thinking and Moral Considerations, op. cit. cap. 3 nota 15, p. 93; Ronald BEINER, Interpretative Essay. *In:* HA, *KPP*, op. cit. introd. nota 13, p. 93; KANT, *Critique de la faculté de juger*, op. cit. cap. 3 nota 31, § 40, p. 126-9; Celso LAFER, *Hannah Arendt*, op. cit. cap. 3 nota 1, p. 67-70.

30. HA, *BPF*, p. 241; idem, *EPF*, p. 299.

31. HA, *HC*, p. 187-8; idem, *CH*, p. 199-200.

32. Norberto BOBBIO, *Il futuro della democrazia*, op. cit. cap. 2 nota 72, p. 77; PLATÃO, Les lois; 701a. *In:* ——. *Oeuvres complètes*, op. cit. cap. 2, nota 70, p. 741-2.

33. HA, *KPP*, p. 72-85; Ronald BEINER, Interpretative Essay. *In:* HA, *KPP*, op. cit. introd. nota 13, p. 118-22 e *passim;* Bhikhu PAREKH, *Hannah Arendt and the Search for a New Political Philosophy*, op. cit. cap. 3 nota 23, p. 1-10; KANT, *Critique de la faculté de juger*, op. cit. cap. 3 nota 31. Introd. IV, p. 27-9; Roger VERNEAUX, *Le vocabulaire de Kant, op.* cit. cap. 3 nota 36, v. 2, p. 249-75.

34. HA, *HC*, p. 173; idem, CM, p. 186.

35. HA, *LM*, v. 1, p. 19, 28, 29, 34, 36, 45, 46, 50; Tomás de AQUINO, *Suma teológica*, op. cit. cap. 2 nota 50, v. 1, 1ª pt., Questão I, artigo 5, p. 5: "Assim, o sentido comum *(sensus communis)* tem por objeto o sensível, que abrange o visível e o audível; por onde, apesar de ser uma só potência, estende-se a todos os objetos dos cinco sentidos"; Celso LAFER, *Hannah Arendt*, op. cit. cap. 3 nota 1, p. 84-5.

36. HA, *KPP*, p. 36, 40-1.

37. HA, *MDT*, p. 8; idem, *HTS*, p. 8 (introduzi algumas modificações no texto traduzido para o português, da edição brasileira).

38. HA, *RV*, p. 105; André ENÉGREN, *La pensée politique de Hannah Arendt*, op. cit. cap. 4 nota 7, p. 56-62.

39. André ENÉGREN, *La pensée politique de Hannah Arendt*, op. cit. cap. 4 nota 7, p. 58 e 68-9.

40. HA, *CR*, p. 162-3; idem, *CdR*, p. 138-9.

41. Cf. Sissela BOK, *Lying: Moral Choice in Public and Private Life*. New York, Vintage Books, 1979. cap. I, cap. II, cap. III, cap. IV, cap. VII. No capítulo I a A. discute o problema epistemológico da verdade; no capítulo II, o efeito da mentira na confiança; no capítulo III, se a mentira pode ou não ser justificada, e é neste capítulo que ela examina a posição de santo Agostinho, Kant, santo

Tomás e Grócio, reproduzindo no apêndice do livro os textos pertinentes; no capítulo IV ela pondera as consequências da mentira e no capítulo VII os critérios para a justificação da mentira. O livro de Bok, cuja primeira edição é de 1978 — portanto posterior à morte de Hannah Arendt — é provavelmente a mais recente análise filosófica do tema da mentira, e leva em conta a reflexão de Hannah Arendt sobre o assunto. Sobre a boa-fé em Cícero — a *fides* — cf. Pe. Milton VALENTE SJ, *A ética estoica em Cícero*. Caxias do Sul, Ed. Univ. de Caxias do Sul, 1984. p. 179-84; sobre o princípio da publicidade como um critério de justiça, numa visão contemporânea, cf. John RAWLS, *A Theory of Justice*, op. cit. cap. 2 nota 92, p. 133. Sobre a boa-fé no Direito Internacional Público cf. Elizabeth ZOLLER, *La bonne foi en droit international public*. Paris, Pedone, 1977. p. 7-8, 35-42 e *passim*; Alain PLANTEY, *La negotiation internationale: principes et méthodes*. Paris, Ed. du CNRS, 1980. p. 116-22.

42. Norberto BOBBIO, *Il futuro della democrazia*, op. cit. cap. 2 nota 72, p. 88, 98-9; Nicolò MACCHIAVELLI, Discorsi sopra la prima deca di Tito Livio. *In*: ——. *Tutte le opere*. v. 1 A cura di Francesco Flora & Carlo Cordiè. Milano, Mondadori, 1949. Livro 3, cap. 6, p. 338.

43. Norberto BOBBIO, *Il futuro della democrazia*, op. cit. cap. 2 nota 72, p. 96, 98, 93; KANT, *Projet de paix perpetuelle*, op. cit. cap. 6 nota 34, 1ª seção, art. 6º, p. 8-12; HA, *KPP*, p. 75; idem, *OT*, p. 285, 419-37; idem, *OdT*, v. 2, p. 226-7; idem, *OdT*, v. 3, p. 172-96.

44. Norberto BOBBIO, *Il futuro della democrazia*, op. cit. cap. 2 nota 72, p. 96-8.

45. HA, *HC*, p. 28-38, 40-6; idem, *CH*, p. 37-48, 50-6; Gunnar MYRDAL, *The Political Element in the Development of Economic Theory*. Transl. from the German by Paul Streeten. London, Routledge & Kegan Paul, 1971, XI, p. 54-5 e cap. 6; Albert O. HIRSCHMAN, *The Passions and the Interests*, op. cit. cap. 3 nota 65; idem, *Saída, voz e lealdade*. Trad. de Ângela de Assis Melim. São Paulo, Perspectiva, 1973; idem, *Shifting Involvements: Private Interest and Public Action*. Princeton, Princeton Univ. Press, 1982, e particularmente o artigo: Contra a parcimônia; três maneiras fáceis de complicar algumas categorias do discurso econômico. *Revista de Economia Política*, São Paulo, 7 (1): 90-103, jan./mar. 1987. Neste artigo Hirschman realça como a abordagem econômica tradicional criticada por Hannah Arendt fornece uma descrição inadequada, mesmo de processos econômicos tão fundamentais como o consumo e a produção. Ele destaca a importância de se distinguir preferências de metapreferências; condutas instrumentais de atividades não instrumentais e a necessidade, para os sistemas econômicos poderem funcionar, de insumos políticos e morais, não redutíveis aos fatores de produção. Cf. também Maria Valeria Julia PENA, Economia e política no pensamento de Albert O. Hirschman: uma análise de três textos. *Revista de Economia Política*, São Paulo, 7 (1): 104-22, jan./mar. 1987, que examina como ele se vale de Hannah Arendt na elaboração do significado da atividade política, mas dela se afasta na me-

dida em que a política, para ele, é apreensível com instrumentos teóricos externos a ela mesma, graças à identificação da política à economia, porque produzida pela economia.

46. HA, *HC*, p. 46, 216-9, 320-3; idem, *CH*, p. 228-32, 333-6; Evaristo de MORAIS FILHO, *O direito e a ordem democrática*. São Paulo, Ed. LTr, 1984. p. 93-140; Noel O'SULLIVAN, Hannah Arendt — a nostalgia helênica e a sociedade industrial. *In:* Anthony de CRESPIGNY & Kenneth H. MINOGUE, orgs. *Filosofia política contemporânea*. Trad. de Yvonne Jean. Brasília, Ed. da UnB, 1979. p. 271-94; Benjamin I. SCHWARZ, The Religion of Politics — Reflections on the Thought of Hannah Arendt. *Dissent*, New York, *17* (2): 144-61, mar./abr. 1970; José Guilherme MERQUIOR, *As ideias e as formas*, Rio de Janeiro, Nova Fronteira, 1981. p. 209-210.

47. Tércio Sampaio FERRAZ JR., *Introdução ao estudo do direito: técnica, decisão, dominação*. São Paulo, Atlas, 1988. p. 129, 133; Hanna Fenichel PITKIN, Justice, op. cit. cap. 8 nota 7, p. 339-40, 342-9.

48. HA, *HC*, p. 50, 71-2; idem, *CH*, p. 59-60, 81-3. A importância, na esfera do privado, da intimidade, ensejadora do calor da proximidade e do amor, na reflexão de Hannah Arendt, está bem sublinhada por Françoise COLLIN, Du privé et du public. *Les Cahiers du Grif, 33*: 42-67, primavera de 1986. Nº especial dedicado a Hannah Arendt.

49. HA, *HC*, p. 61; idem, *CH*, p. 71.

50. HA, *HC*, p. 62, 67, 68, 69, 70, 71-3; idem, *CH*, p. 71-2, 78-9, 80-1, 83; idem, Public Rights and Private Interests: in Response to Charles Frankel. *In:* Michael MOONEY & Florian STUBER, eds., *Small Comforts for Hard Times*, op. cit. cap. 5 nota 11, p. 108.

51. HA, *HC*, p. 74; idem, *CH*, p. 85.

52. HA, *HC*, p. 74-7; idem, *CH*, p. 84-7.

53. HA, *HC*, p. 77; idem, *CH*, p. 87-8.

54. Norberto BOBBIO, *La teoria delle forme di governo nella storia del pensiero politico*, op. cit. cap. 2 nota 103, cap. 5.

55. Cf. HA, *LM*, v. 1, *passim;* idem, *BPF*, cap. 6, p. 197-226; idem, *EPF*, cap. 6 p. 248-81.

56. HA, *HC*, p. 38-9; idem, *CH*, p. 48-9.

57. Jean-Jacques ROUSSEAU, *Essai sur l'origine des langues*, op. cit. cap. 4 nota 39, p. 173-5.

58. Jean-Jacques ROUSSEAU, *Lettre a M. D'Alembert sur les spectacles*. Ed. crítica por M. Fuchs. Genève, Droz, 1948. p. 105.

59. Jean-Jacques ROUSSEAU, *Lettre a M. D'Alembert sur les spectacles*, op. cit. cap. 8 nota 58, p. 126.

60. Erich AUERBACH, *Scenes from the Drama of European Literature*. New York, Meridien Books, 1959, p. 133-79.

61. HA, *BPF*, p. 199; idem, EPF, p. 251.

62. Jean-Jacques ROUSSEAU, La nouvelle Heloise, 2ème pt., Lettre 17; A

Julie. *In:* ——. *Oeuvres complètes.* Publ, comentadas por Bernard Guyon, Jacques Scherer e Charly Guyot. Paris, Gallímard, 1961. t. 2, p. 251 e 252.

63. Cf. HA, *HC*, p. 187; idem, CH, p. 199-200.

64. Jean-Jacques ROUSSEAU, La nouvelle Heloise, 2eme pt., Lettre 21; A Julie. *In:* ——. *Oeuvres complètes*, op. cit. cap. 8 nota 62, t. 2, p. 277.

65. Jean-Jacques ROUSSEAU, La nouvelle Heloise; séconde préface. *In:* ——. *Oeuvres complètes*, op. cit. cap. 8 nota 62, t. 2, p. 22. Hannah Arendt, no ensaio sobre a crise da cultura que integra *BPF*, sublinha a relação dilemática do herói com o mundo que caracteriza o romance como gênero literário, que para ela tem os seus antecedentes muito mais na percepção psicológica que assinala as *Mémoires* de Saint-Simon do que na novela picaresca. HA, *BPF*, p. 200-1; idem, *EPF*, p. 251-2. Ver também Georges LUKÁCS, *La théorie du roman.* Trad. do alemão por Jean Clairevoye. Paris, Gonthier, 1963; Lucien GOLDMANN, *Pour une sociologie du roman.* Paris, Gallimard, 1964.

66. Jean-Jacques ROUSSEAU, Ébauches des confessions. *In:* ——. *Oeuvres complètes.* Ed. publ. por Bernard Gagnerin e Marcel Raymond. Paris, Gallimard, 1959. v. 1, p. 1150.

67. Jean-Jacques ROUSSEAU, Ébauches des confessions. *In:* ——. *Oeuvres complètes*, op. cit. cap. 8 nota 66, v. 1, p. 1153.

68. Jean STAROBINSKI, *J-J. Rousseau: la transparence et l'obstacle — suivi de sept essais sur Rousseau.* 2eme ed. Paris, Gallimard, 1971. p. 216-39. Ver também Maurice BLANCHOT, *Le livre à venir.* Paris, Gallimard, 1959. p. 53-62.

69. HA, Public Rights and Private Interests — in Response to Charles Frankel. *In:* Michael MOONEY & Florian STUBER, eds., *Small Comforts for Hard Times*, op. cit. cap. 5 nota 11, p. 107-8.

70. HA, *MDT*, p. 24; idem, *HTS*, p. 30.

71. HA, *OT*, p. 301; idem, *OdT*, v. 2, p. 243.

72. HA, Public Rights and Private Interests: in Response to Charles Frankel. *In:* Michael MOONEY & Florian STUBER, eds., *Small Comforts for Hard Times*, op. cit. cap. 5 nota 11, p. 106-8. Sobre a importância da amizade e da intimidade na vida de Hannah Arendt, cf. Elizabeth YOUNG-BRUEHL, *Hannah Arendt*, op. cit. cap. 3 nota 2, e Celso LAFER, Arendt — vida e obra. *In:* HA, *HTS*, p. 233-49.

73. Hannah ARENDT, Reflections on Little-Rock. *Dissent*, New York, *6* (1): 52-3, inverno 1959.

74. HA, Reflections on Little-Rock, op. cit. cap. 8 nota 73, p. 53.

75. Cf. Paulo José da COSTA JR., *O direito de estar só*, op. cit. cap. 8 nota 2; idem, O direito de estar só, op. cit. cap. 8 nota 2.

76. Elizabeth YOUNG-BRUEHL, Hannah Arendt's Story-Telling. *Social Research*, New York, *44* (1): 186, primavera 1977.

77. HA, *RV*, p. 21.

78. HA, *RV*, p. 11. A tradução é minha.

79. Jean-Jacques ROUSSEAU, Discours sur l'origine et les fondéments de

l'inégalité parmi les hommes. *In:* ———. *Oeuvres complètes.* Publ. e comentadas por Robert Derathé *et alii.* Paris, Gallimard, 1964. v. 3, Du contrat social, écrits politiques, p. 132.

80. HA, *OR*, p. 54.

81. HA, *OR*, p. 92, 93, 94.

82. HA, *OR*, p. 77, 79; George KATEB, *Hannah Arendt*, op. cit. cap. 3 nota 2, p. 91-4. Cf. igualmente Antonio CANDIDO, *Tese e antítese*, op. cit. cap. 7 nota 28; idem, *Teresina etc.*, Rio de Janeiro, Paz e Terra, 1980, p. 113-8.

83. HA, *OR*, p. 82.

84. HA, *OR*, p. 75.

85. HA, *OR*, p. 74, 81.

86. HA, *OR*, p. 65, 85.

87. HA, *OR*, p. 83-5; cf. Ronald BEINER, *Political Judgment*, op. cit. cap. 8 nota 21.

88. HA, *KPP*, p. 36, 40-1.

89. HA, *LM*, v. 1 177, 192, 193, 199, 213-4; cf. Celso LAFER, *Hannah Arendt*, op. cit. cap. 3 nota 1, p. 81-127.

9. O JUÍZO REFLEXIVO COMO FUNDAMENTO DA RECONSTRUÇÃO DOS DIREITOS HUMANOS (pp. 381-429)

1. Cf. Paul FOULQUIÉ, Jugement. *In:* DICTIONNAIRE *de la langue philosophique.* 4eme ed. Paris, PUF, 1982; Judgment *In:* THE GREAT *Ideas,* 1; A Synopticon of Great Books of the Western World. Ed. Mortimer J. Adler. Chicago, Encyclopaedia Britannica, 1952. v. 1, cap. 41; Ronald BEINER, *Political Judgment,* op. cit. cap. 8 nota 21, cap. 1.

2. Tomás de AQUINO, *Suma teológica,* op. cit. cap. 2 nota 50, v. 5, 2ª pt. da 2ª pt., Questão LX — Do Juízo, art. 1, 4, p. 2506.

3. ARISTÓTELES, *Retórica,* I, 1, 1354a, 1350-16; I, 3, 1358b-30; 1359b-2, 1359-b-20, 1 360b, ed. cit. cap. 1 nota 1, p. 5-6; p. 19-20, p. 21, p. 22-4; Pierre AUBENQUE, *La prudence chez Aristote,* 2eme ed. Paris, PUF, 1976. p. 111-6; Ronald BEINER, *Political Judgment,* op. cit., cap. 8 nota 21, cap. 5.

4. Tomás de AQUINO, *Suma teológica,* op. cit. cap. 2 nota 50, v. 5, 2ª pt. da 2ª pt., Questão XLVII — Da Prudência em si mesma, art. 5, 3, p. 2 415.

5. ARISTÓTELES, *Retórica,* I, 1, 1 355a-5, 19; I, 2, 1 356b, 19, ed. cit., cap. 1 nota 1, p. 7, p. 12; idem, *Organon.* Introd., trad. e note di Giorgio Colli. Torino, Einaudi, 1955, *Topici*-I, 100 a, b, p. 407-8; Roland BARTHES, *La retorica antica.* Trad. de Paolo Fabri. Milano, Bompiani, 1972. p. 66; Ch. PERELMAN, *Logique juridique,* op. cit. introd. nota 11, p. 1-2.

6. Ronald BEINER, *Political Judgment,* op. cit. cap. 8 nota 21, p. 7.

7. HA, *KPP*, p. 63.

8. Ronald BEINER, *Political Judgment*, op. cit. cap. 8 nota 21, XV, 2; Carlo ROSSELLI, *Socialismo liberale*. A cura di John Rosselli, introd. di Norberto Bobbio. Torino, Einaudi, 1979, cf. a introd. de Bobbio, VII-XXXIX e caps. 6 e 7.

9. Norberto BOBBIO, Il modello giusnaturalistico. *In:* Norberto BOBBIO & M. BOVERO, *Societá e stato nella filosofia política moderna*, op. cit., cap. 1 nota 6, p. 20.

10. HA, *LM*, v. 1, p. 13-6; Bertrand de JOUVENEL, *Sovereignty*. Trad. por J. F. Huntington. Chicago, Univ. of. Chicago Press, 1963, cap. 13.

11. LEIBNIZ, Meditation on the Common Concept of Justice. *In:* THE POLITICAL *writings of Leibniz*. Transl. and ed. with an introd. and notes by Patrick Rilley. Cambridge, Univ. Press, 1972. p. 50.

12. Ch. PERELMAN & L. OLBRECHTS-TYTECA, *Traité de l'argumentation*. 2eme ed. op. cit. cap. 2 nota 48, p. 34-40; Tércio Sampaio FERRAZ JR., *Direito, retórica, comunicação*, op. cit. cap. 2 nota 12, 1973. p. 25-30.

13. Norberto BOBBIO, Il modello giusnaturalistico. *In:* Norberto BOBBIO & M. BOVERO, *Società e stato nella filosofia politica moderna*, op. cit. cap. 1 nota 6, p. 23-4; Tércio Sampaio FERRAZ JR., *A ciência do direito*, op. cit. cap. 1 nota 9, p. 18-22.

14. Giambattista VICO, Il metodo degli studi del tempo nostro. *In:* ——. *Opere*, op. cit. cap. 2 nota 95, p. 169-242; cf. Theodor VIEHWEG, *Topica e giurisprudenza*, op. cit. introd. nota 11, p. 9-12.

15. Michel FOUCAULT, *Les mots et les choses*, op. cit. introd. nota 6, p. 89.

16. Norberto BOBBIO, Il modello giusnaturalistico. *In:* Norberto BOBBIO & M. BOVERO, *Società e stato nella filosofia politica moderna*, op. cit. cap. 1 nota 6, p. 21-6; Tullio ASCARELLI, introd., Hobbes e Leibniz e la dogmática giuridica, op. cit. cap. 1 nota 32, p. 3-69; Franz WIEACKER, *História do direito privado moderno*, op. cit. cap. 1 nota 8, p. 309; Tércio Sampaio FERRAZ JR., *A ciência do direito*, op. cit. cap. 1 nota 9, p. 22-6; idem, *Conceito de sistema no direito*, op. cit. cap. 1 nota 8, p. 7-23; idem, *Função social da dogmática jurídica*, op. cit. cap. 1 nota 8, p. 37-75; Ch. PERELMAN, *Logique juridique*, op. cit. introd. nota 11, p. 10-3.

17. ARISTÓTELES, *Étique a Nicomaque*, III, 5; VI, 8-11, ed. cit., cap. 2 nota 62, p. 132-138, 292-304; Cf. Pierre AUBENQUE, *La prudence chez Aristote*, 2eme ed., op. cit., cap. 9 nota 3, caps. 2 e 3; Ronald BEINER, *Political Judgment*, op. cit. cap. 8 nota 21, cap. 4.

18. Norberto BOBBIO, Il modello giusnaturalistico. *In:* Norberto BOBBIO & M. BOVERO, *Società e stato nella filosofia política moderna*, op. cit. cap. 1 nota 6, p. 27.

19. KANT, *Critique de la faculté de juger*, op. cit. cap. 3 nota 31, Introd. IV, p. 27-8; Roger VERNEAUX, *Le vocabulaire de Kant*, op. cit. cap. 3 nota 36, v. 2, cap. 9; Pierre AUBENQUE, *La prudence chez Aristote*, op. cit. cap. 9 nota 3, p. 139-43.

20. Michel VILLEY, pref., La doctrine du droit dans l'histoire de la science juridique. *In:* KANT, *Métaphysique des moeurs*, op. cit. cap. 2 nota 15, p. 10.

21. KANT, *Métaphysique des moeurs*, op. cit. cap. 2 nota 14, pt. 1, § 45, p. 195; cf. Norberto BOBBIO, Il modello giusnaturalista. *In:* Norberto BOBBIO & M. BOVERO, *Società e stato nella filosofia política moderna*, op. cit. cap. 1 nota 6, p. 77.

22. Michel VILLEY, pref., La doctrine du droit dans l'histoire de la science juridique. *In:* KANT, *Métaphysique des moeurs*, op. cit. cap. 2, nota 15, p. 10, 23; Ch. PERELMAN, *Logique juridique*, op. cit introd. nota 11, p. 50-1.

23. Ch. PERELMAN, *Logique juridique*, op. cit. introd. nota 11, p. 14-6, 50-1.

24. Norberto BOBBIO, *Studi hegeliani*, op. cit. cap. 1 nota 15, p. 9-10, 17--20; idem, Il modello giusnaturalistico. *In:* Norberto BOBBIO & M. BOVERO, *Società e stato nella filosofia politica moderna*, op. cit. cap. 1 nota 6, p. 82-97; HEGEL, *Philosophy of Right*, op. cit. cap. 1 nota 15, pref., p. 10, adição p. 224-5. Sobre o vínculo entre a Filosofia do Direito e a Filosofia da História de Hegel, cf. Eric WEIL, La philosophie du droit et la philosophie de l'histoire hégélienne. *In:* HEGEL *et la philosophie du droit*. Paris, PUF, 1979. p. 5-33. Jean-Louis GARDIES, De quelques maléntendus entre Hegel et les juristes. *In:* HEGEL *et la philosophie du droit*, op. cit. cap. 9 nota 24, p. 131-56, aponta, a meu ver com razão, que Hegel, ao contrário de Kant, teve pouco impacto na Filosofia do Direito elaborada por juristas. Com efeito, na elaboração do paradigma da Filosofia do Direito, a reflexão filosófica dos juristas se concentrou no trabalho *a posteriori* de clarificação de conceitos; na apresentação do Direito sob forma dedutiva, acrescentando a estas duas pesquisas de natureza dogmática a investigação do porquê da existência histórica do *corpus* do Direito. Neste sentido, as explicações, no paradigma da Filosofia do Direito, se concentraram no nível do entendimento *(Verstand)*. Já Hegel se concentrou no nível da razão *(Vernunft)*, buscando elevar a Filosofia do Direito ao movimento de conceito, pois para ele o real não existe a não ser na medida em que contém dentro de si a Ideia e a exprime.

25. MONTESQUIEU, De l'esprit des lois. Livro 11, cap. 6, op. cit. cap. 4 nota 18, p. 404. *In: Oeuvres complètes*, v. 2.

26. Cesare BECCARIA, *Del delitti e delle pene*, op. cit. cap. 3 nota 91, p. 18; Ch. PERELMAN, *Logique juridique*, op. cit. introd. nota 11, p. 23-6; Giuseppe LUMIA, *Controllo sociale, giurisdizione e libertà*. Milano, Giuffrè, 1971. p. 106; Luis Recasens SICHES, *Nueva filosofia de la interpretación del derecho*, 2ª ed., op. cit. introd. nota 11, p. 188-210.

27. Tércio Sampaio FERRAZ JR., *A ciência do direito*, op. cit. cap. 1 nota 9, p. 68-86; Miguel REALE, *Estudos de filosofia e ciência do direito*. São Paulo, Saraiva, 1978. p. 72-82; Norberto BOBBIO, *Il positivismo giuridico*, op. cit. cap. 1 nota 3, p. 249-84; Luis RECASENS SICHES, *Nueva filosofia de la interpretación del derecho*. 2ª ed., op. cit. introd. nota 11, p. 211-59; Ch. PERELMAN, *Logique*

juridique, op. cit. introd. nota 11, p. 51-65; Karl ENGISCH, *Introdução ao pensamento jurídico*, 3ª ed., op. cit. introd. nota 11, p. 136-69.

28. Cf. Karl ENGISCH, *Introdução ao pensamento jurídico*. 3ª ed. op. cit. introd. nota 11, p. 61-135; e também o excepcional pref. do trad., J. Baptista MACHADO, VII-LXV; Ch. PERELMAN, *Logique juridique*, op. cit. introd. nota 11, p. 33-69; Luis RECASENS SICHES, *Nueva filosofia de la interpretación del derecho*. 2ª ed., op. cit. introd. nota 11, p. 211-59; Lord DENNING, *The Discipline of Law*. London, Butterworths, 1979. p. 4-57; Giuseppe LUMIA, *Controllo sociale, giurisdizione e libertà*, op. cit. cap. 9 nota 26, p. 100-68.

29. Norberto BOBBIO, Ciencia del derecho y analisis del lenguaje. *In*: ——. *Contribución a la teoria del derecho*, op. cit. cap. 2 nota 12, p. 173-200; Enrico PATTARO, Per una mappa del sapere giuridico. *In*: Uberto SCARPELLI, a cura di, *La teoria generale del diritto*, op. cit. cap. 2 nota 26, 249-79.

30. Cf. Luis RECASENS SICHES, *Experiência jurídica, naturaleza de la cosa y lógica razonable*, op. cit. introd. nota 11; Theodor VIEHWEG, *Topica e giurisprudenza*, op. cit. introd. nota 11; Ch. PERELMAN, *Logique juridique*, op. cit. introd. nota 11.

31. Ch. PERELMAN, *Logique juridique*, op. cit. introd. nota 11, p. 54, 85, 95-6.

32. Ch. PERELMAN, *Logique juridique*, op. cit. introd. nota 11, p. 70, 75; Charles LEBEN, Chaïn Perelman ou les valeurs fragiles. *Droits: Revue Française de Théorie Juridique*, Paris, 1985. v. 2 Les droits de l'homme, p. 107-15; Ch. PERELMAN, *Droit, morale et philosophie*. 2eme ed., op. cit. cap. 2 nota 56, p. 48-50 e seguintes; ARISTÓTELES, *Retórica*, I, 2, 1358a 10-27, ed. cit., cap. 1 nota 1, p. 17.

33. Ch. PERELMAN, *Logique juridique*, op. cit. introd. nota 11, p. 33, 88-94.

34. J. Baptista MACHADO, pref. *In*: Karl ENGISCH, *Introdução ao pensamento jurídico*, op. cit. cap. 3 nota 59, XXV, XVII, XVIII, XXIX, XXX, XXXI, XXXIII, XXXIV, XXXV, XXXVII, LX, LXI, LXIV; cf. também os caps. IV e V e as p. 262-322 do próprio Engisch.

35. Ronald BEINER, *Political Judgment*, op. cit., cap. 8 nota 21, p. 73-8, 94; ARISTÓTELES, *Éthique à Nicomaque*, VI, 10, 11, 12 — 1142 a 30, 1143 a 25, ed. cit. cap. 2 nota 62, p. 298-304.

36. ARISTÓTELES, *Éthique à Nicomaque*, VIII, 1, 1155 a 23-25, ed. cit. cap. 2 nota 62, p. 383.

37. ARISTÓTELES, *Éthique à Nicomaque*, VIII, 11, 1159b 25-35, ed. cit. cap. 2 nota 62, p. 407-8.

38. ARISTÓTELES, *Éthique à Nicomaque*, VIII, 13, 1161a, 30-35, ed. cit. cap. 2 nota 62, p. 416.

39. Cf. Pierre AUBENQUE, *La prudente chez Aristote*, op. cit. cap. 9 nota 3, apêndice, p. 179-83; Eduardo Garcia MAYNEZ, *Doctrina aristotelica de la justicia*. México, UNAM, 1973. cap. 9; Julien FREUND, *L'essence du politique*. 4ª tir. Paris, Sirey, 1986, p. 450-6.

40. HA, *HC*, p. 243; idem, *CH*, p. 254-5.

41. HA, *MDT*, p. 12-26; idem, *HTS*, p. 21-32; idem, *OR*, cap. 2; Ronald BEINER, *Political Judgment*, op. cit. cap. 8 nota 21, p. 120.

42. HA, *BPF*, p. 221; idem, *EPF*, p. 275-6; Celso LAFER, *Hannah Arendt*, op. cit. cap. 3 nota 1, p. 67-9; Ronald BEINER, Interpretative Essay. *In:* HA, *KPP*, op. cit. introd. nota 13, p. 93, 105-6, 140; Ronald BEINER, *Political Judgment*, op. cit. cap. 8 nota 21, p. 15-6.

43. HA, Understanding and Politics, op. cit. cap. 3 nota 12, p. 379, 383, 384; Ronald BEINER, Interpretative Essay. *In:* HA, *KPP*, op. cit. introd. nota 13, p. 95-6; Danielle LORIES, Sentir en commun et juger par soi-même. *Études Phénomenologiques*, Bruxelles, *1* (2): 55-91, 1985.

44. Carl SCHMITT, *La notion du politique*, op. cit. cap. 7 nota 9, p. 68 e seguintes e notas de 1963 ao cap. 3, p. 187-8, e de 1932 ao mesmo capítulo, p. 200; Julien FREUND, *L'essence du politique*, op. cit. cap. 9 nota 39, p. 442-9, 491-3.

45. François BONDY, Carl Schmitt: juriste ou légiste?, op. cit. cap. 7 nota 9, p. 1110-2.

46. Julien FREUND, L'ennemi et le tiers dans l'état. *Archives de Philosophie de Droit*. Paris, 1976. v. 21. Genèse et declin de l'état, p. 23-38.

47. Ronald BEINER, *Political Judgment*, op. cit. cap. 8 nota 21, p. 109; cf. igualmente Roberto ESPOSITO, Hannah Arendt tra voluntá e reppresentazione — per una critica del decisionismo. *Il Mulino*, Bologna, *35* (303) 95-121, jan./fev. 1986.

48. HA, *BPF*, p. 143-5; idem, *EPF*, p. 188-91.

49. HA, *LM*, v. 2 198.

50. Celso LAFER, *Ensaios sobre a liberdade*, op. cit. cap. 2 nota 72, p. 25-9; Sérgio COTTA, Elements d'une phénomenologie de la legitímité, op. cit. cap. 4 nota 43, p. 82-4; Sheldon S. WOLIN, *Politics and Vision*, op. cit. cap. 2 nota 60, p. 243; Norberto BOBBIO, *La teoria delle forme di governo nella storia del pensiero politico*, op. cit. cap. 2 nota 103, caps. 2, 11 e 14; Isaiah BERLIN, *Four Essays on Liberty*, op. cit. cap. 4 nota 33, p. 145-54.

51. Richard J. BERNSTEIN, *Philosophical Profiles*. Cambridge, Polity Press, 1986. p. 226.

52. André ENÉGREN, *La pensée politique de Hannah Arendt*, op. cit. cap. 4 nota 7, p. 137-59; Bhikhu PAREKH, *Hannah Arendt and the Search for a New Political Philosophy*, op. cit. cap. 3 nota 23, p. 2-10.

53. HA, *LM*, v. 1, p. 19-125; Celso LAFER, *Hannah Arendt*, op. cit. cap. 3 nota 1, p. 84-92.

54. HA, *LM*, v. 1 57-8; Bhikhu PAREKH, *Hannah Arendt and the Search for a New Political Philosophy*, op. cit. cap. 3 nota 1, p. 58-61, 78-9.

55. HA, *LM*, v. 1, p. 69, 76, 77, 213-4.

56. HA, *LM*, v. 2, p. 3-5, 27, 34-9; Celso LAFER, *Hannah Arendt*, op. cit. cap. 3 nota 1, p. 101-4.

57. HA, *LM*, v. 2, p. 84-110; Celso LAFER, *Hannah Arendt*, op. cit. cap. 3 nota 1, p. 110-2.

58. HA, *HC*, p. 8-9, 177-8, 191-2, 247; idem, *CH*, p. 16-7, 190-1, 203-5, 259; Hans JONAS, Acting, Knowing, Thinking, op. cit. cap. 3 nota 20 30; Margaret CANOVAN, *The Political Thought of Hannah Arendt*, op. cit. cap. 3 nota 84, p. 124-5; Bernard STEVENS, Action et narrativité chez Paul Ricoeur et Hannah Arendt, *Études Phénomenologiques*, Bruxelles, *1* (2): 98-109, 1985; Celso LAFER, *Hannah Arendt*, op. cit. cap. 3 nota 1, p. 112-3.

59. HA, *LM*, v. 2 123-46; Celso LAFER, *Hannah Arendt*, op. cit. cap. 3 nota 1, p. 113-4.

60. HA, *BPF*, p. 227-64; idem, *EPF*, p. 282-325; Celso LAFER, *Hannah Arendt*, op. cit. cap. 3 nota 1, p. 113-4.

61. HA, *CR*, p. 3-13; idem, *CdR*, p. 13-22.

62. HA, *LM*, v. 2 20, 29, 109-10; *Celso* LAFER, *Hannah Arendt*, op. cit. cap. 3 nota 1, p. 115.

63. André ENÉGREN, *La pensée politique de Hannah Arendt*, op. cit. cap. 4 nota 7 187-90.

64. HA, *LM*, v. 2 29-30, 57-63; cf. Tércio Sampaio FERRAZ JR., La noción aristotélica de justicia. *Atlantida: Revista de Pensamiento Actual*, *7* (38): 178-9, mar./abr. 1969.

65. Cf. Alexandre KOYRÉ, *Estudos galilaicos*. Trad. de Nuno Ferreira da Fonseca. Lisboa, Dom Quixote, 1986. p. 20-8; Uberto SCARPELLI, Scienza, sapere, sapienza. *Rivista Internazionale di Filosofia del Diritto*, Milano, *63* (2): 246-7, abr./jun. 1986.

66. HA, What is *Existenz* Philosophy? *Partisan Review*, op. cit. cap. 3 nota 4 34-46; idem, *HC*, p. 10-1; idem, *CH*, p. 18-9.

67. Cf. Leo STRAUSS, *Natural Right and History*. 7ª imp. Chicago, Univ. of Chicago Press, 1971; Michel VILLEY, *Le droit et les droits de l'homme*, op. cit. cap. 4 nota 8. Uma análise muito pertinente de Strauss e Villey, no contexto dos pressupostos filosóficos dos direitos do homem, se encontra em Luc FERRY & Alain RENAUT, *Philosophie poltique, 3*, op. cit. introd. nota 5, p. 43-69.

68. HA, *LM*, v. 2, p. 196.

69. J. Glenn GRAY, The Abyss of Freedom and Hannah Arendt. *In:* Melvyn A. HILL, ed., *Hannah Arendt: the Recovery of the Public World*. New York, St. Martin's Press, 1979, p. 225.

70. HA, *LM*, v. 1, p. 155.

71. HA, *LM*, v. 2, p. 158, 179, 200-2.

72. HA, *LM*, v. 2, p. 217; J. Glenn GRAY, The Abyss of Freedom and Hannah Arendt. *In:* Melvyn A. HILL, ed., *Hannah Arendt*, op. cit., cap. 9 nota 69, p. 225 e *passim*.

73. As discrepâncias entre Hannah Arendt e Rousseau estão bem apresentadas em Bhikhu PAREKH, *Hannah Arendt and the Search for a New Political Philosophy*, op. cit. cap. 3 nota 23, p. 38-40; e em André ENÉGREN, *La pensée politique de Hannah Arendt*, op. cit. cap. 4 nota 7, p. 103-5.

74. HA, *BPF*, p. 163-5; idem, *EPF*, p. 211-3; idem, *OR*, p. 71-4.

75. HA, *La tradition cachée,* op. cit. cap. 3 nota 11, cap. 3 Une patience active, p. 51-2.

76. HA, *HC*, p. 234-5; idem, *CH*, p. 246-7.

77. HA, *LM*, v. 2, p. 6 e 195.

78. Bhikhu PAREKH, *Hannah Arendt and the Search for a New Political Philosophy,* op. cit. cap. 3 nota 23, p. 13 e 50.

79. HA, *BPF*, p. 151-4, 165-6, 169-71; idem, *EPF*, p. 197-200, 213-5, 218--20; Celso LAFER, *Hannah Arendt,* op. cit. cap. 3 nota 1, p. 73-4.

80. HA, *BPF*, p. 200-1; idem, *EPF*, p. 274-5; Celso LAFER, *Hannah Arendt,* op. cit. cap. 3 nota 1, p. 68-9; Danielle LORIES, Sentir en commun et juger par soi-même, op. cit. cap. 9 nota 43. p. 55-91.

81. Celso LAFER, *Hannah Arendt,* op. cit. cap. 3 nota 1, p. 12.

82. HA, *CR*, p. 9-13; idem, *CdR*, p. 19-22; a grande análise sobre os *problem solvers* a que se refere Hannah Arendt é o livro de David HALBERSTAM, *The Best and the Brightest.* New York, Random House, 1972.

83. Miguel REALE, *Teoria do direito e do estado,* op. cit. cap. 2 nota 78, p. 380.

84. Ronald BEINER, Interpretative Essay. *In:* HA, *KPP,* op. cit. introd. nota 13, p. 92-3, 138-9.

85. Cf. Richard J. BERNSTEIN, *Philosophical Profiles,* op. cit. cap. 9 nota 51, p. 221-37; Ronald BEINER, *Political Judgment,* op. cit. cap. 8 nota 21, p. 109--12; Roberto Mangabeira UNGER, *Knowledge and Politics.* New York, Free Press, 1976. p. 253-9.

86. Uma importante análise que inspirou, a *contrario sensu,* esta colocação sobre a prudência e a razoabilidade é a de Jean J. A. SALMON, Le concept de raisonnable en droit international public. *In:* MÉLANGES *offertes a Paul Reuter,* op. cit. cap. 2 nota 93, p. 447-78.

87. Ronald BEINER, Interpretative Essay. *In:* HA, *KPP*, op. cit. introd. nota 13, p. 142-3; HA, *KPP*, p. 9, 19, 61; Martin HEIDEGGER, *Kant and the Problem of Metaphysics.* Transl. J. S. Churchill. Bloomington, Indiana Univ. Press, 1982. XV.

88. Horácio LAFER, *Tendências filosóficas contemporâneas.* 2ª ed., op. cit. cap. 3 nota 32. Sobre o sentido de devoração antropofágica de Oswald de Andrade cf. Antonio CANDIDO, *Vários escritos. 2ª ed.,* op. cit. introd. nota 13, "4", p. 57-87; Haroldo de CAMPOS, Uma poética da radicalidade, op. cit. introd. nota 13; Benedito NUNES, Antropofagia ao alcance de todos, op. cit. introd. nota 13.

89. HA, *KPP*, p. 8.

90. HA, *KPP*, p. 15.

91. HA, *KPP*, p. 37 e 61. Cf. igualmente W. B. GALLIE, *Philosophers of Peace and War.* Cambridge, Cambridge Univ. Press, 1978. p. 8-36; Celso LAFER, *O Brasil e a crise mundial,* op. cit. cap. 1 nota 7, p. 47-57.

92. KANT, *Critique de la faculté de juger,* op. cit. cap. 3 nota 31, Introd., p. 21-42; Roger VERNAUX, *Le vocabulaire de Kant,* op. cit. cap. 3 nota 36, v. 2, p. 249-59.

93. HA, *LM*, v. 1, p. 236-7.

94. HA, *LM*, v. 1, p. 215-6; Ronald BEINER, Interpretative *Essay. In:* HA, *KPP*, op. cit. introd. nota 13, p. 113-6, que se refere ao diálogo entre Hans Jonas e Hannah Arendt contido em Melvyn A. HILL, *ed., Hannah Arendt*, op. cit. cap. 7 nota 92, p. 311-5.

95. HA, *KPP*, p. 83.

96. HA, *KPP*, p. 36; Ronald BEINER, *Political Judgment*, op. cit. cap. 8 nota 21, p. 35; Roger VERNAUX, *Le vocabulaire de Kant*, op. cit. cap. 3 nota 36, v. 2, p. 260. Hannah Arendt também se refere à introdução de *"Theory and Practice Concerning the Common Saying: This May Be True in Theory but Does not Apply to Practice"*. Cf. *The Philosophy of Kant: Immanuel Kant's Moral and Political Writings.* Ed. with an introduction by Carl J. Friederich. New York, Modern Library, 1949. p. 412-4.

97. HA, *KPP*, p. 63-4; *Ronald* BEINER, Interpretative Essay. *In:* HA, *KPP*, op. cit. introd. nota 13, p. 132-4; idem, *Political Judgment*, op. cit. cap. 8 nota 21, p. 56-62.

98. HA, *KPP*, p. 75-6; KANT, *Critique de la faculté de juger*, op. cit. cap. 3 nota 31, § 25 até § 30, p. 87-114; Ronald BEINER, Interpretative *Essay. In:* HA, *KPP*, op. cit. introd. nota 13, p. 112; idem, *Political Judgment*, op. cit. cap. 8 nota 21, p. 58-63; Danielle LORIES, *Sentir en commun et juger par soi-même*, op. cit. cap. 9 nota 43, p. 55-9.

99. Melvyn A. HILL, ed., *Hannah Arendt*, op. cit. cap. 7 nota 72, p. 317; HA, Public Rights and Private Interests: in Response to Charles Frankel. *In:* Michel MOONEY & Florian STUBER, eds., *Small Confort for Hard Times*, op. cit., cap. 5 nota 11, p. 105; George KATEB, *Hannah Arendt*, op. cit. cap. 3 nota 2, p. 119-121.

100. HA, *BPF*, p. 222-3; idem, *EPF*, p. 276-7; Ronald BEINER, Interpretative Essay. *In:* HA, *KPP*, op. cit. introd. nota 13, p. 104-6.

101. Ronald BEINER, *Political Judgment*, op. cit. cap. 8 nota 21, p. 38-63, 104-5.

102. KANT, *Critique de la faculté de juger*, op. cit. cap. 3 nota 31, Introd.-IV, p. 27-8; Ronald BEINER, *Political Judgment*, op. cit. cap. 8 nota 21, p. 33.

103. HA, *KPP*, p. 76-7.

104. HA; *KPP*, p. 79-85; KANT, *Critique de la raison pure*, op. cit. cap. 7 nota 24, Livro II, cap. 1: Do esquematismo dos conceitos puros do entendimento, p. 150-6; KANT, *Critique de la faculté de juger*, op. cit. cap. 3 nota 31, § 22, p. 79-80.

105. Ronald BEINER, nota introdutória a Imagination. *In:* HA, *KPP*, p. 79; HA, *EeJ*/Resenha de Celso Lafer, op. cit., cap. 6 nota 7, p. 312-3.

106. HA, *HC*, p. 235, nota 75; idem *CH*, p. 247, nota 75; idem, *BPF*, p. 262; idem, *EPF*, p. 323; idem, *MDT*, p. 104-5; idem, *HTS*, p. 95; Elizabeth YOUNG-BRUEHL, Hannah Arendt's Story-Telling, op. cit. cap. 8 nota 76, p. 183-90; Ernst VOLLRATH, Hannah Arendt and the Method of Political Thinking. *Social*

Research, New York, *44* (1): 174-7, primavera de 1977; Ronald BEINER, Interpretative Essay. *In:* HA, *KPP*, op. cit. introd. nota 13, p. 100, 131, 143-5, 152-5; idem, *Political Judgment,* op. cit. cap. 8 nota 21, p. 112.

107. Ronald BEINER, *Political Judgment,* op. cit. cap. 8 nota 21, p. 106-9, 117-9.

108. HEGEL, *Philosophy of Right,* op. cit. cap. 1 nota 15, § 118, p. 80-1.

109. Ronald BEINER, *Political Judgment,* op. cit. cap. 8 nota 21, p. 151.

110. Karl JASPERS, *Autobiographie Philosophique,* op. cit. cap. 3 nota 8, p. 144-6.

111. Raymond ARON, Karl Jaspers et la politique, op. cit. cap. 3 nota 28, p. 530-8.

112. Sobre estes aspectos do juízo político cf. Ronald BEINER, *Political Judgment,* op. cit. cap. 8 nota 21, p. 118, 134.

113. Tércio Sampaio FERRAZ JR., *Introdução ao estudo do direito: técnica, decisão, dominação.* Op. cit. cap. 8 nota 47, p. 314.

114. Hannah ARENDT, Philosophie et politique. Trad. de l'américain par Françoise Collin. *Les Cahiers du Grif.* Paris, *33*: 85-94, primavera de 1986.

115. GOETHE, *Fausto* — a primeira parte e o quinto ato da segunda parte; I, 1996-1997. Trad. de Jenny Klabin Segall. São Paulo, Inst. Progresso Ed., 1949. p. 114.

116. HA, Seule demeure la langue maternelle, op. cit. cap. 3 nota 10, p. 9, 38; Marie-Anne LESCOURRET, Hannah Arendt — une femme sans qualités, *Critique, 487*: 1039-43, dez. 1987.

Bibliografia

ABI-SAAB, George. Wars of National Liberation and the Laws of War. *In:* FALK, Richard; KRATOCHWILL, Friedrich & MENDLOWITZ, Saul, ed. *International Law: a Contemporary Perspective.* Boulder, Westview Press, 1985.

ABREU, João Leitão de. Lei natural e lei jurídica. *In:* ESTUDOS *de Direito Público em Homenagem a Aliomar Baleeiro.* Brasília, Editora da Universidade de Brasília, 1976.

ACCIOLY, Hildebrando. *Tratado de direito internacional público.* 2ª ed. Rio de Janeiro, Gráf. IBGE, 1956-1957. 3 v.

AKZIN, Benjamin. *States and Nations.* New York, Anchor Books, 1966.

ALLAU, Dennis. Cinq questions sur la responsabilité internationale. *Droits: revue française de théorie juridique.* Paris, *2*, 1985.

ALMINO, João. O *segredo e a informação: ética e política no espaço público.* São Paulo, Brasiliense, 1982.

AQUINO, Thomas de. *Suma teológica.* Trad. de Alexandre Corrêa, org. de Rosílio Costa e Luiz A. Boni, introd. de Martin Grabsmann. 2ª ed. Porto Alegre, Sulina, 1980. V. 1, 5 e 6.

ARENDT, Hannah. *Between Past and Future: Eight Exercises in Political Thought.* New York, Viking Press, 1968.

———. The Concentration Camps. *Partisan Review, 7,* jul. 1948

———. *A Condição humana.* Trad. de Roberto Raposo, introd. de Celso Lafer. Rio de Janeiro, Forense, 1981.

———. *Condition de l'homme moderne.* Pref. de Paul Ricoeur. Paris, Calmann Lévy, 1983.

———. *Crises da república*. Trad. de José Volkmann. São Paulo, Perspectiva, 1973.
———. *Crisis of the Republic*. New York, Harcourt, Brace Jovanovich, 1972.
———. *Die Verbogene Tradition: Acht essays*. Frankfurt, Suhrkamp Verlag, 1976.
———. *Du mensonge à la violence: essais de politique contemporaine*. Paris, Calmann-Lévy, 1972.
———. *Eichmann em Jerusalém: um relato sobre a banalidade do mal*. Trad. de Sonia Orieta Heinrich, apresentação Tércio Sampaio Ferraz Jr., São Paulo, Diagrama & Texto, 1983.
———. *Eichmann in Jerusalem: a Report on the Banality of Evil*. Revised and enlarged ed. New York, Viking Press, 1965.
———. *Entre o passado e o futuro*. Trad. de Mauro W. Barbosa de Almeida, introd. de Celso Lafer. São Paulo, Perspectiva, 1972.
———. French Existencialism. *The Nalion*, 23 feb. 1946.
———. *Hannah Arendt — Karl Jaspers Briefwechsel: 1926-1929*. Herausgegeben Lotte Köhler & Hans Saner. München, Pipper, 1985.
———. *Homens em tempos sombrios*. Trad. de Denise Bottmann, posfácio de Celso Lafer. São Paulo, Companhia das Letras, 1987.
———. *The Human Condition*. Chicago, Univ. of Chicago Press, 1958.
———. *The Jew as Pariah*. Ed. and introd. by Ron H. Feldman. New York, Grove Press, 1979.
———. *Lectures on Kant's Political Philosophy*. Ed. and with an interpretative essay by Ronald Beiner. Chicago, Univ. of Chicago Press, 1982.
———. *The Life of the Mind*. New York, Harcourt, Brace Jovanovich, 1978. 2 v.
———. *Macht und Gewalt*. München, Piper, 1970.
———. *Men in Dark Times*. New York, Harcourt, Brace and World, 1968.
———. *On Revolution*. 2nd ed. rev. New York, Viking Press, 1965.
———. *On Violence*. New York, Harcourt, Brace and World, 1970.
———. *As origens do totalitarismo*. Trad. de Roberto Raposo, introd. de Celso Lafer. 2ª ed. Rio de Janeiro, Documentário, 1979. V. 1 Antissemitismo, instrumento de poder.
———. Trad. de Roberto Raposo, introd. de Oliveiros S. Ferreira. Rio de Janeiro, Documentário, 1976. V. 2 Imperialismo, expansão do poder.
———. Trad. de Roberto Raposo, pref. de Marcos Margulies. Rio de Janeiro, Documentário, 1979. V. 3 Totalitarismo, o paroxismo do poder.
———. *The Origins of Totalitarianism*. New ed. with added prefaces. New York, Harvester Book, 1973.
———. *The Papers of Hannah Arendt*. Washington, Library of Congress, Manuscript Division.
———. Personal Responsibility under Dictatorship. *The Listener*, London, BBC, 6/8/1964.
———. Philosophie et politique. Trad. de l'américain par Françoise Collin. *Les Cahiers du Grif*, Paris, 33, primavera 1986.

———. *Politica e menzogna.* Introd. de Paolo Flores d'Arcais. Milano, Sugar Ed., 1985.

———. Public Rights and Private Interests; in Response to Charles Frankel. *In:* MOONEY, Michael & STUBER, Florian, eds. *Small Comforts for Hard Times: Humanists on Public Poticy.* New York, Columbia Univ. Press, 1977.

———. *Rahel Varnhagen: the Life of a Jewish Woman.* Revised ed. New York, Harcourt, Brace Jovanovich, 1974.

———. Reflections on Little Rock. *Dissent,* New York, *6* (1), inverno 1959.

———. A Reply. *Review of Politics, 15,* jan. 1953.

———. The Rights of Man, What Are They? *Modern Review,* New York, *3* (1), verão de 1949.

———. Seule demeure la langue maternelle, entrev. a Günter Gauss. Trad. de Sylvie Courtine Denamy. *Esprit,* Paris, 42, jun. 1980.

———. Thinking and Moral Considerations: a Lecture. *Social Research,* New York, *38* (3), outono 1971.

———. *La tradition cachée: le juif comme paria.* Textes trad. de l'allemand et de l'anglais par Sylvie Courtine Denamy. Breteuil-sur-Iton, Christian Bourgois Ed., 1987.

———. Understanding and Politics. *Partisan Review, 20* (5), set./out. 1953.

———. *Vies politiques.* Paris, Gallimard, 1974.

———. What is *Existenz* Philosophy? *Partisan Review,* inverno de 1946.

ARISTÓTELES. *Éthique a Nicomaque.* Trad., introd. e notas de J. Tricot. 3eme ed. Paris, Vrin, 1972.

———. *Organon.* Trad., introd. e notas de Giorgio Colli. Torino, Einaudi, 1955.

———. *La politique.* Trad., introd. e notas de J. Tricot. 2eme ed. Paris, Vrin, 1970.

———. *Retórica.* Ed. de texto, com aparato crítico, trad., prólogo e notas por Antonio Tovar. 3ª ed. corr. Madrid, Centro de Estudios Constitucionales, 1985.

ARON, Raymond. De l'objection de conscience. *Commentaire,* Paris, *8* (28/29), fev. 1985. Nº especial: Raymond Aron, 1905-1983; histoire et politique.

———. *Essai sur les libertés.* 2eme ed. Paris, Calmann-Lévy, 1976.

———. L'essence du totalitarisme selon Hannah Arendt. *Commentaire,* Paris, *8* (28/29), fev. 1985. Nº especial: Raymond Aron, 1905-1983; histoire et politique.

———. *Les étapes de la pensée sociologique.* Paris, Gallimard, 1967.

———. *Études politiques.* Paris, Gallimard, 1972.

———. *German Sociology.* Trad. de Mary e Thomas Bottomore. London, Heinemann, 1957.

———. *Histoire et dialectique de la violence.* Paris, Gallimard, 1973.

———. Karl Jaspers et la politique. *Commentaire,* Paris, *8* (28/29), fev. 1985. Nº especial: Raymond Aron, 1905-1983; histoire et politique.

———. *Mémoires, 50 ans de réfléxion politique.* Paris, Julhard, 1983.

———. *Penser la guerre, Clausewitz.* Paris, Gallimard, 1976. 2 v.

———. *Le spectateur engagé.* Paris, Gallimard, 1981.

ARRUDA, João. *Filosofia do Direito.* 3ª ed. São Paulo, Fac. de Direito da USP, 1942. 2 v.

ASCARELLI, *Tulio. Corso di diritto commerciale.* 3ª ed. Milano, Giuffrè, 1962.

———. introd. Hobbes e Leibniz e la dogmatica giuridica. *In:* HOBBES — *A Dialogue between a Philosopher and a Student of the Common Laws of England* & LEIBNIZ, *Specimen quaestionum philosophicarum ex iure collectarum. De casibus perplexis. Doctrina conditionum. De legum interpratatione.* Milano, Giuffrè, 1960.

ATIANZA, Manuel. La filosofia del derecho de Felipe Gonzalez Vicén. *In:* EL LENGUAJE *del derecho: homenaje a Genero Carrió.* Buenos Aires, Abelardo Perrot, 1983.

AUBENQUE, Pierre. *La prudence chez Aristote.* 2eme ed. Paris, PUF 1976.

AUERBACH, Erich. *Scenes from the Drama of European Literature.* New York, Meridien Books, 1959.

AULARD, Alphonse & MIRKINE-GUETZÉVITCH, Boris. *Les déclaratíons des droits de l'homme...* Réimpression de l'éd. de Paris, 1929. Darmstadt, Scientia Verlag Aalen, 1977.

AUSTIN, J. L. *How to Do Things with Words.* Eds. J. O. Urmson e Marina Sbivà. 2nd ed. Cambridge, Mass., Harvard Univ. Press, 1975.

AYER, A. J. The Principle of Utility. *In:* KEETON, George W. & SCHWARZENBERGER, Georg. *Jeremy Bentham and the Law: a Symposium.* Westport, Greenwood Publ., 1970.

THE BABYLONIAN TALMUD. Seder Nezikin — Sanhedrin. Ed. inglesa editada por I. Epstein, trad. deste tratado por Jacob Shachter & H. Freedman. London, Soncino Press, 1935.

BALLADORE-PALLIERI, G. *et alii. La crisi del diritto.* Padova, Cedam, 1953.

BAPTISTA, Luiz Olavo & DURAND-BARTHEZ, Pascal. *Les associations d'entreprises ('joint ventures') dans le commerce international.* Paris, Feduci & L.G.D.J., 1986.

BARBALHO, João. *Constituição Federal Brasileira: comentários.* 2ª ed. Rio de Janeiro, Briguiet, 1924.

BARBOSA, João Alexandre. *A tradição do impasse.* São Paulo, Ática, 1974.

BARBOSA, Rui. Reforma do ensino secundário e superior, 1882. Pref. rev. de Thiers Martins Moreira. *In:* ———. *Obras completas.* Rio de Janeiro, Ministério da Educação e Cultura, 1942. V. 9, t. 1.

BARON, Jeanneth M. Hannah Arendt — Personal Reflections. *Response,* verão de 1980. Nº especial: Hannah Arendt, a Retrospective Symposium.

BARRETO, Tobias. *Estudos de direito e política.* Rio de Janeiro, Inst. Nacional do Livro, 1962.

BARROS, Roque Spencer Maciel. *A ilustração brasileira e a ideia de universidade*. São Paulo, Fac. de Filosofia, Ciências e Letras da USP, Boletim nº 231. História e Filosofia da Educação, nº 2, 1959.

BARTHES, Roland. *La retorica antica*. Trad. de Paolo Fabri. Milano, Bompiani, 1972.

BASTOS, Aurélio Wander. O estado e a formação dos currículos jurídicos no Brasil. *In:* ——, ed. *Os cursos jurídicos e as elites brasileiras: ensaios sobre a criação dos cursos jurídicos*. Brasília, Câmara dos Deputados, 1978.

BECCARIA, Cesare. *Del delitti e delle pene*. Milano, Giuffrè, 1973.

BEINER, Ronald. Interpretative Essay. *In:* ARENDT, Hannah. *Lectures on Kant's Political Philosophy*. Ed. by Ronald Beiner. Chicago, Univ. of Chicago Press, 1982.

———. *Political Judgment*. London, Methuen, 1983.

BENJAMIN, Walter. *llluminations*. Edit. with an introd. by Hannah Arendt. New York, Schocken Books, 1969.

BENTHAM, Jéremie. Deontologie ou science de la morale. *In:* ——. *Oeuvres*. Bruxelles, Société Belge de Librairie, 1840. V. 3.

———. De l'organisation judiciaire et de la codification. *In:* ——. *Oeuvres*. Bruxelles, Société Belge de Librairie, 1840. V. 3.

———. *Fragmento sobre el gobierno*. Trad. de Julian Larios Ramos. Madrid, Aguilar, 1973.

———. *An Introduction to the Principles of Morals and Legislation*. Ed. by J. H. Burns & H. L. A. Hart. London, The Athlone Press, 1970.

BERLIN, Isaiah. *Against the Current: Essays in the History of Ideas*. Ed. by Henry Hardy, introd. by Roger Hauscheer. Oxford, Oxford Univ. Press, 1981.

———. *Four Essays on Liberty*. London, Oxford Univ. Press, 1969.

———. *Russian Thinkers*. Ed. by Henry Hardy & Aileen Kelly, introd. by Aileen Kelly. Reimp. Harmondsworth, Penguin Books, 1984.

BERMAN, Saul. Noachide Laws in Jewish Law. *In:* ENCYCLOPAEDIA judaica. Jerusalém, Keter Publ. House, 1972. V. 12.

BERNSTEIN, Richard J. *Philosophical Profiles*. Cambridge, Policy Press, 1986.

BIALE, David. Arendt in Jerusalém. *Response*, verão 1980. Nº especial: Hannah Arendt, a Retrospective Symposium.

BÍBLIA de Jerusalém. São Paulo, Paulinas, 1981.

BILDER, Richard. *Managing the Risks of International Agreement*. Madison, Univ. of Wisconsin Press, 1981.

BIRKY, Robert H. *The Court and Public Policy*. Washington, Congressional Quarterly, 1983.

BLANCHOT, Maurice. *Le livre à venir*. Paris, Gallimard, 1959.

BOBBIO, Norberto. *O conceito de sociedade civil*. Trad. de Carlos Nelson Coutinho. Rio de Janeiro, Graal, 1982.

———. Le contrat social, aujourd'hui. *In:* LE PUBLIC e le privé; actes du congrès, Venise, 12-15/12/1978. Roma, Ist. de Studi Filosofici, 1979.
———. *Contribución a la teoria del derecho.* Ed. e introd. de Alfonso Ruiz Miguel. Valencia, Fernando Torres, 1980.
———. *Da Hobbes a Marx.* 2ª ed. Napoli, Morano, 1971.
———. *Dalla struttura alla funzione: nuovi studi di teoria del diritto.* Milano, Ed. di Comunità, 1977.
———. Desobediência civil. *In:* BOBBIO, Norberto *et alii. Dicionário da política.* Redator Gianfranco Pasquino, redatores da ed. espanhola José Aricó e Jorge Tula. México, Siglo XXI, 1982.
———. *Diritto e stato nel pensiero di Emmanuele Kant.* 2ª ed. rev. e aum. Torino, Giappichelli, 1969.
———. *Estado, governo, sociedade: para uma teoria geral da política.* Trad. Marco Aurélio Nogueira. Rio de Janeiro, Paz e Terra, 1987.
———. *Estudios de história de la filosofia: de Habbes a Gramsci.* Trad. de Juan Carlos Bayon. Madrid, Debate, 1985.
———. *Il futuro della democrazia.* Torino, Einaudi, 1984.
———. *Giusnaturalismo e positivismo giuridico.* 2ª ed. Milano, Ed. di Comunità, 1972.
———. *La ideologia e il potere in crise.* Firenze, Le Monnier, 1981.
———. Kelsen e il problema del potere. *Rivista Internazionale di Filosofia del Diritto,* Milano, 58, 1981.
———. Kelsen et les sources du droit. *Revue Internationale de Philosophie, 138,* 1981.
———. *Liberalismo e democracia.* Trad. de Marco Aurélio Nogueira. São Paulo, Brasiliense, 1988.
———. *Locke e il diritto naturale.* Torino, Giappichelli, 1963.
———. Il modello giusnaturalistico. *In:* BOBBIO, Norberto & BOVERO, M. *Società e stato nella filosofia politica moderna.* Milano, Il Saggiatori, 1979.
———. Norma. *In:* ENCICLOPEDIA Einaudi. Torino, Einaudi, 1980. V. 9 Mente--Operazioni.
———. *Il positivismo giuridico: lezioni di filosofia del diritto.* Racolta del Dott. Nello Morro. 2ª ed. Torino, Giappichelli, 1979.
———. *Il problema della guerra e le vie della pace.* Bologna, Il Mulino, 1979.
———. *Quale socialismo?* Torino, Einaudi, 1976.
———. Rapporti internazionali e marxismo. *In:* FILOSOFIA *e politica: studi dedicati a Cesare Luporini.* Firenze, La Nuova Italia, 1981.
———. La resistenza all'oppressione, oggi. *In:* STUDI *Sassaresi.* Milano, Giuffrè, 1973. V. 3 Autonomia e diritto di resistenza.
———. Riforma e rivoluzione. *Il Mondo Contemporaneo,* Firenze, 9, 1979.
———. *Studi hegeliani.* Torino, Einaudi, 1981.
———. *Studi per una teoria generale del diritto.* Torino, Giappichelli, 1970.
———. *Teoria della norma giuridica.* Torino, Giappichelli, 1958.

———. *Teoria della scienza giuridica.* Torino, Giappichelli, 1950.

———. *La teoria delle forme di governo nella storia del pensiero politico.* Torino, Giappichelli, 1976.

———. *Teoria dell'ordinamento giuridico.* Torino, Giappichelli, 1960.

———. Teoria sociologica e teoria generale del diritto. *In:* TREVES, Renato, a cura di. *La sociologia del diritto: un dibattito.* Milano, Giuffrè, 1974.

———. Un dimenticato teorico del diritto — Ernest Roguin. *In:* SCRITTI *in onore di Salvatore Pugliatti.* Milano, Giuffrè, 1978. V. 4 Scritti storici-filosofici.

———. introd. *In:* ROSSELLI, Carlo. *Socialismo liberale.* A cura di John Rosselli. Torino, Einaudi, 1979.

——— & TREVES, Renato. Teoria del diritto e sociologia del diritto in Marx. *Sociologia del Diritto,* Milano, 2, 1978.

BODIN, Jean. *Les six livres de la republique.* Reimpressão da ed. de Paris de 1583. Darmstadt, Scientia Verlag Aalen, 1977.

BOK, Sissela. *Lying: Moral Choice in Public and Private Life.* New York, Vintage Books, 1979.

BONAVIDES, Paulo. *Política e constituição: os caminhos da democracia.* Rio de Janeiro, Forense, 1985.

BONDY, François. Carl Schmitt — juriste ou legiste?. *Commentaire,* Paris, *32,* inverno de 1985-1986.

BOTSTEIN, Leon. Hannah Arendt — the Jewish Question. *The New Republic,* 21/10/1978.

———. Liberating the Pariah — Politics, the Jews and Hannah Arendt. *Salmagundi,* Saratoga Springs New York, *60,* primavera/verão 1983. Nº especial dedicado a Hannah Arendt intitulado: Politics and the Social Contract.

BRASIL *nunca mais: um relato para a história.* Pref. de D. Paulo Evaristo Arns. Petrópolis, Vozes, 1985.

BRENNAN JUNIOR, William J. In Defense of Dissents. *The Pennsylvania Gazette,* fev. 1986.

BRIGGS, Herbert W. *The International Law Commission.* Ithaca, Cornell Univ. Press, 1965.

———. *The Law of Nations.* 2nd ed. New York, Appleton-Century-Crofts, 1952.

BRIMO, Albert. *Les grands courants de la philosophie du droit et de l'état.* 2eme ed. rev. e aum. Paris, Pedone, 1968.

BUCK, Henri. La resistence — l'experience belge. *Annales de Philosophie Politique,* Paris, 1970. V. 9 La guerre et ses théories.

BUENO, José Antonio Pimenta. *Direito público brasileiro e análise da constituição do império.* Rio de Janeiro, Ministério da Justiça e Negócios Interiores. Serviço de Documentação, 1958.

BULL, H. The Grotian Conception of International Society. *In:* BUTTERFIELD,

Herbert & WIGHT, Martin, ed. *Diplomatic Investigations.* London, Allen and Unwin, 1966.

BURDEAU, Georges. *Les libertés publiques.* 4eme ed. Paris, L.G.D.J., 1972.

CACHOEIRA, Visconde da (MELO, Luis José de Carvalho e). *Estatutos dos cursos jurídicos.* Introd. de Alberto Venancio Filho. Rio de Janeiro, Inst. dos Advogados Brasileiros, 1977.

CAHALI, Yussef Said. *Estatuto do estrangeiro.* São Paulo, Saraiva, 1983.

CAMPINOS, Jorge. *Direito internacional dos direitos do homem: textos básicos.* Coimbra, Coimbra Ed., 1984.

CAMPOS, Haroldo de, introd. Uma poética da radicalidade. *In:* ANDRADE, Oswald de. *Obras completas.* 3ª ed. Rio de Janeiro, Civilização Brasileira, 1972. V. 7 Poesias reunidas.

CANDIDO, Antonio. *Formação da literatura brasileira.* 6ª ed. Belo Horizonte, Itatiaia, 1981.

———. *O método de Sílvio Romero.* 2ª ed. São Paulo, Fac. de Filosofia, Ciências e Letras da USP. Boletim nº 266. Teoria Literária e Literatura Comparada, nº 1, 1963.

———. A passagem do dois ao três: contribuição para o estudo da mediação na análise literária. *Revista de História,* São Paulo, *100*, 1974.

———. O saber e o ato. *Língua e Literatura,* São Paulo, *5* (10/13), 1981-1984.

———. *Terezina etc.* Rio de Janeiro, Paz e Terra, 1980.

———. *Tese e antítese.* São Paulo, Ed. Nacional, 1964.

———. *Vários escritos.* 2ª ed. São Paulo, Duas Cidades, 1977.

CANOVAN, Margaret. *The Political Thought of Hannah Arendt.* New York, Harcourt, Brace Jovanovich, 1974.

CAPOTORTI, Francesco. *Study on the Rights of Persons Belonging to Ethnic, Religious and Linguistic Minorities.* United Nations E/CN4/SUB 2/384/ Rev. 1, 1979.

CARBONNIER, Jean. *Flexible droit.* 2eme ed. Paris, L.G.D.J., 1971.

———. *Droit civil, 1.* 14eme ed. Paris, PUF, 1982. V. 1 Introduction, Les personnes.

———. *Droit civil, 3.* 10eme ed. Paris, PUF, 1980. V. 3 Les biens.

CARCATERRA, Gaetano. *La forza costitutiva delle norme.* Roma, Bulzoni, 1979.

CARPENTER, L. P. *G. D. H. Cole: an Intellectual Biography.* Cambridge, Univ. Press, 1973.

CASELLA, Paulo Borba. Refugiados. *Revista de Informação Legislativa,* Brasília, *21* (84), out./dez. 1984.

CASTÁN TOBENAS, José. *Los derechos del hombre.* 2ª ed. Madrid, Reus, 1976.

CASTORIADIS, Cornelius. The Destinies of Totalitarianism. *Salmagundi,* Saratoga Springs, New York, *60*, primavera/verão de 1983. Nº especial dedicado a Hannah Arendt intitulado: Politics and the Social Contract.

CAVALCANTI FILHO, Theophilo, introd. Papel desempenhado por Fundamentos do Direito na filosofia jurídica nacional. *In:* REALE, Miguel. *Fundamentos do Direito.* 2ª ed. rev. São Paulo, Ed. Revista dos Tribunais, 1972.

CHACON, Vamireh. Uma filosofia liberal do direito. *In:* RAWLS, John. *Uma teoria da justiça.* Brasília, Ed. da UnB, 1980.

CHANTRAINE, P. *Dictionnaire étymologique de la langue grecque.* Paris, Éd. Klincksieck, 1983.

CHAVES, Antonio. *Lições de direito civil.* São Paulo, Bushatsky & EDUSP, 1972. V. 3 Parte geral.

CHEVALIER, Jean Jacques. L'idée de nation et l'idée d'état. *Annales de Philosophie Politique,* Paris, 1968. V. 8 L'idée de nation.

———. La legitimité selon G. Ferrero. *Annales de Philosophie Politique,* Paris, 1967. V. 7 L'idée de legitimité.

CICERO. *De re publica, de legibus.* English transl. by Clinton Walder Keyes. London, The Loeb Classical Library, 1952.

COELHO, Luiz Fernando. *Introdução à crítica do direito.* Curitiba, HDV, 1983.

COHN, Gabriel. *Crítica e resignação: fundamentos da sociologia de Max Weber.* São Paulo, T. A. Queiroz, 1979.

COING, H. Signification de la notion de droit subjectif. *Archives de Philosophie du Droit,* Paris, 1964. V. 9 Le droit subjectif en question.

COLLIARD, Claud-Albert. *Libertés publiques.* 4eme ed. Paris, Dalloz, 1972.

COLLIN, Françoise. Du privé et du public. *Les Cahiers du Grif, 33,* primavera de 1986. Nº especial dedicado a Hannah Arendt.

COMANDUCCI, Paolo. *L'illuminismo giuridico: antologia di scritti giuridici.* Bologna, Il Mulino, 1978.

COMPARATO, Fabio Konder. Liberdades formais e liberdades reais. *In:* CONFERÊNCIA Nacional da Ordem dos Advogados do Brasil (8º 18-22 maio 1980: Manaus). *Anais...* liberdade. S. n. t. Tese nº 31.

———. Segurança e democracia. *In:* DIREITO, *cidadania e participação.* Org. Bolivar Lamounier, Francisco C. Weffort & Maria Victoria Benevides. São Paulo, T. A. Queiroz, 1981.

CONSTITUIÇÃO *do Brasil e constituições estrangeiras.* Brasília, Senado Federal. Subs. de Edições Técnicas, 1987. 3 v.

LES CONSTITUTIONS *de la France.* Org. Charles Belbasch & Jean-Marte Pontier. Paris, Dalloz, 1983.

CONTE, Amedeo G. Regola costitutiva, condizioni, antinomia. *In:* SCARPELLI, Uberto, a cura di. *La teoria generale del diritto: problemi e tendenze attuali: studi dedicati a Norberto Bobbio.* Milano, Ed. di Comunità, 1983.

CORRÊA, Alexandre. *Ensaios políticos e filosóficos.* São Paulo, Convívio, 1984.

——— & SCIACIA, Gaetano. *Manual de direito romano.* 2ª ed. rev. e aum. São Paulo, Saraiva, 1953.

CORWIN, Edward S. *The Constitution and What it Means Today.* 12th ed. New York, Atheneum, 1964.

———. *The Higher Law Background of American Constitutional Law*. New York, Cornell Univ. Press, 1955.

COSTA, João Cruz. *Contribuição à história das ideias no Brasil*. Rio de Janeiro, José Olympio, 1956.

COSTA JÚNIOR, Paulo José. *O direito de estar só: tutela penal da intimidade*. São Paulo, Ed. Revista dos Tribunais, 1970.

———. O direito de estar *só*. *Problemas Brasileiros*, São Paulo, *23* (258), jul./set. 1986.

COTTA, Sergio. Elements d'une phénomenologie de la légitimité. *Annales de Philosophie Politique*, Paris, 1967. V. 7 L'idée de légitimité.

———. *Primi orientamenti di filosofia del diritto*. Torino, Giappichelli, 1966.

CRETELLA JÚNIOR, José. *Curso de filosofia do direito*. 3ª ed. Rio de Janeiro, Forense, 1983.

CRICK, Bernard. On Rereading *The Origins of Totalitarianism*. *Social Research*, New York, *44* (1), primavera de 1977.

CROCE, Benedetto. Los derechos del hombre y la situación histórica presente. *In:* CARR, E. H. *et alii*. *Los derechos del hombre*. Barcelona, Laio, 1973.

CRUZ, Sebastião. *Ius, derectum (directum)*. Reimpressão. Coimbra, Ed. Coimbra, 1974.

CUNHA, Antonio Geraldo. *Dicionário etimológico Nova Fronteira da língua portuguesa*. Rio de Janeiro, Nova Fronteira, 1982.

CUPIS, Adriano de. O *direito da personalidade*. Trad. de Adriano Vera Jardim & Antonio Miguel Caeiro. Lisboa, Morais Ed., 1961.

DAES, Eriea Irene A. *The Individual's Duties to the Community and the Limitations on Human Rights and Freedoms under Article 29 of the Universal Declaration of Human Rights*. United Nations E/CN4/SUB 2/ 432/Rev. 2, 1983.

DALLARI, Dalmo de Abreu. *Elementos de teoria geral do estado*. 13ª ed. São Paulo, Saraiva, 1987.

DALLIN, Alexander & BRESLAUER, George *W*. *Political Terror in Communist Systems*. Stanford, Stanford Univ. Press, 1970.

DANTAS, San Tiago. *Figuras do direito*. Rio de Janeiro, José Olympio, 1962.

DANTE ALIGHIERI. *La Divina Commedia*. Milano, Hoepli, 1960.

D'ARCAIS, Paolo Flores, introd. L'esistenzialismo libertario di Hannah Arendt. *In:* ARENDT, Hannah. *Politica e menzogna*. Milano, Sugar Ed., 1985.

DE LA GUARDIA, Ernesto & DELPECH, Marcelo. *El derecho de los tratados y la Convención de Viena de 1969*. Buenos Aires, La Ley, 1970.

DEL VECCHIO, Giorgio. *La justice, la verité*. Paris, Dalloz, 1955.

———. *Lições de filosofia do direito*. Trad. de Antônio José Brandão da 5ª ed. segundo a 10ª ed. e última ed. italiana rev. e pref. por L. Cabral de Moncada e atual. por Anselmo de Castro. Coimbra, Arménio Amado, 1979.

———. *Saggi intorno allo stato*. Roma, Ist. di Filosofia del Diritto, 1935.

DENNING, Lord. *The Discipline of Law*. London, Butterworths, 1979.
———. *What Next in the Law*. London, Butterworths, 1982.
D'ENTRÈVES, Alessandro Passerin. Filosofia de la politica. *In:* BOBBIO, Norberto *et alii — Dicionário da politica*. Redator Gianfranco Pasquino, redatores da ed. espanhola José Aricó & Jorge Tula. México, Siglo XXI, 1982.
———. *Obbidienza e resistenza in una società democratica*. Milano, Ed. di Comunità, 1970.
———. Obbligo politico e libertà di coscienza. *Rivista Internazionale di Filosofia del Diritto*, Milano, *50*, jan./mar. 1973. 4ª série.
———. Obbligo politico e società aperta. *Rivista Internazionale di Filosofia del Diritto*, Milano, 50, out./dez. 1973. 4ª série.
———. *Natural Law*. 2nd ed. London, Hutchinson, 1979.
———. *La notion de l'état*. Paris, Sirey, 1969.
———. Le vitime o il carnefice: intorno ai caso Eichmann. *Il Mondo*, Roma, 18 jun. 1963.
———, introd. *In:* AQUINAS. *Selected Political Writings*. Ed. with an introd. by A. P. d'Entrèves, transl. by J. G. Dawson. Oxford, Blackwell, 1978.
LOS DERECHOS *humanos: declaraciones y convenios internacionales*. Estudio preliminar de Antonio Truyol. 2ª ed. Madrid, Tecnos, 1977.
DEUTSCH, Karl. *Nationalism and Its Alternatives*. New York, Knopf, 1969.
———. *Nationalism and Social Communication*. 2nd ed. Cambridge, Mass., MIT Press, 1966.
———. Nature de la legitimité et usage des symboles nationaux de legitimité comme technique auxiliaire du contrôle des armements. *Annales de Philosophie Politique*, Paris, 1967. V. 7 L'idée de legitimité.
———. *Tides among Nations*. New York, Free Press, 1979.
DÍAZ, Elías. *Sociologia y filosofia del derecho*. 2ª ed. Madrid, Tecnos, 1982.
———. *De la maldad estatal y la soberanía popular*. Madrid, Debate, 1984.
———, introd. *In:* KELSEN, Hans & BOBBIO, Norberto *et alii — Critica del derecho natural*. Trad. de Elías Díaz. Madrid, Taurus, 1966.
DIAS, Maria Odila Silva. Aspectos da ilustração no Brasil. *Revista do Instituto Histórico e Geográfico Brasileiro*, Rio de Janeiro, 278, jan./mar. 1968.
———. A interiorização da metrópole. *In:* MOTA, Carlos Guilherme, org. *1822: dimensões*. São Paulo, Perspectiva, 1972.
DIEZ DE VELASCO, Manuel. *Instituciones de derecho internacional público*. Madrid, Tecnos, 1973. V. 1.
EL DIGESTO *de Justiniano*. Versión castellana por A. D'Ors *et alii*. Pamplona, Ed. Aranzadi, 1968. 3 v.
DOTTI, René Ariel. *Proteção da vida privada e liberdade de informação*. São Paulo, Ed. Revista dos Tribunais, 1980.
DRUMMOND, José Augusto, introd. *In:* THOREAU, Henry, *Desobedecendo: a desobediência civil e outros ensaios*. Rio de Janeiro, Rocco, 1984.

DUPUY, P. M. Observations sur le crime international de l'état. *Revue Génerale de Droit International Publique*, Paris, *84*, 1980.

DUPUY, René Jean. Communauté internationale et disparités de développement. *Recueil des Cours de l'Académie de Droit International de la Haye*, Haye, *165* (4), 1979.

EISENMANN, Pierre Michel; COUSSIRAT-COUSTERE, Vicente & HUR, Paul. *Petit manuel de la jurisprudence de la Court International de Justice*. 3eme ed. rev. ref. Paris, Pedone, 1980.

ELLES, Baroness. *International Provisions Protecting the Human Rights of Non--Citizen*. United Nations, E/CN 4/SUB 2/392/Rev. 1, 1980.

ENÉGREN, André. *La pensée politique de Hannah Arendt*. Paris, PUF, 1984.

ENGISCH, Karl. *Introdução ao pensamento jurídico*. 3ª ed. Trad. e pref. de J. Baptista Machado. Lisboa, Fund. Calouste Gulbenkian, 1977.

ERNOUT, A. & MEILLET, A. *Dictionnaire étymologique de la langue latine: histoire des mots*. 4eme ed. Paris, Ed. Klincksieck, 1985.

ESPIELL, Hector Gross. *The Right to Self-Determination: Implementation of United Nations Resolutions*. United Nations E/CN 4/SUB 2/405/Rev. 1, 1980.

ESPOSITO, Roberto. Hannah Arendt tra volontà e rappresentazione: per una critica del decisionismo. *Il Mulino*, Bologna, *35* (303), jan./fev. 1986.

EXTRADIÇÃO nº 272/4 Habeas Corpus nº 44.074-DF (Tribunal Pleno — Matéria Constitucional). *Revista Trimestral de Jurisprudência*, Brasília, STF, *43*, jan. 1968.

FALK, Richard; KRATOCHWILL, Friedrich & MENDLOWITZ, Saul, eds. *International Law: a Contemporary Perspective*. Boulder, Westview Press, 1985.

FALZEA, Angelo. *Introduzione alle scienze giuridiche*. Milano, Giuffrè, 1975.

FASSÒ, Guido. Che cosa intendiano con diritto naturale? *In*: ———. *Scritti di filosofia del diritto*. A cura di Enrico Pattaro; Carla Faralli & Gianpaolo Zucchini. Milano, Giuffrè, 1982. V. 2.

———. Giusnaturalismo. *In*: ———. *Scritti di filosofia del diritto*. A cura di Enrico Pattaro; Carla Faralli & Gianpaolo Zucchini. Milano, Giuffrè, 1982. V. 3.

———. *Storia della filosofia del diritto*. Bologna, Il Mulino, 1966-1970. 3 v.

FEBBRAJO, Alberto. Sociologia del diritto e funzionalismo strutturale nell'opera di Niklas Luhmann. *Sociologia del Diritto*, Milano, 2, 1974.

FEINGOLD, The Bureaucrat as Mass Killer: Arendt on Eichmann. *Response*, verão de 1980. Nº especial. Hannah Arendt: a Retrospective Symposium.

FELDMAN, Ron H., introd. The Jew as Pariah: the Case of Hannah Arendt, 1906-1975. *In*: ARENDT, Hannah. *The Jew as Pariah*. Ed. and introd. by Ron H. Feldman. New York, Grove Press, 1979.

FERNANDES, Milton. *Proteção civil da intimidade*. São Paulo, Saraiva, 1977.

FERNANDEZ, Eusebio. *Teoria de la justicia y derechos humanos.* Madrid, Debate, 1984.

FERRAZ JÚNIOR, Tércio Sampaio. *A ciência do direito.* São Paulo, Atlas, 1977.

———. *Conceito de sistema no direito.* São Paulo, Ed. Revista dos Tribunais, 1976.

———. A criação dos cursos jurídicos e a concepção da ciência do direito. *In:* BASTOS, Aurélio Wander, ed. Os *cursos jurídicos e as elites brasileiras: ensaios sobre a criação dos cursos jurídicos.* Brasília, Câmara dos Deputados, 1978.

———. *Direito, retórica e comunicação.* São Paulo, Saraiva, 1973.

———. Direitos do homem, positivação do direito e perversão ideológica. *Annales de la Cátedra Francisco Suarez: Derechos Humanos, 12* (2), 1972.

———. *Função social da dogmática jurídica.* São Paulo, Ed. Revista dos Tribunais, 1980.

———. *Introdução ao estudo do direito: técnica, decisão, dominação.* São Paulo, Atlas, 1988.

———. La noción aristotélica de justicia. *Atlantida: revista de pensamiento actual, 7* (38), mar./abr. 1969.

———. *Teoria da norma jurídica.* Rio de Janeiro, Forense, 1978.

FERREIRA FILHO, Manoel Gonçalves. *Comentários à Constituição Brasileira.* 4ª ed. rev. São Paulo, Saraiva, 1983.

———. *Curso de direito constitucional.* 14ª ed. rev. São Paulo, Saraiva, 1985.

———. *Direito constitucional comparado.* São Paulo, Bushatsky, 1974. V. 1 O poder constituinte.

———, GRINOVER, Ada Pellegrini & FERRAZ, Anna Cândida da Cunha. *Liberdades públicas: parte geral.* São Paulo, Saraiva, 1978.

FERRY, Luc. *Philosophie politique, 2.* Paris, PUF, 1984. V. 2 Le système des philosophies de l'histoire.

——— & PISIER-KOUCHNER, E. Théorie du totalitarisme. *In:* GRAWITZ, Madaleine & LECA, Jean, orgs. *Traité de science politique.* Paris, PUF, 1985. V. 2.

——— & RENAUT, Alain. Droits-libertés et droits-creancés. *Droits: revue française de théorie juridique,* Paris, 1985. V. 2 Les droits de l'homme.

——— & ———. *Philosophie politique, 3.* Paris, PUF, 1985. V. 3 Des droits de l'homme et l'idée republicaine.

FINKIELKRAUT, Alain. Le jour et la nuit — relecture de Hannah Arendt. *In:* ISRAEL, le judaïsme et l'Europe. Textes presentés par Jean Halpérin & Georges Levite. Paris, Gallimard, 1984.

FINLEY, M. I. *Politics in the Ancient World.* Cambridge, Cambridge Univ. Press, 1983.

———. *Use and Abuse of History.* New York, Viking Penguin, 1987.

FLEMMING, Gerald. *Hitler and the Final Solution.* Berkeley, Univ. of California Press, 1982.

FORIERS, Paul & PERELMAN, Chaïm. Natural Law and Natural Rights. *In:* DICTIONARY *of the History of Ideas.* Ed. Philip P. Wiener. New York, Scribners, 1973. V. 3.

FOUCAULT, Michel. *Microfísica do poder.* Org., introd. e rev. técnica de Roberto Machado. Rio de Janeiro, Graal, 1985.

———. *Les mots et les choses: une archeologie des sciences humaines.* Paris, Gallimard, 1966.

———. *Surveiller et punir.* Paris, Gallimard, 1975.

FOULQUIÉ, Paul. *Dictionnaire de la langue philosophique.* 4eme ed. Paris, PUF, 1982.

FRANCO, Afonso Arinos de Melo. *Curso de direito constitucional.* Rio de Janeiro, Forense, 1960. V. 2 Formação constitucional do Brasil.

———. *Direito constitucional: Teoria da Constituição — as Constituições do Brasil.* Rio de Janeiro, Forense, 1976.

———. *Um estadista da república: Afranio de Mello Franco e seu tempo.* Rio de Janeiro, Ed. Nova Aguilar, 1976.

FRANKLIN, Julian. *Jean Bodin and the Sixteenth Century Revolution in the Methodology of Law and Sciences.* New York, Columbia Univ. Press, 1968.

FREITAG, Bárbara & ROUANET, Sérgio Paulo, orgs. *Habermas: sociologia.* São Paulo, Ática, 1980.

FREUND, Julien. L'ennemi et le tiers dans l'état. *Archives de Philosophie du Droit,* Paris, 1976. V. 21 Genèse et declin de l'état.

———. *L'essence du politique.* 4ª tiragem. Paris, Sirey, 1986.

FRIEDMAN, W. Bentham and Modern Legal Thought. *In:* KEETON, George W. & SCHWARZENBERGER, Georg, eds. *Jeremy Bentham and the Law: a Symposium.* Westport, Greenwood Publ., 1970.

———. *Legal Theory.* 5th ed. London, Stevens and Sons, 1967.

FRIEDRICH, Carl J. *La démocratie constitutionelle.* Paris, PUF, 1958.

———. *The Philosophy of Law in Historical Perspective.* 2nd ed. Chicago, Univ. of Chicago Press, 1963.

———. The Nation: Growth or Artefact. *Annales de Philosophie Politique,* Paris, 1969. V. 8 L'idée de nation.

FROSINI, Vittorio. *Costituzione e società civile.* Milano, Ed. di Comunitü, 1977.

———. *Il diritto nella società tecnologica.* Milano, Giuffrè, 1981.

———. Diritto positivo. *In:* ENCICLOPEDIA *del diritto.* Milano, Giuffrè, 1964. V. 12.

FURET, François. *L'atelier de l'histoire.* Paris, Flammarion, 1982.

———. *Penser la révolution française.* Nouvelle ed., rev. et aum. Paris, Gallimard, 1983.

FUSS, Peter. Hannah Arendt's Conception of Political Community. *In:* HILL, Melvyn A., ed. *Hannah Arendt: the Recovery of the Public World.* New York, St. Martin's Press, 1979.

GABEIRA, Fernando, apresentação. *In:* THOREAU, Henry. *Desobedecendo: a desobediência civil e outros ensaios.* Rio de Janeiro, Rocco, 1984.

GALGANO, Francesco. La categoria storica del diritto commerciale. *In:* TARELLO, Giovanni, org. *Materiali per una storia della cultura giuridica.* Bologna, Il Mulino, 1976. V. 6.

GALLIE, W. B. *Philosophers of Peace and War.* Cambridge, Cambridge Univ. Press, 1978.

GARCIA MAYNEZ, Eduardo. *Doctrina aristotelica de la justicia.* México, UNAM, 1973.

GARDIES, Jean Louis. De quelques malentendus entre Hegel et les juristes. *In:* HEGEL *et la philosophie du droit.* Paris, PUF, 1979.

GARRETON, Manuel Antonio. Em torno da discussão sobre os novos regimes autoritários na América Latina. *Dados,* Rio de Janeiro, *25* (2), 1982.

GENY, F. *Metodo de interpretación y fuentes en derecho privado.* 2ª ed. Madrid, Reus, 1925.

GERTH, H. H. & MILLS, C. Wright, introd. *In:* FROM *Max Weber: Essays on Sociology.* London, Routledge & Kegan Paul, 1961.

GILISSEN, John. Le problème des lacunes dans l'evolution du droit médieval et moderne. *In:* PERELMAN, Chaïm, ed. *Le problème des lacunes en droit.* Bruxelles, Bruylant, 1968.

GLASER, Stefan. *Droit international pénal conventionnel.* Bruxelles, Bruylant, 1970.

GOETHE. *Fausto;* a primeira parte e o quinto ato da segunda parte. Trad. de Jenny Klabin Segall. São Paulo, Inst. Progresso Ed., 1949.

GOLDMANN, Alain. Les sources juives des droits de l'homme. *In:* JUDAÏSME *et droits de l'homme. Recueil de textes presentés par Emannuel Hirch.* Paris, Librairie des Libertés, 1984.

GOLDMANN, Lucien. *Pour une sociologie du Roman.* Paris, Gallimard, 1964.

GOLDWIN, Robert A. John Locke. *In:* STRAUSS, Leo & CROPSEY, Joseph, eds. *History of Political Philosophy.* Chicago, Rand McNally, 1963.

GOMES, Orlando. *Introdução ao direito civil.* 5ª ed. Rio de Janeiro, Forense, 1977. V. 1.

GONZALEZ VICÉN, Felipe, introd. *In:* KANT. *Introducción a la teoria del derecho.* Trad. de F. Gonzalez Vicén. Madrid, Centro de Estudios Constitucionales, 1978.

GRAVEN, Jean. Les crimes contre l'humanité. *Recueil des Cours de l'Académie de Droit International de la Haye,* Haye, *1,* 1950.

GRAY, J. Glenn. The Abyss of Freedom and Hannah Arendt. *In:* MELVIN, A. Hill, ed. *Hannah Arendt: the Recovery of the Public World.* New York, St. Martin's Press, 1979.

———. *The Warriors: Reflections on Men in Battle.* Introd. de Hannah Arendt. 2ª ed. New York, Harper & Row, 1970.

———. The Winds of Thought. *Social Research,* New York, *44* (1), primavera de 1977.

THE GREAT *ideas, 1 e 2; a Synopticon of Great Books of the Western World.* Ed. Mortimer J. Adler. Chicago, Encyclopaedia Britannica, 1952.

THE GREAT *Purge Trial.* Ed. and notes by Robert C. Tucker & Stephen F. Cohen, introd. by Robert C. Tucker. New York, Grosset and Dunlap, 1963.

GRINOVER, Ada Pellegrini. *Liberdades públicas e processo penal: as interceptações telefônicas.* 2ª ed. São Paulo, Ed. Revista dos Tribunais, 1982.

GROCIO, Hugo. *Del derecho de la guerra y de la paz.* Trad. de Jaime Torrubianco Ripoll. Madrid, Reus, 1925. 4 v.

GROSS, Leo. The Peace of Westphalia; 1648-1848. *In:* THE AMERICAN *Society International Law: International Law in the Twentieth Century.* Ed. Leo Gross. New York, Appleton-Century and Crofts, 1969.

GUASTINI, Riccardo. Cognotivismo ludico e regole costitutive. *In:* SCARPELLI, Uberto, a cura di. *La teoria generale del diritto: problemi e tendenze attuali: studi dedicati a Norberto Bobbio.* Milano, Ed. di Comunità, 1983.

GUINSBURG, Jacó, org. Do *estudo e da oração: súmula do pensamento judeu.* São Paulo, Perspectiva, 1968.

HAARCHER, Guy. Les droits de l'homme — notion à contenu variable. *In:* PERELMAN, Chaïm & ELST, Raymond Vander — *Les notions à contenu variable en droit.* Bruxelles, Bruylant, 1984.

HABERMAS, Jürgen. Hannah Arendt's Communications Concept of Power. *Social Research,* New York, *44* (1), primavera 1977.

HALBERSTAM, David. *The Best and the Brightest.* New York, Randon House, 1972.

HAMBURGER, Ernest. Droits de l'homme et relations internationales. *Recueil des Cours de l'Académie de Droit Internationale de la Haye,* Haye, *97* (2), 1959.

HAMPSTEAD, Lord Lloyd of. *Introduction to Jurisprudence.* 4th ed. London, Stevens and Sons, 1979.

HARE, Richard M. Il gioco della promessa. *In:* GUASTINI, Riccardo, a cura di. *Problemi di teoria del diritto.* Bologna. Il Mulino, 1980.

HART, H. L. A. *The Concept of Law.* New York, Oxford Univ. Press, 1961.

HARTZ, Louis. *The Liberal Tradition in America.* New York, Hareourt, Brace & World, 1955.

HECK, Philipp. *El problema de la creación del derecho.* Trad. de Manuel Entenza, prólogo de José Puig Brutau. Barcelona, Ariel, 1961.

HEGEL. *Philosophy of Right.* Transl. with notes by T. M. Knox. Oxford, Clarendon Press, 1962.

———. *Scritti politici.* A cura di Claudio Cesa. Torino, Einaudi, 1972.

HEIDEGGER, Martin. *Basic Writings.* Ed. by David Farell Krell. London, Routledge & Kegan Paul, 1978.

———. *Kant and the Problem of Metaphysics.* Transl. by J. S. Churchill. Bloomington, Indiana Univ. Press, 1982.

HERSCH, Jeanne. *Karl Jaspers.* Lausanne, L'Age d'Homme, 1978.

HERTZ, Frederick. *Nationalism in History and Politics.* London, Routledge & Kegan Paul, 1944.

HERZOG, Jacques Bernard. *Nürenberg un Échec Fructuex?* Paris, L.G.D.J., 1975.

HILL, Melvyn A., ed. *Hannah Arendt: the Recovery of the Public World.* New York, St. Martin's Press, 1979.

HIRSCHMAN, Albert O. Contra a parcimônia — três maneiras fáceis de complicar algumas categorias do discurso econômico. *Revista de Economia Política,* São Paulo, *7* (1), jan./maio 1987.

———. *The Passions and the Interests: Political Arguments for Capitalism before its Triumph.* Princeton, Princeton Univ. Press, 1977.

———. *Saída, voz e lealdade.* Trad. de Ângela de Assis Melim. São Paulo, Perspectiva, 1973.

———. *Shifting Involvements: Private Interest and Public Action.* Princeton, Princeton Univ. Press, 1982.

HOBBES, Thomas. *A Dialogue Between a Philosopher and a Student of the Common Laws of England.* Ed. and introd. by Joseph Cropsey. Chicago, Univ. of Chicago Press, 1971.

———. Elementi filosofici sul cittadino — de cive. *In:* ———. *Opere politiche.* A cura di Norberto Bobbio. Torino, UTET, 1971.

———. *Leviathan.* Ed. and introd. by C. B. Macpherson. Harmondsworth, Penguin Books, 1979.

HOFFMANN, Stanley. *Duties beyond Borders.* Syracuse, Syracuse Univ. Press, 1981.

HOLANDA, Sérgio Buarque de. *Raízes do Brasil.* 5ª ed. Rio de Janeiro, José Olympio, 1969.

———. *Visão do paraíso: os motivos edênicos no descobrimento e colonização do Brasil.* 2ª ed. São Paulo, Nacional, 1969.

HOLMES, Oliver Wendell. The Path of the Law. *In:* INTRODUCTION *to Law: Selected Essays Reprinted from the Harvard Law Review.* Cambridge, Mass., Harvard Law Review Assoe., 1965.

HUIZINGA, Johan. O *declínio da idade média.* Trad. de Augusto Abelaira. Lisboa, Ulisseia, s.d.

IGLESIAS, Francisco. Momentos democráticos na trajetória brasileira. *In:* JAGUARIBE, Hélio *et alii. Brasil, sociedade democrática.* Rio de Janeiro, José Olympio, 1985.

ILARI, Virgilio. *Guerra e diritto nel mondo antico.* Milano, Giuffrè, 1980.

JAGUARIBE, Hélio. O experimento democrático na história ocidental. *In:* JAGUARIBE, Hélio *et alii. Brasil, sociedade democrática.* Rio de Janeiro, José Olympio, 1985.

———. *A filosofia no Brasil.* Rio de Janeiro, ISEB, 1957.

———. *Introdução ao desenvolvimento social: As perspectivas liberal e marxista e os problemas da sociedade não repressiva.* Rio de Janeiro, Paz e Terra, 1978.

———. *O nacionalismo na atualidade brasileira.* Rio de Janeiro, ISEB, 1958.

———. *Sociedade, mudança e política.* São Paulo, Ed. Perspectiva, 1975.

JASPERS, Karl. *Autobiographie philosophique.* Trad. de Pierre Boudot. Paris, Aubier, 1963.

———. *Max Weber: político, scienzato, filosofo.* Trad. de Ervino Pocar. Napoli, Morano, 1969.

———. *Reason and Existenz.* Transl. and introd. by William Earle. London, Routledge & Kegan Paul, 1956.

JELLINECK, George. *La declaration des droits de l'homme et du citoyen.* Trad. de Georges Fardis. Paris, Albert Fontenoing Ed., 1902.

JHERING, Rudolf von. *Lo scopo nel diritto.* A cura di Mario Losano. Torino, Einaudi, 1972.

JOLL, James. *The Anarchists.* 2nd ed. Cambridge, Mass., Harvard Univ. Press, 1980.

JONAS, Hans. Acting, Knowing, Thinking — Gleanings from Hannah Arendt's Philosophical Work. *Social Research,* New York, *44* (1), primavera 1977.

JOUVENEL, Bertrand de. *On Power: Its Nature and the History of its Growth.* Transl. by J. F. Huntington. Boston, Beacon Press, 1962.

———. *Sovereignty.* Transl. by J. F. Huntington. Chicago, Univ. of Chicago Press, 1963.

KAHLER, Erich. *The Jews among the Nations.* New York, Ungar Publ., 1967.

KANT. *Critique de la faculté de juger.* Trad. de A. Philonenko. Paris, Vrin, 1982.

———. *Critique de la raison pratique.* Trad. de François Picavet, introd. de Fernand Alquié. 7eme ed. Paris, PUF, 1976.

———. *Critique de raison pure.* Trad. de A. Tremesaygues & B. Pacaud, pref. de Ch. Serres. geme ed. Paris, PUF, 1980.

———. *Filosofia de la historia.* Seleção de textos e trad. de Emilio Estiú. 2ª ed. Buenos Aires, Ed. Nova, 1964.

———. *Métaphysique des moeurs.* Trad. de A. Philonenko. Paris, Vrin, 1971. Pt. 1 Doctrine du droit.

———. *The Philosophy of Kant: Immanuel Kant's Moral and Political Writings.* Ed. with an introd. by Carl J. Friederich. New York, Modern Library, 1949.

———. *Projet de paix perpectuelle.* Trad. J. Gibelin. 2eme ed. Paris, Vrin, 1970.

KATEB, George. Freedom and Worldliness in the Thought of Hannah Arendt. *Political Theory,* Beverly Hills, Calif., 2, mai. 1977.

———. *Hannah Arendt: Politics, Consciente Evil.* Totowa, Rowhman & Allanheld, 1984.

KELSEN, Hans. *Essays in Legal and Moral Philosophy.* Selected and introd. by Ota Weinberger, transl. by Peter Heath. Dordrecht, Reidel Publ., 1973.

———. *General Theory of Law and State*. Trad. de Anders Wedberg. New York, Russell & Russell, 1964.

———. *A justiça e o direito natural*. 2ª ed. Trad. e pref. de J. Baptista Machado. Coimbra, Arménio Amado, 1979.

———. *Principles of International Law*. Ed. by Robert W. Tucker. 2nd ed. New York, Hold, Reinhart and Winston, 1967.

———. *The Pure Theory of Law*. Trad. de Max Knight. 2nd ed. Berkeley, Univ. of California Press, 1967.

———. *Que es justícia?* Trad. de Albert Calsamiglio. Barcelona, Ariel, 1982.

Kennedy v. Mendoza-Martinez, 372 US 144 (1963).

KHRUSHCHEV, Nikita. *The Crimes of the Stalin Era: Special Report to the 20th Congress of the Communist Party of the Soviet Union*. Ed. anotada por Boris I. Nicolaevsky, 1961.

KLEIN, Claude. *Le caractère juif de l'état d'Israel*. Paris, Cujas, 1977.

———. Les droits de l'homme, droits collectifs ou droits individuels. *In:* ACTES *du Colloque de Strasbourg* (1979 mar. 13-14) — *Rapport général introductif à les droits de l'homme: droits colletifs ou droits individuels*. Paris, L.G.D.J., 1980.

KOESTLER, Arthur *et alii*. *The God that Failed*. Ed. with introd. by Richard Grossman. New York, Harper & Row, 1963.

KOHN, Hans. *Nationalism: Its Meaning and History*. Revised ed. New York, Van Nostrand, 1965.

KOSCHAKER, P. *Europa y el derecho romano*. Trad. de José Santa Cruz Teijeiro. Madrid, Ed. Revista de Derecho Privado, 1955.

KOYRÉ, Alexandre. *Estudos galilaicos*. Trad. de Nuno Ferreira da Fonseca. Lisboa, Dom Quixote, 1986.

KRAMNICK, Isack. *Bolingbroke and his Circle*. Cambridge, Mass., Harvard Univ. Press, 1968.

KUHN, Thomas S. *A estrutura das revoluções científicas*. Trad. de Beatriz Vianna Bocina & Nelson Bocina. São Paulo, Perspectiva, 1975.

KUJAWSKI, Gilberto de Mello. *Filosofia: a razão a serviço da vida*. São Paulo, Nacional, 1985.

LAFER, Celso. O *Brasil e a crise mundial: paz, poder e política externa*. São Paulo, Ed. Perspectiva, 1984.

———. The Brazilian Political System: Trends and Perspectives. *Government and Opposition, 19* (2), primavera de 1984.

———. Comentários. *In:* DIREITO, *cidadania e participação*. Org. Bolivar Lamounier; Francisco C. Weffort & Maria Victoria Benevides. São Paulo, T. A. Queiroz, 1981.

———. *O convênio do café de 1976: da reciprocidade no direito internacional econômico*. São Paulo, Ed. Perspectiva, 1979.

———. Direito e poder na reflexão de Miguel Reale. *In:* MIGUEL *Reale na UnB*

— *conferência e debates de um seminário realizado de 9 a 12 de junho de 1981*. Brasília, Ed. da UnB, 1981.

———. *Ensaios sobre a liberdade*. São Paulo, Perspectiva, 1980.

———. *Gil Vicente e Camões: dois estudos sobre a cultura portuguesa do século XVI*. São Paulo, Ática, 1978.

———. *Hannah Arendt: pensamento, persuasão e poder*. Rio de Janeiro, Paz e Terra, 1979.

———. Hannah Arendt: vida e obra. *In:* ARENDT, Hannah. *Homens em Tempos Sombrios*. São Paulo, Companhia das Letras, 1987.

———. *Hobbes, o direito e o estado moderno*. São Paulo, Associação dos Advogados de São Paulo, 1980.

———. Liberalismo, contratualismo e pacto social. *Revista Brasileira de Filosofia*, São Paulo, *34* (137), jan./mar. 1985.

———. A Organização Internacional do Trabalho. *In:* TENDÊNCIAS *do direito do trabalho contemporâneo: coletânea de estudos em homenagem ao Prof. A. F. Cesarino Jr*. São Paulo, Ed. LTr, 1980. V. 3.

———. *Paradoxos e possibilidades: estudos sobre a ordem mundial e sobre a política exterior do Brasil num sistema internacional em transformação*. Rio de Janeiro, Nova Fronteira, 1982.

———. *O sistema político brasileiro*. São Paulo, Perspectiva, 1975.

———, introd. A política e a condição humana. *In:* ARENDT, Hannah. *A condição humana*. Trad. de Roberto Raposo. Rio de Janeiro, Forense, 1981.

———. Resenha de *Eichmann em Jerusalém: um relato sobre a banalidade do mal*. Trad. de Sonia Orieta Heinrich. São Paulo, Diagrama & Texto, 1983. *Revista Brasileira de Estudos Políticos*, Belo Horizonte, *58*, jan. 1984.

——— & SANTOS, Wanderley Guilherme dos. Political and Economic Change in Latin America: Prescriptions of the Right, a South American Perspective. *In:* POLITICAL *and Economic Change in Atlantic Area Nations*. Chicago, The Chicago Council on Foreign Relations, 1979.

LAFER, Horácio. *Tendências filosóficas contemporâneas*. 2ª ed. São Paulo, Ed. Nacional, 1950.

LALANDE, André. *Vocabulaire technique et critique de la philosophie*. 13eme ed. Paris, PUF, 1980.

LARENZ, Karl. *Metodologia da ciência do direito*. Trad. de José de Souza e Brito & José Antonio Veloso, da 2ª ed. alemã. Lisboa, Fund. Calouste Gulbenkian, 1978.

LASCH, Christopher, introd. Politics and the Social Contract. *Salmagundi*, Saratoga Springs, New York, 60, primavera/verão 1983. Nº especial dedicado a Hannah Arendt intitulado "Politics and the Social Contract".

LASLETT, Peter. A teoria social e a política dos dois tratados sobre o governo. Trad. de Susan Anne Serles. *In:* QUIRINO, Celia Galvão & SOUZA, Maria Teresa Sadek R. de, orgs. *O pensamento político clássico: Maquiavel, Hobbes, Locke, Montesquieu, Rousseau*. São Paulo, T. A. Queiroz, 1980.

LEBEN, Charles. Chaïm Perelman ou les valeurs fragiles. *Droits: revue française de theorie juridique,* Paris, 1985. V. 2 Les droits de l'homme.

LEBRUN, Gerard. *Passeios ao léu.* São Paulo, Brasiliense, 1983.

LEFORT, Claude. Une interpretation politique de l'anti-semitisme: Hannah Arendt, I. *Commentaire,* Paris, inverno de 1982-1983. V. 20 Les juifs dans l'histoire politique occidentale.

———. Une interpretation politique de l'anti-semitisme: Hannah Arendt, II. *Commentaire,* Paris, primavera de 1983. V. 21 L'anti-semitisme et les ambigüités de la démocratie.

LEGAZ Y LACAMBRA, Luís. *Filosofia del derecho.* 4ª ed. Barcelona, Bosch, 1975.

LEGROS, Robert. Hannah Arendt: une compréhension phénoménologique des droits de l'homme. *Études Phénoménologiques,* Bruxelles, 2, 1985.

———. Notions à contenu variable en droit pénal. *In:* PERELMAN, Chaïm & ELST, Raymond Vander. *Les notions à contenu variable en droit.* Bruxelles, Bruylant, 1984.

LEIBNIZ. Meditation on the Common Concept of Justice. *In:* THE POLITICAL *Writings of Leibniz.* Transl. and ed. with an introd. and notes by Patrick Rilley. Cambridge, Univ. Press, 1972.

LENIN, V. I. *O estado e a revolução.* Trad. de Regina Maria de Mello e Fausto Cupertino. Rio de Janeiro, Vitória, 1961.

LESSA, Pedro. *Estudos de philosophia do direito.* 2ª ed. Rio de Janeiro, Francisco Alves, 1916.

LESCOURRET, Marie-Anne. Hannah Arendt: une femme sans qualités. *Critique, 487,* dez. 1987.

LINZ, Juan *et alii. O estado autoritário e os movimentos populares.* Rio de Janeiro, Paz e Terra, 1980.

LÍRICOS GRIEGOS; siglos VII-V AC. Texto e trad. por Francisco R. Adrados. Barcelona, Ed. Alma Mater, 1956. V. 1.

LOCKE, John. *Of Civil Government, Second Treatise.* Chicago, Gateway Ed., 1964.

LOMBOIS, Claude. *Droit pénal international.* Paris, Dalloz, 1971.

LORIES, Danielle. Sentir en commun et juger par soi-même. *Études Phénomenologiques,* Bruxelles, *1* (2), 1985.

LOSANO, Mario. *Forma e realtà in Kelsen.* Milano, Ed. di Comunità, 1981.

LOWENSTEIN, Karl. *Teoria de la constitución.* Trad. de Alfredo Gallego Anebitarte. Barcelona, Ariel, 1964.

LUHMANN, Niklas. *Legitimação pelo procedimento.* Trad. de Maria da Conceição Corte Real. Brasília, Ed. da UnB, 1980.

LUKÁCS, Georg. *Histoire et conscience de classe.* Trad. de K. Axelos & J. Bois. Paris, Ed. de Minuit, 1960.

———. *La Théorie du Roman.* Trad. do alemão por Jean Clairevoye. Paris, Gonthier, 1963.

LUMIA, Giuseppe. *Controllo sociale, giurisdizione e libertà.* Milano, Giuffrè, 1971.

———. *La dottrina Kantiana del diritto e dello stato.* Milano, Giuffrè, 1960.

LYRA FILHO, Roberto. *Para um direito sem dogmas.* Porto Alegre, Fabris, 1980.

MAC NEIL, Ian R. The Many Futures of Contract. *Southern California Law Review, 47,* 1974.

———. A Primer of Contract Planning. *Southern California Law Review, 48,* 1978.

MACCHIAVELLI, Nicolò. *Tutte le opere.* A cura di Francesco Flora & Carlo Cordiè. Milano, Mondadori, 2 v., 1949-1950.

MACHADO, João Baptista, pref. *In:* ENGISCH, Karl. *Introdução ao pensamento jurídico.* Trad. e pref. de J. Baptista Machado. 3ª ed. Lisboa, Fund. Calouste Gulbenkian, 1977.

———, pref. *In:* KELSEN, Hans. *A justiça e o direito natural.* 2ª ed. Trad. e pref. de J. Baptista Machado. Coimbra, Arménio Amado, 1979.

MACHADO, José Pedro. *Dicionário etimológico da língua portuguesa...* Lisboa, Confluência, 1956. 2 v.

MACHADO NETO, A. L. *História das ideias jurídicas no Brasil.* São Paulo, Grijalbo, 1969.

MACPHERSON, C. B. *Democratic Theory.* Oxford, Clarendon Press, 1973.

———. *The Political Theory of Possessive Individualism: Hobbes to Locke.* London, Clarendon Press, 1962.

MAGALHÃES, D. J. G. de. *Tragédias.* Rio de Janeiro, Garnier, 1865.

MARTIN, Alfred von. *Sociologia de la cultura medieval.* Trad. de Antonio Truyol y Serra. Madrid, Inst. de Estudios Políticos, 1954.

———. *Sociology of the Renaissance.* Trad. de W. L. Luethkens. New York, Harper Torchbooks, 1963.

MARX, Karl. Contribuição à crítica da economia política. *In:* MARX, Karl & ENGELS, F. *História.* Org. Florestan Fernandes, trad. de Florestan Fernandes *et alii.* São Paulo, Ática, 1983.

———. Critique of the Gotha program. *In:* MARX, Karl & ENGELS, F. *Basic Writings on Politics and Philosophy.* Ed. by Lewis S. Feur. New York, Anchor Books, 1959.

———. O que é a comuna? *In:* MARX, Karl & ENGELS, F. — *História.* Org. Florestan Fernandes, trad. de Florestan Fernandes *et alii.* São Paulo, Ática, 1983.

———. *Selected Writings in Sociology and Social Philosophy. Ed. by* T. B. Bottomore & Maximilien Rubel. Harmondsworth, Penguin Books, 1963.

——— & ENGELS, Friedrich. *Communist Manifesto: Socialist Landmark.* Ed. e introd. de Harold J. Laski. London, Allen and Unwin, 1961.

——— & ———. L'idéologie allemande. *In:* MARX, Karl — *Oeuvres.* Ed. établie, presentée et annotée por Maximilien Rubel. Paris, Gallimard, 1982. v. 3 Philosophie.

MATTEUCI, Nicola. Resistencia. *In:* BOBBIO, Norberto *et alii* — *Dicionario da politica*. Redator Gianfranco Pasquino, redatores da ed. espanhola Jose Aricó & Jorge Tula. México, Siglo XXI, 1982.

MCCLOSKEY, Robert G. *The American Supreme Court*. Chicago, Univ. of Chicago Press, 1960.

MEINECKE, Friedrich. *Macchiavelism — the Doctrine of Raison d'Etat and Its Place in Modern History*. Transl. from the German by Douglas Scott, introd. by D. W. Stark: London, Routledge & Kegan Paul, 1962.

MEISSNER, Doris. Migration and Refugee Issues in Inter-American Relations — Discussion Papers. *In:* 1987 PLENARY *Session Oct. 18-20, Inter-American Dialogue*.

MELLO, Celso D. Albuquerque. *Direito internacional público*. 7ª ed. Rio de Janeiro, Freitas Bastos, 1982. 2 v.

———. *Direito internacional público: tratados e convenções*. 4ª ed. Rio de Janeiro, Ed. Renovar, 1986.

———. *Direito penal e direito internacional*. Rio de Janeiro, Freitas Bastos, 1978.

———. *Guerra interna e direito internacional*. Rio de Janeiro, Renovar, 1985.

MELLO, Rubens Ferreira de, org. Textos de direito internacional e de história diplomática de 1815 a 1949. Coligidos e anotados por Rubens Ferreira de Mello. Rio de Janeiro, Ed. Coelho Branco, 1950.

MELLO E SOUZA, Laura. O *diabo e a terra de Santa Cruz*. São Paulo, Companhia das Letras, 1986.

MENDÈS-FRANCE, Pierre & ARDANT, Gabriel. *Science économique et lucidité politique*. Paris, Gallimard, 1973.

MERLEAU-PONTY, M. *Humanisme et terreur*. Paris, Gallimard, 1947.

MERQUIOR, José Guilherme. O *argumento liberal*. Rio de Janeiro, Nova Fronteira, 1983.

———. *Foucault*. London, Fontana Press, 1985.

———. *As ideias e as formas*. Rio de Janeiro, Nova Fronteira, 1981.

———. *Western Marxism*. London, Paladin Books, 1986.

MESQUITA, José Ignacio Botelho de. O princípio de liberdade na prestação jurisdicional. *In:* CONFERÊNCIA Nacional da Ordem dos Advogados do Brasil (8º, 18-22 maio 1980: Manaus), *Anais...*; liberdade. S.n.t. Tese nº 15.

MIAJA DE LA MUELA, Adolfo. *Aportación de la sentencia del Tribunal de la Haya en el caso Barcelona Traction (5 febrero de 1970) a la jurisprudencia internacional*. Valladolid, Univ. Valladolid, 1970.

———. *Derecho internacional privado*. 6ª ed. Madrid, Atlas, 1974. v. 2. Parte especial.

MONCADA, L. Cabral de. *Filosofia do direito e do estado*. São Paulo, Saraiva, 1950. V. 1 Parte histórica.

———. *Lições de direito civil: parte geral*. 3ª ed. rev. e atual. Coimbra, Atlântica, 1959.

———. *Problemas de filosofia política: estado, democracia, liberalismo, comunismo*. Coimbra, Arménio Amado, 1963.

———, pref. à 3ª ed. *In:* RADBRUCH, Gustav. *Filosofia do direito*. Trad. e pref. de L. Cabral de Moncada. 4ª ed. rev. Coimbra, Arménio Amado, 1961.

MONTAIGNE. *Oeuvres complètes*. Textes établis par Albert Thibaudet & Maurice Rat, introd. et notes par Maurice Rat. Paris, Gallimard, 1962.

MONTEIRO, Washington de Barros. *Curso de direito civil: parte geral*. 2ª ed. São Paulo, Saraiva, 1960.

MONTESQUIEU. De l'esprit des lois. *In:* ———. *Oeuvres complètes*. Texte presenté et annoté par Roger Caillois. Paris, Gallimard, 1951. v. 2.

MOORS, Kent F. Modernity and Human Initiative: the Structure of Hannah Arendt's Life of the Mind. *The Political Science Review*, Pennsylvania, *20*, outono de 1980.

MORAES FILHO, Evaristo de. *O direito e a ordem democrática*. São Paulo, Ed. LTr, 1984.

———. *Medo à utopia: o pensamento social de Tobias Barreto e Sílvio Romero*. Rio de Janeiro, Nova Fronteira, 1985.

———. Teixeira de Freitas, a busca da perfeição e a dogmática jurídica. *Revista Forense*, Rio de Janeiro, *291*, 1985.

———, introd. *In:* BARBOSA, Ruy. *Discursos parlamentares*. Brasília, Câmara dos Deputados, 1985.

MULLER, Sharon. The Origins of Eichmann in Jerusalem: Hannah Arendt's Interpretation of Jewish History. *Jewish Social Studies, 43* (3/4), verão/outono de 1981.

———. The Pariah Syndrome. *Response*, verão de 1980. Nº dedicado a Hannah Arendt.

MYRDAL, Gunnar. *The Political Element in the Development of Economic Theory*. Transl. from the German by Paul Streeten. 5th impress. London, Routledge & Kegan Paul, 1971.

NASCENTES, Antenor. *Dicionário etimológico da língua portuguesa*. Pref. de W. Meyer Lübke. 2ª tiragem da 1ª ed. Rio de Janeiro, Livr. Acadêmica, 1955. V. 1.

NASCIMENTO E SILVA, G. E. do. *Conferência de Viena sobre o direito dos tratados*. Brasília, Ministério das Relações Exteriores, 1971.

NEHER, André. *L'essence du prophétisme*. Paris, Calmann-Lévy, 1972.

NELSON, John S. Politics and Truth; Arendt's Problematic. *American Journal of Political Science, 22* (2), mai. 1978.

NOBRE, Freitas. *Comentários à lei de imprensa: lei nº 5250, de 9.2.1967*. 3ª ed. São Paulo, Saraiva, 1985.

NUNCA *mais: informe da Comissão Nacional sobre o desaparecimento de pessoas na Argentina, presidida por Ernesto Sábato*. Trad. de Roberto Mara. Porto Alegre, L&PM, 1984.

NUNES, Benedito. *Passagem para o poético: filosofia e poesia em Heidegger*. São Paulo, Ática, 1986.

———, introd. Antropofagia ao alcance de todos. *In:* ANDRADE, Oswald de. *Obras completas.* 3ª ed. Rio de Janeiro, Civilização Brasileira, 1972. V. 6 Do pau brasil à antropofagia e às utopias.

O'DONNELL, G. A. *Modernización y autoritarismo.* Buenos Aires, Paidós, 1972.

OPOCHER, Enrico. *Analisi dell'idea della giustizia.* Milano, Giuffrè, 1977.

OPPENHEIM, L. *International Law.* Ed. by L. Lauterpacht. 8th ed. London, Longman, 1962. V. 1 Peace.

OPPETIT, Bruno. L'hypothèse du declin du droit. *Droits: revue française de théorie juridique,* Paris, 1986. V. 4 Crises dans le droit.

ORREGO VICUÑA, Francisco. *Los fondos marinos y oceanicos.* Santiago, Ed. Andrès Bello, 1976.

ORTEGA Y GASSET, José. *Ideas y creencias.* Madrid, Revista de Occidente en Alianza Editorial, 1986.

O'SULLIVAN, Noel. Hannah Arendt: a nostalgia helênica e a sociedade industrial. *In:* DE CRESPIGNY, Antony & MINOGUE, Kenneth H., orgs. *Filosofia política contemporânea.* Trad. Yvonne Jean. Brasília, Ed. da UnB, 1979.

PAREKH, Bhikhu. *Contemporary Political Thinkers.* Oxford, Martin Robertson, 1982.

———. Does Traditional Philosophy Rest on a Mistake? *Political Studies, 20* (2), jun. 1979.

———. *Hannah Arendt and the Search for a New Political Philosophy.* Atlantic Highlands, Humanities Press, 1981.

———. Hannah Arendt's Critique of Marx. *In:* HILL, Melvyn A., ed. *Hannah Arendt: the Recovery of the Public World.* New York, St. Martin's Press, 1979.

PASCAL. *Pensées.* Ed. de Brunschwig, introd. e notas de Ch. M. des Granges. Paris, Garnier, 1964.

PASUKANIS. *A teoria geral do direito e o marxismo.* Coimbra, Centelha, 1977.

PATTARO, Enrico. Per una mappa del sapere giuridico. *In:* SCARPELLI, Uberto, a cura di. *La teoria generale del diritto: problemi e tendenze attuali: studi dedicati a Norberto Bobbio.* Milano, Ed. di Comunità. 1983.

PAZ, Octavio. *El arco y la lira.* 2ª ed. México, Fondo de Cultura Económica, 1967.

———. *Corriente alterna.* México, Siglo XXI, 1967.

———. *Los hijos del limo.* Barcelona, Seix Barral, 1974.

———. *El signo y el gabarato.* 2ª ed. México, Joaquín Mortiz, 1975.

PECES BARBA, Gregorio. *Introducción a la filosofia del derecho.* Madrid, Ed. Debates, 1983.

PELLS, Richard H. *The Liberal Mind in a Conservative Age.* New York, Har — per & Row, 1985.

PENA, Maria Valeria Julia. Economia e política no pensamento de Albert O.

Hirschman: uma análise de três textos. *Revista de Economia Política,* São Paulo, *7* (1), jan./mar. 1987.

PEÑARANDA, Antonio. *La función de la efectividad en el derecho internacional.* Madrid, Inst. Francisco de Vitoria, 1973.

PERELMAN, Chaïm. *Le champ de la argumentation.* Bruxelles, Presses Universitaires de Bruxelles, 1970.

———. *Droit, morale et philosophie.* 2eme ed. rev. e aum. Paris, L.G.D.J., 1976.

———. *La giustizia.* Pref. de Norberto Bobbio, trad. de Liliana Ribet. Torino, Giappichelli, 1959.

———. *Logique juridique: nouvelle rhétorique.* Paris, Dalloz, 1976.

———. Les notions à contenu variable en droit, essai de synthèse. *In:* PERELMAN, Chaïm & ELST, Raymond Vander. *Les notions à contenu variable en droit.* Bruxelles, Bruylant, 1984.

———. *Le raisonnable et te déraisonnable en droit.* Paris, L.G.D.J., 1984.

——— & OLBRECHTS TYTECA, L. *Traité de l'argumentation: la nouvelle rhétorique.* 2eme ed. Bruxelles, Éd. de l'Inst. de Sociologie. Univ. Libre de Bruxelles, 1970.

Perez v. Brownell, 356 US 44 (1958).

PESCATORE, Pierre. *Derecho de la integración: nuevo fenómeno de las relaciones internacionales.* Buenos Aires, BID/INTAL, 1973.

PETERS, F. E. *Termos filosóficos gregos: um léxico histórico.* Trad. de Beatriz Rodrigues Barbosa, pref. de Miguel Baptista Pereira, 2ª ed. Lisboa, Fund. Calouste Gulbenkian, 1974.

PIERI, Georges. Ius et iurisprudentia. *Archives de Philosophie du Droit,* Paris, 1985. V. 30 La jurisprudence.

PINKUSS, Fritz. *Tipos de pensamento judaico.* São Paulo, FFLCH/USP. Centro de Estudos Judaicos, 1975.

PIOVANI, Pietro. Efettività, principio di. *In:* ENCICLOPEDIA *del diritto,* Milano, Giuffrè, 1965. V. 14.

PITKIN, Hanna Fenichel. Justice, on Relating Private and Public. *Political Theory,* Beverly Hills, Calif., *9* (3), ago. 1981.

PLANTEY, Alain. *La negotiation internationale: principes et méthodes.* Paris, Ed. du CNRS, 1980.

PLATÃO. *Oeuvres complètes.* Trad. de Léon Robin. Paris, Gallimard, 1959-1960. 2 v.

POGGI, Gianfranco. *The Development of the Modern State.* London, Hutchinson, 1978.

POLETTI, Ronaldo Rebello de Brito. Das diferenças entre extradição, expulsão e deportação. *Revista dos Tribunais,* São Paulo, *498,* abr. 1977.

POLLAK, Stephen J. The Expatriation Act of 1954. *Yale Law Journal,* New Haven, *64,* jul. 1955.

PONTARO, Giuliano & BOBBIO, Norberto. Vi sono diritti fondamentali? *In:* BOBBIO, Norberto *et alii. Crisi della democrazia e neocontratualismo* Roma, Ed. Riuniti, 1984.

PONTES DE MIRANDA, Francisco Cavalcanti. *Comentários à Constituição de 1967*. São Paulo, Ed. Revista dos Tribunais, 1967. T. 4.

POULANTZAS, Nicos. *Nature des choses et droit*. Paris, L.G.D.J., 1965.

POUND, Roscoe. *An Introduction to the Philosophy of Law*. 7th ed. New Haven, Yale Univ. Press, 1965.

———. *The Development of Constitutional Guarantees of Liberty*. New Haven, Yale Univ. Press, 1957.

OS PRÉ-SOCRÁTICOS. *Fragmentos, doxografia e comentários*. Seleção de textos e supervisão do Prof. José Cavalcante de Souza, trad. de José Cavalcante *et alii*. 2ª ed. São Paulo, Abril Cultural, 1978.

RADBRUCH, Gustav. *Filosofia do direito*. Trad. e pref. de L. Cabral de Moncada. 4ª ed. Coimbra, Arménio Amado, 1961. 2 v.

RANGEL, Vicente Marotta. *Direito internacional e leis de guerra*. Rio de Janeiro, Escola Superior de Guerra, Depto. de Estudos, s. d.

———. Primeiros escritos sobre direito internacional do Brasil. *Problemas Brasileiros*, São Paulo, *9* (170), out. 1977.

———. O signo da Cruz Vermelha. *Carisma*, *3* (1), 1982.

———, org. *Direito e relações internacionais*. 2ª ed. rev. atual. São Paulo, Ed. Revista dos Tribunais, 1981.

RAPHAEL, D. D. *Problems of Polftical Philosophy*. Revised ed. London, Macmillan, 1985.

RAWLS, John. *A Theory of Justice*. Oxford, Oxford Univ. Press, 1980.

REALE, Miguel. *Direito natural/direito positivo*. São Paulo, Saraiva, 1984.

———. *Estudos de filosofia e ciência do direito*. São Paulo, Saraiva, 1978.

———. *Experiência e cultura*. São Paulo, Grijalbo, 1977.

———. *Figuras da inteligência brasileira*. Rio de Janeiro, Tempo Brasileiro, 1984.

———. *Filosofia do direito*. 10ª ed. São Paulo, Saraiva, 1983.

———. *Filosofia em São Paulo*. São Paulo, Conselho Estadual de Cultura. Comissão de Literatura, 1962.

———. *Horizontes do direito e da história*. São Paulo, Saraiva, 1956.

———. *Pluralismo e liberdade*. São Paulo, Saraiva, 1963.

———. *Teoria do direito e do estado*. 4ª ed. São Paulo, Saraiva, 1984.

———. *Teoria tridimensional do direito*. 4ª ed. rev. e aum. São Paulo, Saraiva, 1986.

REALE JÚNIOR, Miguel. *Novos rumos do sistema criminal*. Rio de Janeiro, Forense, 1983.

REBELLO, Edgardo de Castro. *Mauá e outros estudos. Rio* de Janeiro, Liv. São José, 1975.

RECASÉNS SICHES, Luiz. *Experiencia jurídica, naturaleza de la cosa y logica razonable*. México, Fondo de Cultura Económica, 1971.

———. *Nueva filosofia de la interpretación del derecho*. 2ª ed. México, Porrua, 1973.

REHFELD, Walter Israel. *A experiência do tempo do homem bíblico e suas relações com a experiência religiosa.* São Paulo, W. I. Rehfeld, 1987. Tese (livre docência) FFLCH/USP.

RENNER, Karl. *Gli istituti del diritto privato e la loro f unzione sociale: un contributo alla critica del diritto civile.* Trad. de Cornélia Mittendorfer. Bologna, Il Mulino, 1981.

LES RESOLUTIONS *dans la formation du droit international du dévéloppement: colloque des 20 et 21 novembre 1970.* Genève, Inst. Univ. des Hautes Etudes Internationales, 1971.

REUTER, Paul. *Introduction au droit des traités.* Paris, Colin, 1972.

REZEK, José Francisco. *Direito dos tratados.* Rio de Janeiro, Forense, 1984.

———. Le droit international de la nationalité. *Recueil des Cours de l'Académie de Droit International de la Haye,* Haye, *198* (3), 1986.

RIALS, Stéphane. Ouverture: généalogie des droits de l'homme. *Droits: revue française de théorie juridique,* Paris, 1985. V. 2 Les droits de l'homme.

———. Les standards, notions critiques du droit. *In:* PERELMAN, Chaïm & ELST, Raymond Vander. *Les notions à contenu variable en droit.* Bruxelles, Bruylant, 1984.

RICOEUR, Paul, pref. *In:* ARENDT, Hannah. *Condition de l'homme moderne.* 2eme ed. Paris, Calmann-Lévy, 1983.

RIGAUX, François. Rapport introductif au Colloque de San Marino, 27-29 juin 1980. *In:* DROITS *de l'homme et droits des peuples.* San Marino, Fondation International Lelio Basso pour le Droit et la Liberation des Peuples, 1983.

RIVERO, Jean. Les droits de l'homme: droits individuels ou droits collectifs. *In:* ACTES *du Colloque de Strasbourg (1979 mar. 13-14) — Rapport général introductif a les droits de l'homme: droits collectifs ou droits individuels.* Paris, L.GD.J., 1980.

———. *Les libertés publiques, 1.* Paris, PUF, 1973. V. 1 Les droits de l'homme.

———. *Les libertés publiques, 2.* Paris, PUF, VTRC. V. 2 Les régimes des principales libertés.

———. Sobre la evolución contemporánea de la teoria de los derechos del hombre. *Anales de la Catedra Francisco Suarez,* Granada, *15,* 1985.

ROBERTSON, A. H. *Human Rights in the World.* Manchester, Manchester Univ., 1972.

RODRIGUES, Leda Boechat. *A Corte Suprema e o Direito Constitucional Americano.* Rio de Janeiro, Forense, 1958.

ROMERO, *Sílvio. Provocação e debates.* Porto, Chardon, 1910.

ROSENBERG, Alfred. Das Recht wurzelt im Volk. *Zeitschrift der Akademie für Deutsches Recht,* 25/2/1937.

ROSENFELD, Anatol. *Mistificações literárias: os protocolos dos sábios de Sião.* São Paulo, Ed. Perspectiva, 1976.

ROSS, Alf. Il concetto di validità e il conflito tra positivismo giuridico e giusnaturalismo. *In:* ———. *Critica del diritto e analisi del linguaggio.* A cura di Alberto Febbrajo & Riccardo Guastini. Trad. de Augusto Pessina & Alberto Febbrajo. Bologna, Il Mulino, 1982.

———. *Lógica de las normas.* Trad. de José E. P. Hierro. Madrid, Tecnos, 1971.

———. *Sobre el derecho y la justicia.* Trad. de Genaro Carrió. Buenos Aires, Ed. Univ. de Buenos Aires, 1963.

ROSSELLI, Carlo. *Socialismo liberale.* A cura di John Rosselli, introd. di Norberto Bobbio. Torino, Einaudi, 1979.

ROUANET, Sérgio Paulo. *A razão cativa.* São Paulo, Brasiliense, 1985.

———. *As razões do iluminismo.* São Paulo, Companhia das Letras, 1987.

ROUSSEAU, Charles. *Droit international public.* Paris, Sirey, 1974. V. 2 Les sujets de droit.

ROUSSEAU, Jean-Jacques. Discours sur l'origine et les fondements de l'inégalité parmi les hommes. *In:* ———. *Oeuvres complètes.* Publ. e comentadas por Robert Derathé *et alii.* Paris, Gallimard, 1964. V. 3.

———. Du contrat social. *In:* ———. *Oeuvres complètes.* Publ. e comentadas por Robert Derathé *et alii.* Paris, Gallimard, 1964. V. 3.

———. Ébauches des confessions. *In:* ———. *Oeuvres complètes.* Ed. publ. par Bernard Gagnerin & Marcel Raymond. Paris, Gallimard, 1959. V. 1.

———. *Essai sur l'origine des langues.* Introd. et notes par Angèle Kramer Mariatti. Paris, Aubier, 1974.

———. Fragments Politiques. *In:* ———. *Oeuvres complètes.* Publ. e comentadas por Robert Derathé *et alii.* Paris, Gallimard, 1964. V. 3.

———. *Lettre à M. D'Alembert sur les spectacles.* Ed. critique par M. Fuchs. Genève, Droz, 1948.

———. La nouvelle Heloise. *In:* ———. *Oeuvres complètes.* Publ. e comentadas por Bernard Guyon; Jacques Scherer & Charly Guyot. Paris, Gallimard, 1961. V. 2.

RUIZ MIGUEL, Alfonso. Bobbio y el positivismo juridico italiano: estudio preliminar. *In:* BOBBIO, Norberto. *Contribuición a la teoria del derecho.* Ed. e introd. de Alfonso Ruiz Miguel. Valencia, Fernando Torres, 1980.

———. Filosofia de la historia e historia de la filosofia en N. Bobbio. *In:* BOBBIO, Norberto. *Estudios de historia de la filosofia: de Hobbes a Gramsci.* Trad. de Juan Carlos Bayon. Madrid, Ed. Debate, 1985.

———. *Filosofia y derecho en Norberto Bobbio.* Madrid, Centro de Estudios Constitucionales, 1983.

———. El metodo de la teoria juridica de Bobbio. *In:* SCARPELLI, Uberto, a cura di. *La teoria generale del diritto: problemi e tendenze attuali — studi dedicati a Norberto Bobbio.* Milano, Ed. di Comunità, 1983.

SALDANHA, Nelson. *A escola de Recife.* 2ª ed. São Paulo, Convívio, 1985.

———. Jusnaturalismo e juspositivismo: por um reexame do problema. *Revista Brasileira de Filosofia, São* Paulo, *33* (131), jul./set. 1983.

———. *O pensamento político no Brasil.* Rio de Janeiro, Forense, 1979.

SALMON, Jean J. A. Le concept de raisonnable en droit international public. *In:* MÉLANGES *offertes a Paul Reuter: le droit international; unité et diversité.* Paris, Pedone, 1981.

———. Les contradictions entre fait et droit en droit international *In:* ESTUDIOS *de derecho internacional: homenaje al Profesor Miaja de la Muela.* Madrid, Tecnos, 1979. V. 1.

———. Les notions à contenu variable en droit international public. *In:* PERELMAN, Chaïm & ELST, Raymond Vander. *Les notions à contenu variable en droit.* Bruxelles, Bruylant, 1984.

SANTI ROMANO. *L' ordinamento giuridico.* 2ª ed. Firenze, Sansoni, 1946.

———. *Lo stato moderno e la sua crisi: saggi di diritto costituzionale.* Milano, Giuffrè, 1969.

SANTOS, Wanderley Guilherme dos. Autoritarismo e após: convergências e divergências entre Brasil e Chile. *Dados,* Rio de Janeiro, *25* (2), 1982.

———. *Édipo e Sísifo: a trágica condição da política social.* Rio de Janeiro, IUPERJ, 1986.

SARTRE, Jean Paul, pref. Frantz Fanon; fils de la violence. *In:* FANON, Frantz. *Les damnés de la terre.* Paris, Maspero, 1968.

SAUSSURE, Ferdinand de. *Curso de linguística geral.* Org. Charles Bally & Albert Sechehaye, colab. de Albert Riedlinger, trad. de Antonio Chelini *et alii,* pref. à ed. bras. de Isaac Nicolau Salum. São Paulo, Cultrix, 1981.

SCARPELLI, Uberto. *Cos'è il positivismo giuridico.* Milano, Ed. di Comunità, 1965.

———. Scienza, sapere, sapienza. *Rivista Internazionale di Filosofia del Diritto.* Milano, *63* (2), abr./jun. 1986.

SCHMITT, Carl. *Le categorie del politico: saggi di teoria politica.* A cura di Gianfranco Miglio & Pierangelo Schiera. Bologna, Il Mulino, 1972.

———. *La dictadura.* Trad. de José Díaz García. Madrid, Ed. Revista de Occidente, 1968.

———. *Legalidad y legitimidad.* Trad. de José Díaz García. Madrid, Aguilar, 1971.

———. *La notion du politique — Théorie de partisan.* Paris, Calman-Lévy, 1972.

———. *Teoria de la constitución.* Madrid, Ed. Revista de Derecho Privado, s.d.

SCHOLEM, Gershom. *Fidélité et utopie; essais sur le judaïsme contemporaine.* Paris, Calmann-Lévy, 1978.

———. *The Messianic Idea in Judaism.* New York, Schoken Books, 1971.

———. *Walter Benjamin: histoire d'une amitié.* Trad. de Paul Kessler. Paris, Calmann-Lévy, 1981.

SCHOOYANS, Michel. Le catholicisme et les droits de l'homme. *In:* CHRISTIANISME *et droits de l'homme,* Recueil de textes presentés par Emmanuel Hirch. Paris, Librairie des Libertés, 1984.

SCHWARZ, Benjamin I. The Religion of Politics — Reflections on the Thought of Hannah Arendt. *Dissent,* New York, *17* (2), mar./abr. 1970.

SCHWARZCHILD, Steven S. Noachide Laws. *In:* ENCYCLOPAEDIA *judaica.* Jerusalém, Keter Publ. House, 1972. V. 12.

SCHWARZENBERG, George. *International Law and Order.* London, Stevens, 1971.

SEARLE, John R. *Os actos de fala.* Trad. coord. por Carlos Vogt. Coimbra, Almedina, 1984.

SEGRE, Dan V. *A Crisis of Identity: Israel and Zionism.* Oxford, Oxford Univ. Press, 1980.

SENARCLENS, Pierre de. Droits de l'homme, droits des peuples. *In:* DROITS *de l'homme et droits des peuples.* San Marino, Fondation International Lelio Basso pour le droit de la liberation des peuples, 1983.

SENNETT, Richard. *The Fall of Public Man: on the Social Psychology of Capitalism.* New York, Vintage Books, 1978.

SERICK, Rolf. *Aparencia y realidad en Ias sociedades mercantiles: el abuso de derecho por medio de la persona jurídica.* Trad. de José Puig Brutau, prólogo de Antonio Polo Díaz. Barcelona, Ariel, 1958.

SERRA, Teresa, introd. *In:* ARENDTO, Hannah. *La disobbedienza civile e altri saggi.* Milano, Giuffrè, 1985.

SHAKANKIRI, Mohamed El. *La philosophie juridique de Jeremy Bentham.* Paris, L.G.D.J., 1970.

SIEGHART, Paul. *The International Law of Human Rights.* Oxford, Clarendon Press, 1983.

SIEYES, Emmanuel. *Qu'est que ce le tiers état?* Ed. crítica com introd. e notas de Roberto Zapperi. Genève, Droz, 1970.

SILVA, Janice Teodoro da. *Descobrimento e colonização.* São Paulo, Ática, 1987.

SKINNER, Quentin. *Machiavelli.* Oxford, Oxford Univ. Press, 1981.

SMITH, Adam. *An Inquiry into the Nature and Causes of the Wealth of Nations.* Chicago, Encyclopaedia Britannica, 1952. Great Books of the Western World. V. 39.

THE SOCIAL *and Economic Views of Mr. Justice Brandeis.* Collected with introd. notes by Alfred Lief, forward by Charles A. Beard. New York, Vanguard Press, 1930.

SOLARI, Giole. *La formazione storica e filosofica dello stato moderno.* A cura di Luigi Firpo. Napoli, Guida Ed., 1974.

SOPHOCLES. *Oedipus the King, Oedipus at Colonna, Antigone.* Trad. de F. Storm. London, The Loeb Classical Library, 1976.

SOREL, George. *Refléxions sur la violence.* Pref. de Claude Polin. Paris, Marcel Rivière, 1972.

SPINOZA, Benedict de. *Ethics.* Transl. by W. H. White, revised by A. H. Stirling. Chicago, Encyclopaedia Britannica, 1952. Great Books of the Western World. V. 31.

STAROBINSKI, Jean. J.-J. *Rousseau: la transparence et l'obstacle; suivi de sept essais sur Rousseau.* 2eme ed. Paris, Gallimard, 1971.

STEINER, George. *Martin Heidegger.* New York, Viking Press, 1978.

STEVENS, Bernard. Action et narrativité chez Paul Ricoeur et Hannah Arendt. *Études Phénoménologíques,* Bruxelles, *1* (2), 1985.

STRAUSS, Leo. *Natural Right and History.* 7ª impressão. Chicago, Univ. of Chicago Press, 1971.

STRENGER, Irineu. *Da dogmática jurídica: contribuição do Conselheiro Ribas à dogmática do direito civil brasileiro.* São Paulo, Imprensa Oficial, 1964.

———. *Direito internacional privado.* São Paulo, Ed. Revista dos Tribunais, 1986. V. 1 Parte geral.

SWISHER, Carl Brent. *Decisões históricas da Corte Suprema.* Rio de Janeiro, Forense, 1964.

TAMINIAUX, Jacques. Arendt, discipule de Heidegger? *Études Phénomenologiques,* Bruxelles, *2,* 1985.

TARELLO, Giovanni. Codificación. *In:* BOBBIO, Norberto, *et alii. Dicionario da politica.* Redator Gianfranco Pasquino, redatores da ed. espanhola José Aricó e Jorge Tula. México, Siglo XXI, 1982.

TEIXEIRA, Antonio Braz. *O pensamento filosófico-jurídico português.* Lisboa, Biblioteca Breve, 1983.

TELLES JÚNIOR, Goffredo. Carta aos brasileiros. *Revista da Faculdade de Direito da USP,* São Paulo, *72* (2), 1977.

———. *A criação do direito.* São Paulo, Ed. Revista dos Tribunais, 1953.

———. Resistência violenta aos governos injustos. *Revista da Faculdade de Direito da USP,* São Paulo, *50,* 1955.

TÉNÉKIDÈS, Georges. Droit international et communautés fédérales dans la Grèce des cités; 5eme-3eme siècles avant JC. *Recueil des Cours de l'Académie de Droit International de la Haye,* Haye, *90* (2) 1956.

TENÓRIO, Oscar. *Direito internacional privado.* 10ª ed. Rio de Janeiro, Freitas Bastos, 1970. V. 1.

LA TEORIA *generale del diritto: problemi e tendenze attuali: studi dedicati a Norberto Bobbio.* A cura di Uberto Scarpelli. Milano, Ed. di Comunità, 1983.

TEXTOS *básicos de Naciones Unidas.* Dirección, recopilación de textos, notas y estudio preliminar de Juan Antonio Carrillo Salcedo. Madrid, Tecnos, 1973.

TEXTOS *normativos de derecho internacional público.* Compilación y notas de Nila Torres Ugena. Madrid, Civitas, 1985.

THIBAUT & SAVIGNY. *La codificación: una controversia programatica basada en sus obras: Sobre la necessidad de un derecho civil general para Alemania y De la vocación de nuestra epoca para la legislación y la ciencia del derecho.* Trad. del alemán de Jose Diaz Garcia, introd. de Jacques Stern. Madrid, Aguilar, 1970.

THOREAU, Henry. *Desobedecendo: a desobediência civil e outros ensaios.* Apres.

de Fernando Gabeira, trad. e introd. de José Augusto Drummond. Rio de Janeiro, Rocco, 1984

TOCQUEVILLE, Alexis de. *L'ancien régime et la révolution.* Introd. par Georges Lefebvre. Paris, Gallimard, 1952.

———. *De la democratie en Amérique.* Paris, Lib. de Médicis, 1951. 2 v.

TREVES, Renato. *Introduzione alla sociologia del diritto.* Torino, Einaudi, 1977.

———. Tre concezioni e una proposta di considerazione conclusiva. *In:* TREVES, Renato, a cura di. *La sociologia del diritto: un dibattito.* Milano, Giuffrè, 1974.

TRINDADE, Antonio Augusto Cançado. *The Application of the Rules of Exhaustion of Local Remedies in International Law.* Cambridge, Cambridge Univ. Press, 1983.

———. A evolução doutrinária e jurisprudencial da proteção internacional dos direitos humanos nos planos global e regional — as primeiras quatro décadas. *Revista de Informação Legislativa,* Brasília, *23* (90), abr. /jun. 1986.

———. *Princípios de direito internacional contemporâneo.* Brasília, Ed. da UnB, 1981.

———. *Repertório da prática brasileira de direito internacional público: período* 1941-1960. Brasília, Fund. Alexandre Gusmão, 1984.

Trop v. Dulles, 356 US 86 (1958).

TRUYOL Y SERRA, Antonio. Estudio preliminar. *In:* LOS DERECHOS *humanos: declaraciones y convenios internacionales.* 2ª ed. Madrid, Tecnos, 1977.

———. *Historia de la filosofia del derecho y del estado.* 7ª ed. rev. Madrid, Alianza Ed., 1982. V. 1 De las origenes a la baja edad média.

TUCIDIDES. Historia de la guerra del Peloponeso. *In:* HISTORIADORES griegos. Trad. de David Gonzalo Maeso. Madrid, Aguilar, 1969.

TURACK, Daniel C. *The Passport in International Law.* Lexington, Mass., Lexington Books, 1972.

UNGER, Roberto Mangabeira. *Knowledge and Politics.* New York, Free Press, 1976.

———. *Law in Modern Society.* New York, Free Press, 1976.

UNITED NATIONS. *Addendum to the Report of the United Nations High Commission for Refugees.* General Assembly, Official Records: thirty-eighth session, supplement nº 12A (A/38/12/Add. 1), 1983.

———. *Note on International Protection: Submitted by the High Commissioner.* General Assembly: thirty-eighth session, A/AC 96/694-3, agosto de 1987.

———. *Reports of the International Law Commission: On the Second Pari of Its Seventeenth Session, 3-28 jan. 1966 and on Its Eighteenth Session 4 May--19 Jul. 1966.* United Nations. Official Records: twenty-first session. Supplement nº 9 (A/6301/Rev. 1), 1966.

———. *Yearbook of the International Law Commission, 1977: Report of the Commission to the General Assembly on the Work of Its Twenty-Ninth Session*, A/CN. 4/SER. A/ 1977/ Add. 1/ part. 2. New York, 1978.

VALENTE, Milton, Padre. *A ética estoica em Cícero*. Caxias do Sul, Ed. Univ. de Caxias do Sul, 1984.

VAMPRÉ, Spencer. *Memórias para a história da Academia de São Paulo*. 2ª ed. Brasília, INL, Conselho Federal de Cultura, 1977. 2 v.

VENÂNCIO FILHO, Alberto. Análise da Constituição de 1934. *In*: O PENSAMENTO *constitucional brasileiro: ciclo de conferências realizadas no período de 24 a 26 de outubro de 1977*. Brasília, Câmara dos Deputados, 1978.

———. *Das arcadas ao bacharelismo: 150 anos de ensino jurídico no Brasil*. São Paulo, Ed. Perspectiva, 1977.

———. Intervenção do estado e liberdade econômica no direito constitucional brasileiro. *In*: AS TENDÊNCIAS *atuais do direito público: estudos em homenagem ao Prof. Afonso Arinos*. Rio de Janeiro, Forense, 1976.

———. *A intervenção do estado do domínio econômico*. Rio de Janeiro, Fund. Getúlio Vargas, 1968.

VERDROSS, Alfred. *Derecho internacional público*. Trad. da 4ª ed. alemã por Antonio Truyol y Serra. Madrid, Aguilar, 1974.

———. Jus Dispositivum and Jus Cogens in International Law. *In*: THE AMERICAN *Society of International Law: International Law in the Twentieth Century*. Ed. Leo Gross. New York, Appleton-Century-Crofts, 1969.

VERHAAGEN, J. Notions floués en droit penal. *In*: PERELMAN, Chaïm & ELST, Raymond Vander. *Les notions à contenu variable en droit*. Bruxelles, Bruylant, 1984.

VERNEAUX, Roger. *Le vocabulaire de Kant*. Paris, Aubier, 1973. V. 2.

VIANNA, Oliveira. *Problemas do direito corporativo*. Introd. de Alberto Venâncio Filho. 2ª ed. Brasília, Câmara dos Deputados, 1983.

VICENTE, Gil. Auto da Lusitânia. *In*: ———. *Obras-primas do teatro vicentino*. Ed. org., pref. e comentada por Segismundo Spina. São Paulo, Difusão Europeia do Livro, 1970.

VICO, Giambattista. Il metodo degli studi del tempo nostro. *In*: ———. *Opere*. A cura di Fausto Nicolini. Milano, Riccardi, 1959.

VIDAL-NAQUET, Pierre. *Les juïfs, la mémoire et le présent*. Paris, Maspero, 1981.

VIEHWEG, Theodor. *Sobre el futuro de la filosofia del derecho como investigacion fundamental*. Trad. de Ricardo Azpurua Ayala. Caracas, Facultad de Derecho. Universidad Central de Venezuela, 1969.

———. *Topica e giurisprudenza*. A cura di Giuliano Crifò. Milano, Giuffrè, 1962.

VILANOVA, Lourival. *As estruturas lógicas e o sistema do direito positivo*. São Paulo, Ed. Revista dos Tribunais, 1977.

———. Teoria jurídica da revolução: anotação à margem de Kelsen. *In*: AS

TENDÊNCIAS *atuais do direito público: estudos em homenagem ao Prof. Afonso Arinos.* Rio de Janeiro, Forense, 1976.

VILARIÑO PINTOS, Eduardo. Consideraciones respecto a la configuración del crimen y delito internacional. *Revista Española de Derecho Internacional,* Madrid, *34* (2/3), 1982.

VILLEY, Michel. *Le droit et les droits de l'homme.* Paris, PUF, 1983.

———. *La formation de la pensée juridique moderne.* Paris, Montchrestien, 1968.

———. La genèse du droit subjectif chez Guillaume de Occam. *Archives de Philosophie du Droit,* Paris, 1964. V. 9 Le droit subjectif en question.

———. *Philosophie du droit.* 3eme ed. Paris, Dalloz, 1982. V. 1 Définitions et fins.

———. *Philosophie du droit.* 2eme ed. Paris, Dalloz, 1984. V. 2 Les moyens du droit.

———, pref. La doctrine du droit dans l'histoire de la science juridique. *In:* KANT. *Métaphysique des moeurs.* Trad. de A. Philonenko. Paris, Vrin, 1971.

———, pref. *In:* POULANTZAS, Nicos. *Nature des choses et droit.* Paris, L.G.D.J., 1965.

VIRALLY, Michel. *L'organisation mondiale.* Paris, Colin, 1972.

VISSCHER, Charles de. *Les effectivftés du droit international public.* Paris, Pedone, 1967.

———. *Théories et realités en droit international public.* 4eme ed. Paris, Pedone, 1970.

VLACHOS, Georges. *La politique de Montesquieu.* Paris, Montchrestien, 1974.

VOEGELIN, Eric. The Origins of Totalitarianism. *Review of Politics, 15,* jan. 1953.

VOLLRATH, Ernst. Hannah Arendt and the Method of Political Thinking. *Social Research,* New York, *44* (1), primavera 1977.

WALLRAFF, Charles F. *Karl Jaspers: an Introduction to his Philosophy.* Princeton, Princeton Univ. Press, 1970.

WALZER, Michael. *De l'exode à la liberté: essai sur la sortie d'Egypte.* Trad. do inglês por Micheline Pouteau. Paris, Calmann-Lévy, 1986.

WANDELAW, Grant. *Political Terrorism: Theory, Tactics and Counter-Measures.* Cambridge, Cambridge Univ. Press, 1982.

WARAT, Luis Alberto. *O direito e sua linguagem.* 2ª versão. Porto Alegre, Fabris, 1984.

WEBER, Max. *Essays sur la théorie de la science.* Trad. e introd. de Julien Freund. Paris, Plon, 1965.

———. *On Law in Economy and Society.* Ed. with an introd. and anotations by Max Rheinstein, transl. by Edward Shils & Max Rheinstein. Cambridge, Mass., Harvard Univ. Press, 1954.

———. Politics as a Vocation. *In:* FROM *Max Weber: Essays in Sociology.* Ed. by H. H. Gerth & C. Wright Mills. London, Routledge & Paul Kegan, 1961.

———. *The Theory of Social and Economic Organization.* Transl. by A. M. Henderson & Talcott Parsons, ed. and introd. by Talcott Parsons. 2nd ed. Glenoe, The Free Press, 1947.

WEIL, Eric. La philosophie du droit et la philosophie de l'histoire hégélienne. *In:* HEGEL *et la philosophie du droit.* Paris, PUF, 1979.

———. *Problèmes Kantiens.* 2eme ed. Paris, Vrin, 1982.

WEIL, Prosper. Le judaïsme et le développement du droit international. *Recueil des Cours de l'Académie de Droit International de la Haye,* Haye, *151* (3), 1976.

WHITFIELD, Stephen J. *Into the Dark: Hannah Arendt and Totalitarianism.* Philadelphia, Temple Univ. Press, 1980.

WIEACKER, Franz. *História do direito privado moderno.* Trad. de A. M. Botelho Hespanha. Lisboa, Fund. Calouste Gulbenkian, 1980.

WIGHT, Martin. *System of States.* Ed. by Hedley Bull. Leicester, Leicester Univ. Press, 1977.

WINDMÜLLER, Käthe. O *judeu no teatro romântico brasileiro.* São Paulo, FFLCH/USP — Centro de Estudos Judaicos, 1984.

WINDSCHEID, Bernardo. *Diritto delle pandette.* Trad. e notas de Carlo Fadda & Paolo Bensa, complementadas por Pietro Bonfante, com a colab. de Fulvio Maroi. Torino, UTET, 1902-1924. 3 v.

WOLIN, Sheldon. *Politics and Vision.* Boston, Little-Brown, 1960.

YOUNG-BRUEHL, Elizabeth. *Hannah Arendt: for Love of the World.* New Haven, Yale Univ. Press, 1982.

———. Hannah Arendt's Story Telling. *Social Research,* New York, *44* (1), primavera 1977.

ZOLLER, Elizabeth. *La bonne foi en droit international public.* Paris, Pedone, 1977.

ESTA OBRA FOI COMPOSTA EM MINION PELA PÁGINA VIVA E IMPRESSA
PELA UMLIVRO EM PROCESSO DE IMPRESSÃO SOB DEMANDA SOBRE PAPEL PÓLEN SOFT
DA SUZANO S.A. PARA A EDITORA SCHWARCZ A PARTIR DE DEZEMBRO DE 2020